葛海燕 主编

职业发展与就业指导

清华大学出版社

北京

内 容 简 介

当前,大学生职业发展教育已成为促进高校人才培养的重要环节。本书强调职业在人生发展中的重要地位,从关注大学生的全面和长远发展出发,配合当前各高校开设的"职业发展与就业指导"课程教学内容,设置了"职业发展与生涯规划""职业生涯规划与自我探索""职业社会要求与专业认知""大学生涯与职业准备""职业目标探索""求职择业指导""自主创业指导"和"职业适应与发展"八章内容。旨在通过激发大学生职业生涯发展的自主意识,树立正确的就业观、创业观,促使大学生理性地规划自身未来的发展,并努力在大学生活中学会自主管理、科学决策,自觉地提高职业发展素质和就业能力。

本书读者对象广泛,既可以是大学生、职业生涯发展及就业指导人士,也可以是即将步入大学的考生及其家长。

本书封面贴有清华大学出版社防伪标签,无标签者不得销售。
版权所有,侵权必究。举报:010-62782989,beiqinquan@tup.tsinghua.edu.cn。

图书在版编目(CIP)数据

职业发展与就业指导/葛海燕主编. —北京:清华大学出版社,2017(2023.9重印)
ISBN 978-7-302-47895-9

Ⅰ. ①职… Ⅱ. ①葛… Ⅲ. ①大学生－职业选择－高等学校－教材 Ⅳ. ①G647.38

中国版本图书馆 CIP 数据核字(2017)第 193489 号

责任编辑:田　梅
封面设计:常雪影
责任校对:袁　芳
责任印制:丛怀宇

出版发行:清华大学出版社
网　　址:http://www.tup.com.cn,http://www.wqbook.com
地　　址:北京清华大学学研大厦 A 座　　邮　　编:100084
社 总 机:010-83470000　　邮　　购:010-62786544
投稿与读者服务:010-62776969,c-service@tup.tsinghua.edu.cn
质量反馈:010-62772015,zhiliang@tup.tsinghua.edu.cn
课件下载:http://www.tup.com.cn,010-62770175-4278

印 装 者:三河市君旺印务有限公司
经　　销:全国新华书店
开　　本:185mm×260mm　　印　张:19.25　　字　数:394 千字
版　　次:2017 年 8 月第 1 版　　印　次:2023 年 9 月第 12 次印刷
定　　价:49.00 元

产品编号:072187-01

编委会

主　编：葛海燕
副主编：荣芳倩　窦秀明　韩晨光
编　委：刘皓妍　高　蕾　赵　磊　王　翎
　　　　　陈　琪　李伟华　詹小冷　朱丽华
　　　　　晏　宁　李晓丽　张冰洁
主　审：高　桥

前　言

大学生就业从来不是孤立的问题，而是整个经济发展的一个重要环节，与经济发展模式紧密相关。随着资源配置和经济发展方式的转变，中国经济从以往的投资驱动到现在的消费引导；从"有水快流"的资源型发展，到更加注重科技创新的新经济。在"互联网+"时代，互联网创业企业、众多小微企业以及与消费相关的产业链等，正在不断拓展出新的就业空间，"大众创业、万众创新"正在使人力资本这一生产要素得以重新优化配置。

对于高校而言，大学生就业不是"临门一脚"的工作。单纯追求就业率无法充分体现高校人才培养目标和社会服务定位，大学生就业质量才是衡量一所大学办学质量的重要标准。大学生职业发展教育是高校人才培养过程的重要环节，是做好大学生就业工作的重要路径之一。因此，职业发展教育既要与社会需求保持紧密对接，又要与高校自身的人才培养过程相互融合。这正是本书编写过程中体现出来的最大特色。

本书以"以人为本"和"可持续发展"理念为指导，力争在知识、技能和态度层面推动在校大学生顺利实现生涯过渡，尽早树立职业发展意识，将专业学习与社会需求主动对接，把个人成长和社会需要、经济发展相结合，在大学生活中为个人生涯发展主动付出积极有效的努力。因此，本书大幅增加了相关的实践内容，设有"案例引导""资料学习"以及"练习与实践"等栏目，并通过生涯人物访谈、案例分析、情景模拟、角色扮演等形式丰富的活动设计，大大提高了本书的实用性和指导性。

本书编者均为北京联合大学从事就业指导和教学科研的一线骨干教师。葛海燕老师负责本书的策划及统稿。具体撰稿执笔分工如下：第1章和第8章由葛海燕编写；第2章由荣芳倩编写；第3章由赵磊编写；第4章由高蕾编写；第5章由王翎、荣芳倩、李伟华编写；第6章由刘皓妍、詹小冷、朱丽华、晏宁、陈琪编写；第7章由韩晨光编写。本书由葛海燕担任主编，荣芳倩、窦秀明、韩晨光担任副主编。

本书的编写，参考了一些著名学者的著作和研究成果。我们尽可能地在书中做了说明或者列在了参考文献中。北京联合大学高桥教授担任本书的主审，并对本书提出了宝贵的指导意见。在此，一并表示感谢！

由于编者水平有限，书中难免有错漏及不妥之处，敬请读者批评、指正。

编　者

2017 年 4 月

目 录

第1章 职业发展与生涯规划 ……………………………………………… 1
 1.1 人生新起航 ……………………………………………………………… 1
  1.1.1 大学,人生新起航 …………………………………………………… 2
  1.1.2 大学中的大学生 …………………………………………………… 6
 1.2 生涯与职业生涯 ………………………………………………………… 11
  1.2.1 生而有涯 …………………………………………………………… 12
  1.2.2 职业发展与人生愿景 ……………………………………………… 12
  1.2.3 职业生涯规划 ……………………………………………………… 13

第2章 职业生涯规划与自我探索 ………………………………………… 17
 2.1 职业生涯规划基本理论 ………………………………………………… 17
  2.1.1 生涯规划类型理论 ………………………………………………… 18
  2.1.2 生涯发展理论——颠覆既往着眼点的生涯理论 ………………… 23
  2.1.3 生涯建构理论——自我成长为导向的后现代生涯理论 ………… 26
  2.1.4 生涯教育与生涯咨询 ……………………………………………… 27
 2.2 职业生涯发展的影响因素 ……………………………………………… 28
  2.2.1 个体特征 …………………………………………………………… 29
  2.2.2 情境因素 …………………………………………………………… 33
 2.3 职业生涯规划原则与方法 ……………………………………………… 35
  2.3.1 职业生涯规划原则 ………………………………………………… 36
  2.3.2 职业生涯规划方法 ………………………………………………… 37
 2.4 自我探索与职业发展 …………………………………………………… 44
  2.4.1 自我探索的重要意义 ……………………………………………… 44
  2.4.2 "轻松愉快"的生涯幻游 …………………………………………… 46
  2.4.3 自我探索与职业发展 ……………………………………………… 48

第3章 职业社会要求与专业认知 ………………………………………… 51
 3.1 职业认知 ………………………………………………………………… 51
  3.1.1 职业的分类 ………………………………………………………… 52
  3.1.2 我国现行职业制度 ………………………………………………… 53
  3.1.3 职业发展趋势 ……………………………………………………… 56

3.2 职业社会对人才要求 ········· 59
3.2.1 认知职业环境 ········· 60
3.2.2 用人单位对大学生素质要求 ········· 62
3.2.3 职业环境探索方法 ········· 65
3.3 专业学习与职业发展 ········· 70
3.3.1 大学学习特点 ········· 71
3.3.2 专业与职业的关系 ········· 73
3.3.3 职业对专业学习的内容要求 ········· 75

第4章 大学生涯与职业准备 ········· 79
4.1 大学生生活适应与管理 ········· 79
4.1.1 大学生的环境适应 ········· 80
4.1.2 财务管理 ········· 81
4.1.3 培养兴趣 ········· 82
4.1.4 学会独处 ········· 83
4.1.5 时间管理 ········· 84
4.2 学会学习 ········· 85
4.2.1 学习理念 ········· 86
4.2.2 学习方法 ········· 87
4.2.3 学习资源 ········· 90
4.2.4 学习能力 ········· 92
4.3 人际关系与情绪管理 ········· 93
4.3.1 人际关系的内涵 ········· 94
4.3.2 人际关系的特点 ········· 94
4.3.3 大学生活中如何建立和谐的人际关系 ········· 96
4.3.4 用心培养职业社会需要的人际交往技能 ········· 97
4.3.5 情绪管理 ········· 98
4.4 大学生素质教育与社会实践 ········· 100
4.4.1 素质教育和素质拓展活动 ········· 100
4.4.2 社会实践中的个人成长 ········· 102
4.4.3 学生社团中的大学生成长 ········· 105

第5章 职业目标探索 ········· 109
5.1 就业形势与就业政策 ········· 109
5.1.1 当前高校毕业生就业形势 ········· 110
5.1.2 我国高校毕业生就业政策 ········· 113
5.2 职业目标探索 ········· 120

         5.2.1　职业世界探索 ………………………………………………… 121
         5.2.2　职业目标聚焦 ………………………………………………… 126
    5.3　就业市场与就业程序 …………………………………………………… 131
         5.3.1　大学生就业市场 ……………………………………………… 132
         5.3.2　用人单位的招聘程序 ………………………………………… 136
         5.3.3　大学生就业程序 ……………………………………………… 140

第 6 章　求职择业指导 …………………………………………………………… 147
    6.1　就业信息的收集与应用 ………………………………………………… 147
         6.1.1　就业信息概述 ………………………………………………… 148
         6.1.2　就业信息的收集 ……………………………………………… 152
         6.1.3　就业信息的应用 ……………………………………………… 159
    6.2　求职自荐材料准备 ……………………………………………………… 163
         6.2.1　求职自荐材料概述 …………………………………………… 164
         6.2.2　自荐信的准备 ………………………………………………… 165
         6.2.3　求职简历 ……………………………………………………… 166
         6.2.4　网络求职材料 ………………………………………………… 173
         6.2.5　其他材料准备 ………………………………………………… 175
    6.3　面试与笔试 ……………………………………………………………… 178
         6.3.1　面试 …………………………………………………………… 179
         6.3.2　面试礼仪和技巧 ……………………………………………… 183
         6.3.3　常见面试新要求 ……………………………………………… 188
         6.3.4　笔试 …………………………………………………………… 190
    6.4　求职心理调适 …………………………………………………………… 194
         6.4.1　心理素质与求职 ……………………………………………… 195
         6.4.2　大学生求职择业中的心理现象 ……………………………… 199
         6.4.3　调整求职心态 ………………………………………………… 201
    6.5　就业维权与法律保障 …………………………………………………… 206
         6.5.1　毕业生的就业权益 …………………………………………… 206
         6.5.2　就业协议与劳动合同 ………………………………………… 208
         6.5.3　社会保险 ……………………………………………………… 215
         6.5.4　就业侵权行为及其防范 ……………………………………… 217

第 7 章　自主创业指导 …………………………………………………………… 225
    7.1　创新与创业 ……………………………………………………………… 225
         7.1.1　创新 …………………………………………………………… 226
         7.1.2　创新与创业 …………………………………………………… 226

  7.1.3 创新思维训练 …… 228
 7.2 认识大学生创业 …… 231
  7.2.1 创业的概念 …… 232
  7.2.2 大学生创业的时代背景 …… 233
  7.2.3 大学生创业的意义 …… 234
 7.3 创业的关键要素 …… 235
  7.3.1 创业者与创业团队 …… 236
  7.3.2 创业机会 …… 239
  7.3.3 创业资源 …… 242
 7.4 创业的商业模式 …… 245
  7.4.1 商业模式的概念 …… 246
  7.4.2 商业模式的表现及选择 …… 248
  7.4.3 商业模式的设计 …… 249
  7.4.4 精益创业设计法 …… 251
 7.5 创业计划书 …… 254
  7.5.1 撰写创业计划书的目的 …… 255
  7.5.2 创业计划书的内容 …… 256
  7.5.3 编写创业计划书的要点 …… 260

第8章 职业适应与发展 …… 263
 8.1 从学生到职业人 …… 263
  8.1.1 变化与适应 …… 264
  8.1.2 蘑菇定律 …… 267
  8.1.3 把握职场第一年 …… 268
 8.2 职业化要求与职业素养提升 …… 277
  8.2.1 职业道德 …… 277
  8.2.2 职业意识 …… 280
  8.2.3 职业心态 …… 282
 8.3 入职后职业发展规划与管理 …… 285
  8.3.1 看懂职业生涯 …… 286
  8.3.2 自己的选择 …… 289
  8.3.3 梦想靠近现实 …… 291

参考文献 …… 297

第1章 职业发展与生涯规划

【学习目标】

1. 了解大学精神,思考如何做一名大学生。
2. 了解生涯与职业生涯。
3. 认知职业发展对人生价值实现的意义。
4. 明晰职业生涯规划的概念和意义。

1.1 人生新起航

【案例引导】

挑战自我,勇攀高峰

韩××,中共党员,山东科技大学经管学院某班团支部书记。大学四年间,学习成绩、综合测评名列前茅,多次获得奖学金和"三好学生""优秀学生标兵"等称号……

1. 迎难而上,踏实前行

对我们来说,大学四年要学好文化知识,但更重要的是要培养自学能力。安静沉稳的她,珍惜课上宝贵的时间,敏锐地抓住每一个有用的信息,并在课后及时消化吸收。作为学生干部的她,总会遇到各种各样的突发状况,面对挑战,她调整心态,及时做出改变,做好时间管理,并在有效的学习时间里提高效率。

2. 敢于尝试,挑战自我

大学四年并不是只有埋头苦读傻干,要提升自己的综合素质,利用课余时间参加各种科技创新乃至文娱类的活动丰富自己。在参加各类活动的过程,可以学会如何与他人更好地合作。

3. 苦尽甘来，勇攀高峰

经过不懈的努力，凭借优秀的成绩和个人素质，她被推荐免试到上海大学继续攻读硕士研究生。韩××从一个很普通的学生，到当选为班级团支书，再到学生会任职，再到协助辅导员处理年级事务，这一路走来，她从一个懵懂少年蜕变成为一个能够独挑大梁的大学生，从一个默默无闻的小角色变成了一个自己生活中的主角。她在不断的成长，她用自身的经历告诉我们：很多时候，机会不是靠等而是由自己努力争取得来的；很多事情，如果不去尝试就永远不知道自己到底能不能行，如果不尝试就永远不知道自己会有多大的潜力。

4. 真挚劝诫，真诚帮助

最后，她根据自身经历，真诚地向大家提出如下建议。

（1）给自己的大学作一个规划，搞清楚自己要做什么，有计划地安排好学习、生活，不要安于空虚。

（2）认真对待学习，尊重老师，虚心向老师请教，多与老师交流。

（3）停止抱怨，学会利用现有的资源。

（4）学会与人相处，能够真正地融入集体，热爱集体。

（5）积极参加有益的课外活动，发现、发展自己的兴趣。

（6）多锻炼身体，养成良好的生活习惯。

（7）不要迷恋网络，对网络里的东西要有自己的判断。

（资料来源：http://www.sdust.edu.cn/content_7AA2682F9A5C01A07D8D6E23BE0C1461.html）

点评

大学，托起了年轻人五彩斑斓的人生梦想；大学，是人生的新起点，是我们可以去精雕细琢的，感悟大学精神，知其内涵，扬其精髓，保持一颗进取的平常心。四年之后，我们会更加明确自己的目标，超越自己，有所成长。

虽然我们可以说："人生处处是开始"，但大学时光对一个人的影响还是至关重要的。大学生们是否应该珍惜分秒韶光，是否可以努力一点，再努力一点？而这每一点滴的努力，也许会改变大学生的一生。

1.1.1 大学，人生新起航

大学，让一个个普通的孩子站上世界各个领域的舞台。让一个个单纯的生命，犹如稚嫩小苗被滋养茁壮，长成参天松柏、长成芬芳玫瑰。让一个个懵懂的青春，如破土的芽、雨后的笋，悉数苏醒。

大学是什么样的？为什么会影响我们的人生？如果不能清楚地回答这些问题，则会令人迷茫混沌、无所适从、难有所获。

1. 大学的历史发展

最早的大学是 12 世纪末在西欧出现一种高等教育机构，这些中古大学的任务，乃是传授一套对上帝及世界的既定看法。真理早就找到了,教育的目的只不过是把它传授给下一代。

几个世纪以来,大学的理想和性格在发展变化。发展到 18 世纪初,真理不再被视为既得的了,相反,它变成了被寻求的对象。而大学里的教员,在讲授古籍精要的同时,也开始教授学子追求真理的方法。

19 世纪的牛津学者约翰·亨利·纽曼认为大学的功能在于提供"博雅教育",培养社会的好公民。大学教育的艺术就是社会生活的艺术,其目的就是使人适应这个世界。

1810 年,"现代大学之母"威廉·冯·洪堡认为,大学教育有两个职能,一是科学探索;二是个性与道德的修养。科学探索意味着只进行纯知识、纯学理的探求。个性与道德的修养是将人培养成有修养的人,他具有充分的自主性、生动的想象力、高超的思辨能力、独特的个性和完整的民族性。

1930 年,美国大学的先驱者佛兰斯纳著作《大学》一书,强调大学应该是"时代的表征",但他不以为大学应该随社会的风尚、喜恶而乱转,他强调大学应严肃地批判性地把持一些长永的价值意识。

德国哲人耶士培在 1960 年的《大学理念》一书中认为,真正的大学必须具有三个组成,一是学术性之教学;二是科学与学术性的研究;三是创造性之文化生活。他认为大学的使命在于对真理的探寻,大学是为对知识有热情的人设立的。

20 世纪中期后,大学教育在世界各地获得蓬勃发展,尤以美国的大学教育发展快速。美国的大学狂热地求新,求适应社会之变,求赶上时代,大学已经彻底地参与到社会中去,是一个具有多种目的的多元性社会。现实中,美国大学的这种理念与性格已经成为世界各大学的模型。

2. 大学的精神特质

大学之所以能够承载悠悠历史和漫漫时光,是因为大学的精神特质。"大学精神"是大学自身存在和发展中形成的具有独特气质的精神形式的文明成果,它是科学精神的时代标志和具体凝聚,是整个人类社会文明的高级形式。

大学精神是每所大学在长期办学过程中形成的,为大多数教师、学生所信仰。所具备的一种理想追求和意志。一所大学办学理念的形成、精神气质的形成,要日积月累,薪火相传,绝非一日之功。著名大学的校训和校风往往是大学精神的载体,是大学特有的气质标志。我们看几所世界一流大学的校训。

哈佛大学:以柏拉图为友,以亚里士多德为友,更要以真理为友。

斯坦福大学:让自由之风吹拂。

剑桥大学:求知学习的理想之地。

麻省理工学院:理工与人文融通,博学与专精兼取,教学与实验并重。

普林斯顿大学:为国家服务,为世界服务。

这些校训或校风确实别具一格,与众不同。中国有一些大学的校训,同样显示了厚重的文化底蕴和独特的精神气质。如北京大学的"爱国、民主、科学";清华大学的"自强不息,厚德载物";复旦大学的"博学而笃志,切问而近思";厦门大学的"自强不息,止于至善";以及山东大学的"气有浩然,学无止境",等等。

现代大学精神主要包括以下三个方面。

(1) 包容精神

大学精神,首先在其包容精神。从大学的起源来看,大学的拉丁文词根是universitas,即可解释为"整体""社会""世界""宇宙"。因此,大学最初就已蕴涵了包容万象的特性。所谓包容精神,即指海纳百川雍容大度的胸襟和气度,也指人们博采众长,兼容并包的思维方式和精神境界。中国的大学在创办之初就秉承了这种包容精神。20世纪初,马相伯先生在创办复旦公学初期,提出"囊括大典,网罗众家,兼容并收"12个字作为办学指南。师从马相伯先生学习拉丁文的蔡元培先生担任了北京大学校长。他在北京大学采取了"思想自由,兼容并包"的办学思想,聘请各种不同学术流派、具有真才实学的学者来北大任教。从马相伯的"兼容并收"到蔡元培的"兼容并包",并非偶然,他反映出教育先贤对大学办学思想的共同理解。正是这份包容,可以给学子广博的思想、宽松的环境、多维的思索、开阔的眼界和心胸。

在当代高校中包容精神具体表现在:其一,学术包容,即尊重他人学术观点;其二,思想包容,即允许他人表达自己的思想观点,并学习自己感兴趣的思想观点。此外,思想包容还包括了对跨地域、跨种族、跨国界的优秀文化的包容。[⊖]

(2) 求真育人

求真育人是大学精神的灵魂。大学的发展历史一直努力保持精神上的独立性和批判性,把追求真理和陶冶心灵当作最基本的目标。

其一,大学肩负着追求真理的使命。对于科学真理的追求,是人类探求未知的一种本能。人们出于对知识的爱好,满足对"无知领域"的好奇心,共同聚集在一起进行交流和探讨就是大学形成的最初形态。大学的发展历程,也就是大学中的人们崇尚真知、追求真理的过程。德国教育家第斯多惠说"不好的教师是给学生传授真理,好的教师是使学生找寻真理。"正是秉持这种对真理的执着追求,才得以不惧艰难困苦、百折不回,促使了科学和人类社会的不断进步。

其二,大学是思想自由的学术圣地。蔡元培曾说过:"大学教员所发表之思想,不但不受任何宗教或政党之拘束,亦不受任何著名学者之牵制。"他的这句话体现了高校中大学人对于思想自由地追求。大学中的自由精神还体现在学术自由。学术自由是指在高校中大学人都有学术上的自由,能毫无顾忌地追求真理,探索科学。

其三,大学具有育人的社会责任。大学是塑造人的心灵的场所,大学教育的本质目的在于培养健全、和谐的人,实现人的全面发展。在现今这样一个全球化,技术爆炸,不断变化、分工精密化和知识专业化的世界中,大学除了担负着传授专业知识这个重要功能之外,仍然需要担负起一个传统的神圣天职,那就是培育学生的人文精神。

⊖ 卜芯. 当代中国大学精神的培育研究[D]. 成都:西南石油大学,2014:12.

大学培育人才不仅具有健康的人格，良好的道德修养，渊博的学识，更应该体现在对全人类社会历史的担当。大学承担社会责任是为了推动自身不断追求卓越、增进社会公共利益、引领人类社会进步。不同历史时期、不同国家、不同类型的大学承担社会责任的最终目的是一致的，那就是使人类社会获得不断进步和光明的发展前景。气象学家竺可桢主政浙江大学后，对学生充满了期待：他主张大学要造就各界领袖，盼望着学生"具备清醒而富有理智的头脑，明辨是非而不徇利害的气概；养成深思远虑，不肯盲从的习惯……有健全的体格，肯吃苦耐劳，牺牲自己、努力为公的精神"。

（3）创新精神

创新精神使大学焕发活力。人们对真理的探索有一个过程，是随着实践发展不断从相对走向绝对，循环往复、波浪式前进的过程。因而，追求真理就是一个精神与现实的双向互动与创新的过程。大学教育的本质不是灌输或机械地传播已有知识或书本的知识，而是引导学生在思考和实践的过程中自我领悟、探索和研究，创新知识、创造知识。没有批判和否定就没有真理的创新，实现创新必须具有批判精神。这种理性批判精神，主要表现在对已有知识和前人创造的成果不轻信盲从，学会扬弃，继承和发扬积极、合理的因素，抛弃和否定消极的、丧失必然性的因素。对社会现实问题进行客观评判，不趋炎附势，明辨是非，正本清源，追求抵达真理的澄明之境。

【资料学习】

美国 CNN 主持人，印度裔美国人法瑞德·扎卡瑞艾（Fareed Zakaria）在美国纽约的知名文理学院莎罗哈劳伦斯大学（Sarah Lawrence College）2014 届学生的毕业典礼上的演讲摘编（谭颖译）。

对于博雅教育最好的定义是由纽曼在 1854 年给出的：博雅教育就是给予学生一个宽阔的知识框架，并且教育的目的就在于学习和知识本身，而非去获得一些具体的技能从而能从事具体的行业或工作。

对我而言，博雅教育最重要的实际用途就是教会了我如何写作。在我大一的时候选修了英语写作课程。我很善于考试，善于反复咀嚼复习知识，但我不是很善于表达自己的观点。但就在这个学期中，我发现我开始在自己的思想和文字之间建立起联系来。应该说博雅教育教我们如何批判性地思考。但我认为思考和写作是不可分割地交织在一起的。当我自己开始写作时，发现我常常只有一堆不成熟的、不连贯的冲动和感觉，而这些感觉之间存在着许多的逻辑漏洞。正是写作这个过程强迫我把它们想通想透并把这些杂乱的感觉组织起来。

博雅教育的第二个好处在于它教给你如何说出自己的想法。

我的教授会评价我在思考特定问题时的思想过程，并且要求我大声地进行分析和给出结论。小组讨论型授课，就是一种博雅教育，教育我们如何去阅读、分析和分解问题以及表达自己的观点。很多时候，你需要获得别人的关注并且告诉他们我们追求的事业是正确的。

博雅教育还能教会我们如何学习。

我现在认识到，在大学里学到的最有价值的东西不是任何特定的知识，而是学会了如何获得知识。我学会了如何精读一篇文章，找到新的资讯来源，寻找数据来支持或驳斥一个假设，并且弄清楚某个作者是否值得信赖。当然，更重要的是，我明白了学习本身就是一种享受，是一个充满冒险与刺激的探索。

无论你将来从事什么工作，你在大学里学习的知识和你的工作不是很有关系，或者很快就会变得无关。考虑到那些正在重塑我们的行业和职业日新月异的变化，我们必须要具备终生学习的能力。

教育不是一个零和游戏，在称颂专业技术的时候无须以人文学科作为代价。计算机科学未必比艺术史更好。这两者其实社会都需要，而通常这两者都是结合在一起的。存在于科学和人文之间的结合，在今天无所不见。20年之前，科技公司可能是工业产品的生产制造者。今天，这些科技公司必须要拥有顶尖的设计，市场策略以及懂得如何使用社交网络。事实上很多科技公司都很关注上述领域，因为生产制造越来越商品化，并且越来越依赖于品牌的附加值，也就是你的品牌是如何被大家感知的、如何被呈现的，甚至是如何被销售的。

你可能已经注意到，我说的一切都是博雅教育如何有助你的职业。但这不是博雅教育的所有价值。事实上，我们需要的不仅仅是一个好的工作，而是一个好的生活。阅读优秀的小说，了解一个国家的历史，品赏伟大的艺术作品和建筑，在音乐和数学之间找到奇妙的联系，这一切都会使我们的生活变得丰富而有内涵。

在未来的十年内，当你变成丈夫、妻子或父母；当你交新的朋友，阅读，欣赏音乐，看电影，品赏舞台剧，主持一个讨论会；你会发现这些美妙的经历其实早已经被你在这里的这些年深深地影响了。

博雅教育也会让我们成为好的公民。博雅教育中的自由源于拉丁语自由。就其本质而言，博雅教育让我们的思想免于教条、操控和限制。学习让我们成为人类。我们人类天生就具备"被知识所吸引"的特质。

你要相信，你们继承了人类历史一个最伟大的传统。正是这个传统让人类发现了宇宙星系的排布，创造了美轮美奂的艺术作品，并设计出了拥有令人震惊的效率的社会组织形式。

你们继承了这样一个传统，并且加强了人类社会组织形式的一次最伟大的试验——民主。同时，在一切之上的是，你们在哺育人类精神的最根本的冲动——求知。

1.1.2 大学中的大学生

历经高考的拼搏、离别家乡亲友、带着满满行囊步入大学校园，大学生们是否意识到，自己将在大学校园里开启新的人生，而这一切都将取决于自己的认识和选择。

短短四年的大学时光既承载着大学生们多彩斑斓的美好青春，又是他们经历必要的学习、成长并走向独立的巨大人生蜕变的重要阶段。这条慷慨激昂但并不会平坦风顺的成长之路需要大学生们以彻底的觉悟、坚定的决心和坚韧不拔的毅力去努力,才能让大学成为大学生们未来的"应许之地"。

1. 信念决定一切

信念是一个人确信的看法、思想状态。信念之于人生,就如同羽翼之于飞鸟。如果飞鸟没有羽翼,就不能展翅高飞,就不能掠过长空,只能望空兴叹。那么,值此步入大学校园之际,大学生们可以"以终为始"地思考这样一些问题:同一所学校,甚至同一个班级的学生为什么毕业后的成就会产生很大的差别?大学四年毕业之时,为什么有的人早已信心满满地奔赴职业生涯发展或继续学习深造的人生新起点;有的人却还在为求职择业疲于奔波而惶惶无定;有的人甚至中途辍学未得"善终"。这样的现实比照是否可以让大学生静下心来思考并问问自己:除了自己以外谁还可以对自己的大学教育负责?老师?家长?

心不唤物,物不至,你怎样看待大学,大学就给予你什么。短短四年的大学时光承载着大学生们对于广博知识的学习钻研、对于素质能力的锻造培育、对于内在品质的发掘拓展……而自己,就是这段时光责无旁贷的设计者、主宰者、执行者和收获者。通过四年的大学生活,大学生们将不断发现和挖掘自己的潜能、愿望和内在驱动力,培育锻造自己以获得坚实的基础去迎接未来人生路上的种种挑战和艰难困苦,大学时光关系着人生发展,未来正取决于现在。

信念如同引领人生航向的灯塔,可以赋予自己人生责任和使命感,可以让自己超越困顿。大学学习是一个帮助人建立确信和内在力量的自我教育过程,读大学与自己的人生发展有着如此深切的联系,这一切终使大学生们有必要秉持人生信念来开启自己的大学生涯。

2. 认清自身力量

当步入大学校门为人生掀开新的一页时,会有一些同学基于种种原因对自己的现状并不满意,他们还没有做好敞开怀抱、迎接人生新生活的准备。现实中,更会有一些大学生从来就没有真正接纳过自己,他们在为自己身上这样或那样的"缺点"或"问题"而忧虑,甚至自卑;又或将自己的学习成绩、家庭背景、经济状况、身体条件等方面与他人盲目对比,对自己的压抑或否定致使他们在行为上浮躁、爱出风头、吹牛、刻意讨好或敌意……徒劳地努力证明自己,却不能直面自己的"缺陷",没有真正的自信来获得学习和自我发展的真正动力。

这个世界上每一个人都是独特的。古往今来,任何人都不曾与你有相同的人生体验和身体条件。基于这种个体的独特性,你的视角、思维、观念和思想也是与他人不同的。也就是说,我们每个人的生命都包含着无限的可能性。从另一个角度讲,虽然会受他人或环境或多或少的影响,但除了自己之外,没人能为你的行为做出最终的选择并担负责任。因此,这世界上并没有其他人可以比自己更能够全然地了解自己、接纳自己。

只要是人,都会不完美。每个人身上都有积极和消极的特质。接纳自己要从接纳全然的自己开始,包括自己的一切"优点"和"缺点"。一个人的"优点"和"缺点"就像是一个硬币的两面。积极乐观的状态让人们在危难中看到机会,而消极悲观的状态使人们在每个可能性中都难以把握机会。

【资料学习】

有一位牧师的女儿,她天生就是一位脑性麻痹患者,全身不能正常活动,而且无法言语。然而,她却靠着非凡的毅力,在美国拿到了艺术博士学位,并现身说法,帮助他人。有一次,她应邀到一个场合演"写"(不能讲话必须以笔代口)。在提问环节,一个学生当众小声地问:"你从小就长成这个样子,请问你怎么看自己?你都没有怨恨吗?"

这个无心但尖刻的问题,让在场人士无不捏了一把冷汗,担心会深深刺伤了她的心。只见她回过头,用粉笔在黑板上吃力地写下了"我怎么看自己"这几个大字。

忽然,教室内鸦雀无声,没有人敢讲话。她笑着再回头看了看大家后,又转过身去继续写着:

(1) 我很可爱!

(2) 我的腿很长,很美!

(3) 爸爸妈妈这么爱我!

(4) 上帝这么爱我!

(5) 我会画画!我会写稿!

(6) 我有只可爱的猫!

(7) 还有……

她又回过头来静静地看着大家,再回过头去,在黑板上写下了她的结论:"我只看我所拥有的,不看我没有的。"

众人安静了几秒后,全场响起了如雷的掌声。那天,许多人因为她的乐观与坚强而得到激励。这个乐观的脑性麻痹患者是谁?她就是美国南加州大学艺术博士,在中国台湾办过多次画展的黄女士。

(资料来源:和云峰. 学会自己长大[M]. 北京:北京联合出版社,2016.)

人是在承担责任中成长的,当能够为自己的过去行为负责时,就获得了重新诠释这些经历的自由,也就找到了前行的动力和方向。今天,你站在哪里已经不重要,重要的是脚步将要迈向哪里。

3. 学习还是获胜

作为一名大学生,是为了什么学习?是为父母,为荣誉,为竞争胜利,为取得大学文凭,还是为各种各样的考试而学习?当内心不明确成绩意味着什么时,别人的看法就容易成为自己的看法。现实中大多数人以成绩作为评判一个学生的价值标准时,你也会不自觉的认同。然而,因成绩而建立的自我价值也许会使学习不够深入,甚至难以获得梦寐以求的高分。如果大学生对自己的认识只依赖于取得好的学习名次,而不是友善与否、知识的多少、努力程度的大小、解决问题的程度,甚至是贡献的多少,那么任何一个可能影响成绩的测验、论文或作业都可能给自己带来极大的紧张和焦虑。这种对自己价值的评价建立在成绩排名之上,是一种"有条件的自我价值"。所以,容易为了使自己避免参与竞争而放弃尝试,即使参与了,遇到困难也容易轻易放弃,错失良机。更糟糕的是由于过度关注自己的成绩带来的学习名次,着眼点总是在于希望自己胜出,眼界狭隘,行为会趋向自私傲慢。

研究发现,来自内心深处学习、创造和成长动机驱动的学习会让人直面难题,愉快地接受失败并从失败中学习,更具思维活力,能够成就高度创造力和生产力的人生。这样的学习者能够体验学习的纯粹快乐,并能在更广泛的关系中确立属于自己的人生发展目标,而不是以一种忧心忡忡的疯狂方式去超越他人。他们充满好奇心和同情心,懂得和自己相处,过得开心快乐,享受新事物和挑战,追求的是不断超越自我。

美国教育家肯·贝恩教授特别欣赏保罗·贝克教授开的一门课——能力整合。通过这门课程贝克教授把学生们带到与现在不同的未来,在那里学生们与自我对话,逐渐了解自己,发掘自我,抛弃自己身上陈旧死板的思想观念,探求、发现和强化利用自己身上那些独特、美好、有用的特质。贝克教授声称,"我希望班上每个人都立志去把握自己的人生,抵达自己的灵魂深处,拷问自己究竟是谁、拥有什么,然后学着发挥这些内在力量。""这不是为了成功,也不是为了出名。这些都不重要,重要的是满足自己不断成长的需要。"

摒弃了攀比的思维方式,向内看,探索那些真正吸引自己的东西,专注于自己想做的事情,而不是将自我价值建立在与他人的竞赛之中。好奇心用于对自己特质的深入探索,并基于单纯的学习兴趣进行批判性思考、寻根问底并提出自己的问题。好胜心和不懈努力用于与自己的竞争,积极向他人学习,为自己的成功或失败负责,并且以发展变化和多种可能性的眼光看待前景。成功如过眼烟云,失败也并非不可战胜。

读大学,是为自己的教育负责,对自己成为什么样的人负责,而不是只做一个考试成绩最好的学生。在大学阶段,可以不追求外在荣誉的取得,但不能不促动自己心智的成长。大学,为求智而来,不只是专业知识的学习,而是培养做事的能力,发展自己的智能和心性,探求自己生而为人的价值。

【本节重点】

1. 了解什么是大学,大学精神是什么。
2. 思考作为一名大学生,如何开启大学生涯。

【练习与实践】

悦 纳 练 习

首先找一个舒适的地方,把所有可能分散注意力的东西都收起来。准备好本和笔,以及彩色笔。如果愿意,可以放一些舒缓的轻音乐。闭上眼睛,深呼吸五次,让自己彻底放松下来。

1. 认识你自己的光明面

想象一部通往你内心深处的电梯。走进电梯,按下最底层的按钮,进入你心中的神秘花园。在花园里散步,欣赏周围的花木风景,享受浓郁的花香和泥土潮湿滋润的气息。天气晴好,鸟儿在周围歌唱。想象自己穿着最美丽、最舒服的衣服。提醒自己,在内心的神秘花园里,你是绝对安全、绝对舒适的。找一个安静的地方坐下来,闭上眼睛。你的心中会出现另一个你自己,这一个"你"代表的是你积极的一面,拥有你全部的力量、勇气、同情和爱。

让这个光彩照人的"你"走过来,在你身边坐下。握住"你"的手,凝视"你"的眼睛。问这个积极的"你"是否会永远陪在你身边,保护你,指引你前进的方向。问"你"究竟该怎么做才能敞开心扉,让被压抑的情感释放出来。跟这个积极的"你"拥抱,感谢"你"来看你,邀请"你"常来你心中的花园做客。

睁开眼睛,记下你刚才的体验。包括你所见到、听到和感觉到的一切。那个积极的"你"是什么样子?对你说了些什么?不必着急,把你所想到的一切都写下来。用彩色笔给那个"你"画一张像。即使你从未学过绘画也没关系,画的水平并不重要,关键是用心去画。至少画上五分钟。

2. 认识你自己的阴暗面

重新闭上眼睛,深呼吸五次,让自己放松下来。想象一部通往你内心深处的电梯。走进电梯按下最底层的按钮。这一次电梯门打开的时候,外面是一个阴暗肮脏的地方,要多糟糕就有多糟糕。你可以想象一片臭气熏天的垃圾场,也可以想象一个爬满了耗子、蛇、蟑螂和蜘蛛的山洞,总之,这是一个你最不愿意来的地方。继续深呼吸,然后朝最阴暗的角落里望去,你会看见一个最卑微、下贱、猥琐的自己。这一个"你"代表的是你消极的一面。仔细观察"你"的样子,注意"你"身上的气味,以及"你"带给你的感觉。哪一个词最适合描述此时的"你"?当你看清楚消极的"你"的样子之后,就可以睁开眼睛了。把你刚才想到的那一个词,以及你所经历的一切、心中的感觉都写下来。至少写上十分钟。

3. 光明面与阴暗面的融合

闭上眼睛,深呼吸,放松下来。坐电梯回到你心中的神秘花园里,欣赏周围的风景,然后找一个安静的地方坐下来。当你感到无比舒适、无比安全的时候,再度让那个积极的"你"来到你身边。等到积极的"你"在你身边坐好,再邀请那个消极的"你"来到你的花园里。让积极的"你"与消极的"你"彼此拥抱,让你最光彩照人的一面与最卑微下贱的一面拥抱在一起。让积极的"你"释放出爱与同情的光芒,照亮那个消极的"你"。告诉消极的"你",这里很安全。随时都可以来拜访这里,得到你的接纳和原谅。给自己充分的时间,如果那个消极的"你"不愿意被积极的"你"抱在怀里,不要紧,每天都尝试一次,直到有所进展为止。如果时间过了约十分钟,消极的"你"一直在抗拒,就睁开眼睛,返回现实世界。

用彩色笔把你刚才经历的一切都画下来,至少画上五分钟。画完之后,再把你的经历和感受写在本子上。

（资料来源：黛比·福特. 接纳不完美的自己[M]. 严冬冬,译. 长春：吉林文史出版社,2016.）

1.2 生涯与职业生涯

【案例引导】

耶鲁毕业生秦某某回国当村官

生于重庆普通工人家庭的秦某某，高中毕业后获得全额奖学金赴耶鲁大学留学，主修经济学和政治学专业，并于2010年获得耶鲁大学学士学位。毕业后，秦某某并没有选择高级白领工作，而是选择归国，成为湖南省的一名大学生村官。

他帮助农民改善水利灌溉系统，即使在干旱之年也使农民获得了良好收成；他关注孤寡老人，为他们建立集生活和轻劳动于一体的现代养老院；他关注留守儿童，通过公益组织募集资金为学生购买平板电脑，建立起数字化课堂、尝试"翻转课堂"教学模式，提高了学生对知识的即时掌握率……

2012年，他以85%的选票当选为县人大代表，成为第一个直选出的留学归来的人大代表。他在当选之后提出了该县校车改革的议案并加以落实，让农村留守儿童乘上了安全宽敞的新校车。2013年，秦某某当选中国"最美大学生村官"。

本来，秦某某有成为公务员的机会，也能享受较好的待遇，然而他说："我之前给村子提供帮助主要是以'输血'的方式，申请政府、公益力量的支持等。如果我离开了，村子的发展很可能又回归到停滞的状态。"因此，他决定续聘村官。这一次，他来到白云村，带动村民一起创立了"黑土白云"农村合作社，通过互联网公益平台募集资金，建立电商平台，将乡野里的天然珍馐带出大山，增加农民收入。

秦某某称，也在积极寻找自己目前从事的事业与未来人生规划的契合点，在公共服务的路子上走下去。"我不是雷锋，我也有自己的理想。发展中的祖国给了我太多机会。在担任村官过程中，我所收获到的经验与体会，也与自己未来的规划相契合。因此，我现在依然选择留在田野之中。"

（资料来源：中国青年网. 名校耶鲁大学毕业却选择回湖南乡下当村官[EB/OL]［2017-01-05］. http://cunguan.youth.cn/cgxw/201701/t20170105_9014095.html）

点评

耶鲁大学的毕业生选择回国当一名大学生村官，为基层的百姓做事。他不贪恋钱财和名利，带着对祖国农村的深厚情感，做出自己的选择和担当，在工作中充满热情，用所学为社会发展做出贡献。青年大学生树立的远大志向，做出自己的职业生涯规划，脚踏实地地走上了奉献社会、实现人生价值的发展道路。

大学生所处的年龄段是人生发展的重要转折期，也是个体社会化的关键期，同时他们还处于人生职业生涯发展的重要准备期和规划期。大学生应该意识到,自从步入大学校门,便开始了独立驾驭生命的风帆,驶向心中的"应许之地"。

1.2.1 生而有涯

从人生发展的角度看,这个"应许之地"就是生命的意义。众所周知,从时间上来讲,一个人的生命是有限的,一个人在有限的生命历程中会承担这样或那样的社会角色,这个过程是一个人自主的生命历程,也就是一个人的"生涯"历程,"生"就是指"生命""人生";"涯"就是"边界"的意思。"生涯"是指一个人终其一生主动扮演的角色及经历的过程,包括工作、生活、休闲等。

是价值与意义赋予人生活与生命的动力。对于绝大多数现代人来讲,生命的意义是在职业生涯中实现的。

职业是参与社会分工,利用专门的知识和技能,为社会创造物质财富和精神财富,获取合理报酬,作为物质生活来源,并满足精神需求的工作。

在职业的概念中体现了四点。

第一,与人类的需求和职业结构相关,强调社会分工。

第二,与职业的内在属性相关,强调利用专门的知识和技能。

第三,与社会伦理相关,强调创造物质财富和精神财富,获得合理报酬。

第四,与个人生活相关,强调物质生活来源,并涉及满足精神生活。

可见,现代社会的职业概念已淡化了其作为谋生手段的作用,而指向个人生命的意义。职业已成为人们实现个人价值、追求理想生活的重要途径。现代社会人们的职业活动在生命过程中有重要意义,从走上就业岗位前的学习和教育,到离职退休,职业生涯活动伴随着绝大多数人的大半生时间,也左右着个人的生活品质和生命价值。在一个人有限的生命中,职业生涯往往占有绝对重要的位置。

根据中国职业规划师协会定义:职业生涯就是一个人的职业经历,它是指一个人一生中所有与职业相联系的行为与活动,以及相关的态度、价值观、愿望等连续性经历的过程,也是一个人一生中职业、职位的变迁及工作、理想的实现过程。每个工作着的人都有自己的职业生涯,职业生涯是一个动态的过程,它不仅包含在职业上成功与否。

1.2.2 职业发展与人生愿景

一个人对社会的贡献越大,其人生价值也就越大。

1. 职业的基础是创造价值

需要是指人对某种目标的渴求或欲望。人为了自身和社会的生存与发展,必然会对客观世界中的某些东西产生需求。职业活动是为了满足人们的需要而产生。你从事一项工作,是为了能用自己的才能为企业、为社会创造价值。与此同时,在创造价值的过程中,也实现了个人的理想与目标。

被他人需要体现了一个人的价值。人在职场,如果是一棵大树,就撒下一片阴凉;如果是一泓清泉,就滋润一方土地;如果是一棵小草,就增添一份绿意;如果是一颗星星,就点缀一角天空。

2. 工作是生命的一部分

每个人都想拥有一个美好的人生,而美好的人生是要靠人们自己去创造的。

美国石油大王约翰·洛克菲勒曾说过:除了工作,没有哪项活动能提供如此高度的充实自我、表现自我的机会,也没有哪项活动能够提供如此强的个人使命感和一种活着的理由。工作的质量往往决定生活的质量。从这个意义上说,工作就是充实自我、提升自我、表现自我、成就人生的事情。日出而作、日落而息的生活规律古已有之,但在作与息的交替轮回中,人们也耗尽了生命,所以工作既然是人们生活的一部分,也必然是人们生命的重要组成部分。

生命的魅力不在于安享荣华富贵,而在于不断地超越自我,从痛苦和不幸中分娩出思想,在创造和超越中激发生命的力量,于承载艰辛和苦难中锻造生命的品质,如此,生命便得以挣脱自身的局限,焕发出耀眼的光芒。

可以这样说,每个人的工作都是人们亲手绘制的图画,是美丽还是丑陋,令人欣赏还是遭人鄙视,都是由自己创造出来的,正如人生路是靠自己走出来的一样。

3. 人生愿景在职业中实现

思想有多远,人们就能走多远。人生在世,必须明确自己活着的意义和目的。一旦确立了自己的人生目的和信仰后,要认识到这个信仰也不是抽象的、空洞的,它必须以某种具体方式实践出来。每个人所拥有的职业,就是自己信仰的具体实现方式。

一个人的价值,不是看他一生中拥有什么,而是看他能为世界留下什么。李嘉诚、马云、比尔·盖茨、斯蒂芬·斯皮尔伯格这些已经拥有巨额财富的人为什么还在勤奋工作?那是因为,他们工作的目的不是追求名利,而是在工作中追求为社会创造更大价值,以实现自己的生命意义。有了这样的生命热忱和人生信仰,他们坚持不懈、孜孜以求、乐在其中,将一份职业做成了人生事业,并使之成为了实现自己人生愿景的创造性劳动。

职业可以使人达成人生愿景、实现人生价值。要知道,对于自己真正的人生意义的追求,能够使人们热血沸腾、灵魂闪亮。

1.2.3 职业生涯规划

生涯咨询专家金树人先生认为:一个人若是看不到未来,就掌握不了现在;一个人若是掌握不了现在,就看不到未来。这一句话说明了生涯规划的本质与精髓:立足现在,胸怀未来。

【资料学习】

有四只毛毛虫,从小一起长大。有一天,它们到森林里寻找苹果吃。

第一只毛毛虫跋山涉水,终于来到一株苹果树下。它根本就不知道这是一棵苹果树,当它看到其他的毛毛虫往上爬时,就稀里糊涂地跟着往上爬。它不知自己到底想要哪一种苹果,也没想过怎样去摘取苹果,只好一切全凭运气了。

第二只毛毛虫也爬到了苹果树下。它知道这是一棵苹果树,也确定自己的目标是找到大苹果。于是它慢慢地往上爬,遇到分支的时候,就选择较粗的树枝继续爬。终于,毛毛虫找到了一个大苹果,它刚想高兴地扑上去大吃一顿,但是放眼一看,发现这个大苹果其实是全树上最小的一个,如果它选择另外一个树枝,就能得到更大的苹果。

第三只毛毛虫知道自己想要什么苹果,为了更好地达到目标,它研制了一副望远镜。通过仔细搜寻,它发现了苹果树上一个最大的苹果。于是,在很多通向大苹果的路径中,经过反复思考、计算,它终于选定了自己的道路,开始缓慢地朝着目标爬去。然而,当它爬到那里的时候,苹果已经因熟透而烂掉了。

第四只毛毛虫知道自己想要的是什么,也知道苹果将怎样长大。当它用望远镜观察苹果时,它的目标并不是大苹果,而是一个青涩的小苹果。它计算着自己的行程,估计当它到达的时候,小苹果正好长成成熟的大苹果。结果它如愿以偿。

(资料来源:黄天中,吴先红.生涯规划——体验式学习[M].北京:北京师范大学出版社,2010.)

这个故事让我们知道,人生是需要规划的。可以这样理解生涯规划:探索认知自我,在此基础上充分了解环境,并在这两者之间找到一个有弹性的平衡点。在这个过程中,使人们的心灵回归新的点,以重整旗鼓,再度出发。

不谋万世者,不足谋一时;不谋全局者,不足谋一域。没有生涯规划,人生便没有了方向。大学是为今后职业生涯发展打基础的重要积累期,不在这里开始职业生涯规划,也就不知道未来的路在哪里。

职业生涯规划是指针对个人职业选择的主观和客观因素进行分析和测定,确定个人的奋斗目标并努力实现这一目标的过程。

职业生涯在人的一生中占有极为重要的地位,职业生涯的成功与否直接影响到人生价值能否得到充分的体现,间接决定了生命内容的精彩抑或平淡。职业生涯规划是大学生们迈入社会的第一个规划,也是人生规划当中最核心的规划。因此,做好职业生涯的规划,对每个人来说都是十分重要的,它关系个人的前途与命运,并为大学学习生活指引方向,激发人本身强大的发展动力。

【本节重点】

1. 了解生涯与职业生涯。
2. 认知职业发展对人生价值实现的意义。

3. 明晰职业生涯规划的概念和意义。

【练习与实践】

画出你的生命线

在纸上画一条线，代表生命线，左端代表出生，为 0 岁；右端代表生命的终点，具体年龄自定，然后标出读大学的年龄段。

现在，面对生命线，做几个深呼吸，让自己平静下来，然后试着想象自己走进生命线，踏足在大学的起点线上……

此时，你感觉如何？自信满满还是茫然无措？满怀自豪、憧憬还是身不由己？平静、满足还是低沉、失落？

……

向左(过去)看：

脑海中浮现出哪些画面？耳边响起哪些声音？

为了能站到这里，你付出了什么？承受了什么？

你过去的经验、心态、行为模式等，哪些部分对大学生活有帮助？哪些部分可能会有不利影响？

向右(未来)看：

大学这四年，你要收获些什么？

你未来的人生轨迹将向何方延伸？一路上有什么风景？

大学，在你的人生历程中，将留下怎样的印记？

把你的思考写下来，自己看一看，感觉一下内在的思考历程。如果觉得还不够，可以继续思考或与朋友、同学讨论交流，进一步完善它。如觉得不错，可以抄在小卡片上，放在文具盒里或夹在课本里，经常看看，与自己的内心保持接触。

写下你站在生命线上的感悟。

(资料来源：赵燕，朱逢九. 点击大学——大学生学业与生活指导[M]. 上海：同济大学出版社，2011.)

【复习与思考】

1. 如何理解大学精神？
2. 应该怎样做一名大学生？
3. 职业发展对人生价值实现的意义是什么？
4. 如何认识职业生涯规划？

第 2 章 职业生涯规划与自我探索

【学习目标】

1. 理解职业生涯规划基本理论。
2. 应用个体职业倾向测评方法等自我认知的各类工具与方法。
3. 认识自我个性特征与职业匹配的关系。
4. 掌握职业生涯规划原则与方法。

2.1 职业生涯规划基本理论

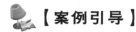
【案例引导】

重在规划

这里有某高校两位在校大学生,他们对于自己大学生涯和未来职业发展持有不同的态度,一个认真规划、稳步实施;另一个迷茫徘徊、不断探索。你是哪种类型呢?

小高,是今年的大一新生。一入学就给自己制定了明确的大学生涯规划并为此做好了具体行动方案,详细地规划了每年级、每学期的具体任务,包括学好专业课、提高学分绩点、加入爱好的社团等。

小王,入学后一直找不清自己的方向,也不知未来想从事什么工作,所以在学习和生活中总是没有动力,干啥都没兴趣。经过辅导员的生涯辅导,小王对自己的性格、能力、价值观进行了全面分析,通过和师兄师姐以及毕业生的交流沟通,小王重新调整了定位,从表演专业转向了播音主持方向。在新专业的学习中,小王得到了很大的成就感,不仅找到了自己发展的方向、目标,也激发了自身的发展动力。

点评

更多的大学新生刚入学面对新的环境很难适应,也很难迅速找到自己的方向。大学初始,就能找到未来职业发展方向的学生毕竟是少数,那些少数派也并非天生"自知",而是基于高中甚至更早期的自我认知和行动探索。因此,大学新生更应该及时与身边的人沟通交流,寻求相应的帮助,在做好眼前事情的前提下,边学习边调整;掌握必要的生涯规划理论和工具,渐渐发现自己的兴趣爱好,然后再根据自己的实际情况制定计划。生涯规划只是迈向社会的第一步,重要的是能够切实付出行动,在行动中接近自己的人生理想。

很多人对生涯规划有误区——"计划不如变化快",认为生涯规划重在结果。这是因为不了解生涯规划理论的发展脉络。下面的内容将遵循生涯理论发展脉络,重点介绍几种生涯理论,包括特质因素论、霍兰德类型理论、生涯发展理论以及生涯建构理论。

2.1.1 生涯规划类型理论

西方生涯辅导起源于1908年1月13日由美国人弗兰克·帕森斯创立的波士顿职业局,帕森斯也因此被称为"职业辅导之父"。

生涯辅导本质上是一种人对人的服务,更是一种人文关怀。这种对"人"的尊重和关怀尤其来之不易,一定需要社会文化发展到成熟阶段,才能发展出"对人的尊重"这一重要理念。

生涯辅导起源于帕森斯为学生提供服务的职业局,但是其得以大规模发展的社会背景是1907年美国发生的经济危机。如何安置大批失业工人,引导他们重新就业,成为当时重要的社会问题,这成为推动职业辅导发展的重要社会推动力,也是帕森斯类型理论产生的社会背景。

1. 特质因素理论——用"尺子"量出来的"标准配置"

帕森斯作为"职业辅导之父"对生涯辅导最重要的贡献之一,是建立了帮助个体选择生涯的概念框架。美国职业指导专家威廉森将其发展为特质-因素匹配理论,又被称为人职匹配理论。

人职匹配理论认为,每个人都有各自的人格特质(这些特质都可以通过心理测量工具予以评量),这些特质要与职业的各因素(这些因素可以通过对具体工作进行分析而获得)相匹配,这是每个人选择职业时必须予以解决的焦点问题。

(1) 人职匹配理论的步骤

① 了解自己,包括自身的能力倾向、兴趣、志向、资源、限制,以及这些特质的成因。

② 知道各种工作、职业所必须具备的条件、要求、优缺点、待遇、机会以及发展前途。

③ 能够找到以上两种事实之间的联系和契合点。

(2) 人职匹配理论的优点

① 强调了个体心理特质上的差异,重视心理测量工具的使用。

② 强调了对职业资料的收集、分析和利用,强调个人对职业要有正确的态度和认知。

③ 强调了个人特质与职业因素之间的逻辑推理,即特定工作因素与特定人格特质相匹配。

(3) 人职匹配理论的缺点

① 由于时代局限性,帕森斯的特质因素论虽然提到了个体差异,但是更多强调的是个人特质要适应工作的特性和要求,对个体差异化发展和尊重还没有足够的重视。

② 另外,无论是个人特质还是工作因素,帕森斯都认为是固定不变的,即一旦人职匹配即达到了最佳效果。这一点在当下社会发展趋势中具有非常明显的局限性。

(4) 该理论对于大学生的启示

人职匹配理论简单易懂,尤其对于大学新生来说,缺少必要的工作经验和社会阅历使得大学新生很难准确理解职业状态和意义,人职匹配理论则可以提供给大学新生一个更加简捷、便利的渠道和路径——从自我和职业,这两个端口进入生涯规划的世界。

2. 霍兰德类型论——囊括"一切"人和工作的六角模型

霍兰德类型论对于"人"的因素有了更多的关注和重视。

霍兰德认为美国社会中的职业大致可以划分为六种类型,相对应的,工作者也划分为六种不同类型。与此同时,每个人都追求相适应的工作环境类型,以便能施展个人的技术和能力,能展示个人的态度与价值,能胜任问题的解决和角色的扮演。

(1) 霍兰德类型论的具体内容

霍兰德类型论的理论架构如图 2-1 所示。

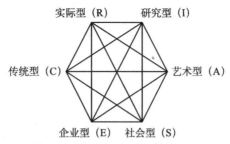

图 2-1 霍兰德类型论的理论架构

① 实际型(realistic type)

a. 实际型的人

该类型的人喜欢具体、明确的工作任务以及需要动手操作的工作氛围。通常在性格上表现为情绪稳定、忍耐力强,给人留下的印象往往是诚实、谦和、节俭、踏实。认为实际行动比语言表达更为重要,看重当下胜于未来。不甚喜欢社交以及与人接触的活动。

b. 实际型的工作环境

该类型的工作环境往往需要运用肢体的实际操作。通常为机器修理、器材维护、驾驶或者饲养等专门技术。在这样的工作环境中,处理与物接触的问题比处理人际关系问题更为重要。

② 研究型(investigative type)

a. 研究型的人

该类型的人较为擅长运用心智能力去观察、分析、推理,喜欢与符号、概念等抽象思考有关的活动。通常在性格上表现为独立、温和、谨慎、保守、内向、聪明、理性、逻辑性强。在工作中能够产生诸多新的想法和策略,喜欢从事需要动脑研究的工作,不甚喜欢领导、竞争等需要领导力的工作。

b. 研究型的工作环境

该类型的工作环境往往需要运用复杂抽象的逻辑思维能力。通常需要使用数学,或其他专业知识寻找问题的解决方案。这类工作环境中,不需要处理复杂的人际关系,大多数情况下,需要独立解决工作中遇到的问题。

③ 艺术型(artistic type)

a. 艺术型的人

该类型的人喜欢自由且创意十足的工作氛围,喜欢借助文字、声音、动作或者色彩来表达内心感受。通常在性格上表现为热情、冲动、想象力和创造力丰富,但有时会表现的情绪化和无条理性。在工作中,乐于创作、思考,不乐于被人支配。他们对美有敏锐的直觉,喜欢从事写作、音乐、美术、舞蹈等艺术感浓厚的工作,不甚喜欢文书处理等传统型工作。

b. 艺术型的工作环境

该类型的工作环境倡导和鼓励创意以及个人的表现能力,并为之提供了开发新产品与实现创意的自由空间。这类工作环境中,往往鼓励感性与情绪的表达,往往不要求具有逻辑性。

④ 社会型(social type)

a. 社会型的人

该类型的人喜欢从事与人接触的活动,关心人的感受胜于与物接触。通常在性格上,表现为友善、乐于助人、容易相处、慷慨、擅长倾听、同理心强。喜欢从事教师、护理、咨询等帮助他人的工作,不甚喜欢从事需要技术、动手等操作方面的工作。

b. 社会型的工作环境

该类型的工作环境鼓励和谐的人际关系,人与人之间相互帮助,强调人类的核心价值,如理想、友善、慷慨等特质。

⑤ 企业型（enterprising type）

a. 企业型的人

该类型的人喜欢冒险、竞争。通常在性格上表现为精力充沛、积极进取、自信、外向、善于表达、引人注意等。在工作中，该类型的人往往做事有计划、有组织，行动力很强，希望拥有权力，愿意成为团队的领导者。

b. 企业型的工作环境

该类型的工作环境往往鼓励或者管理团队成员努力达成组织或者个人的目标，强调和重视升迁、绩效、权力。工作氛围充满了权力、金融或者经济议题，甚至为了达成既定目标，甘愿承担一定程度的风险。

⑥ 传统型（conventional type）

a. 传统型的人

该类型的人喜欢保守、安定的活动，做事循规蹈矩、按部就班。通常在性格上表现为谨慎、保守、顺从、节俭、有恒心等特质。在工作中，往往乐于服从安排、配合他人工作，强调秩序感，有较强的责任感，不甚喜欢从事艺术活动。

b. 传统型的工作环境

该类型的工作环境重视秩序与规划，强调组织和秩序。最为典型的传统型工作环境是办公室的各项基本工作，诸如档案管理、会议安排、执行监督、工作计划等。

(2) 六种类型的相互关系

① 一致性

六角形中的六种类型相互之间具有不同程度的内在联系，霍兰德称之为一致性。在六角形上相邻的两种类型，距离最近，其在个体心理上的相似程度也是最高的；反之，如果六角形上相对的两种类型，距离最远，其在个体心理上的相似程度也是最低的；六角形上相隔的两种类型，距离居中，其在个体心理上的相似程度也是居中的。

如果个体的霍兰德职业兴趣代码的一致性程度低，并不一定表示其内在兴趣有冲突。举例来说，实际型（R）与社会型（S）是六角形中相对的一组类型，如果某个体的这两种倾向都非常显著，且差距不明显，并不意味着该个体在日常生活和职业环境中，存在内在的兴趣冲突，当事人既可以对实际型（R）的事务很投入，也可以对社会型（S）的事也很有兴趣，两者并行不悖。

② 分化性

分化性是指霍兰德六种职业兴趣强度差别的程度：分化性越高，表示六种职业兴趣类型中，有的非常突出，有的则不甚显著；如果分化性低，则表示六种职业兴趣类型相差不大，强度较为平均。

职业兴趣不仅仅源自人格类型，还与家庭环境、教育背景以及职业环境有着密切的相互影响。一般而言，处于职业探索期的青少年兴趣分化程度较低，而兴趣发展较为稳定的成年人，其分化程度通常比较高。在分化程度较低的人中，有两种情况要特别注意:一种是对六种职业兴趣类型测试得分都很高;另一种则是得分普遍很低。前者的外在表现为对什么都感兴趣,后者的外在表现则为对什么都不感兴趣。

用霍兰德代码来解释"一致性"和"分化性"时,要注意三位代码的不同位置和意义。解释一致性时,霍兰德代码的前两个字母最重要;而解释分化性时,首尾两个字母的差距则决定了分化程度的高低。

(3) 霍兰德类型论的理论演变

霍兰德类型论经过不断丰富和发展。1993年,Prediger在Holland六边形模型的基础上加上人和物维度、数据和观念维度,使职业的类型和性质有机地结合起来,进一步丰富了霍兰德类型论。Prediger把霍兰德的六种类型在两个维度上做了进一步划分:"物—人""事务—心智"。相对于企业型和社会型而言,实际型和研究型的人更擅长和倾向于从事"与物接触"性质的工作,例如实验操作员、现场工程师等;相对于艺术型而言,传统型的人更擅长和倾向于从事"事务处理"性质的工作。例如秘书、会计等。具体关系如图2-2所示。

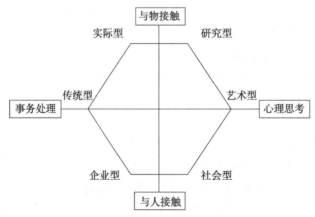

图2-2 霍兰德类型与性质模型

(4) 霍兰德的贡献与局限

在特质因素论中,"特质"是指人的具体特性,"因素"则是指具体职业要求。特质因素论只是单纯强调两者要匹配,至于这两者之间要如何对应以及对应关系如何确定,该理论并没有系统的论述。因此,霍兰德类型论最大的贡献在于,它把职业环境与个体特质有机地结合起来,形成了可操作的理论框架,在适应性和灵活性上具有更大的空间。

霍兰德类型论的不足在于:一方面,霍兰德类型论的落脚点依然在于为职业/工作找到合适的人,对于人本身的关注并没有给予足够的重视,这一点具有明显的时代局限性;另一方面,[一]在霍兰德时代,大多数人的工作环境是非常稳定的,因此类型理论具有很强的针对性和适应性,但是随着信息科技进步,产业结构和职业结构变化周期

[一] 塞缪尔·H.奥西普,路易斯·F.菲茨杰拉德.生涯发展理论:第4版[M].顾雪英,姜飞月,等,译.上海:上海教育出版社,2010:58.

越来越短,一个人不可能一生只从事一种职业,一个人的成功也不可能在稳定的职业状态下获得。因此信息化时代下的生涯发展已经远远超越了类型论的历史条件。霍兰德类型论作为一种静态理论,其理论适应性和对现实的解释能力必然要大打折扣。

(5) 该理论对大学生的启示

霍兰德的类型论较之于帕森斯的特质因素论,对于大学在校生而言有了更进一步的指导意义。如果说帕森斯的特质因素论给大学在校生的生涯规划指出了两条简便路径——自身特质和工作因素,那么霍兰德的类型论则进一步明确了两条路径中的优先顺序。

霍兰德认为,个人模式化的人格倾向一旦明显形成,将会影响对职业选择行为产生影响。如果某种倾向占据了相对优势,则个体将会寻求与这种倾向相对应的职业环境。例如,实际的、理性的人会选择成为工程师,而满怀抱负、擅长表达的人比较容易决定将律师等作为合适的职业。如果个体在两个或更多倾向上的强度是相同或类似的,那么就会对职业选择犹豫不定。如果环境因素妨碍了排在第一位倾向的实现,个体则会倾向于寻求排在第二位倾向相对应的职业环境。如果在排列第一位的倾向之外,个体的其他倾向层级顺序并不清晰,那么个体在选择职业环境时也会左右摇摆、犹豫不定。由此可见,霍兰德认为人的类型是职业选择的先决条件,类型论可以引导个体主动地、积极地进行自我探索,并通过霍兰德职业兴趣代码将自我探索的结果与外在职业世界联接起来。对于大学生来说,这一点值得借鉴参考,首先要澄清自我需求、特质和价值观取向,才能在此基础上进一步发展完善自我特长、能力和素质,获得更好的职业发展机遇。

霍兰德类型论还认为,个体不可能仅仅具有某种倾向、类型,而是多种倾向、类型的混合体。在此研究基础上,1982年霍兰德编撰完成了霍兰德职业兴趣代码。霍兰德代码是选择测评时得分最高的三个代码,这表示这三个代码最常被使用,外显性较强。相对应的,其他三个类型的代码并不是不重要,而是较少被使用。

2.1.2 生涯发展理论——颠覆既往着眼点的生涯理论

生涯发展理论的代表人物有金兹伯格和舒伯。生涯发展理论认为,个体的职业需求与价值取向并非面临职业选择时才产生,而是随着个体发展而经历了萌芽、成长和成熟的过程。舒伯则把个体的职业发展历程具体划分为成长、探索、建立、维持与衰退等五个阶段,每个阶段都有独特的发展任务和特征,前一阶段的完成情况影响着下一阶段的职业发展,并决定最终的职业发展状况。生涯发展理论从"自我概念"着手,把职业选择和发展视为自我形成和发展的过程,用动态的视角来研究人的职业选择行为。

1. 舒伯生涯发展阶段理论概述

在舒伯的生涯发展理论的诸多假设中,最为核心的就是自我概念,即个体具有一种内在驱动力,促使自己融入工作中,在工作中实践、发展自我。

舒伯认为个体在能力、兴趣、需求、价值等多个维度上，普遍存在着个体差异，基于个体独特的品质，个体适合从事某些特定的职业。每项职业均要求一组特定的能力和人格特质，因此每项工作可以适合不同的人。个体的职业倾向和能力，会随着时间和经历而改变，生涯发展的五个阶段中，每个阶段之间都存在"转换期"，受到环境和个体因素影响；个体生涯发展路径受到家庭、教育、人格以及机会的影响；生涯发展并非是内在、自发性质的，而是可以被引导的，而外在生涯发展历程，伴随着内在职业自我概念的实践和发展。

舒伯在1990年借鉴、综合了当时心理学三个分支（分别是差异心理学、自我概念理论以及发展心理学）研究成果的基础上，提出了著名的"拱门模式"。经过对生涯发展理论的不断研究与修改，舒伯后来在原有阶段理论基础上，又增加了角色理论，形成了现在著名的"生命/生涯彩虹图"（如图2-3所示）。

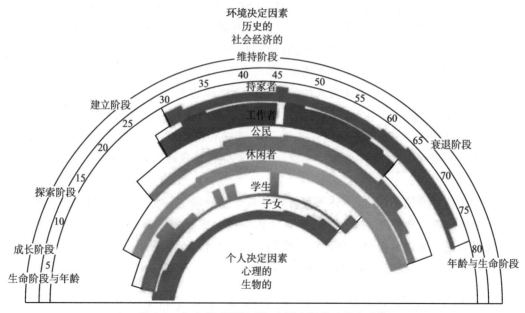

图2-3 生命/生涯彩虹图：生活空间的六种角色[一]

2. 舒伯生涯理论中不同的发展阶段

从图2-3所示可以看出，横贯左右的维度代表着个体整个生命周期，彩虹的外圈显示了个体主要的发展阶段以及相对应的大致年龄阶段。

（1）成长阶段（0～14岁）

在家庭、学校或重要他人的认同过程中，逐渐发展出自我概念。需求与幻想是这个阶段最重要的特质。该阶段还可以划分为如下3个亚阶段：幻想期（4～10岁）、兴趣期（11～12岁）、能力期（13～14岁）。

[一] 金树人. 生涯咨询与辅导[M]. 北京：高等教育出版社，2007.

(2) 探索阶段(15~24岁)

在学校、休闲活动及社会兼职等经验中,进行自我探索、角色探索与职业探索。职业偏好从逐渐清晰到特定化直至得以实现,是该阶段的主要特征。该阶段还可以划分为如下 3 个亚阶段:试探期(15~17岁)、转换期(18~21岁)、试验并初步承诺期(22~24岁)。

(3) 建立阶段(25~44岁)

确定适当的职业领域,逐步建立稳固的地位。职位可能会有升迁,可能会进入不同团队,但是所从事的职业不会有太大变化。该阶段还可以划分为如下 2 个亚阶段:试探投入和建立期(25~30岁)、晋升期(31~44岁)。

(4) 维持阶段(45~64岁)

在职场上崭露头角,全力稳固现有的成就和地位,逐渐减少创意等锐意进取的表现,面对新进人员的挑战,全力应战。

(5) 衰退阶段(65岁以后)

身心状态逐渐衰退,从原有工作上退隐,寻求不同满足方式以弥补退休后的心理失落。该阶段还可以划分为如下 2 个亚阶段:减速期(65~70岁)、退休期(71岁)。

3. 舒伯生涯理论中不同的生活角色

如图 2-3 所示,纵贯上下的维度代表着个体生命中可能经历的诸多生活角色。不同角色的相互影响,塑造出个体独特的生涯发展路径;不同角色的此消彼长,不仅会受到个体年龄和阅历的影响,还会受到个体所花费时间和投入精力的影响。某个角色的变化,可能会对其他角色产生深刻的影响。每个年龄阶段会具有不同的角色组合,这种组合能够反映出个体当时的价值取向,这种价值取向是自我概念的重要组成部分,将对个体未来的生涯发展产生关键性的影响。

从彩虹图中可以看出人生各种角色的变化趋势和程度。每个弧形代表人生中的某一角色,弧形的阴影面积越大,辨识投入的时间和精力越多,这个角色也就越重要。对于大学在校生来说,绘制生命彩虹图的过程也是一个回顾过去和展望未来的历程。在当下时点之前,学生可以细细梳理一下自己过往的不同角色究竟在生命历程中占据多少空间和时间;在当下时点之后的生命/生涯彩虹图如何绘制,对于学生来说并不容易。但是不能据此认为学生在填涂未来各种人生角色是随意发挥、缺乏思考的。学生在填涂当下时点之前的角色过程中,如果已经沁入对自己生命前半程的思考之中,那么这种思考生命的肃穆和认真的态度也会延续到对未来的规划和思考,其对未来的思考至少在当下是具有现实意义的,呈现出其目前的价值取向以及下一步的努力方向。这种价值取向的可视化经历可以帮助学生"俯瞰"过往、"展望"未来,从而产生类似于第三只眼的客观评价。

4. 该理论对大学生的启示

舒伯对于生命周期的阶段划分,对于大学生而言,具有非常重要的借鉴意义——

可以清晰地看到自身当下所处的位置和角色。同时，舒伯的生命彩虹图可以将内隐的自我概念和价值取向初步、简略地呈现出来。这些可以帮助大学生，尤其是刚刚踏入大学校门的新生，对人生规划和大学生涯产生初步的感性认知。

对于大学新生而言，要重点关注舒伯提出的"转型期"概念，这个概念在每个特定发展阶段都具有特殊的重要性。每经过一个转型期，个体就要面对一个新的小周期，即类似于"成长—探索—建立—维持—衰退"这样一个完整的循环。举例来说，假设一位刚刚入学的大一新生经历了人生第一个转型期——从高中升入大学，必须重新经历"成长""探索"新的角色和学习环境。在大学这个新环境中，建立了固定的适应模式并且维持了一段时期以后，就可以算作该生平稳度过了大学阶段，但是又要开始面对另一个转型期——准备踏入工作世界，或者进入更高层次的学习阶段（考研或留学），这个时点上，入学时建立的行为模式将进入衰退阶段，继而以新的角色进入新的环境。如此周而复始，直到个体生命周期的衰退阶段。

2.1.3　生涯建构理论——自我成长为导向的后现代生涯理论

21世纪由于社会经济结构的转变，稳定的工作和线性的生涯发展路径被打破，人们开始面临如何在快速变动的社会中获得适应并实现自身价值的问题。因此，与过去将自己匹配到工作中的观念不同，未来生涯规划理论的着眼点是帮助个体将工作匹配到自己的生活中。这就是生涯建构理论的产生背景。

生涯建构理论不再局限于问题本身，而是将重点转移到问题解决，更为关注个体冲破障碍，发挥自身潜能，以及拥有实现理想的信心和行动，从而在快速多变的社会经济环境中获得自我认同、意义和幸福的生活。

1. 生涯建构理论对传统生涯理论的改变

美国学者 Mark L. Savickas 在2002年提出了生涯建构理论，其带来的冲击和改变主要有如下两方面。

（1）每一个体拥有生涯发展的主导权

新时代主导职业生涯发展的应该是个人而非组织，每一个体可以自行描绘未来的人生蓝图，强调尊重个体的价值取向，不再强调个人特质对职业的"适配性"。建构主义重视整体的价值、人的自主性和意义的赋予。

（2）每一个体的生涯都是独一无二的

后现代生涯理论越发强调对于每一个体的主观、深入地了解，并且把职业规划、选择以及决策等行动放到个体生命周期的大背景下进行设计和建构。

2. 生涯建构理论的核心内容

生涯建构理论包括三个核心内容：人生主题、职业人格和生涯适应力。

（1）人生主题

人生主题即个体生涯故事的主题，是指在个体的生涯故事发挥中起最为重要的作用的因素。了解并认知人生主题有助于增强个体的自我认同感,进一步明确内在的价值取向,并且有助于加强个体与社会之间的连接。

(2) 职业人格

职业人格是指与个体生涯相关的能力、需求、价值观和兴趣。在生涯建构主义看来,职业人格与特质因素论中的个人特质不一样,并不是指通过测试确定的个体的要素或者特质,而是个体在与环境互动过程中建立起来的应对内在需求和外在环境的策略。即使个体尚未进入职业世界,由于策略长期性和习惯性的存在,可以从个体以往的爱好和习惯中发掘这一要素。

(3) 生涯适应力

生涯适应力就是指个体为了实现自我概念所做出的努力和尝试,即自我适应外在环境的过程。良好的生涯适应力包括如下几个特征:关注职业发展前景;具有较强的对自身职业发展的控制力;具有对内在自我和外在环境积极探索的好奇心;具有较强的生涯发展的自信心。

在生涯建构理论中,人生主题解释了为什么不同的人对待工作和生活有不同的态度,职业人格解释了每个人喜欢做什么,而生涯适应力解释了个体如何应对生涯发展不同阶段的任务。

生涯适应力强的大学生在面对"大学—职场"转换期时,会积极主动地查询并关注本专业未来职业的发展前景,通过生涯人物访谈、专业教师咨询等途径获得必要的职业发展信息来作为决策依据对于自己未来的专业成长和职业发展具有一定自信心,相信自己有能力顺利实现从学校到职场的过渡。对于那些生涯适应力较弱的同学来说,可能其表现则恰恰相反,这些同学可能对自己未来并不热心,也并不好奇,甚至可以说有点漠不关心,认为自己专业能力不足以找到一份可以获得持续发展的职业,信奉所谓的"计划没有变化快""随遇而安",拒绝主动地进行人生规划。

3. 该理论对大学生的启示

近些年来大学生群体由于受成长环境的影响,他们的个性、思想、行为、价值取向、心理和需求等方面都呈现出许多新特点,追求个性、强调自主、思维独立、自信、敢于向传统与权威挑战、头脑敏捷、眼界开阔,接受新事物的意识和能力非常强。现代大学生的个性发展特点与生涯建构理论所强调的个体差异和多元价值取向的观点非常契合。所以在大学生生涯辅导和咨询过程中,生涯建构理论的诸多理念值得借鉴。

2.1.4 生涯教育与生涯咨询

如果把所有与生涯相关的辅助活动合并一起,并称之为生涯服务,那么其内部可以做如下三种分类:职业指导、生涯教育以及生涯咨询。三者之间存在着一定差异,职业指导是依据个体差异的客观视角把来访者视为表演者,个人特质得分的高低可以帮助他们将自己与那些需要类似特质的职业进行匹配;生涯教育是依据个体发展的主观视角把来访者视为主导者,参与适合自己人生阶段的发展任务的准备程度(即舒伯的生涯成熟度)可以帮助他们去培养新态度、新信念和新能力,进而推进个体生涯发展;生涯咨询是依据个体构思的设计视角把来访者视为创作者,通过语言的叙述(即生涯故事)帮助个体反思生命主题,建构自己的生涯历程。其差异性如图2-4所示。

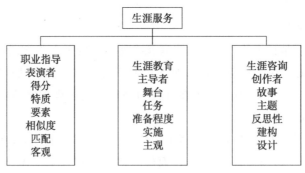

图 2-4　生涯服务的组成

职业指导是起源于近现代工业革命的时代产物,诸多理论和方法都是为了适应工业社会发展的需要。当今,后工业化革命方兴未艾,其社会生产方式、职业方式以及生活方式等诸多方面都在发生革命性变革。生涯规划理论也正在经历从人尽其才到职业满足、从静态的职业指导到动态的生涯指导、从测评—分流—安置到自我决策能力培养的趋势转变。

【本节重点】

了解生涯规划理论发展脉络以及方向。

2.2　职业生涯发展的影响因素

【案例引导】

小李的困惑

环境因素(如家庭)对个人发展具有不可低估的影响。这些影响既有外显的,又有内隐的,尤其内隐的影响往往被当事人所忽略。

某高校大二男生小李找到咨询师,咨询未来职业发展问题。他的主要困惑是不知道自己将来要从事什么样的职业,他想留在大城市生活。为了有一个更好的发展,他想过考研,但是遭到妈妈反对,理由是:要现实一点,不要要求太高了,读研究生还要花钱，咱们是普通家庭，安分守己过日子就好了。

在个体的职业选择和发展过程中，原生家庭是一个非常重要的影响因素。为了澄清这个问题，咨询师与小李进一步探讨了家庭关系。在交流过程中，小李慢慢描绘出原生家庭的轮廓。小李的爸爸妈妈都是普通工人，小李的爸爸年轻时曾经脑筋很活，不太安分，几次与朋友合伙做生意都失败了。

妈妈吸取了第一个儿子因车祸去世以及爸爸生意失败的教训，变得愈发小心谨慎，认为人要安分、现实，安稳过日子，于是对小李采取了过度保护的教养方式，很多时候都会替小李做决定，反对任何有风险的活动，不让孩子自己进行探索。

这种过度保护型家庭导致小李自我效能感不高。但是进入大学以后，小李看到身边其他同学不同的生活方式，内心愿望（渴望更好的生活）和父母的要求产生了冲突。这种冲突体现在小李的生涯困惑中，就表现为希望能够找到一份社会地位高、体面的工作。但是另一方面却不知道如何实现这个职业目标，对未来职业发展并没有太大信心。

咨询师最终并没有直接就职业目标和路径进行答复，而是结合小李的特点和需求，引导他制定了一份自我成长计划，鼓励小李多积累经验，在此基础上不断提升自我效能感，为未来职业发展提供更持久的动力。

点评

从小李在咨询时的最初描述来看，当事人的生涯困惑似乎是职业目标问题，但是从小李的描述关键词来看，家庭对于他的职业选择有着重要的影响。咨询师与小李共同探讨了小李原生家庭之后，发现小李的自我效能感提升是生涯困惑的前置问题。如果他的自我效能感不能得到有效提升，那么在未来的生涯发展中将会遇到更多来自自我的障碍。

鉴于生涯建构理论的适应性和发展性，本节拟在该理论框架下具体探讨影响个体生涯发展的诸多因素。生涯建构理论主要包括三个核心内容：人生主题、职业人格和生涯适应力，而个体特征、情境因素都是影响生涯建构结果的重要方面。下文将从个体特征和情境因素两方面，具体阐述相关内容。

2.2.1 个体特征

个体特征包括与个体生涯相关的兴趣、能力和价值观等。在生涯建构主义看来，职业人格与特质因素论中的个人特质不一样，并不仅仅是指通过测试确定个体的要素或者特质（这些是外显的、客观的特征），还包括个体在与环境互动过程中建立起来的应对内在需求和外在环境的策略。

1. 兴趣

兴趣这个概念内涵丰富多样而且外延也十分模糊，注意、好奇、欲望、内部动机等都可以是兴趣的一个侧面。因此，兴趣具有动态性，它总是指向某个外在客体，在此过程中实现自我的某一方面。

兴趣以认知为前提。若对某件事物或某项活动没有认识,也就不会对它有情感,因而不会对它有兴趣。反之,认识越深刻,情感越炽烈,兴趣也就会越浓厚。

在本部分内容中,兴趣主要是指职业兴趣,即指个体对某种职业活动具有的比较稳定而持久的心理倾向,使人对某种职业给予优先注意,并在实践活动中进行尝试。职业兴趣体现了个体对待工作的态度,对工作的适应能力,拥有较高职业兴趣的个体,其个人工作满意度、职业稳定性和职业成就感也会相应增加。根据霍兰德职业兴趣理论,职业兴趣可以分为六种类型:社会型(S)、艺术型(A)、研究型(I)、实际型(R)、传统型(C)、企业型(E)。

从某种意义上来说,兴趣也是一种价值观。所以霍兰德类型论才有可能根据兴趣对个体和职业进行分类。职业兴趣对于个体未来职业发展具有不可忽视的作用,如果个体能够在清晰而强烈的兴趣驱动下,开展生涯探索和建构,其生涯发展必然就会有更可期的未来。

专业兴趣、职业兴趣属于间接兴趣,不太可能生而有之,而是需要后天"刻意"培养。生涯教育培养大学生职业兴趣,就是这样一个过程。

职业兴趣在传统生涯理论中是首要影响因素,但是随着生涯理论的发展,对于兴趣的研究有了不同的发现:兴趣常被认为是一个静态的概念,代表着个体当下针对某个领域的状态,事实上兴趣是一个动态变化的过程,因为外在情景是不断变化的,包括学习环境和工作环境。

2. 能力

能力是完成一项目标或者任务所体现出来的素质,是直接影响活动效率,并使活动顺利完成的个性心理特征。而职业能力可以定义为个体将所学的知识、技能和态度在特定的职业活动或情境中进行类化迁移与整合所形成的能完成一定职业任务的能力。

1983年,美国哈佛大学教育研究院的心理发展学家霍华德·加德纳提出,人类的智能大致可以分成九个范畴。

(1)语言智能:有效地运用口头语言及文字的能力,即听说读写能力,表现为个人能够顺利而高效地利用语言描述事件、表达思想并与人交流。

(2)逻辑数学智能:有效运用数字和推理的智能,喜欢提出问题并执行实验以寻求答案,寻找事物的规律及逻辑顺序,对科学的新发展有兴趣,对可被测量、归类、分析的事物比较容易接受。

(3)空间智能:对色彩、线条、形状、形式、空间及它们之间关系的敏感性很高,感受、辨别、记忆、改变物体的空间关系并借此表达思想和情感的能力比较强,能准确地感觉视觉空间,并把所感觉到的表现出来,这类人在学习时是用意象及图像来思考的。

(4)肢体运作智能:善于运用整个身体来表达想法和感觉,并运用双手灵巧地生产或改造事物的能力。这类人很难长时间坐着不动，喜欢动手建造东西，喜欢户外活动，与人谈话时常用手势或其他肢体语言。他们学习时是透过身体感觉来思考的。

（5）音乐智能：敏感地感知音调、旋律、节奏和音色等能力，表现为个人对音乐节奏、音调、音色和旋律较为敏感并能够通过作曲、演奏和歌唱等进行表达的音乐能力。这种智能在作曲家、指挥家、歌唱家、乐师、乐器制作者、音乐评论家等人员那里都有出色的表现。

（6）人际智能：有效地理解他人及其关系以及与人交往的能力，包括四大要素：①组织能力，包括群体动员与协调能力。②协商能力，指仲裁与排解纷争能力。③分析能力，指能够敏锐察知他人的情感动向与想法，易与他人建立密切关系的能力。④人际联系，指对他人表现出关心，善体人意，适于团体合作的能力。

（7）内省智能：准确认识自己的能力，正确把握自己的长处和短处，把握自己的情绪、意向、动机、欲望，对自己的生活有规划，能自尊、自律，会吸收他人的长处。会从各种回馈管道中了解自己的优劣，常静思以规划自己的人生目标，爱独处，以深入自我的方式来思考。喜欢独立工作，有自我选择的空间。

（8）自然探索智能：认识植物、动物和其他自然环境（如云和石头）的能力，还可以进一步归结为探索智能，包括对于社会的探索和对于自然的探索两个方面。

（9）存在智能：人们表现出的对生命、死亡和终极现实提出问题，并思考这些问题的倾向性。

显然，不同的人会有不同的智能组合，例如：建筑师及雕塑家的空间感（空间智能）比较强，运动员和芭蕾舞演员的体力（肢体运作智能）较强，公关的人际智能较强，作家的内省智能较强等。对于大学新生来说，可以从分析自身的学习能力出发，判断一下自己在多元智能模式中最为擅长的是哪个领域。

3. 价值观

如果说兴趣、能力对生涯发展的影响是技术层面的，那么价值观对于生涯发展的影响就应该称之为战略层面的因素。价值观往往能够解决生涯发展的动力等重要问题，例如在成就动机方面，那些追求自我卓越、具有高成就动机的个体往往能够调动更多内在动力和外在资源，并积极采取职业探索等主动性行动。

对于大学新生而言，价值观的澄清并不是一件很容易完成的任务。针对大学新生的特点，比较适合从学习和生活角度入手，对于未来生涯发展和人生角色初步形成一个框架性的概念，因此舒伯的生命彩虹图对于大学新生来说较为合适。随着大学生活的不断拓展和深化，大学生对于价值观的体验和感悟也会逐渐加深，针对这一阶段的学生，可以使用更深层次的工具。

对于价值观的澄清，可能还存在一个误区：价值观清晰的学生是否一定目标坚定、行为笃定呢？未必如此。价值观澄清与目标确定是一个互为表里的过程，因此，大学生在目标坚持方面可能表现出不同的态度，有些人笃定地坚守既定目标，另一些人则倾向与时俱进地不断修正目标。有研究表明后者往往表现出更高的适应性,他们通常内心十分强大,大多数是乐天派、情商高、自尊心较强;相反,如果过于执着于既定目标,不会根据情境变化调整目标的个体,往往会有患得患失或常有紧张焦虑等情绪,反而不利于目标的实现。

【资料学习】

生命/生涯彩虹图的教学技巧和分析要点

在生命/生涯彩虹图中,纵向层面代表的是纵观上下的生活空间,是由一组职位和角色所组成。分成子女、学生、休闲者、公民、工作者、持家者六个不同的角色,他们交互影响交织出个人独特的生涯类型。在个人发展历程中,随着年龄的增长而扮演不同的角色,图的外圈为主要发展阶段,内圈阴暗部分的范围长短不一,表示在该年龄阶段各种角色的分量,在同一年龄阶段可能同时扮演数种角色,因此彼此会有所重叠,但其所占比例分量则有所不同。

横向层面代表的是横跨一生的生活广度。彩虹的外层显示人生主要的发展阶段和大致估算的年龄,各个时期的年龄划分有相当大的弹性,应依据个体的不同情况而定。

在每一个阶段对每一个角色的投入程度可以用颜色来表示,颜色面积越多表示该角色投入的程度越多,空白越多表示该角色投入的程度越少。生涯彩虹图的作用主要是对自身未来的各阶段进行调配,做出各种角色的计划和安排。

假设某位来访者为自己勾画了一幅生命/生涯彩虹图,我们来看看其中位于半圆形最中间一层——"子女"的角色,该角色在5岁以前是涂满颜色的,之后渐渐减少,16岁时大幅度减少,一直到48岁时开始迅速增加。其实为人子女的角色一直存在,早期个体享受被父母养育照顾的温暖,随着成长成熟,慢慢开始同父母平起平坐,而在父母年迈之际,则要开始多花费一些心力来陪伴、赡养父母,这是对单一角色的分析思路。生命/生涯彩虹图对于价值观澄清的作用还在于个体如何平衡不同角色之间的时间和精力的投入。

另外,在生命/生涯彩虹图的运用过程中,还可以参照绘画心理测验的技巧对学生的作品进行分析。线条的质量往往很容易流露出人的心理状态,在填涂不同生命角色不同发展阶段时,如果学生具有较为清晰的想法,则对应部分的填涂线条就会比较流畅、色块就会比较圆润。在大一新生的作品中,还有一种比较常见的状态,就是每个角色的各个阶段都会填涂的比较饱满,其中可能的原因是一方面在于学生对于生命角色还没有切身体会,无法权衡;另一方面"初生牛犊不怕虎",在大学这个人生新阶段都有一些完美主义倾向。对于上述两种情况,教师可以提供不同角色之间冲突的案例,让学生进一步就价值观做出澄清,重新思考角色分配。

(资料来源:金树人. 生涯咨询与辅导[M]. 北京:高等教育出版社,2007.)

2.2.2 情境因素

生涯建构过程中情境影响因素主要集中在社会支持及环境氛围的感知方面，比如，来自学校和家庭等方面的支持感知对个体适应性产生正强化效果，良好学习氛围对学生的学习适应有积极促进作用。

对于大学生而言，影响其生涯发展的情境因素中最为基础，也是最为重要的三方面因素为：家庭、教育以及就业市场。下面将分别介绍相关内容。

1. 家庭

家庭作为最基本的社会单元，对每个人的心理发展都产生重要的影响，毫无疑问，家庭是孩子的第一所学校。大多数人从幼年起就在家庭的环境中感受其父母的职业活动，一般情况下，个人对于家庭成员特别是长辈的职业比较熟悉。在选择职业时，不可避免地带有家庭教育的印迹。"子承父业"就是典型的例子。

随着年龄的增长，个体逐步形成自己对职业价值的认识，在职业规划和职业选择上与父辈产生一定的趋同性，个人的生涯决策或多或少建立在家庭成员共同协商的基础上。兴趣有时也受遗传的影响，父母的兴趣也会对孩子有直接的影响。

每个孩子的家庭是造就其素质以致影响生涯的主要因素之一。父母的教养方式、是否单亲、生源地的因素都是影响大学生生涯规划的因素。

家庭经济对生涯规划也有一定的影响。富裕的家庭能给大学生在生涯规划时提供充裕的物质基础，使得个体在生涯规划时有更多、更自由的选择空间和机会；而家庭经济一般的个体，在生涯规划过程中受到的约束要更多一些。同时父母的职业对大学生生涯规划也有一定的引导作用。

2. 教育

个人自身接受教育的程度是影响其职业兴趣的重要因素。任何一种社会职业从客观上对从业人员都有知识与技能等方面的要求，而个体本人的知识与技能水平的高低在很大程度上取决于其受教育的程度。一般意义上，个人学历层次越高，接受职业培训范围越广，其职业取向领域就越宽。

3. 就业市场

就业市场不仅包括有形的就业市场，例如常见的招聘市场等满足劳动力供求的实体或网络市场等"硬件"，还包括国家/地方就业政策、传统文化以及社会风尚等"软件"。

目前，我国大学生就业市场的供需关系总体上呈现出结构性就业难的特点，并非大学生绝对数量达到了供大于求的状态，而是在就业区域、行业等方面呈现出冷热不均的特点。大学生是我国劳动力市场中至关重要的人力资源，对于我国社会稳定、产业结构转型、经济模式升级换代都具有重要的支撑作用。因此，党和国家对于大学生就业历来给予了高度重视，出台多项优惠政策，积极引导和推动大学生充分就业、高质量就业。从每年毕业生调查数据来看,东部经济发达地区的大学生就业情况要好于中西部地区,一线城市的就业情况好于二三线城市。

影响就业市场的因素除了劳动力供需关系,还有一些"软"要素,主要体现在政府政策导向、传统文化、社会时尚等方面。这些影响因素同样会对个人职业兴趣、生涯决策等方面产生重大影响。政府就业政策的宣传是主导的影响因素,传统的就业观念和就业模式也往往制约个人的职业选择,而社会时尚职业则始终是个人特别是青年人追求的目标。如当前计算机技术和旅游事业都得到较大发展,对这两个职业有兴趣的人也增加得很快。

【本节重点】

了解、认知影响自身生涯发展的各类影响因素。

【练习与实践】

平衡轮即寻找当事人自身所蕴含的各种资源,也是澄清生涯规划、发展影响因素的一种有效工具。这个工具的使用,是从厘清现状开始,帮助当事人直观地看到与现状相关的各因素是什么、作用有多大。

需要注意的是,运用平衡轮所展示的一定是当事人的现状,对每一个部分是否满意,满意的程度如何,哪一部分需要改变,这些都依照当事人的标准,必须由他自己作出判断和决策。平衡轮是一种动态调整工具,个体在不同时期的关注点不一样,不同时间对待同一个问题的看法也会不一样。

具体步骤如下所示。

(1)厘清重要的影响因素,并且以 1~10 分来衡量,考虑每一个因素的现状值是多少、理想值是多少,填入下表中。最后对这 8 种因素进行重要性排序(通常的 8 种核心因素:财富、事业、家庭、健康、朋友、兴趣、环境、自我成长)。

8种核心因素	现状值	理想值	排序
1.			
2.			
3.			
4.			
5.			
6.			
7.			
8.			

(2)将上述内容呈现在平衡轮中。

一个圆平分成 8 个等份,每个等份代表着一个不同的内容(第一步中厘清的 8 种重要因素),将每一个等份用不同颜色,按照现状值的多少进行填涂(参见下图)。

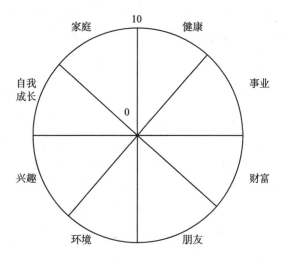

(3) 思考与讨论。

① 厘清现状。填涂完成的平衡轮是否"平衡"?有哪些是自己平时没有在意、忽略的内容?有哪些内容随着时间的变化,其分值也发生了改变(例如,同样的收入,去年我还觉得自己很贫穷,但今年我却觉得自己很富有,因为我们对待金钱的态度改变了……)?哪些内容需要我们马上关注,是否是分值最小的部分?哪些部分存在杠杆效应(即在某方面内容的较小变动,可以带来其他方面或者整个生活较大的变化)?

② 指向行动。我们采取哪些方法/行动会改变这部分内容呢?当我们做了改变后它会给我们的生活带来什么样的变化?近期可以采取的具体行动是什么?

2.3 职业生涯规划原则与方法

【案例引导】

发 现 自 我

某高校在校大学生小楠是一位学习很顺利的女生,但是她对自己的专业选择,对自己未来可能的发展却没有"确定感"。目前,她正面临着考研还是工作的两种选择,她觉得很难自己做决定,感觉只是期待着一个结果,赶快摆脱决策焦虑,而这个结果是什么反而不重要了。这种"自然发生法"的生涯规划方式在很多大学生身上均有体现,但是结果却往往不能令自己满意。

通过测评和交流,咨询师发现小楠由于一直以来的发展都是被父母决定的,她渐渐失去了自己做决定的习惯。分析小楠的成长过程,她完全依照"自然发生法"进行人生规划:一切都被家长安排,目标可以适应行为。因此,小楠动力测评报告显示"成功愿望"和"挫折承受"得分都比较低,"越来越觉得自己真的很没用"。咨询师通过"生涯幻游"帮助小楠寻找自我发展的内在力量和外在行动力,引导小楠对下一步目标进行了 SMART 分析,鼓励小楠通过行动来实践和增强自我发展信心。在这个过程中,生涯决策的问题自然迎刃而解。

点评

生涯决策并不是生涯规划的终点,生涯规划是一个动态循环的过程,其本质在于最终的行动。如何完成这一过程,则需要通过职业规划的方法来进行,那就是清晰的自我了解、自信的目标设定,以及一步步脚踏实地的行动。针对小楠这种"自然发生法"的行事风格,如何进一步提高其行动的自主性,可以从以下三方面入手:第一,明确拟采取的某项生涯行动对自己的意义是什么;第二,明确如果不做这件事,对未来的意义是什么;第三,把要做的事情细化、分解,并且找一个人来监督自己。

生涯规划不是停留在纸面上的计划和步骤,而是有具体方法帮助个体提高行动力,实现设定的目标。下面的内容将具体介绍如何制定并实现一个合理可行的生涯规划目标。

2.3.1 职业生涯规划原则

职业生涯是贯穿一生职业历程的漫长过程,不同的发展阶段具有不同的特质和任务,但是总的来说制定职业生涯规划大体上要遵循如下几个原则。

1. 量体裁衣原则

量体裁衣原则是做好职业生涯规划应当始终遵循的原则,也是最重要的原则。职业生涯设计是一项完全个性化的任务,没有统一的定式,需要结合个体的具体特点进行设计。

在进行职业生涯规划之前,不仅要对个体的内在素质,比如知识结构、能力倾向、气质和性格等个性特征和职业喜好等进行全面的测评,而且要对个体外部的职业环境和职业发展资源等进行系统地评估。既考虑个体的职业发展动机,又考察其成功的可能性,从而为个体设定相应的职业发展目标和具体的发展规划。

2. 可操作性原则

每个人都说有目标和计划,但并非每个人都可以实现自己的目标,完成自己的计划,甚至有人根本不知道自己是否完成了计划,这就是目标和计划的可操作性。职业生涯设计是为个体设定达成理想目标的规划的步骤,因此,这些内容本身应该是具体明确的,而不能是空洞的口号。

职业生涯的可操作性,主要包括目标的现实性、计划的可行性和效果的可检查性三个方面。所谓目标的现实性,是指个体目标的设定应该建立在个体现实条件的基础上,是对个体现实资源的真实评估和科学预期,是可以达到的目标,而不能是追新逐异或好高骛远的空想。所谓计划的可行性,就是指为个体制定的计划是非常具体的,是依据他们现有能力可以完成的行动计划。所谓效果的可检查性,就是说目标的现实和计划的执行情况以客观事物为标准,是可以度量和检查的。

3. 阶段性原则

对职业生涯发展来说,人生的不同阶段承担着各自的发展任务,需要解决相应的发展问题。因此,职业生涯规划也应该结合个体的年龄特征,确定具体的发展方向,制定阶段性的发展目标。在现实与最终目标之间设定一个个的阶段性目标,同时兼顾短期目标、中期目标以及长期目标。就像从山脚到山顶的一级级台阶,每迈一步都能够感到自己在朝终极目标前进,奋斗的过程就变得不那么缥缈,而是更具体、真实。

当人们的行动有了明确目标的时候,他们能够把行动与目标不断加以对照,进而清楚地知道自己的行进速度与目标之间的距离,人们的行动动机就会得到维持和加强,会自觉地克服困难,努力达到目标。

4. 发展性原则

发展性原则是指为个体设计职业生涯规划时,不仅仅局限于个体当前的发展,而且要考虑到个体未来的职业发展空间,职业生涯规划要有超前性和预测性。因此,职业生涯规划应该基于影响职业发展的核心因素和本质因素,而不是表面现象进行。职业生涯规划要评量更核心和本质的因素,从个体长期发展的角度设计职业生涯规划。因此,制订职业生涯规划时,个体需要从实际情况出发,根据不同的年龄特征,制订具体可行的发展规划。在个体自身条件或外界环境发生改变时,所设计的理想目标和阶段性目标都需要相应地完善与修正。

5. 与组织目标一致原则

个体的职业发展无法离开所在组织机构的大环境、大舞台。只有借助于组织宽广的职业舞台,才能实现自己的职业目标和职业理想。因此,个体的职业发展规划要与组织机构目标的实现过程相结合,而不能与所在组织、机构的目标相背离。离开组织机构的发展背景,便无法实现个人的职业发展。

2.3.2 职业生涯规划方法

职业生涯发展是一个动态的发展过程,掌握了基本的职业生涯规划方法,才能帮助个体了解自己、筹划未来,在"衡外情、量己力"的前提下,设计出符合自己特点的合理而又可行的职业生涯发展方向和路径。

1. 生涯规划的六个步骤

一般来说,传统生涯理论中职业生涯规划可以划分为六个步骤,分别是自我评估、组织与社会因素分析、生涯机会评估、确定职业生涯目标、制定行动方案和评估与反馈。具体内容如下。

(1) 自我评估

根据自己所处的职业发展阶段、职业倾向和个性心理特征对自己做出全面分析。主要包括对个人的需求、能力、兴趣、性格、气质等方面的分析，以确定什么样的职业比较适合自己和自己所具备的能力。有两种方式可以评估自我，第一种方式是自我测评，包括自我问卷评估，以信息收集为目的的面谈等。参加有关职业生涯规划的研究班也有助于发现自身的职业兴趣、职业倾向以及人格特质。自评是发现自我的很好工具，通过自评，你可以发现自己的优点和缺点。如果你的某项特质是在压力下才会表现出来的，那么，记着给出压力情境的条件。第二种方式是专业测评，由职业顾问通过一系列测评工具来实现。专业测评中，职业顾问将分析你的个人兴趣、性格与能力，并给出他们认为适当的关于职业生涯的建议。

(2) 组织与社会因素分析

组织因素分析是通过对组织特征、组织发展战略、人力资源需求进行分析，以确定自己是否适应组织环境的变化以及怎样调整自己以适应组织的需要。社会因素分析是对政治环境、经济环境、社会环境的分析。短期的规划比较注重组织因素的分析，长期的规划要更多地注重社会因素的分析。

(3) 生涯机会评估

生涯机会评估包括对长期机会和短期机会的评估。通过对社会环境的分析，结合本人的具体情况，评估有哪些长期的发展机会；通过对组织环境的分析，评估组织内有哪些短期的发展机会。通过职业生涯机会的评估可以确定职业和职业发展目标。

(4) 职业生涯目标的确定

职业生涯目标的确定包括人生目标、长期目标、中期目标与短期目标的确定，它们分别与人生规划、长期规划、中期规划和短期规划相对应。我们首先要根据个人的专业、性格、气质、价值观以及社会的发展趋势确定自己的人生目标和长期目标，然后再把人生目标和长期目标进行分化，根据个人的经历和所处的组织环境制定相应的中期目标和短期目标。

(5) 制定行动方案

在确定以上各种类型的职业生涯目标后，就要制定相应的行动方案来实现它们，把目标转化成具体的方案和措施。这一过程中比较重要的行动方案包括选择职业生涯发展路线、职业的选择、制定相应的教育和培训计划。

(6) 评估与反馈

在人生的发展阶段，由于社会环境的巨大变化和一些不确定因素的存在，会使我们与原来制定的职业生涯目标与规划有所偏差，这时需要对职业生涯目标与规划进行评估和做出适当的调整，以更好地符合自身发展和社会发展的需要。职业生涯规划的评估与反馈过程是个人对自己不断认识的过程，也是对社会不断认识的过程，是使职业生涯规划更加有效的有力手段。上述生涯规划的六个步骤可以归纳为如图2-5所示。

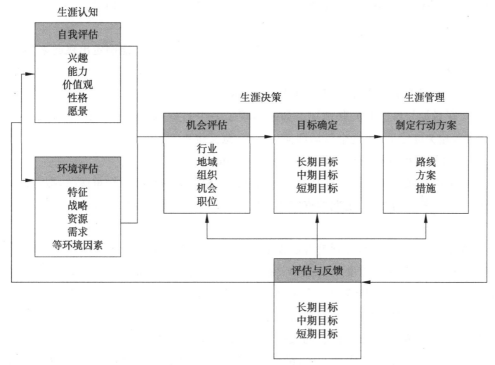

图 2-5　生涯规划 6 步骤

2. 生涯规划中的若干要点

本部分内容将着重介绍一下生涯决策以及生涯行动这两个阶段中的重点内容。

(1) 设定目标的 SMART 原则

在生涯规划的各个步骤中,目标的设定是最为核心的部分。生涯规划往往是在设定目标的过程中产生的。一旦目标确定,通常总会找到实现它们的方法和路径。正因为如此,目标的设定往往并不容易。

目标的背后往往反映出个体的价值观以及当下的需求,澄清这些背后的价值取向和真实需求,才能确保目标的可行性,并且在未来计划执行过程中才能有持久的动力支撑。

目标的制定要有一些标准,简单地说,目标应该具体、可观察、时间明确以及可实现。具体来说就是制定目标的 SMART 原则。

① 目标应该具体(specific)。

具体的目标可以避免个体在制定和执行目标过程中偏离初衷并且能够提升个体行动力。例如,"我想要找一份理想的工作",这就不是一个具体的目标。什么样的标准可以称为理想?工作环境、工作待遇还是发展机遇?这些都可能需要个体在制定目标的过程中逐步加以澄清。

② 目标应该是可以衡量的(measurable)。

衡量性就是指目标应该是明确的,而不是模糊的。应该有一组明确的数据,作为衡量是否达成目标的依据,不使用形容词等概念模糊、无法衡量的描述。

③ 目标应该是可以达到的(attainable)。

在"向前一小步"的基础上,制定出跳起来"摘桃"的目标,不能制定出跳起来"摘星星"的目标。

④ 目标之间应该具有一定的相关性(relevant)。

实现目标与目标的关联情况。如果实现了一个目标,但与其他的目标完全不相关,或者相关度很低,那这个目标即使达到了,意义也不是很大。

⑤ 目标应该具有明确的截止期限(time-bound)。

目标的时限性就是指目标是有时间限制的。根据分项目标的轻重缓急,拟定出完成各个目标的时间要求,定期检查完成进度,及时掌握进展和变化情况。

(2) 计划的设计与执行

在制定了目标之后,计划就开始提上日程。计划是实现目标的具体方案,就像设定一次旅行方案一样,需要有资源和路径。从宏观方面来说,职业生涯需要设计,从微观方面来说,即使微不足道的一个小目标也需要做出设计。

在开始做计划的时候,冷静地反问自己的每个选择:"为什么要做这个选择?""这是'最好'的选择,还是'最喜欢'的选择?"两者之间差别很大!

设计人生和设计产品差不多,讲究"定义"问题,即在众多需求中只关注最核心的痛点——给生活做减法。每天有各种琐事缠身,但自己到底想要什么样的未来?那样的未来又需要从现在开始做什么准备呢?设计人生最重要的五个步骤如下所示。

① 保持好奇心:问"什么"不如问"为什么"。

我们习惯于接受摆在我们面前的问题——最近要完成的作业、下一个商业项目……不过设计师更喜欢在这个问题上笨一点,他们甚至会问:为什么要问这个问题?因为他们深知,把自己的创造力倾注到对错误问题的回答上非常"傻"。爱因斯坦曾说,他除了充满激情的好奇心外,再无其他真正的才能。在运用创造力解决问题之前,多花点时间找到正确的问题,才能事半功倍。

② 不断尝试:不求完美但求完成,然后不断修正和完善。

产品设计的模式就是不断地设计和不断地尝试,可能这个过程中的产品还不能称为"成品",但这并不能说明"失败了",只是说,我们的想法正在不断趋近于理想中的最终成品。

所以,当你对未来发展方向感到迷茫时,或者工作后考虑改变自己的职业时,有了具体想法后,可以去拜访某些正在做你想做的工作的人。更好的办法是要求跟着他们工作一天,或者周末去实地做这项工作。如果感觉很好,那就继续向前一步;如果感觉不好,那就忘了这回事吧。

在进行任何重大决策时都可以做这一步,它可以避免你一头冲进诱人的未知而难以应对,还可以避免更糟的情况——年复一年不采取任何行动,同时又闷闷不乐。

③ 重构问题：思考陷入停滞，就换个问法。

如果实在找不到自己想要做什么，那就换个思路和问法："你什么时候看起来最充满活力？"这就是重新定义"你将来要做什么"后的结果，比起原来的问法，这种提问方式把问题更具体化了，更有助于找到答案。

曾有研究证明，我们如何理解一件事情，会直接影响我们处理它的效率。"将来做什么"是一个人一辈子都不会停止的追问，是最基本的哲学问题，但我们可以跳出来，换个角度看待它，就能很快走出死胡同，想到更多更好的解决方法。

④ 记录整个过程：随时反思人生。

人生的设计没有真正的终点，去寻求答案的过程，比结果更为重要，这将会使你最终必有收获。这个过程的记录将会使你人生的成长看得见摸得到，不仅可以用在枯燥的绩效考核和工作面试中，也可以用来反思人生。

⑤ 主动寻找导师。

现代社会日益强调协同、协作和资源共享。设计人生也同样需要引进外部优质资源，在人生计划设计过程中，要随时采取开放的态度，从别人的建议和自己的想法中获得新的思路，同时积极对这些回应作出反馈。

（3）支持系统

① 心理资源。

在结构扁平化的生涯时代，个体生涯受外部因素的影响日渐减少，因此内部的生涯心理资源运用就显得尤为重要。生涯心理资源是个体通过自主选择和与环境相互作用以不断适应外在变化的生涯环境，以期达到生涯成功的心理属性的整合。

生涯心理资源具有以下两个持性。

第一，能动性，生涯心理资源可通过学习获得提高。心理资源的挖掘是个体自我开发的过程，是可以把握和确定的，是真正人力资源所在，是个体生涯发展的原动力，是个体职业生涯成功的保障。积极心理学也强调，积极情感、积极特性和积极心理状态能帮助个体认识和发掘自身潜能，增强主观幸福感，增强团队和组织效能。大学生生涯心理资源的开发对其生涯发展与成功至关重要。

第二，情景性，注重个体与社会文化环境的交互作用。心理资源具有情景性，是个体所处的客观环境作用于个体而激发的心理能量。人们总是努力获得和维持他们认为有价值的资源，包括工作控制权与决定权、工作自主性、自我效能、自尊等心理资源，这些资源可以帮助人们有效地处理和应对工作环境中的问题。当个体心理资源不足以应对角色中的要求是就会产生压力感，获得新的心理资源能有效避免心理资源损耗，有助于个体满意度和幸福感。

② 社会资源/社会资本。

信息、机会和资源的获取对个体生涯的成功起重要作用。因此，在个体生涯发展过程中，社会资本起至关重要的作用。社会资本是指个体或团体之间的关联——社会网络、互惠性规范和由此产生的信任，是人们在社会结构中所处的位置给他们带来的资源。社会资本是人与人之间的联系,存在于人际关系的结构之中。

对于刚刚进入大学的大学生而言,也许会觉得这种由社会人际关系带来的资源,距离自己比较遥远。其实从身边每个毕业生的求职经历中都可以看到社会资本所发挥的作用。毕业生们找到工作的途径有很多,网投简历、参加校园招聘会、自我推荐等等,其中一个重要的找工作的方式便是通过所谓的"关系"。这里的"关系"不是"走后门""拉关系"的那种贬义词,而是指人际关系网络所带来的就业信息、面试机会、内部推荐以及降低就业成本、缩短求职周期等提高就业效率的各种便利渠道,而提供这种便利渠道的"关系人"不一定身居要职,也许上一届刚刚毕业入职的某位师兄、师姐就可以提供这样的机会。不可否认,对于大学生而言,其可以使用的社会资本,还有一部分来源于家庭的人际关系网络。这一点也无须讳言,只要在合规、合法范围内提供有效、便捷的帮助,并非对招聘结果直接施加不当影响的,都是可以在求职择业过程中充分利用的。

国外有研究表明,人的社会资本可以分成两类,强联系和弱联系。朋友、家人往往是强联系,而互相认识、点头之交是弱联系。与强联系相比,弱联系往往具有桥的作用,是间接联系的桥梁。而61.9%的人是通过弱联系找到的工作。因此,对于在校大学生而言,要早作准备,在大学期间积极营造有利的人际关系网络,积累自身未来求职的社会资本。

(4) 行动与反馈、调整

在确定了目标、制定了实施方案以后,接下来最关键的要素非"行动"莫属,可谓是"骐骥一跃,不能十步;驽马十驾,功在不舍"!那么如何能够做到坚忍不拔地朝着确定的目标持续前进呢?

对于现在的大学生来说,确定目标、制定计划都不是难事。毕竟每个人都有自己的理想。难就难在如何锲而不舍地朝着目标前进,"不抛弃、不放弃"。换句话说就是如何提高自己的行动力。也许有人会说,靠意志力!意志力是一种抽象的存在,如何把它具体化并实践呢?我们先从一个日常生活行为入手,剖析一下这个问题。

每个人都有吃瓜子的经历,是因为吃瓜子这一行为本身简单而重复?恐怕不是,毕竟简单重复的动作往往带来单调乏味的感受,几乎没有人会乐此不疲的"坚持"。况且,吃瓜子的动作对协调性要求很高,需要手、牙齿、舌头等多器官的密切配合,小孩子几乎很难学会这个动作,往往都是经过多年"苦练"才能掌握的一项"技能"。这样的学习过程是如何得以强化并完成的呢?其实,是因为吃瓜子的行为和结果之间反馈时间非常短,牙齿和舌头的配合虽然要求很高,但是当瓜子进入口腔开始咀嚼,目标就达成了,形成的心理满足程度很高。在这种心理满足感的支配下,往往手就可以不经"思考"地开始了下一个行动……根本停不下来啦,甚至变成下意识的动作——你可以边看电视边吃瓜子。这个过程的心理机制可以用明尼苏达满意度量表的原理进行解释,如图2-6所示。

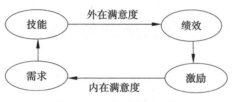

图 2-6 工作适应循环图

从这个日常行为入手,我们能不能思考是否可以把一种目标、计划和行动方案变成如同吃瓜子一样的过程?将其变成一个心理满足感强、自我主动激励的过程?这一点对于刚刚脱离高中学习生活模式的大学新生来说,并非易事。很多大学生在大二、大三年级时,会怀念高中紧张而充实的生活。原因在于高中"紧张而充实"的学习生活是因为有考试——外在激励的存在。周考、月考、模拟考……各种各样的考试成为学习行为的反馈,个体可以根据考试结果反馈,进一步调整下一考试周期的学习行为。到了大学,这种强制性的外在激励手段不会再出现在大学学习和生活模式里,这意味着大学新生在获得自由的同时,也丧失了既往习以为常的外在激励机制。尽快建立并巩固内在自我激励机制是大学新生当务之急。

【本节重点】

掌握职业生涯规划原则与方法。

【练习与实践】

目标、例外、一小步(焦点解决技术)

很多大学生都会为自己的目标积极主动地设定计划和行动方案,但是经常遇到的困惑是计划半途而废。本次课后练习为大家推荐焦点解决技术框架——"目标、例外、一小步",通过聚焦问题解决之道,来解决上述常见问题。焦点解决技术的目的在于让人在遇到困惑的时候从以往的经验里寻找解决办法。这样的方式可以让人节省出很多能量,促进问题的解决。通过在既往经验中寻找例外,然后通过例外情况的增加,而减少负面情绪和问题的困扰。具体练习内容如下。

步骤一:确定一个近期期望达成的目标(不要求目标合理性,只要不违背法律法规即可),例如"我希望自己每天早晨能够按时起床/不赖床"。

步骤二:寻找既往经验中的"例外"经历,例如"过去一个月中,我曾经在什么情况下能够准时起床,没有想要赖床的想法?我是如何做到这一点的?"

步骤三:确定"向前一小步"。例如"如果你想要达到的状态是 10 分,那么现在是几分?如果要增加 1 分的话,你觉得现在可以做些什么?什么是你可以控制的?"

说明:第一,目标在焦点解决中具有关键性的意义,一定要由学生本人自愿设定。第二,"一小步"不能操之过急,要在学生能力和既往经验范围内,要相信小改变可以引发大变化。

2.4 自我探索与职业发展

【案例引导】

纠结的小张

张同学(以下简称小张)是某高校会计学专业的一位女生。在校期间不仅学习成绩优秀,而且还担任了很多学生工作,具有较强的组织管理能力。但由于职业目标不清晰,走了很多弯路,非常可惜。

自大三第一学期开始,她便以打算考研为缘由,离开了所有学生组织并辞去了各项学生工作职务。由于目标不清晰,在复习备考阶段,花了将近一个学期的时间在犹豫报考专业硕士还是学术硕士,对于考研结束后的安排亦未提前有所考虑和安排。结果考研失利后,在老师的动员下匆忙开始找工作。

经过推荐,小张被北京一家大型的国有企业录用为行政文员。恰巧,另一家面试单位华夏银行也选中小张,岗位是大堂经理。面临两家单位的二选一,小张很矛盾纠结,最终由于"大多数同学都去银行,我也想去银行感受一下"这样的原因,她选择去华夏银行,但是实习两个月后,个人感觉太辛苦,单位最终录用意向也不明确,所以最终放弃。

此时已进入6月份,很难短时间内再确定下一个单位,于是她选择在男朋友的推荐下进入一家位于北京国贸大厦附近的互联网初创公司工作,干了两个多月后,自己感觉前景不明朗,再次选择放弃。9月底,小张决定回山西太原发展,准备考银行或者公务员之类的岗位。

点评

大学生在就业过程中,明确职业生涯规划目标非常重要,而反复纠结、犹豫、不确定是同学们普遍容易出现的问题。根据职业生涯规划理论,通过自我探索,包括职业兴趣和倾向探索,逐步明确个人定位,合理进行生涯规划,并且适当进行反馈和修正,才能更加有的放矢。

自我认知,是生涯规划和职业发展的起点。离开客观准确的自我认知,再绚烂的人生规划都只能是无本之木、无源之水。下面的内容将重点介绍自我认知的几种工具和方法,通过练习和实践,提高了解和澄清自我的能力。

2.4.1 自我探索的重要意义

如果说职业生涯规划像是一场人生重要的旅行,那么自我探索就像是旅行中负责探明方向的指南针,使自己不怕在未来的职场和人生中迷失自我,知道自己从哪里来、到哪里去。更为重要的是职业生涯发展有着很大的偶然性和机遇性,已经规划好的职业生涯目标和路线需要根据内外因素的变化而进行调整和变化,不变的则是内在需求等职业价值观,始终关注的则应该是个人能力素质等内职业生涯要素。因此,自我探索和澄清对于生涯发展来说,具有非常重要的意义。

1. 社会变迁给职业发展带来了巨大的变数

随着现代社会变迁加速,每一个职业个体都将面临社会的巨大冲击。个体选择职业的自由度日益扩大,更换职业已经成为常事。人们开始更多地站在自我的角度审视职业与自身潜能的关联性,追求自我价值,寻求生涯之道。

虽然个体生涯的流动性,短期内会对组织产生一定的影响,但个体潜能的发挥和生涯的成功,最终都将回馈到组织当中,实现组织与个体的双赢。从雇佣关系上看,以个体工作和组织回报为基础的交易型心理契约,已然转变为组织成功和员工职业成功为基础的发展性心理契约。在这样发生巨大更替变化的时代中,人们拥有了更多的选择和机会的同时,面临的选择与挑战也是前所未有的,因此,个体如何在个人潜能与工作之间寻找到最佳的关联,实现个体潜能的最大限度发挥并最终实现生涯成功应该成为个体进行生涯规划的立足点和出发点。上述关系可以通过图 2-7 简略表示。

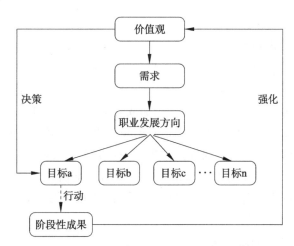

图 2-7 自我认知对于职业发展的作用

2. 大学生成长必然要经历的特定阶段

在本章前面内容中,各种生涯规划理论或多或少围绕着自我认知提出了各自理论假设和路径方法。这些生涯规划理论对于自我认知、自我探索给予了颇多的关注,原因在于自我认知是一个孤独、艰苦的过程。孤独,是因为认识自我是个体整个生命历程中注定要独自完成的探索过程,外因、外力始终只能是辅助的作用;艰苦,是因为没有现成模式可参照,没有捷径可行走,"一花一世界,一叶一菩提",每个人生命特有的光华不经过艰苦的淬炼无法从心底绽放。外在世界变化万千,趋势潮流瞬息万变,唯一能够"以不变应万变"的即是自己内心的笃定,才能坚若磐石、矢志不渝。这种笃定不仅需要阅历、岁月的沉淀,还需要自我主动、有意识地"内观""内省"。

对于新迈入大学校门的大学新生来说,自我探索还是一个有些陌生、遥远的话题。紧张、忙碌的高中生活往往让这些即将迈入成年的青年们埋头书本,无暇顾及内心的成长,即使有些职业发展的萌芽意识可能依然处于"冰山"的下面,没有有意识地显露出来。另外,我国中等学校教育体系中对于职业规划和发展的启蒙教育尚不完善、系统,学生在高中阶段还缺少对职业发展的有意识探索。因此,在大一新生的生涯教育过程中,强调自我认知和自我探索的重要性是非常必要的。

2.4.2 "轻松愉快"的生涯幻游

针对大一新生上述发展特点,在生涯教育的过程中,教师可以尝试使用幻想技术,帮助他们在轻松、愉快的氛围中,"不经意"地挖掘内在的职业发展萌芽和职业价值取向。

1. 幻想技术的应用价值

金树人先生提出幻想技术在生涯咨询上的应用价值主要有如下几方面:第一,反映丰富的内在经验;第二,提供了价值评估的新方法;第三,消除过当的心理防御,较为容易、快速地营造开放的心境;第四,刺激感性与直觉的经验;第五,投射未来的生涯愿景。分别阐述如下。

(1) 反映丰富的内在经验

在意识发挥作用的状态下,大家能够想到的职业选择有时候并不是自己"真实的需要",往往会带着家长、重要他人的痕迹,在放松的幻想环节中,潜意识中内在需求则有可能会慢慢"浮现"。在幻想中出现的画面或者情景,是"我自己想要什么"的一种具象化,进而反映出个体内在的真实需求。在幻想中出现的影像,宛如浓雾中的灯塔,是一种隐隐约约的指引,即使与书面评测结果不一定完全一致,甚至可能完全相反,但是却有一种持久的牵引力、推动力。如果在幻想中出现空白或者模糊不清也是有意义的,这些场景所显示的是当事人对自己内在需求的认知状态尚处于不清晰、不确定或者是相互冲突的状态。

(2) 提供价值评估的新方法

在幻想过程中出现的内在需求,往往能反映出不同层次的工作价值取向。价值观的澄清是一项深具复杂性与隐藏性的工作,尤其对于缺少必要职业经历和实践的大学生而言,甚至说不清楚自己最看重的价值取向是什么。在招聘实践中,往往有用人单位抱怨现在的大学生"功利心"太强——除了工资、待遇什么都不看重。事实上,很可能是这些大学生并不清楚自己的职业价值观到底是什么样子的,只好人云亦云地拿工资、待遇来衡量自身的价值。人们往往根据价值取向来决定行为的方向,如果价值的认定是片面和肤浅的,那么这样的生涯决策将是非常危险的。

(3) 消除过度的心理防御,较为容易、快速地营造开放的心境

这种放松状态下对自我内在的探索较为生动、新鲜、自然,幻想之后的讨论就更容易水到渠成,更容易真诚而深入地接触到价值观问题的核心。

（4）刺激感性与直觉的经验

人的左脑往往负责理性分析、逻辑判断等工作，右脑则负责情绪的调节和控制。在过往的学习经验中，大学生往往都是通过左脑理性认知和信息加工，幻想过程可以让大脑左半球稍作休息，刺激大脑右半球活跃程度。有些人对于理性的生涯决策过程感到不耐烦，幻想过程正好可以平衡大脑对不同性质信息刺激的处理。

（5）投射未来的生涯愿景

生涯幻游活动不仅可以在教学过程开始前，作为教学目标前测进行，而且可以放在教学过程结束时，作为教学目标后测进行，因为它具有投射未来生涯愿景的作用。在幻游讨论环节过后，学生对于自我觉察或者价值澄清有了进一步体验的基础上，幻想中出现的生涯愿景，还可以发挥"灯塔"作用，让学生更有朝向目标前进的行动力。

2. 幻想技术的实施步骤

幻想技术的实施大致可以分为五个阶段：引导、放松、幻游、归返和讨论。

（1）引导

一方面要简单介绍幻游技术的情况，让学生做好相应的心理准备；另一方面要强调幻游的重点事项，让学生秉持自愿原则参与活动。需要强调的重点事项包括如下几项：第一，幻想的过程是很自然的；第二，幻想极为有效；第三，在某些幻想过程中会产生情绪，这是自然的；第四，幻想进行时，可以天马行空，不必受到时空的限制；第五，幻想的一切过程都在自己的掌握中，不会失控。

（2）放松

放松目的是让学生的身心状态在放松引导词的引领下，进入一种平静、放松的情境，才能让意识和心放松翱翔。

（3）幻游

对于大学生生涯教育课堂教学而言，幻游的过程比较适合静默式，即参与者不需要与教师互动，只要跟随教师的引导词想象"典型的一天"即可。

（4）归返

归返阶段就是让参与者重新回到此时此刻的现场。注意与前一阶段的顺畅衔接，不可过于生硬，否则会让参与者有身心紧张的感觉，不利于后续开展的讨论。

（5）讨论

讨论是幻想技术实施过程的最后一个环节，活动的主导者应该是参与者，而不是教师。

讨论时，最重要的是提醒参与者注意幻想中哪些内容与目前经验相同或相似，又有哪些内容是完全不同的，要特别琢磨的是那些不同之处，这些地方往往可能暗示或者蕴藏着参与者潜意识里期望但是意识层面未意识到或者目前未得到满足的需求。鼓励学生"认识"通过幻游活动透露出来的自然信息，注意有没有"以前未做"而"将来能做"的事情。

2.4.3 自我探索与职业发展

在生涯教育中,自我认知是生涯规划和发展的基础和内因,而对于职业世界的探索和认知则是生涯发展的前提条件和外因。自我认知与职业世界探索之间的关系可以用图 2-8 来具体表示。

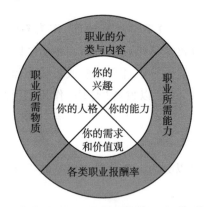

图 2-8　自我认知(知己)与职业认知(知彼)的关系

如图 2-8 所示,生涯发展就像这个同心圆,可以清晰地划分为内职业生涯与外职业生涯。内职业生涯是指从事一项职业时所具备的知识、观念、心理素质、能力、内心感受等因素的组合及其变化过程;外职业生涯则是指从事职业时的工作单位、工作地点、工作内容、工作职务、工作环境、工资待遇等因素的组合及其变化过程。两者的关系紧密而不可分:内职业生涯发展是外职业生涯发展的前提,内职业生涯带动外职业生涯的发展;外职业生涯的因素通常由别人决定、给予,也容易被别人否定、剥夺;内职业生涯的因素由自己探索、获得,并且不随外职业生涯因素的改变而丧失。

内职业生涯是真正的人力资本所在,在职业生涯早期和中前期,尤其是对于尚未毕业的大学生,一定要把对内职业生涯各因素的追求看得比外职业生涯更为重要。

内外职业生涯的关系:如果用一棵树来比喻内外职业生涯,那么树干、树冠、树叶、果实等就像外职业生涯,它们一般显而易见,任何人都希望自己的职业生涯之树苗壮挺拔、枝繁叶茂、郁郁葱葱、硕果累累,但这样一棵参天大树不是凭空长成的,地下庞大的根系给了枝干和树冠强有力的支撑,汲取并输送着大树所需的营养。对自然界中的植物研究发现,环境越是恶劣,土壤越是贫瘠,越是需要更庞大的根系。在肥沃的土壤中,树根与树冠的比例约 1∶1;在贫瘠的环境中,树根与树冠的比例可达到的 3∶1;在沙漠地带,树根与树冠的比例会达到 5∶1。这是大自然的规律和智慧,值得每位大学生深思。

如果理解了内职业生涯和外职业生涯的概念和关系,大学生就会在职业发展过程中,摆正自己的位置,评估自身价值,对于职业发展过程中遇到的挫折和失败也会有准确的评价和认知。这些收获与成长终究会成为内职业生涯的增值点。

随着市场经济的快速发展,市场的竞争越来越激烈。企业在竞争中能保持持续的发展,归根结底是企业人才的竞争。企业最为看重的是人才的成长性和主动性,这些都是内职业生涯的核心要素。

正因为内职业生涯如此重要,如果内职业生涯与外职业生涯出现不匹配的状况时,必须要加以权衡,考虑内职业生涯在特定组织机构环境中是否能生根发芽。"橘生淮南则为橘,生于淮北则为枳"就是这个道理。在内职业生涯里,还要做一些细分。如果说知识、经验等一些因素还需要相对特定的环境才能发挥,就像阔叶植物一定要在温暖湿润的环境中才能生长,而有些因素,如积极正面的心态、自信、主动担当的观念和终生学习的能力等,仿佛是万能的种子,无论在怎样的环境中都能生根发芽,现在越来越多的企业认识到这一点,在招聘人、任用人和选拔人的时候,把更多的注意力放在备选人的这些"万能"因素上,而相对弱化既往的知识、经历和经验,所以才会有不拘一格降人才、大胆选拔。

【本节重点】

自我探索与职业发展。

【练习与实践】

我的墓志铭

1. 目的

人们常常以为,死亡是老年人才需要考虑的问题,这是误区。每个人一出生,生命之钟的倒计时就开始了,一个人年轻的时候就思索死亡,和他老了才思索死亡,甚至死到临头都不曾思索过死亡,这是完全不同的境界。知道有一个结果在等待着我们,对生命的珍惜,对生活的热爱,对职业梦想的求索,对人间温情的珍爱,对大学生活的安排等都要坚定很多。思索死亡是为了活得更好,书写墓志铭是为了积极引导人生。

2. 指导语

请想象自己坐在一架客机上,宽敞平稳,飞机在万米的高空翱翔。突然,机身发抖,像个咯血的肺结核病人一样连续抖动,颠簸如此厉害,空姐要求大家把安全带系好。广播里传来机长的声音。他通知大家说飞机发生了严重的机械故障,正在紧急排除。但为了预防最危急的情况,现在将由乘务小姐分发纸笔,你有什么最后的遗言要向家人交代,请留在纸上。一切要尽快,乘务小姐会在三分钟后收取大家的纸条,然后统一密闭在特制的匣子里,这样即便飞机坠毁,遗言也可完整保存下来。按照飞机现在的飞行高度,在完全失去动力的情况下,还可以滑翔极短暂的时间……

乘务员小姐托着盘子走过来,惨白的面颊上,职业性的微笑已被僵硬的抽搐所代替。盘子里盛的不是饮料,不是纪念品,也不是航空里程登记表,而是纸和笔。人们无声地领取这特殊的用品,有抽泣声低低传来。

你领到了半张纸和一支短笔。现在,面对着这张纸,你将写下什么?要包括如下几方面内容:一生的最大目标;在不同年纪的成就;对家庭、社会或其他人的贡献;盖棺定论——"我"是一个什么样的人。

3. 分享与讨论

该活动完成后,可以请同学们分组或者轮流分享自己所写的内容,教师可以引导学生去体验在活动中的内心感受,尤其是在活动前未曾想到过、未曾体验过的内容。

对于这些以前未曾想过、未曾体验过的感受,教师可以引导学生进一步思考,如何使其变为推动现实改变和行动的内在动力。

【复习与思考】

1. 理解与掌握职业生涯规划的原则与方法。
2. 练习应用个体职业倾向测评方法等自我认知的各类工具与方法。
3. 认知自我个性特征与职业匹配的关系。

第 3 章 职业社会要求与专业认知

📌 【学习目标】

1. 了解现今社会职场状况及发展趋势。
2. 认知职业社会对人才要求。
3. 认知专业学习与职业发展关系。

3.1 职业认知

【案例引导】

大学生就业,别慌!

近年来,信息技术和计算机服务、金融、电子商务等现代制造和服务业发展迅速,传统行业加速转型升级,很多企业尤其是部分经营较好的私营企业在谋求转型升级中,提高了对员工文化水平要求,对高素质人才的需求更为迫切。人力资源市场上,信息化、自动化、高级技能人才、现代管理和服务等方面的专业人才供不应求。

一季度数据显示,人力资源市场需求中,要求大专以上教育水平的比例同比上升,其中大专同比上升 1.3%,大学(本科)同比上升 0.9%,研究生上升 0.7%,而对大专以下劳动力需求都出现下降。总体来看,经济社会发展对毕业生的需求仍然很大。

(资料来源:《光明日报》,2016 年 5 月 23 日 07 版.)

点评

当今大学生的就业问题已然是全社会都在关心的热点,随着就业形势日趋复杂化以及人才市场需求的不断变化,大学毕业生要想在求职择业竞争中处于有利地位,除具备专业知识和特长之外,还要对职业进行认知,了解职业的分类以及发展趋势。

在当今社会下,行业的更替和职业的变迁正在飞速进行着。在此背景下,大学生掌握职业的分类知识,了解职场信息就显得尤为重要了。

3.1.1 职业的分类

职业分类是指一个国家以社会分工为基础,采用一定的标准和方法,依据一定的分类原则,按照职业的性质和特点,对从业人员所从事的各种专门化的社会职业进行全面系统的划分与归类。世界各国国情不同,其划分的标准也有所区别。

1. 国外的职业分类

以美国为首的西方发达国家很早就开始重视职业分类。根据西方国家的一些学者提出的理论,一般从以下不同角度进行职业分类。

(1) 按脑力和体力劳动的性质、层次进行分类

按脑力和体力劳动的不同,可以把工作人员划分为白领工作人员和蓝领工作人员两大类,即通常所讲的白领阶层与蓝领阶层。白领工作人员包括从事专业性和技术性工作的人员、企业的经理和行政管理人员、销售人员及办公室人员等。蓝领工作人员包括手工艺及类似的工人、非运输性的技工、运输装置机工人、农场以外的工人及服务性行业工人等。

(2) 按职业的职责范围进行分类

这是目前国外运用较为普遍的分类方法,以下是两种典型分类代表示例。

① 美国国家标准职业分类

美国职业分类标准的设定起步较晚,1977 年引进职业分类标准(Standard Occupational Classification,SOC)并结合自身国情建立第一个职业分类标准体系。目前最新修订版本为 2010 年分类标准版本,包括 23 个大类,97 个中类,461 个小类和 840 个细类(职业)。

② 国际标准职业分类

为给各国提供统一准则而制定的职业分类标准,国际劳工组织(ILO)从 1923 年开始建立国际标准职业分类(International Standard Classification of Occupations,ISCO),最新版本为 2008 年公布的《ISCO—08》,此分类按照四个层次对职业进行划分,共 10 个大类,43 个中类,125 个小类,436 个细类。国际劳工组织的这一职业分类体系为世界各国职业分类提供了一个范本,增强了国际之间职业资料的可比性,有利于国际交流与合作。

2. 我国的职业分类情况

众所周知,我国按产业结构划分可以分为第一产业、第二产业、第三产业。那么我们国家究竟有多少职业?我国曾于 1999 年颁布了第一部《中华人民共和国职业分类大典》,但随着经济社会发展、科技进步和产业结构调整升级,一些传统职业开始衰落甚至消失,如"唱片工""拷贝字幕员"等;另外不断有新的职业涌现并迅速发展,如"网

络与信息安全管理员""快递员"等;而且还有一些职业为适应形势开始调整和转化,如"市话测量员""话务员"等职业由于社会发展和科技进步等原因,相应调整和转化为"信息通信网络测量员""呼叫中心服务员"等。

2015年7月,国家职业分类大典修订工作委员会审议并颁布2015版《中华人民共和国职业分类大典》。新版《大典》职业分类结构为8个大类、75个中类、434个小类、1481个职业,见表3-1。

表3-1　我国职业分类

类别号	类别名称	包括中小类以及职业
第一大类	党的机关、国家机关、群众团体和社会组织、企事业单位负责人	6个中类、15个小类、23个职业
第二大类	专业技术人员	11个中类、120个小类、451个职业
第三大类	办事人员和有关人员	3个中类、9个小类、25个职业
第四大类	社会生产服务和生活服务人员	15个中类、93个小类、278个职业
第五大类	农、林、牧、渔业生产及辅助人员	6个中类、24个小类、52个职业
第六大类	生产制造及有关人员	32个中类、171个小类、650个职业
第七大类	军人	1个中类、1个小类、1个职业
第八大类	不便分类的其他从业人员	1个中类、1个小类、1个职业

3.1.2　我国现行职业制度

在我国,不同的用人单位根据岗位的情况对求职者提出各种要求,同时根据不同岗位的需要,国家也规定了不同的职业标准和准入制度。

1. 职业的资格制度

职业资格是对从事某一职业必须具备的职业劳动知识、操作技术和其他能力的基本要求。职业资格可以分为从业资格和执业资格两类:从业资格是指从事某一专业(工种)应具备的学识、技术和能力的起点标准;执业资格是指政府对某些责任较大、社会通用性强、公共利益较强的专业(工种)实行准入资格的控制,是依法独立开业或从事某一特定专业(工种)应具备的学识、技术和能力的标准。

我国的职业资格通常分为5个等级,即初级(国家职业资格五级)、中级(国家职业资格四级)、高级(国家职业资格三级)、技师(国家职业资格二级)、高级技师(国家职业资格一级)。职业资格证书由中华人民共和国人力资源和社会保障部统一印制,各级地方人力资源和社会保障部门按规定办理和核发,各级都有相应的技术能力的要求与标准。(详见表3-2)职业资格证书制度是劳动就业制度的一项重要内容,也是一种特殊形式的国家考试制度。它是按照国家制定的职业技能标准或任职资格条件,通过政府认定的考核鉴定机构,对劳动者的技能水平或职业资格进行客观公正、科学规范地评价和鉴定,对合格者授予相应的职业资格证书。目前国家含金量较高的职业资格证书有国家司法考试、注册会计师、特许金融分析师(CFA)、中国精算师、一级建筑师、一级建造师、执业医师、教师、心理咨询师、人力资源管理师等的资格证书。

表 3-2　国家职业资格等级

国家职业资格等级	各等级的具体标准
五级（初级）	能够运用基本技能独立完成本职业的常规工作
四级（中级）	① 能够熟练运用基本技能独立完成本职业的常规工作； ② 在特定情况下，能够运用专门技能完成较为复杂的工作； ③ 能够与他人进行合作
三级（高级）	① 能够熟练运用基本技能和专门技能完成较为复杂的工作； ② 完成部分非常规性工作； ③ 能够独立处理工作中出现的问题； ④ 能指导他人进行工作或协助培训一般操作人员
二级（技师）	① 能够熟练运用基本技能和专门技能完成较为复杂的、非常规性的工作； ② 掌握本职业的关键操作技能技术，能够独立处理和解决技术或工艺问题； ③ 在操作技能等技术方面有创新； ④ 能组织指导他人进行工作或协助培训一般操作人员； ⑤ 具有一定的管理能力
一级（高级技师）	① 能够熟练运用基本技能和特殊技能在本职业的各个领域完成复杂的、非常规性的工作； ② 熟练掌握本职业的关键操作技能技术； ③ 能够独立处理和解决高难度的技术或工艺问题； ④ 在技术攻关、工艺革新和技术改革方面有创新； ⑤ 能组织开展技术改造、技术革新和进行专业技术培训； ⑥ 具有管理能力

2. 劳动合同制度

《中华人民共和国劳动合同法》（以下简称《劳动合同法》）是国家为保护劳动者的合法权益、调整劳动关系、改进劳动组织、促进经济发展和社会进步而制定的法律，标志着我国劳动制度的建设走上了法制轨道。

劳动合同又称劳动契约，是指劳动者与用人单位之间为确立劳动关系，依法协商达成的明确双方权利和义务关系的协议，劳动合同是确立劳动关系的法律形式。个人就业时如不签订劳动合同，就等于放弃了自己在职业方面应有的权利，是不知道如何用法律保护自己的权益的表现。因此，求职者、从业者必须与用人单位签订劳动合同，并把握劳动合同条款的内容，从而使自己在职业生涯的起步和发展中取得主动权。

3. 国家公务员职业制度

根据《国家公务员暂行条例》，我国的国家公务员是指各级国家行政机关中除工勤人员以外的工作人员（包括国家行政机关中从事党团工作的专职工作人员）。

（1）国家公务员的类别

我国的国家公务员分为两大类：一类是政务类公务员，即依照宪法和组织法管理、实行任期制的各级政府组成人员,一般由各级人民代表大会选举或任命;另一类是业务类公务员,即担任具体行政事务管理的政府工作人员,他们主要从事执行性、管理性工作,一般需要较强的专业知识技能。业务类公务员通常通过公开考试择优录取。

(2) 国家公务员制度的基本原则

① 竞争原则:竞争在国家公务员制度中是公开的、平等的。

② 功绩原则:功绩是国家公务员在贯彻执行党的基本路线中的工作实绩。

③ 法制原则:法制原则就是制定法律规范依照法规对国家公务员进行管理,国家公务员依照法律、法规行政,并受法律保护。

④ 党管干部原则:党管干部原则是社会主义国家人事制度坚持的根本原则,建立国家公务员制度不是削弱党对干部的领导,而是加强和完善党对政府机关工作人员管理工作的领导。

(3) 公务员考试的内容

依据各部门和地区的实际工作需要设计,主要有以下三个方面。

① 知识水平

知识水平包括通用的知识和招考单位与职业岗位的专项知识。

② 行政职业能力

行政职业能力即与工作有关的各种能力。我国公务员考试中的行政职业能力主要考核:知觉能力,即对数字、字母和汉字等视觉符号快速而准确的觉察、判断和记忆能力;数量关系,即对数量关系的理解和计算能力;资料分析,即对各种资料进行准确理解和分析的能力;言语理解,即对言语的理解与表达的准确性、规范性判断的能力;判断推理,即逻辑判断思维推理的能力。

③ 分析能力

在我国的公务员考试中,应考者根据给出的有一定长度的文字材料,对理论问题和实际问题进行思辨性的阐述,称为申论。在面试中,对应试者进行情景模拟的测试,以鉴别其分析能力。

4. 专业技术人员职业制度

(1) 专业技术职务聘任制度

我国干部或职员层次的职业岗位可以分为两类:专业技术人员岗位与行政管理人员岗位。从事专业技术工作的人员,一般实行专业技术职务聘任制。专业技术职务聘任制主要在事业单位,如学校、医院、研究所、新闻单位等实施,企业、机关中也参照执行。

(2) 专业技术职务评定制度

在我国事业单位的专业技术人员,实行职称评定与任用分开的管理制度,也称为"评聘分开"。职称反映的是一个人所达到的专业水平,不是一个人所担任的工作级别。职务则是一个人的工作岗位,反映了一个人的级别和"位置"的高低。专业技术人员在不同部门、岗位有着不同的职称系列。

(3) 技术操作岗位职务评聘制度

在我国企事业单位,特别是企业单位有大量的生产一线操作岗位,除了特殊职业有准入制度以外,我国劳动和社会保障部也根据不同的岗位技术要求,设置了初级工、中级工、高级工、技师、高级技师系列职务。通过统一组织的考试和评定授予相应的资格,供用人单位选用。

3.1.3 职业发展趋势

一个良好的职业前景,不仅意味着薪酬待遇的丰厚,更意味着更多的就业机会;而一个萎缩的职业,不仅发展的机会少,还有可能面临失业的风险。大学生正确地选择一个合适的职业,对于未来的发展有着至关重要的作用。

1. 了解职业演变的因素

职业的发展和演变是有据可循的,把握影响职业变化的因素就可以把握其发展变化的基本趋势。总体来说,职业的演变受以下四种因素的影响。

第一,生产力发展水平是决定和推动职业演变的根本原因。

第二,科学技术的发明和广泛应用,是现代职业迅速演变的重要原因。

第三,社会制度和管理制度的变革,促进了一些职业的演变。社会机制的变革也影响着职业的兴衰,对职业的消失与兴起都起着至关重要的作用。

第四,人们物质文化生活水平的提高,会促进直接为其服务的职业产生和发展。近几年,最为明显的就是通信行业。当打电话成为人们沟通的必备手段后,移动终端等相关职业高速发展;当互联网成为社交潮流时,大量的软件开发商、软件工程师等相关职业也随之产生。总而言之,需求的产生,带动了职业的产生。

2. 全球职业发展趋势

对于全球职业发展趋势的了解,是大学生职业生涯规划以及人生发展至关重要的一步。

(1) 新职业的不断产生

在生产力快速增长的今天,全球的产业都在进行着翻天覆地的变化。高度发展的科技,不断更新的知识,必然引起产业结构的调整。产业结构的调整同时又将导致产品结构的改变,而产品结构的改变一定会引起工作技能、专业知识的更替,这些变化势必会导致一些职业的消失以及新职业的产生。

① 在生产领域

基因和转基因工程师、遗传工程师、细胞工程师、生态农业技师和技工、节水灌溉技师和技工都属于第一产业中的典型;加工中心工程师和技师、环境监测工和技师、计算机辅助设计(CAD)工程师和技师、计算机辅助制造(CAM)技师和技工都属于第二产业的典型。

② 在服务领域

a. 信息服务业。急速发展的信息和通信技术,大量需求计算机工程师、系统分析师和计算机基础科学以及各个领域的应用专家和操作系统技术人员。

b. 管理咨询业。管理和咨询活动现已成为第三产业领域的另一个最快发展的职业群组,该职业对经济、生产、社会活动以及个人影响越来越大,金融分析师、生涯规划师、投资咨询师、心理咨询师、人力资源管理师、保险评估师、精算师、税务代理师、理财代理师等职业应运而生成为最新的职业。

c. 社会服务业。为了提高居民生活质量、满足居民消费需求的服务性职业,在第三产业领域中也有了突破性的发展。家政服务助理、养老护理师、育婴师、形象设计师、健身教练、服装设计师等职业出现。

(2) 旧职业的衰落和消退

第一、二产业的衰落和消退更加集中,但也不乏有第三产业的部分职业在结构调整的过程中衰退,如铅字排字工、票证管理员等职业。

(3) 职业的调整和变化

在第一产业中,传统的农民向更专业的农机师、艺师甚至无公害栽培师等工作发展。传统的渔民也向海产品养殖和深度水产品加工转型。

在第二产业中,传统的手绘人员正转化为计算机绘图员,采煤采油等技术人员也因高科技化、煤炭气化催生成了新的职业。

在第三产业中,变化发展的更加迅速。理发员变为形象设计师,销售库管人员转为物流配送师等。

3. 我国职业发展趋势

随着我国经济、文化和科学技术的发展,我国未来社会的经济结构以及产业机构对于人们的职业生活既存在机遇又存在挑战,我国职业发展趋势主要呈现以下特点。

(1) 就业自主化

全球经济的发展与我国政策的逐步健全,人们的就业自由选择权进一步得到落实与承认。

(2) 流动加速化

在高度竞争的环境下,未来社会人们自身发展的动机和行为增强,用人单位人力资源优化配置也随之进一步优化,因此供给和需求都会导致社会职业的流动加速。

(3) 工作灵活化

未来社会经济组织多种多样、体量庞大,其劳动内容、形式、关系也随之多样化、灵活化。

(4) 知识为本化

知识经济是未来社会经济的主要形式,未来的社会是人才社会,知识含量在职业劳动中占有的比重越来越大,这就要求人们的知识水平越来越高。

(5) 国际接轨化

国际经济在未来会越来越全球化,跨国公司、合资企业的大量涌入,为我国提供了许多国际规范的岗位。

4. 我国人才需求趋势

高新技术人才：未来将有新能源、新材料、海洋利用、航天技术、生物工程、电子技术为代表的高新技术兴起，需要更多的高科技人才研究与开发。

信息技术人才：随着信息产业的发展，社会信息化进程加快，因此对信息技术人才的需求将大大增加。

一体化专业人才：由于微电子高新技术的迅速发展，工业很大程度的转型为自动化，新的设备和产品的产生，最终会使计算机、电子、机械业自控技术有机的合成一个整体，也就是机电一体化技术。

农业科技人才：人均土地不断地减少，是我国未来必须面对的问题，这就需要提高土地的利用率，势必会形成大力培养农业科技人才的趋势。

环境保护技术人才：20世纪以来，生产技术的高速发展创造了许多人类历史的奇迹，带来了更优越的生活条件，但也带来了十分严峻的环境生态问题。目前我国环境保护人才较少，急需此类专业人才。

生物工程研究与开发人才：生物技术一直是目前世界最活跃、最困难的前沿科学，生物技术研究在工业、农业、医学、环保领域都具有很大的经济价值，人类发展新的产业、解决面临的食物、能源、环境三大危机都离不开生物技术的发展。目前，我国生物技术一直存在着研究人员和开发人员严重短缺的重要问题。

国际贸易人才：未来企业间的竞争国际化是一个不可避免的发展趋势，"一带一路"战略的开展，更是加剧了这种趋势。企业生存因素的关键之一就是国际性的营销，经贸人员的要求更是大幅提高，除具有听、说、写、译等基础能力外，还要懂得国际贸易的知识、谈判规则、经济法律、营销技术，甚至产品的专业知识。因此，国际经贸的培养工作也是我国一项重大的任务。

法律人才：现如今人们法制观念逐步增强，应社会发展的需要，法制也在逐步健全。由于改革开放的不断深入，运用法律手段调节和控制经济运行是人们迫切需要的。因此，社会对法律人才的需求也在不断增加。

【资料学习】

未来30年，你的子女将面临怎样的职业世界？

现在我们的所有教育，都希望孩子不要输在起跑线上。所以今天所讲的人才，是要适应他35岁，也就是2040年的社会，而不是适应16、18岁高考时候的人才。

2040年的职业环境应该是怎么样的？

第一个，从信息时代转向概念时代。在过去20年间，在信息时代的很多重要工作，在未来20年会极大程度地被计算机所取代，而到那个时候，所有做这些工作的人都有可能失业。

第二个，改变就是改变会更多、更猛；更快、更不可测。未来的孩子不可能不换工作，他这一辈子，一定会至少换5~7份工作，而且换2~3个行业。

未来世界的主人翁需要什么教育？

第一是从理性到感性。著名未来学家丹尼尔·平克说，未来有六种技能：设计感、讲故事的能力、整合事物的能力、共情能力，还有你需要会玩，你需要找到意义感。简单说，2040年，活得很好的人应该是这样：有品位，会讲故事，能跨界，有人情味儿，会玩儿，而且有点自己的小追求。在2040年，社会中最核心、最优秀的一群人，在我看来，一定干着像"产品经理""导演""旅游设计师"这种人文和科技交融的职业，这种职业才是未来的大趋势。

第二是从规划到创造。在我看来，未来你给孩子最大的伤害，莫过于在所有需要做最重要决定的时候不让他做，小学不让他做，大学不让做，媳妇不让他挑，房子不让他选，工作帮他找好了。于是到他35岁那年，真正面临他的职业变化的时候，你什么都不懂，而他一次都没有做过选择。

第三是一定要让你的孩子，拥有幸福的能力。

（资料来源：古典. 未来30年孩子面临怎样的职业世界[J]. 青年教师，2015(10).）

【本节重点】

了解现代社会的职场状况及发展趋势。

【练习与实践】

职场调研

以小组为单位进行社会职场调研活动，以所学专业为基点，寻找与所学专业相适应职业的岗位及岗位要求。活动要求如下。

（1）同宿舍同学自愿结组，每组4～6人，至少调查所学专业能够从事的5个岗位。

（2）同一班级（相同专业内）的调查组之间，所调查的5个岗位之中至少有2个不能重复。各调查小组可以采取多种方式进行调研，搜集岗位信息。

（3）选一个职业对其从属行业进行发展趋势分析、大胆预测该职业未来5～10年的发展态势，向班级调查组进行总结汇报。

3.2 职业社会对人才要求

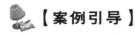【案例引导】

打拼的"蚁族"

小张是北京某大学的一名计算机科学与技术专业的本科毕业生。从大三开始觉察到就业形势的严峻，开始自暴自弃，总觉得自己不是北京大学、清华大学的毕业生，难以找到工作以及适应职场,当开始决定继续学习深造的时候又无法静下心来。他觉得自己早已湮没在这个不再陌生的城市。莫名的压力,对未来的恐惧,生活的高昂成本让自己根本没有机会和心情停下脚步,去欣赏身边的美景,仰望星空。他决定先在北京打拼两年,如果发展不好就回到自己的家乡。他笑称自己是一名"蚁族",目前正在和其他同学一起合租,但是坚信自己的明天一定会更好。

点评

"蚁族"是近些年毕业的大学生们,受过高等教育,拥有较高的知识文化水平,但是在大城市中收入较低,游离居住在城市的边缘,奋斗和拼搏着。如果不了解未来的职业环境和职业社会对人才的要求,没有对自己有一个清晰的认知和定位,大学生往往毕业后会成为"蚁族",苦苦的在大城市中追求自己的人生理想。

大学生需要认清当前的职业环境和用人单位对人才的具体要求,准确定位,规划好自己的大学生涯,成为具有核心竞争力的行业人才。

3.2.1 认知职业环境

经济、社会和科技的变革,都影响着职业环境的改变。因此,大学生在进行职业生涯规划时,更要认清当前的职业环境,帮助自己根据形势变化作出正确的职业决策。对环境的认识,主要从宏观和微观环境认知两个方面入手。

1. 认识社会宏观环境

宏观的职业环境是指从业者所选定的职业在社会环境中的发展过程和目前所处的社会地位,以及社会发展趋势对此职业的影响,包括从业者所在行业的政治环境、经济环境、文化环境、法制环境、科技环境等宏观因素。我们在规划个人长期生涯发展时,必须多角度、全方位地分析社会宏观环境。

(1) 政治环境

政治环境包括国外与国内的政治环境,是一切企业活动的前提。不同政治环境下形成的路线、方针、政策会给这个国家的生产和生活带来重大影响。如果政治动荡,人们的生活尚且不能安定,何谈生产与发展。

(2) 经济环境

经济环境是指构成企业生存和发展的社会经济状况和国家经济政策。经济全球化是未来经济发展的方向,企业的生产、分配、交换将在全球的范围内开展,这一现象客观上将各国的经济发展联系到了一起。经济发展的好坏对职业环境的形成与发展影响重大,经济的健康发展是构建良好职业环境的前提。

(3) 社会文化环境

社会文化环境是指个人和单位所处的社会结构、社会风俗和习惯、信仰和价值观念、行为规范、生活方式、文化传统、人口规模与地理分布等因素的形成和变动。社会环境对个人的职业发展影响要有四个方面,见表3-3。

表 3-3　社会环境对个人的职业发展影响

序号	影响方面	影 响 内 容
1	职业意向	文化变迁对人的职业意向影响极大。随着市场经济的发展,导致人们的职业意向会随之发生变化。
2	职业能力	职业能力是人们从事职业的多种能力的综合。社会文化的熏陶使人们从事和掌握某种职业能力。
3	职业习惯	职业习惯是个人长期从事某一职业所形成的某些特定的、不易改变的行为方式。从事不同职业会养成不同的职业习惯。
4	职业价值观	职业价值观指一个人对职业的认识和态度以及他对职业目标的追求和向往。它引导着人们的行为、情感和评价标准。

（4）法制环境

法制环境是指职业人士所处的法律氛围,它不仅受制于法律,而且受法律保护。大学生需要关注和了解劳动法律法规,对法律法规了解得越多,就越能增强自己的职业能力,避免在职业生涯规划上走弯路。

（5）科技环境

科技环境是指科学技术发展的状况。科技发展对职业模式产生了深刻的影响,第一产业和第二产业曾经是就业的主力,如今以第三产业服务业为代表成为就业的新趋势。科技发展也对人才素质有巨大的影响。随着科技的进步,未来将更加迫切需要具有新知识和较高技能的高素质人才。因此,这就要求我们务必与时俱进,紧跟时代步伐,切实提高自己的知识水平,增强自身的竞争优势。

2. 认识外在之微观环境

除宏观环境外,微观环境同样也是影响我们未来职业生涯的重要因素。个人人格品质的形成及个人的成长离不开周围环境的影响。其中,与大学生联系最为密切的环境主要是家庭生活环境和校园生活环境。

（1）家庭生活环境

家庭环境潜移默化地影响着我们的言谈举止、脾气秉性、生活习惯等。在家庭环境中主要有以下几个因素影响着个人职业生涯的发展:家庭的经济地位、家族教育文化、家庭成员的职业及职业榜样、家庭成员对子女的职业期望。

① 家庭的经济地位

第一,家庭的经济地位影响着大学生对职业生涯探索的水平。据有关调查研究显示,家庭成员所从事的职业具有较高的职业地位和声望,相对应的,其子女的职业生涯探索水平也越好,反之亦然。第二,家庭经济地位影响着大学生的职业方向。一般情况,家庭经济环境较好的大学生不存在经济压力和生活压力,因此他们具备了抵御就业风险的能力,有足够的时间、精力、资金、社会资源等条件去选择合适的职业岗位。相反,家庭环境相对较差的大学毕业生往往想尽早在经济上独立,立足社会,满足生存需求,期望值较低,择业积极性高,容易较早地定下自己未来的职业生涯方向。第三,家庭的经济也决定着家庭的背景、家庭的社会地位及社交能力,影响着子女个人未来可利用的社会资源,甚至包括职业选择范围的大小。

② 家庭教育文化

家庭在我国社会中有着重要的地位,在国民中有着特殊的意义和深厚的情感认同,对教育文化的传承与发展以及人的成长起着重要作用。作为大学生,毕业后的职业生涯必然受其家庭教育文化的影响。

③ 家庭成员的职业及职业榜样

父母职业对子女职业探索的影响主要体现在职业选择的内容和信息广度上。家长的职业价值观念在一定程度上影响着子女未来职业生涯的选择。父母依据自己所获得的社会职业认知及职业理想来对子女进行有意识、有目的、有计划的择业教育,培养子女的职业理想和择业态度。父母的职业对大学生职业发展的影响还体现在其所具有的社会关系上,这种社会关系能够帮助大学生在求职过程中获得相关信息、资源及支持。

④ 家庭成员对子女的职业期望

随着社会大环境的不断改变,父母对子女的职业期望值越来越高。一方面表现在努力为子女提供良好的生活和学习条件。另一方面是对子女职业选择上有较高期望,具体表现在他们喜欢参与子女的职业选择行为,例如在孩子报考专业时,家长更乐意孩子去报考与自己职业期望一致的专业。

(2) 校园生活环境

大学校园是大学生学习、生活之地。丰富多彩的校园文化一方面能够为校风、学风的形成提供良好的阵地;另一方面还是提升大学生素质和能力的重要载体和途径。

① 校园文化促使大学职业生涯规划更具导向性

校园文化是面向现代化、面向世界、面向未来的,是民族的、科学的、大众的社会主义文化在校园中的具体化,其核心内涵对大学生形成科学理论指导下的世界观、人生观、价值观有很大影响。

在校园文化的影响下,通过教师的指引和同学间的相互讨论,大学生会根据自己的兴趣和长处,制定相应的职业生涯规划,明确目标并为之努力。

② 校园文化使学生职业生涯的尝试更富于实践性

大学校园是提升大学生素质和能力的重要载体和平台。例如,通过在学生社团中的自我管理、自我发展,培养组织管理能力、人际交往能力、语言表达能力。此外,大学生还可以通过学生社团组织的专业技能比赛,直接或间接地参与和了解与今后职业活动密切相关的技能,并熟悉、提取、交流、学习这方面的基本流程。这必然会影响到他们今后的职业生涯规划和毕业实习工作,通常有着丰富而又比较可行的模式和行为规范,对未来的职业生涯具有较大的影响力。

3.2.2 用人单位对大学生素质要求

一个人的能力和专业知识固然重要,但是要想获得职场的成功,最关键的并不在于个人能力与专业知识,而在于他所具备的个人素养。

1. 用人单位对大学生的素质要求

笔者通过对用人单位的问卷调查以及访谈了解,认为用人单位对大学生就业的基本素质主要体现在以下 6 个方面,见表 3-4。

表 3-4 职场中的个人素养

序号	个人素养	说　　明
1	诚信	诚信是个人职业化必备前提
2	责任感	责任感是职业人第一素养
3	职业态度	工作态度决定成功
4	勤奋	勤奋是一种精神
5	主动	主动让你脱颖而出
6	自立	自立才能自强

(1) 诚信

现代企业都在讲求"诚信",身在职场,做人更要讲求诚信。只有内心诚实,做事踏实的人才会讲信用。"言必信,行必果",诚信已是一种道德,是一种人格素养,是社会进步不可缺少的无形资本。

诚信是个人品牌的核心内容,已成为现代文明的一个显著特征。

(2) 责任感

责任感是指社会群体或者个人在一定条件下形成的为建立和谐社会关系而履行的各种义务的自律意识和人格素养。大学生的责任感是对自己提出的要求以及对自身行为的约束。在社会范围内,大学生的责任感不仅仅关系着工作和生活的责任心问题,更是在承担社会责任的同时,实现个人价值和自我实现的过程。

(3) 职业态度

职业态度是个人对职业的评价和心理反应倾向。大学生的职业态度就是对工作在社会中的地位、作用、素质要求及现状等多维度的认知评价,以及由此产生的情感体验和行为倾向。

美国石油大王洛克菲勒在给儿子的一封信中写道:如果你视工作为一种乐趣,人生就是天堂;如果你视工作为一种义务,人生就是地狱。无论在任何工作岗位,心态积极的员工会把工作当作乐趣和进步的阶梯来把它做好;心态消极甚至懒散的员工,常常会陷入一个极端陷阱,将工作当作负担与累赘,抱怨、指责,负能量满身。善待工作岗位就是善待自己,工作让我们更幸福,如果想得到更多的业绩提升,就积极主动地做好本职工作,那是你未来获取成就的牢固基础。

(4) 勤奋

从古至今,勤奋一直是我们走向成功必不可少的素养之一。世界上只有鹰和蜗牛两种生物才能登上金字塔尖。不管是天资奇佳的鹰,还是资质平庸的蜗牛,能登上塔尖俯视万里都离不开两个字——勤奋。一个人的成功,不仅在于环境、机遇、天赋、学识等外部因素,更重要的是依赖于自身的勤奋与努力。

(5) 主动

主动性是指人在完成某项活动的过程中,不依赖外力推动,按照自己规定或设置的目标去行动的行为品质。在职业生涯中,主动性常常表现为强烈的事业心、进取心和责任心。主动性更是引导或推动自己达到目标的积极情绪倾向,心理学研究证明,人们的智力相差无几,要取得骄人的成就,不仅靠人的才智,更要看他是否具有奋发图强和主动进取的精神。

只有主动,才能在激烈的人才竞争中脱颖而出,在每一个稍纵即逝的瞬间展现自己的卓越品质;一个人只有经常保持积极主动的工作状态,才能将个人的发展机会置于某种挑战、争取的过程中,使自己获得一个与企业一同成长的机会。

(6) 自立

唯有自立自强,才能赢得尊严和权力,一个国家是如此,一个民族是如此,一个人更是如此。在工作中,每个人都需要别人的帮助,但是接受别人帮助的同时也必须发挥自己的主观能动性。很难设想,一个把自己的命运寄托在他人身上,什么事情都靠别人指点才能过日子的人,会有什么大的作为。

2. 用人单位对大学生的能力要求

市场经济条件下,就业竞争说到底就是职业素质与职业能力的竞争,大学生能否顺利找到合适的岗位很大程度上取决于本人职业能力的高低,所以大学生不仅要了解用人单位的人才选拔标准,还要准确把握用人单位的对大学生的能力要求,为就业做好充分准备。

(1) 获取现代信息知识的能力

现代信息知识的能力主要包括运用信息工具、获取信息、处理信息、生成信息、创造信息、发挥信息的效益、信息协作、信息免疫这几方面的能力。随着我国政治、经济、文化等方面的快速发展,人们的工作、生活越来越走向信息化。当今社会迫切需要具备现代掌握信息知识的高水平人才。

(2) 学习能力

现在我们处在一个信息化的学习社会,现代教育学理论认为信息时代下学习的特点为:学习是个体建构的过程,个体在社会文化背景下,在与他人的互动中,主动建构自己的认识与知识。

进入大学之初,大学生应该通过生涯规划课程、高年级学长及校友的生涯访谈等途径,了解大学学习与以后职业发展方向,确立学习目标,制定自主学习计划,养成自主学习习惯,培养自我监控、自我评价、自我激励等能力。

(3) 创新能力

创新能力是指个体在技术和各种实践活动领域中不断提供具有经济价值、社会价值、生态价值的新思想、新理论、新方法和新发明的能力。提高大学生创新能力,首先要培养学生的创新精神。创新精神是指一种勇于抛弃陈旧思想与事物,开拓进取、革新创造的精神。大学生不要墨守成规，要乐于探索新规律，不迷信权威，不盲从效仿他人做法，培养自己拼搏进取、坚定勇敢、自信乐观的精神，迎接未来的挑战。

实践是创新精神的源泉。在实践活动中，不仅能使大学生接受已有的知识和理论，而且还会发现新的现象和新的问题，增强创新能力和创新精神。

(4) 团队协作能力

团队协作能力是指团队成员为完成共同目标而互补互助、共同努力完成某一任务的能力。提高团队协作能力需要注意三点：第一，团队出发点是尊重个人成就与爱好，本质是共同奉献，重点是尊重、欣赏、宽容、平等、信任。大学生提升团队协作能力，首先要相互平等，相互尊重。第二，相互欣赏，相互包容。团队之所以保持持久的创新能力就是因为差异性和独特性，而解决因为差异和独特带来的矛盾的钥匙就是欣赏与包容。第三，热心助人，遵守承诺。大学生要热心助人，才能获得别人的支持和接纳，遵守承诺，才能树立自己的个人信誉。

(5) 沟通表达能力

提高沟通表达能力，首先，大学生要多参与志愿者活动，通过参加各种文化艺术节以及体育赛事等大型活动，广泛接触不同的文化，与不同行业的人进行沟通交流；另外，大学生要多参加社会调查、勤工助学、义务劳动以及各类暑期实践活动；最后，多参与社团以及校园内外等第二课堂的活动，在活动中潜移默化地训练学生的亲和力、组织能力和应变能力，学生通过社团活动可以获得丰富的社会体验，进而提高自己的沟通表达能力。

3.2.3 职业环境探索方法

职业环境探索的方式有许多，针对目标职业进行深入实践，关注社会热点、国家行政趋势等都是行之有效的方式。总的来说，职业环境探索的方式离不开调查实践、思索总结等几个方面。下面就针对职业环境探索时应采取怎样的方式与途径进行详细的说明。

1. 调查

(1) 调查目的

认识目标职业的社会意义，了解职业入门所需的基本条件，做好职业需求的初步认识，对职业环境形成初步的印象，分析职业获取的必要性。

(2) 调查内容

目标职业所需基本条件(如学历、资格证书、个人条件等)；目标职业所需要的基础知识、专业技能、个人条件及个性特征；目标职业所拥有的生存环境、发展前景及该职业所具备的个人成就；目标职业所应用的组织结构、工作流程及岗位环境；切实感受职业相应工作的性质、内容、职业环境及其氛围。

(3) 调查方式

一是通过网络、书籍、期刊及有关声像资料等多种媒体设备进行查阅；二是走访业内人士进行采访;三是参观目标职业所对应的工作单位;四是通过调查问卷进行了解。

(4) 调查结果分析

通过将大数据的系统整理,量化出统计的结果并进行分析;调查过程的详细记录;本次调查所具有的优劣及其改进措施。

(5) 调查方式的优点

方便、快捷、成本低、信息量大并能客观地了解职场和学校的区别,了解学生和职业人的差别,更有利于目前的成长,避免碰壁,少走弯路。

(6) 注意事项

① 查阅应具有条理性,以关键词为原点,组成关键词网络进而形成所需要的知识体系。

② 要将查阅所得资料及时地进行整理、挑选,以确保时效性和权威性。

③ 要确保资料保存的稳妥性,可应用 U 盘、电子信箱等储存设备。

④ 查阅所得信息可能具有间接性、隔离性的风险,在资料有一定沉积后应注意应用,挑选其有价值的取向并参考,借鉴其合理、合法、健康的内容部分。

⑤ 在参观时,要保持观察者与观察对象之间的距离,与其交流时要时刻留意其情绪情感的变化,注意换位思考,保持礼貌。

⑥ 遵守参观单位的安全纪律和单位规定的其他规范。

2. 实践

(1) 实践目的

树立目标职业的角色意识,积累职业所需的相关经验,分析职业获取的可行性。

(2) 实践内容

针对所选择的目标或者所学专业,去了解用人单位的管理状况、工作程序、工作岗位内容和要求、薪资待遇、未来发展等。

(3) 实践方式

通过暑期社会实践、志愿服务以及毕业前的见习实习、勤工助学等多种方式到目标职业所处工作单位进行一定时间的实地接触和感受。

(4) 实践结果分析

要求从实践单位的基本情况、企业用人的素质和能力要求以及自身所具备的专业水平、社交能力等方面进行交叉比对,并加以分析以求改进。

(5) 注意事项

实践是最能够切实感受职业的途径。在大学期间最为频繁的是见习或者实习,一方面能够积累实践经验;另一方面也能对社会、对职业有更深入的了解,同时将理论知识与实践相结合。但是,由于实践在时间和地点的局限性,导致不能全面地看待问题。因此,当你在实践中接收到了一定的负面信息,就需要理性的甄别,避免主观因素影响了自己对职业的正确认识。

3. 情景模拟

(1) 情景模拟目的

模拟测试的重点在于考核业务能力,考核的标准要依据工作的实际需求来拟定。

(2) 情景模拟内容

对准从业者应该具备的职业素质和技能进行考察;对岗位工作内容与成效的考核标准进行考察;对岗位工作应该了解的注意事项进行考察;对应试者的心理素质、潜在能力、分析能力、判断能力、决策能力、现场控制和处理问题的应急能力进行了解。

(3) 情景模拟方式

应用高校中常用的会议模拟、管理游戏、角色扮演等方式进行情景模拟。

(4) 情景模拟结果分析

对参与的人员、活动的主题以及活动所需的时间等具体情况介绍,要包括活动详细步骤、参与人员的言谈行为等具体的活动过程以及模拟之后的感悟、过程中存在的问题和相应的改进办法。

(5) 注意事项

虽然该方法能够较为全面地梳理职场环境、展现个人能力,具有用时短、针对强、趣味强的优势,但是现实对比虚拟环境所展示出的复杂性,提醒我们在总结存在的问题时,要举一反三、注重前瞻性,不能就事论事。

4. 职业生涯人物访谈

职业生涯人物访谈是通过对一定数量的职场人士进行访谈的形式获取行业信息的一种职业环境探索活动。访谈可以快速而且高效地让大学生间接地从职场人士那里获取自己最关心、课堂教育教学无法获得的真实职场信息与个人感受,同时还可以激发与树立学生的生涯规划意识,认知本专业学习与职业发展的关系,评估从事职业的可行性等。一份完整的职业生涯人物访谈可以从确定访谈对象、设定访谈内容、实施访谈等步骤入手。

(1) 确定访谈对象

在确定访谈对象之前,学生需要结合自身的价值观、兴趣以及专业知识能力等罗列出未来最可能从事的职业,再从这些职业领域内确定2~3名从业人士作为访谈的对象。为了获取真实、客观、理性、准确的一手材料,选择对象跨度上既要有初入职场的学长,又要有从事工作多年的具有一定经验的中高层职场人士。

确定访谈对象之后,要对职业生涯人物的背景资料进行搜集整理,包括年龄、联系方式、职位信息、生活习惯以及业余爱好。如果访谈对象社会知名度较高,还可以从其单位网站或者及其他大众传媒上(比如微信公众号、微博)获取讲话、文章等材料,如果这些材料在访谈过程中作为话题提及,会使谈话比较愉快而且顺畅。最后依据职业生涯人物的具体情况确定访谈时间以及地点。

(2) 设定访谈内容

访谈内容一般从职业生涯人物的个体经验入手,包括其个人教育背景、择业过程、发展历程、工作感受、未来规划以及对大学生的建议等；另一方面从获取职业资讯方面入手，包括从业资格与条件、工作环境、薪资待遇、发展前景等。访谈参考提纲如下：

① 您能不能简单地介绍一下您的从业经历？
② 是什么原因让您从事了这份职业？
③ 您认为如果想要获得行业内成功，应该具备哪些知识、技能和经验？
④ 您认为这份工作最需要个人什么品质、性格和能力？
⑤ 您目前的职位是什么？主要职责都是哪些方面呢？
⑥ 作为一名从业者，您的日常工作是怎样的？
⑦ 就您的工作而言，什么是您最满意、最不满意的？
⑧ 您觉得从事这份职业中，最艰难的时期是什么时候？
⑨ 您对于目前的工作有什么期待吗？
⑩ 能谈谈您工作中获得的业务学习或培训情况吗？
⑪ 您觉得学校中学好哪些课程对这份职业比较有帮助？
⑫ 目前这个行业的现状如何？这个行业存在的困难以及前景如何？
⑬ 您能介绍一下这个行业的薪酬待遇吗？
⑭ 对于在校学习的大学生，您的建议是什么？
⑮ 很多同学还没有定下自己的职业发展方向，可能更多地是在探索。您怎么看？

上面列出的问题仅仅是作为访谈时的参考，为了保证获取信息的质量，使用时一定要精心设置，根据具体情况重新进行设计，因为每位访谈对象所从事的行业特点以及个人情况都不一样。问题不宜多，一般以 5~10 个为标准，节约时间，省时高效。另外设计问题时要尽量口语化、时刻注意双方的身份和态度，一定要谦虚谨慎。

上述访谈提纲的设置是以职场人士为目标的，当然生涯访谈对象也可以是高校教师以及在校大学生，侧重点要偏向于获取从事未来职业需储备的专业知识、相关能力以及学习经验等。尤其是对于继续从事专业学习的同学来说，专升本和考研就是访谈的主要目标，所以相比较职场来说，访谈内容也要随着改变，比如升学的条件、考试的内容和学校的选择等。

（3）实施访谈

① 访谈前预约：预约方式有电话、微信、QQ、电子邮件和书信等。电话预约的方式更加直接和高效，因为双方可以在同一时间当场相互沟通，达到真实和准确的良好效果；微信、电子邮件这种方式对于不善言谈的同学来说也不乏是一种高效的沟通方式，但一定要确保真实准确，可以在实施访谈的前一天对受访人士进行提醒。

时间和地点的选择要充分考虑到对方的便利条件。对于职场中的受访人士，一般尽可能选择在其工作地点，这样会显得方便与安全，对于学生来说，可以亲身感受对方工作环境和工作状态。为了确保安全，出行采访前要将行程告知家人、朋友；出于尊敬，学生可提前准备一份小礼物赠予访谈对象，不用很贵重，但是要有代表性，比如手工制品、学校或专业的宣传材料等。

② 正式访谈:在开始访谈前,采访者要进行简短的自我介绍,因为受访人士有可能在访谈过程中问及对方的求职意向和职业兴趣等。

特别要注意隐私性,面谈前一定要先征求访谈对象的意见,包括本次访谈是匿名还是需要公开发布,访谈过程中是否允许进行录音以及书面记录。如果允许公开,访谈材料整理后如何让对方进行审阅和修改,征求其意见后在什么时间进行发布。

(4) 访谈结果分析

采访生涯人物后要及时整理访谈材料并撰写生涯人物访谈报告,报告应涵盖访谈前情况介绍、访谈过程记录以及访谈后的感想和总结,同学们需对照以往对该行业和职业的认知进行对比,将专业知识与实践结合,再次深入、全面、准确地对自己进行自我认知和探索,促使自己按照职场真实要求规划自己的学习、生活、实践,从而为就业或者创业做好准备。

【本节重点】

1. 掌握职业环境探索与分析的方法。
2. 认知职业社会对人才要求。

【练习与实践】

练习1　职业环境分析和评估

首先,先分析职业环境(社会环境、组织环境和家庭环境)。

其次,讨论并总结职业环境对我们有利的地方和不利的地方。

讨论参考提纲。

1. 分析职业环境。

社会环境:_____

组织环境:_____

家庭环境:_____

2. 总结外在环境。_____

对我们有利的地方:_____

对我们不利的地方:_____

练习2　制订你的职业素质培养计划

说明：写下你的职业素质培养计划，可以回顾过去自己的想法，可以展望毕业后的自己。将下表记录下来，时刻提醒自己，去完成自己的目标。

素质名称	与目标差距	素质提升时间	实施计划
诚信			
责任感			
职业态度			
勤奋			
主动			
自立			

签字人：

签字时间：

评估时间：

3.3　专业学习与职业发展

【案例引导】

迷茫的小刚

小刚是市场营销专业大二的学生，刚入学的一年里，他感到大学生活非常自由，终于不用像高中那样每天忙忙碌碌了。寝室里面有的同学每天忙着做兼职，有的同学在学院团委的学生会和社团部各个部门之间穿梭，有的同学从不缺课而且晚上还坚持去图书馆自习。反观自己，这些都不是他想要的。由于自己是被调剂到这个专业，对专业知识不感兴趣，不知道自己的目标是什么，每天除了上课，其他时间全部用来上网。渐渐地，不喜欢的课程便开始逃课，大一结束后几门功课不及格。班主任和辅导员找他谈话，但是收效不大。

点评

现在很多大一的学生都或多或少像小刚一样迷茫，大学的学习目标是什么？大学生应该如何去学习？现实生活中个别同学常以被迫调剂、对专业不感兴趣等原因来作为不努力学习的借口以及挡箭牌，甚至还期望有某位老师能像高中时期那样，时刻叮嘱和督促自己的学习以及评估自己的学习效果，同时对于本科目学习的课程来说，遇到喜欢的老师就去，不喜欢的就逃课在寝室睡觉或者上网逃避。即使察觉出了自己在虚度光阴可没有任何举措来改变自己的状态。

大学的课程设置、教学规律、课堂教学方法以及学习特点都与高中时期有着很大的差异，大学生要认清大学的学习规律与特点，才能制订有效的学习计划，达到自己的学习目标，学会自主管理、提升自身就业竞争力。

3.3.1　大学学习特点

李开复先生在"给中国学生的第四封信:大学四年应这样过"中曾说到这样一个他亲身经历过的事情:在哥伦比亚大学任助教时,曾有位中国留学生的家长向他抱怨:"你们大学里到底在教些什么?我孩子读完了大二计算机系,居然连 VisiCalc 都不会用!"李开复当时回答道:"计算机的发展日新月异,我们不能保证大学里所教的任何一项技术在五年以后仍然管用,我们也不能保证学生可以学会每一种技术和工具。我们能保证的是,你的孩子将学会思考,并掌握学习的方法。这样,无论五年以后出现什么样的新技术或新工具,你的孩子都能游刃有余。"那么大学学习究竟有什么特点呢?

1. 自主性

自主性学习使学习者能够主动认知自己的不足,作为学习主体主动进行知识、技能等学习和提升。其主要表现在能够明确学习目标、制订学习计划、分析和探索学习方法、自我监控调节学习进程、进行学习后的评估和改进等。

大学教育的目的是育人,是培养德、智、体全面发展的社会主义事业建设者和接班人,教育的内容是既要传授基础知识,又要从专业入手,传授专业知识技能,知识的深度和广度延展性更大。这就要求学生必须减少强制性和依赖性,而且大部分知识需要在课堂外进行自主学习、理解和掌握,自主性学习会贯穿于大学学习的整个过程,包括学习时间的安排、学习内容的筛选和学习方式的选择等。

另外,大学阶段学生自我支配的时间较多,据调查,大学生约有 45% 的学习时间可以进行自我支配。目前很多学校都实行了学分制,这使得学生们可以有更广阔的选课空间,通过选课,在一定范围内自主选择学科、专业和自己感兴趣的课程,这就要求大学生要回归学习的本质,培养自主性学习,积极独立阅读书籍,不断分析、探索、实践、总结适合自己的学习方法,拓展自己所需的知识领域。

2. 阶段性

大学的学习过程具有明显的阶段性特征,一般来说大学的学习阶段可分为基础课、专业基础课、专业课和综合实践(实习、毕业论文或设计)等四个阶段。各个阶段紧密衔接,目标任务明确,不可分割。

(1) 基础课阶段

基础课阶段一般是在大学一年级。基础课包括专业基础课程和社科课程,主要是与专业相关的基础课、政治理论课、外语、体育等课程。大学基础课程较中学阶段课程相比,知识的广度和深度延展性提高,课程在提升学生的专业素质、训练思维方法、探究知识能力、创新学习方法等方面起到了重要的作用。

(2) 专业基础课阶段

专业基础课阶段一般是在大学二年级。专业基础课也称专业理论课,这个阶段的课程专业性明显,部分课程会在这个阶段加入实习部分。这个阶段学生基本上适应了大学生活,适应压力逐渐消退,这时大学生应该真正开始从现实和发展的角度关注自己的专业以及生涯发展,要不断对专业知识进行检验,在认知层面上确定和接受自己的专业。

(3) 专业课阶段

专业课阶段一般是在大学三年级。专业课程包括专业理论课和专业技术应用课。这个阶段比较特殊,是整个学习阶段的分水岭,这个时期,学生大致会分成考研、择业和出国等多个目标群体。在专业学习上,学生应该多研究专业领域对社会、生活的影响和作用,积极探索未来就业方向与发展,对专业知识进行针对性实习、实践和体验,提升专业技能。

(4) 综合实践阶段

综合实践阶段一般是在大学四年级。这个阶段是在前几个阶段掌握的基础和专业理论知识、专业技能以及探究和创新能力的基础上,综合运用所学知识完成专业实习实践和毕业论文(毕业设计),以此来训练和检验大学四年所获得的解决实际问题的能力。

3. 专业性

大学的专业设置是根据社会的实际需求和学科发展而设定,大学生的学习也随之成为一种以掌握行业内专业知识和技能为特征的社会活动。

我国教育部《普通高等学校本科专业目录》2012 年版规定,高校分设哲学、经济学、法学、教育学、文学、历史学、理学、工学、农学、医学、管理学、艺术学 12 个学科门类,分为基本专业(352 种)和特设专业(154 种)。当前的高校即使在相同专业之间,在教学培养目标、课程设置、教学内容以及教学安排等方面也存在较大差异。

为适应当代科技发展的既高度分化、又高度综合的特点,大学期间的专业性通常只能是一个大致的方向,而更具体、更细致的专业目标是在大学四年的学习过程中或是在将来走向社会后,才能最终确定下来。所以专业性也绝不等同于单一性,学科之间是相互联系和交叉渗透的,建议大学生应该以本专业知识为主,广泛涉猎其他学科领域知识,根据自己的兴趣、能力、价值观,通过选修或者自学等方式来学习适合自己的知识和课程,为就业选择和职场适应打下坚实的基础。

4. 多元性

科学多元的学习途径可以让学生的才智获得充分发挥与发展,达到高效、快捷的学习效果。在大学里,课堂教学中的传统讲授法早已不是唯一的教学方式,大学课程一般都是采用理论与实践相结合、讲授与训练相结合的方式进行。教学采用了课堂讲授、典型案例分析、情景模拟训练、小组讨论等方法。教学的过程中,任课教师还会充分利用网络平台等各种资源以及运用多媒体技术等教学手段。

5. 创新性

大学的学习具有研究和探索的两种特性,学生在学习某个知识点或者某种理论的时候,要摆脱以往标准答案式的唯一结果,而且要接受不同的观点以及结论。运用已经掌握的基本理论去进行质疑、反思、理解、选择,最后确定个人对知识的理解和结论。

这个过程中,学生就掌握了科学的探究方法,培养了问题意识、质疑精神和释疑能力,逐步形成了探究科学的积极态度,建立了自己的知识体系。

3.3.2 专业与职业的关系

专业与职业既有联系又有区别,专业为职业服务,职业对专业起导向作用。大学阶段是学习的专业化阶段,专业学习的效果直接影响大学生的职业发展,正确处理专业与职业的关系,对于大学生进行合理的生涯规划以及促进个人成长成才,具有非常重要的作用。

1. 专业以及专业设置

高等教育的本质是专业教育,高等学校的教育教学也必须要围绕学科专业而展开。

大学专业设置就是指专业的设立与调整,指高等学校按照学科分类或职业分工而设置各种专业的行为,以及由此形成的反映学校人才培养目标的专业结构。高等学校专业设置是人才培养模式的重要标志,直接影响人才培养的质量,所以专业设置必须与社会需求相平衡。

如今人才竞争过于激烈,专业岗位需求条件也随之大幅增高。为了解决这一难题,大学生必须提高学习的适应性。目前高校的各专业在制定教学大纲和规划的时候,都非常重视提升学生的专业适应问题,通过专业的教育让学生的专业素养可以满足未来职业发展以及从事多种职业的需要。

2. 专业与职业的关系

专业与职业间有着什么密不可分的关系呢?

(1) 专业学习是大学生获得职业能力的媒介

任何职业岗位都有相应的岗位职责与之对应,要想胜任某职业岗位的工作,就必须具备一定的职业能力,大学生主要通过专业学习获得职业能力。

(2) 专业实践和训练是促进职业能力发展的保障

随着社会竞争日趋加剧和就业压力的增大,对大学生的素质提出了更高的要求。大学生不仅需要充实的理论知识,更要注重专业实践,二者相辅相成。专业实践促进职业能力的发展,职业能力在实践中得到发展和提高。大学生不仅要了解自身的先天条件,更重要的是不要放弃自己的后天努力,勤于思考,积极实践。

(3) 学好专业,在职场中抢占先机

如果将职业岗位比作是岛屿,那么专业知识就好比通往这座岛屿的航线,它们之间呈现出一对一、一对多、多对一等多种航线。一个专业不仅仅只是对应一种职业,同时还存在一种专业可选择多种职业方向。此外,一种职业方向需要多种专业知识提供支持。认真学习专业知识,根据职业和社会发展的具体要求,将已有知识科学地重组,建构合理的知识结构,最大限度地发挥知识的整体效能,从而提升自己的职业竞争能力。

(4) 扫清专业与职业的困惑

大学专业是高校根据社会职业分工为学生所设立的学科专业；职业则是随着社会经济的发展,社会分工的日益细化而形成的具体工作。专业与职业存在密切的关系,专业是为职业服务的,是职业的基础与准备,但专业也并非是职业选择的必要条件。无论学什么专业,只要具备某一职业所需的能力素质,皆有可能被录用。

专业与职业具有四种关系,见表3-5。

表3-5 专业与职业的四种关系

特 征	基本解释	专业技能重要性	特 点	如何处理二者之间的关系
专业包容职业	在专业的领域内发展职业。一生的职业发展基本上限制在专业领域内	很重要	个人选择的职业与所修的专业高度一致	学精专业
职业包容专业	以专业为核心发展职业。一生的职业以专业为核心,有较大的扩展	比较重要	个人选择的职业与所修的专业较一致,但是职业发展明显超越专业领域	学好专业；同时有必要选修与职业发展一致的课程
专业与职业交叉	以专业为基础发展职业。一生的职业发展是在专业基础,有重点地沿某方向拓展	一般	个人选择的职业与所修的专业部分一致。重点掌握某些专业技能的同时,注重其他专业技能的学习	学好专业；辅修其他喜欢的专业
专业与职业分离	一生的职业发展与专业完全无关	重要性很小	个人选择的职业与所修的专业很不符合	尽量调整专业；若不能,则辅修其他专业

(资料来源:章元日.大学生职业发展与就业指导教程[M].长沙:中南大学出版社,2007:11.)

一是专业包容职业,个人的职业发展一直在所学专业领域内,选择的职业与学习的专业相匹配,能够做到学以致用。

二是以专业为核心,职业包容专业。这是指以专业为核心发展职业,个人的职业发展以所学专业为核心,向外扩展。

三是专业与职业交叉。以专业为基础发展职业,个人的职业发展在所学专业基础上有重点地沿某一方向拓展。

四是专业与职业分离。个人规划中要从事的职业与所学专业基本无关,所学专业的某些方面在个人职业发展中有一定的重要性,但方向并不一致。

大学生不仅要对本专业熟悉,而且更要有职业转化能力,不仅为某一具体职业做好准备,而且更要准备好在一生中进行无数次的工作变换。专业学习虽为职业选择提供了基础,但并非是职业选择的必要条件。

其实专业与职业之间最直接的相关性就是知识技能,而很多时候在学校学习的书本知识与实际工作中真正能够应用的知识是有差别的,除了学校课堂的专业学习外,专业知识还可以通过课外培训、讲座、自学、资格认证考试来获得。

如果我们将第一份工作的定位就仅仅限定在所学习的小小的专业区域下，择业范围会加倍缩小。因此，要想在激烈的社会竞争中获得优势，就要既能全方位地提高所需要的专业技能，又可以适当拓宽自己的学习领域。就像一位英语专业大三学生的职业规划中提到，英语专业的学生毕业之后做销售公关或在外企就业都很好，而且往往能够在众多没有语言背景的求职者中胜出，照顾到自己的专业优势的发挥。找工作，合适是关键，跨专业求职并不是无奈。

现在许多职业对于专业的限制并没有那么死。同一种专业可以从事多种不同的职业，而从事同一种职业的人也可能来自许多不同的专业。相对于专业知识技能，很多用人单位在招人时更看重个人的综合素养。

3.3.3　职业对专业学习的内容要求

职业对大学生的专业学习内容有着很高的要求，而专业知识的获得是个人生涯规划以及职业发展的基础，也是个人职业历程的初始点。大学生对专业知识的掌握，有利于学生了解职业发展的动态，明确在校期间学习的主要内容和未来努力的方向，激发学习自主意识，在大学生活中学会自主管理、科学决策，自觉地提高职业发展素质和就业能力，培养个人职业意识，探索职业目标，最终进行职业选择。

1. 共性知识要求

虽然职场对就业者的知识结构有着多方面具体要求，但职业之间也有着共性的要求。

(1) 通识知识

通识知识的学习是大学生最基本的知识准备，学生们可以多方面学习综合性基础知识，建立多维度的思维模式来增加自己的就业素养和技能。无论毕业时是否专业对口，职业岗位是否变动，通识知识都不可或缺，而且起着重要的作用。

(2) 专业知识

专业知识作为一种知识类型，是某一职业为了在特定领域中发挥专门和特殊作用的独有知识。高等教育的专业知识是学科专业知识结构中的核心和特色部分，相比较通识知识，专业知识侧重于培养学生专业技能和职业能力，具有更强的研究性、专业性和职业定向性，有很强的职业色彩，直接影响到大学生职业的发展。从社会现状来看，用人单位对专业知识有较高的要求，并且在人才选择上倾向于专业成绩优秀的大学生。

(3) "互联网+"知识

在互联网时代，大学生不仅仅要掌握通识知识和专业知识，还要与时俱进掌握"互联网+"知识，这类知识刚刚兴起不久但是更新较快，其中较有代表性的是"碎片化知识"。

"碎片化知识"一词源于我国当今社会传播语境中的一种形象性的说法，微博、微信中各种认证号和公众号都在时刻更新传播着的文章和知识。

现如今自媒体非常盛行,每一个人都是一个媒体中心,所以这类知识被人们接纳后还会不断地进行传播和扩散。但是其特征是将复杂事物简单化,接收者往往阅读后认为自己"见多识广",可却没有弄清背后的成因和原理,以及它与其他事物之间的联系。

2. 专门知识要求

社会上不同的职业角色对就业者还有专门的知识结构要求,以下是几种职业角色对大学生专业知识的要求。

(1) 国家机关及事业单位工作人员对专门知识的要求

在国家机关担任公务员以及在事业单位工作的人员要求掌握与本职岗位有密切关系的业务知识,比如法律、经济、行政、管理等基础知识;另外还必须要掌握国家有关政策、法律法规,而且这类职业对个人的公文写作能力、调查研究能力、语言表达沟通能力、协调能力、理解能力、判断能力等也有较高的要求。

(2) 社会科学工作者对专门知识的要求

社会科学工作类职业主要指基础理论研究、学科应用技术研究等职业。对社会科学工作者而言,需要具备三个方面的知识:一是具有本学科丰富、坚实的专业基础知识,掌握大量本专业当代研究的前沿信息,熟练掌握本专业的各种实验方法和调查方法,并能应用于实践;二是要有相关学科知识,如研究经济学人员要具有政治学、历史学、哲学、数学等相关学科知识;三是要具备必要的其他相关知识,如逻辑学知识、社会学知识、管理学知识、历史学知识等。

(3) 经营管理人员对专门知识的要求

管理方面的职业主要包括行政管理、外贸管理、企业管理、国民经济管理、金融管理、财政管理等社会工作。此类职业的人员的知识结构中,管理理论和管理知识要占较大比例,而且在其文化素质上除了具备上述那些共性的要求外,根据职业发展规律以及实际需要,经营管理人员还必须很好地掌握党和国家的方针政策知识。

(4) 工程技术人员对专门知识的要求

该类职业的范围包括各行各业中从事工程技术应用工作的职位。工程技术人员的专业性更强,对专业知识的要求也更高。工程技术人员专业知识一般可以分为基础知识、专业基础知识和专业技术知识、行业工程技术应用知识三个层次。

(5) 文艺工作者对专门知识的要求

文艺工作者学习的专业大致包括音乐、美术、舞蹈、广电、影视、戏剧、管理、公共关系学、理论等类别,从事文艺工作的人要有扎实的各类别的专业基础知识,能掌握文艺基本理论、洞察文艺发展前沿及趋势、了解国内外文艺事业发展状况等。

(6) 体育工作者对专门知识的要求

体育工作者一般可以分为社会体育、运动训练、体育服务与管理、体育保健以及竞技体育等专业方向,各专业方向不同,具体学习的专业知识内容也不尽相同,但需要熟练并掌握体能训练、器械健身、健美操基础、运动与营养、运动损伤与预防、运动处方、体育专项技术、体育活动项目策划与管理、人力资源与薪酬管理、公共营养、保健康复、健康管理等专业知识中的一项或者几项内容。

(7) 军事工作对专门知识的要求

军事工作对专门知识也有具体的要求：首先，要求其有军事理论的基础，要有国防和军事的理性认识，随时准备以生命和鲜血捍卫祖国的领土安全，反对侵略，保卫和平；其次，要有基本的军事思想，对国际安全与世界军事形势的发展趋势有所了解；最后，由于现代科学技术的高度发展，各国争相发展军事科技，许多当代的高科技都首先运用于军事。

(8) 涉外工作者对专门知识的要求

涉外工作包括对外政治、经济、贸易、科技以及文化交流等工作。从事涉外工作，要求工作人员要有较高的业务素质，包括政治素质与文化素质。第一，涉外工作人员要有政治素养、抗压能力、严谨的作风以及保密素质，能自觉维护祖国的利益与尊严，严格遵守外事纪律，保守国家和企业机密；第二，工作人员要有较高的外语水平，并能熟练应用于业务工作中；第三，工作人员要有广博的知识，即在中外政治、经济、文化方面有丰富的知识，有助于了解事物发展规律和最新动态，而且还能加强外事工作的前瞻性和预见性；第四，在外事活动中，工作人员要掌握涉外基本礼仪知识，涉外人员需要在仪表仪容、沟通交流、交际应酬等方面表现的彬彬有礼、落落大方。

【本节重点】

1. 了解专业学习与职业发展的关系。
2. 认知专业学习内容及其对职业发展的影响。

【练习与实践】

进入大学后，学生们从按部就班的"小世界"中出来，走向了更为广阔的大千世界，很多新生在经历了长大成人的短暂兴奋之余就陷入了困惑与迷茫。很多同学对学习、生活的适应问题不知所措；面对着大量的课余时间却无法适从，不能有效利用；如何尽快适应大学生活，做好专业学习计划和安排，对职场社会进行专业认知，是每一位大学生必须面临和思考的问题。

请同学们以小组为单位展开讨论，谈谈自己入学后这一阶段的感受和生活变化，详细讨论一下本专业学习特点以及对未来职场的向往和目前的困惑。

1. 入学后的感受：

_____

_____

2. 本专业的特点：
_____
_____

3. 未来职场的向往：
_____
_____

4. 目前的困惑：
_____
_____

【复习与思考】

1. 我国的职业发展趋势是什么？
2. 如何认识和分析职业环境？
3. 用人单位对大学生的素质能力要求是什么？
4. 结合未来的职业发展来思考自己的专业学习。

第4章 大学生涯与职业准备

📌 【学习目标】

1. 认识大学生活特点,学会自我管理。
2. 学会大学学习。
3. 了解人际关系的基本概念,学会情绪管理的基本方法。
4. 认知素质拓展和社会实践活动。

4.1 大学生生活适应与管理

📌 【案例引导】

"中等生"加盟全球超牛设计团队

从武汉市解放中学到武汉市汉铁高级中学,再到武汉理工大学,小朱的整个学生时代,全部在武汉度过。这个地地道道的"武汉伢",如今已在莱茵河畔生活近两年。

小朱的故事,要从2000年说起。2000年是运动鞋设计的黄金时期,这些出色的产品极大地刺激了小朱对设计的兴趣,坚定了他学习艺术设计专业的决心。带着轻松自如的心态,他如愿考入武汉理工大学,开始学习最喜欢的工业设计。面对材料工艺、设计方法学等感兴趣的专业课程,他联系运动鞋实际产品案例加以理解,在业余时间里,除了参加各类设计比赛外,几乎把所有的课余时间都用到球鞋设计上。但临近毕业他却发现,"进入耐克、阿迪达斯等国际一线品牌的设计团队基本是遥不可及"。带着几分不甘,他进入武汉市政工程设计研究院工作,开始从事城市景观设计。

在小朱看来,景观设计"和理想完全不搭边"。但这并不妨碍他在工作之余的间暇浏览球鞋论坛,收集球鞋,画球鞋。尽管他有时会因为梦想和现实之间的距离感到失望,却依然坚持每天画鞋——这已成为他延续多年的日常习惯。2008年7月,阿迪达斯官方网站上的一则消息吸引了他的注意:阿迪达斯面向全球设计专业毕业生举行设计竞赛,获胜者将有机会进入阿迪达斯总部学习工作。于是,一个月之后,他向阿迪达斯总部提交了自己的作品。

2009年2月,他从300多名竞争者中脱颖而出,和来自英国、法国、保加利亚等国的7名竞争获胜者一起前往阿迪达斯总部,接受为期3天的终极面试。约半个月后,好消息来了,阿迪达斯通知他成为4名录用者之一。2009年7月,他正式飞赴德国,进入"心中设计的圣殿"。

就此,梦想照进现实。

(资料来源:《中国青年报》,2011年3月21日12版.)

点评

大学是人生发展的重要阶段,大学生首先要做好角色定位,找准自己的目标,尽量少受家庭和外界各种压力的影响,坚持自己的理想,做最好的自己。案例中小朱是一名普通的学生,但是他能够积极适应环境条件,认识到自己的兴趣所在,提前做好职业规划,并在平时注意积累相关知识,寻找机会,最终达成心愿。

"如何过好大学生活"应该是大学生入学时最常思考的一个问题。大学生活与中学生活相比,在生活环境上发生了很大的变化。在大学里的一门重要功课就是要学会与背景不同的人共同生活,学会合作与分享。

4.1.1　大学生的环境适应

大学新生环境适应能力的提高,对于顺利完成从中学生到大学生的转变,投入大学的学习生活有着直接的意义。在一个新的环境中,大学生首先面临和亟须解决的问题有:新环境的适应,自我形象的重新塑造,新目标的树立,新的人际关系的构建,新的学习方法的探寻,新生活的自我管理。

1. 理想与现实的落差

进入大学,经历短暂的兴奋期之后,却发现现实中的大学并非自己想象的那么美好。有的学生因为自己高考失利,或者是填报志愿时受到老师、家长意见的影响,所上的大学并非自己所愿,与自己梦想的校园相去甚远。有的学生对自己所学的专业不甚了解,或者根本就不是自己选择的,因而没有兴趣,也学不进去。

2. 学习环境的变化

大学要求学生更加的独立自主,需要在掌握知识的同时,探索学习方法以及专业学习中存在的理论和实践问题,在学习时间和学习内容上有较大的自由支配的余地,所以如果处理不好学习专业知识和参加社会活动的关系,不会制订科学的学习计划,没有正确的学习目标,就会使学习成绩不理想,变得焦虑自卑。

3. 人际交往障碍

上了大学,大学开放的学习环境和较宽松的管理模式,不仅对大学生的思想观念、文化修养、行为方式等方面提出了较高的要求,而且更重视和强调个人的兴趣和发展。在人际交往的过程中,从对方的言谈举止中认识了对方。同时,又从对方对自己的反应和评价中认识了自己。交往面越宽,交往越深,对对方的认识越完整,对自己的认识也就越深刻。良好的人际关系能够增进学生集体的凝聚力,成为集体中最重要的教育力量。能促进大学生优良个性品质的形成。

4. 欠缺独立生活能力

大学新生如果不能尽快适应大学生活方式,就很容易产生紧张焦虑情绪,从而给学习和生活带来许多负面影响。因此,大学生要克服依赖心理,在饮食起居等各个方面学会自理,并应积极跨越人际关系的障碍,主动寻求交往的机会,在各个方面虚心求教、细心体察,多向周围的老师、同学学习。

4.1.2 财务管理

财务管理即理财,通俗地说,就是管理好自己的钱财,实现资本的增值。21世纪的大学生不应该仅仅只有"智商",还应该具备一定的"财商",在大学时代就应该养成很好的理财习惯。

1. 大学生财务管理存在的问题

在大学的生活中,懂得如何理财有助于提高学生的自我管理水平和自我发展意识。很多大学生片面追求物质享受,把钱主要花在吃喝玩乐上,对书籍等精神物品投资甚少;还有很多同学追求品牌、时尚,相互攀比,形成了奢侈浪费的习惯。

(1) 消费缺乏理性

一些大学生心理承受能力弱,辨别能力有限,容易受到外界因素干扰,没有稳定的道德观念和价值判断。一些大学生片面追求新颖、关注时尚,存在盲目消费、攀比消费、浪费消费等不良消费倾向。

(2) 理财知识匮乏

大多数学生缺乏用钱的规划和预算,没有记账的习惯,对相关理财知识缺乏认识和了解,不知道如何增值和保值。一些经济条件较好的同学虽然关注投资理财,把钱投资于炒股等金融产品,但由于对这些金融产品缺乏风险认识,不能很好控制风险,一旦行情不好往往带来巨额亏损。

(3) 缺乏理财计划

大多数学生每月手里有多少钱就花多少,有时基本上是入不敷出。他们当中很少有人对钱财进行合理的规划。特别是大学生的"人情消费"走高,在一定程度上给大学生及其家庭造成了一定压力。

2. 理财方法

大学生应该将大学学习目标与可能获得资金来源结合起来,在不同时期应采用不同筹资方式。对大学新生而言,把自己的知识转化为财富,找一份家教工作是一个不错选择。

（1）学会记账。建立自己的"小账本"，对一个月的收支情况进行记录，看看"花钱如流水"到底流向了哪，看看哪些是必不可少的开支，哪些是可有可无的开支，哪些是不该有的开支。同时，可以开通网上银行，随时查询余额，对自己的资金了如指掌，并根据存折余额随时调整自己的消费行为。尝试记账和预算可以很有效地帮助大学生安排自己的收入和支出，也可以减少不理性消费。

（2）学会兼职。兼职是一项不需要预付任何资本的纯增值方式，而且几乎没有什么风险。找一份合适的校外兼职，会进一步扩充自己的财务本金。

（3）学会节约，养成节俭的好习惯。诸葛亮把"静以修身，俭以养德"作为"修身"之道。大学生要学会从小事做起，逐步养成节俭的习惯。学生时代吃要营养均衡，穿要耐穿耐看，住要简单实用，行要省钱方便。例如在学习方面，可以使用别人用过的课本、参考书等，以相对便宜的价格买入二手电脑等，节约资金。

（4）教育投资。教育投资是理财的基础，是帮助大学生在将来取得良好职业发展的同时获得持续稳定现金流的途径。在大学期间，大学生应该在学好专业知识的同时，提高外语水平，增强计算机能力，取得有用的相关证书，掌握相关的理财知识，为以后生活中的投资理财打好基础。

（5）尝试创业。面对当今严峻的就业形势，创业已成为一种趋势，一些大学生在毕业前就开始采取应对措施，根据校园生活的特点开发市场，尝试校园创业。

4.1.3 培养兴趣

生活离不开兴趣，大学生活也是如此。

从生涯发展的角度来看，兴趣具有重要的作用。兴趣是人们选择某种职业的心理动力，引领人们选择所从事的职业。当人的兴趣类型与职场环境相匹配时，人的幸福感、成就感最强，职业稳定性也最好。在生涯发展的早期，了解、关注和有意识培养和建立自己的兴趣，将有助于个人确立职业目标，选择职业方向。

1. 培养兴趣是提升记忆的基石

兴趣是个体喜欢做的事情。这种喜欢关系到个体的投入程度和从事某种兴趣活动过程中的幸福感和快乐体验。德国音乐家门德尔松在17岁的时候，曾经去听贝多芬第九交响曲的首次公演，等音乐会结束，他立刻写出了全曲的乐谱。

2. 如何找到自己的兴趣

大学生要客观地评估和寻找自己的兴趣所在，不要盲目把社会、家人或朋友认可和看重的事当作自己的爱好，不要以为有趣的事就是自己的兴趣所在，而是要亲身体验它并作出判断。大学生应当更好地把握在校时间，充分利用学校的资源，通过使用图书馆资源、旁听课程、搜索网络、听讲座、打工、参加社团活动、与朋友交流、使用电子邮件和电子论坛等不同方式接触更多的发展领域、更多的职业类型和更多的专家学者。

一个专业里包含很多不同的领域,也许你对专业里的某一个领域会有兴趣。现在,有很多专业发展了交叉学科,多个专业的结合往往是新的增长点。

3. 如何培养兴趣

(1) 培养好奇心。人们一般都会对新事物感兴趣,有好奇心,对身边习以为常的事则少有关注。很多同学高考填写志愿时只是从字面意义上理解专业,而实际情况却了解甚少。缺乏对自己专业的好奇,就没有动力深入了解,更没有办法作出正确的判断。

(2) 保持长久性。只有好奇心是不够的。只有持续关注,不断探索,积极实践,才能将好奇变成兴趣。有些同学好奇心强,但是不能坚持长久,经常是"东一榔头,西一棒槌",浅尝辄止,以至于时间花了很多,却没有效果。

(3) 深入研究。要为自己设定目标,探其究竟,方能不断体验到其中的奥秘和乐趣,这才是真正的兴趣。例如,很多同学喜欢篮球,喜欢NBA,对球星的技术特点、职业发展、性格品质、逸闻趣事了如指掌,这都是建立在长期关注、持续研究的基础上的。

(4) 找到朋友。兴趣需要有一群志同道合的伙伴相互交流,不断切磋,共同进步。有了朋友的相互支持,发展兴趣也就有了伙伴和依靠。兴趣是一种积极的情绪,有朋友的分享,更能在彼此交流中加深了解,体验到快乐和轻松。

(5) 增加知识储备。知识是兴趣产生的基础条件,因而要培养某种兴趣,就应有某种知识的积累,如要培养写诗的兴趣,就应先接触一些诗歌作品,体验一下诗歌美的意境,了解一点写诗的基本技能,这样就可能激发出自己写诗的兴趣来。

大学是一个探索个人成长与发展的重要平台,兴趣是引领大学生职业发展的指明灯。只有充分利用大学时光,不断探索,大学生才能找到自己真正的兴趣,找到自己真正的未来。

4.1.4 学会独处

孔子说:"吾日三省吾身。"怎么省察呢?必然是独处省察。能够安静地与自己交流,才会有真正的心灵感悟。在大学生活中,我们往往会迷失自己的航标,这时,大学生要学会独自面对自己,与自己对话,寻找人生道路前进的方向。

1. 你的独处能力

大学里面的人来自五湖四海,为人处事带有自己成长环境的风格,个人的习惯更是多种多样。当热闹的欢迎大学新生的活动结束,当好奇与新鲜感慢慢退去,在崭新而平凡的大学生活中遇到了许多从未遇到的事情,发现了许多不知如何处理的问题,无法自己解决,又不好向别人倾诉——因为每个人都有一堆事情需要做,无人有闲暇顾及他人。培养自己的独处能力,就成为大学生的一项重要任务。

2. 自制力是一种力量

大学生要做的事情很多,要学习的也很多,因此,如果对自己没有良好的自控能力,那么难以培养出今后走向职场的自我管理和发展的把握能力。由一个被管束了十几年的中学生一下子成为一个可以随意支配自己"自由"的大学生,是要放任自己,还是约束自己、管理自己,都取决于你的自制力的强弱。

3. "慎独"之道

"慎独"是中国传统道德的重要内容,为历代社会倡导,《道德经》论述:"道生之,德畜之,物形之。是以万物莫不尊道而贵德。道之尊,德之贵,夫莫之命而常自然。"这里的"道"是指自然运行及人世共通的道理,"德"是指人世的德性、品行。道德的最高境界是自律。《诗经》中提道:"相在尔室,尚不愧于屋漏。"意思是说即使你独自一人在室也无愧疚,即在独处时或在暗处时也不做坏事或起坏念头。

大学生要把"慎独"作为自己的座右铭,即使在独自一人、无人监督的情况下,也要谨慎从事,严格要求自己,不做任何不道德的事。"慎独"强调了道德影响内心信念的作用,体现了严格要求自己的道德自律的精神,指出了一个人自觉实践道德行为的意义。大学生生活中不仅要"慎思",而且要"慎言""慎行";不仅要从"隐处"下功夫,而且要从"微处"下功夫,使道德修养真正成为自我的内在要求。

4.1.5 时间管理

《时代周刊》曾在一篇文章谈到我们生活在"时间匮乏"的时代。从某种意义上说,一个人的成就跟他时间管理得好坏是成正比的。对于每个人来说,时间都是非常公平的资源,有的人之所以感觉没时间是因为很多时间被忽略掉了,如果我们学会整理时间,把琐碎的"时间碎片"找到并整理起来,会发现其实你并不缺少时间。美国第 28 任总统托马斯·威尔逊在普林斯顿大学演讲时告诫大学生:"四年的大学生活过去后,永远无法重建重构,它在每个人的经历中都是独一无二的。"时间管理好的人,是时间的主人,他每天虽然很忙,但忙而有序,忙而有效。他能每天合理安排时间,有效利用零碎的时间,因而每天的时间是可以增加的。

大学生可以用以下方法来培养时间管理能力。

（1）养成良好的用时习惯。养成良好的用时习惯是有效管理自己时间的前提,要排除来自个体自身的时间浪费因素,改变习惯必不可少。管理学家彼得·德鲁克曾指出,如果我们不能有效地管理自己,那么无论什么样的技巧、能力、知识或经验都无法造就有效的管理者。

大学生往往因为不好的习惯导致了很多时间的浪费,例如在与人交往的过程中要做到准时,在做工作的时候要做到按时。

（2）做事要有计划,把事情分出轻重缓急、有主有次,按照一定规律去顺序完成。确定优先次序,从最重要的事情开始做起,重要紧急的事马上做;其次是做重要而不紧急的事;紧急但不重要的事,要学会放弃,能放就放;对于不重要也不紧急的事,尽量不去做。在所要做的事情中,先做最有价值的事情。

（3）要学会时间分配,根据个人的目标、生理节律特点和客观条件来合理地分配时间,包括学习时间、休息时间、娱乐时间等。懂得把重要的事情安排在一天中精力最好的时间里去做。

(4) 要用个人的价值观来决定自己的目标,把主要的时间和精力放在自己最重要的事情上,适当兼顾他人的要求,要让自己周围的环境更加和谐些,同时也是让自己处在与自己价值观相同或相近的人群之中。

(5) 任何事情,争取一开始就要把它做对、做好;能一次做完的事情一定要一次做完,绝不拖拉,重复和反复做同一件事情是很浪费时间的,也就是说 2 个小时的事情,一次用 2 个小时做完和分 2 次各做一个小时是不一样的,要有时间成本的概念。

时间管理能力是大学生在学习和管理个人事务过程中理应必备的一种能力。大学生的时间管理能力更多地体现在授课时间之外的课余时间里。具备较强的时间管理能力不仅可以提高学业水平,还促进综合素质的提升,使大学生在毕业后的工作中,面对激烈的社会竞争立于不败之地。

【本节重点】

1. 大学生如何适应大学生活环境,进行自我管理。
2. 大学生如何进行自律。
3. 大学生如何进行时间管理。

【练习与实践】

制作理财规划书

理财意味着善于使用钱财,好的理财规划能成功改善家庭或个人生活,从而提高生活质量和品位。理财不仅仅是针对富余的财富,合理地安排自己的开销也是理财的一部分内容。请根据自己的情况撰写一份理财规划书。包括以下内容:①基本情况;②理财目标;③理财规划;④理财措施。

4.2 学会学习

【案例引导】

一个大一新生的叹息

一年前,我如愿以偿地考进了一所著名学府,所有的期待都写在满面春风里。然而,在最初的兴奋过去之后,倒觉得自己的日子一下子空了。以前从来都时间不够用,现在一抓一大把。早晨一睁眼总是近 10 点,晃一晃就该吃午饭了;下午睡一觉,再和大家打打球、聊聊天、看看碟,晚饭后没多久就 9 点了;周末在网吧,好像四五个小时都在 QQ 上,等到眼睛发痛回到寝室一推门,一群人叫:"来来,玩几把八十分……"

有一种遗憾,是一种隐约又很具体的疼痛,想要倾诉却又无从诉说。大学的第一年就带着这样的遗憾匆匆过去,蓦然回首的一刹那,眼睛里空荡荡的,怀着这种遗憾,仿佛在许愿池边,我听到了池底那些自己曾经投进去的一枚枚硬币在轻轻叹息。

(资料来源:本书编写组.思想道德修养与法律基础[M].北京:高等教育出版社,2010:7.)

点评

案例的主人公不知道该如何利用大学里骤然增多的时间,也意识到挥霍时间是不对的,然而真正用在学习上的时间太少了。因此,大学生首先要了解大学学习的特点和规律,制定学习计划,以学习为主,在搞好学习的前提下合理安排课余生活,从而锻炼能力,充实地度过大学生活。

阳光照亮世界,知识照亮人生。当你感到迷惘困惑时,最好是去学习。大学的教学方式、教学理念以及教学手段完全不同于中学,大学教育是一种专业教育,学习信息量大、速度快,更加强调学习过程中的自主性、创造性、实践性。

4.2.1 学习理念

美国著名的未来学家埃尔文·图夫勒曾经说过一句话:"未来文盲已经不再是指不识字的人,而是没有学习能力的人。"学习能力在未来是每一个人必备的能力,它也是进入当今知识经济的一张通行证。从大学时代开始,大学生应该树立起符合社会发展要求的学习理念,将学习当作生活的一种需要,一种乐趣。

(1)终身学习。中华民族传统中一直有终身学习的文化传统,古语说:"书山有路勤为径,学海无涯苦作舟。"没有止境地学习,是每一个向上者必要的,人要想不断地进步,就得活到老学到老,在学习上不能有厌倦之心。在迎接知识经济和信息技术挑战的今天,人们更蕴藏着旺盛的学习积极性,迫切希望在不同的人生阶段都能获得相应的学习机会。大学生只有抱定"终身学习"的理念,具有"不断充电"的紧迫感和行动,才能处变不惊,不被社会淘汰。

(2)自主学习。大学生必须有自主学习的理念,确定自己的学习目标,自己制定学业规划和学习计划,自己检查学习效果。在大学期间,获得知识是一个方面,而更重要的是培养自主学习的能力,以适应以后走向社会、胜任工作岗位的需要。所以,大学期间,在完成学校规定的课程考试之外,通过阅读、听讲、研究、观察和实践等手段使自己的知识与技能、方法与过程得到提高。这样才能提高自己的综合素质和能力,在以后的工作中获得很好的成绩。鲁迅先生非常讲究读书方法,他说:"书在手头,不管它是什么,总要拿来翻一下,或者看一遍序目,或者读几页内容。"对于较难懂的必读书,他的看法是硬着头皮读下去,直到读懂钻透为止。他还提倡在泛览的基础上,选择自己喜爱的书深入研究。

(3)研究学习。研究学习是大学学习的基本表现形式,研究学习对大学生的学习素养提出了较高的要求,要求大学生在学习过程中充分发挥自身的主体性;具有问题意识和研究问题的能力;掌握基本的科研方法,养成批判性思维习惯,形成良好的思维品质。大学生进行研究学习的形式主要包括个体独立学习和小组合作学习。

4.2.2 学习方法

笛卡尔曾说过:"最有价值的知识是关于方法的知识。"最好的学习方法是适合自己的学习方法。大学生迈入大学校园,面临的是一个全新的学习和生活环境。既要学专业知识,也要学专业外的知识;要学科学研究方法,也要学实验、技术操作。下面介绍一些大学生可以应用的具体学习方法。

1. 课前预习

一些同学会抱怨大学老师讲课太快,内容不够详尽,这其实是对大学教学方式的认识不足所致。简而言之,大学课堂学的是"知识的精要",真正的功夫是要下在课堂之外,你要做自己学习的监督者。大学生在上课前预习教材相关内容,在学期初把教材以浏览的方式过一遍,对将要学的内容有一个整体的认知,也便于在日后的预习中能"以后补前"。带着问题去听课,会发现自己听得更专心。

2. 课后复习

课后复习是学习的重要环节,是与遗忘斗争的有力武器。著名心理学家艾宾浩斯对遗忘现象研究发现,人们对学到的新知识,一小时后只能保持44%,2天后只留下28%,6天后只剩下25%。这些数据表明,知识刚学过之后,遗忘特别快,经过较长时间以后,虽然记忆保留的量减少了,但遗忘的速度却放慢了。显而易见,复习的最佳时间是记材料后的24小时以内,最晚不超过2天,在这个区段内稍加复习即可恢复记忆。过了这个区段因已遗忘了材料的72%以上,所以复习起来就"事倍功半"。

(1) 课后回忆。也称"尝试回忆"或"试图回忆",即在听课的基础上,把所学内容回忆一遍,它具有检验听课效果的作用,也有学生把课后回忆叫作"过电影",如果能顺利回忆,就证明听课效果好,反之就应寻找原因,改进听课的方法。

(2) 精读教材。对课堂上未完全理解或在回忆中未能再现的内容要着重精读教材,精读时要把握要领,从多个角度分析同一个内容,并有意识地加强对易混淆概念的辨析。

(3) 整理笔记。课堂听课时间是有限的,而且老师讲课的速度较快,难免会漏记一些内容,这就需要课后整理笔记时加以补充。特别是提纲式笔记,它只记录了课堂内容的纲要,因此课后必须整理笔记,充实内容。此外,在课后复习中,可能会有新的发现,新的体会,也需要补充到笔记中去。

(4) 习题练习。练习包括书面作业、实际操作等,在练习中要理解教材的基础,针对重点难点练习,同时要留心总结解题方法,寻求解题规律,以收到举一反三、触类旁通的效果。

在大学学习过程中,制订复习计划从来都不嫌早,特别是在临近考期的时候,大学生应该至少提前一周的时间来实施复习计划,而有些难度大的科目更需要投入多余的时间来取得一个好成绩。

3. "思维导图"学习方法

"思维导图"由英国著名心理学家、教育家东尼·博赞在1971年发明。东尼·博赞在大学时代遇到了信息吸收、整理及记忆的困难问题后,在研究大脑的力量和潜能的过程中,发现达·芬奇在他的笔记中使用了许多图画、代号和连线,在此基础上形成了综合运用文字、符号、图片、色彩的图形化思维,以树状发散结构直观展示知识结构,呈现思考过程和知识点间的关联关系。

(1) 如何绘制思维导图。思维导图是一种放射性思维的具体体现,把主题放在中央图形上,沿中央图形向四周放射,引申出其下的次级主题,形成较高层次的分支,次级主题由关键图形或关键词组成,从而引发新的联想,以次级主题为发射点,再次产生分支结构,依此方式逐次进行展开,将所有的主题放在一张图形上,各分支形成一个连接的节点结构,并且末端开放。这种放射性思考方法,不仅可以加速资料的积累量,更能将数据依据彼此间的关系分层分类管理,更系统的完成资料的储存、管理及应用,提高大脑运作的效率。

(2) 使用思维导图进行探究式学习。在大学生的自主学习中,可以通过思维导图确定学习计划和目标,规划学习过程,提高课堂学习效率。大学课堂需要在短短的两节课时间内传递大量的信息,有的课程的教材厚达400多页,而课时却往往只有32个学时或48个学时,平均到每节课需要讲授10多页的内容。学生每天要上2~3门课不等,大量的知识需要在短时间内学习,这就需要有高效的知识管理方法来帮助对所学知识进行有效的梳理,达到理解和掌握知识的学习目的。

为了记录学习内容和整理自己的思想,学生在课堂上听讲,一般需要做笔记。如果使用思维导图做笔记,可以用关键词或课堂教师所讲的主题作为中心主题,从这个中心出发辐射一系列的线,线的另一端是主题的次一级主题,线上面记载讲授内容的重点关键词,依次向外延伸,就可以建立一个表现形式多样、层次分明、色彩丰富、重点突出的笔记思维导图。

(3) 思维导图助力复习、备考。作为有效的学习工具,还可以利用思维导图进行知识的巩固和复习迎考。例如当看到"奥运会"三个字的时候你会想到什么?首先,是不是会想到雅典、马拉松、圣火传递、奥运村等。这些词语伴随着图像迅速在你的脑海里一一浮现。也就是说,我们的大脑是从一个点出发,联想到很多相关的点,这是大脑思考问题的第一步。第二步,再把联想到的相关知识点进行归纳和整理。思维导图的画法,也就是按照这两个步骤来的。首先,学生可以利用课堂上所做的思维导图笔记,再现当初课堂的学习过程,温习和记忆课堂讲授的内容;然后,重新绘制新的思维导图复习笔记。从小到大,建立知识框架,先把某一课程的某节内容做成一个小的思维导图,然后在此基础上扩展到章节思维导图,最后将一本书的内容在每章的思维导图基础上生成一张清晰而形象化的综合性大图。通过线条连接可以轻而易举地发现各个重要方面之间的内在联系;使用不同的色彩区分章节内容,利用色彩的刺激效果来加深记忆;将关键词和颜色、图案联系起来,充分发挥大脑的潜能,形成永久记忆,不易遗忘。

(4)思维导图促进发散思维。思维导图的结构和原理跟脑细胞的活动完全一样。从一个点到四周无限扩展的发散性思维,才符合大脑的本性,因此在激发人的发散性思维方面,威力惊人。思维导图树状的发散结构和图文并茂的组织形式,是一种开发思维潜力,提高思维能力简单高效的工具,大学生可以利用思维导图工具来进行发散思维训练。

4."SQ3R"学习法

"SQ3R"学习法为美国爱荷华大学心理学教授罗宾逊所提出的一套读书方法。"SQ3R"是指浏览、提问、阅读、背诵、复习。具体分为以下五步。

(1)浏览。浏览就是对全书进行快速地浏览,弄清这本书的基本内容,对作者的基本观点有一个初步印象。

(2)提问。大学生在学习过程中,不仅要学会解决问题,而更重要的是学会提出问题。在读书时,要透过书中表面字句去捕捉问题,敢于在无疑处生疑,提出自己的设想。有了问题,就会进一步去探索,从而可能提炼出新观点。例如可以采用把标题改成问题的形式。如把标题"职业生涯规划"改为"什么是职业生涯规划,它有什么性质"。这样就会对阅读产生好奇心,在这种任务驱动下能更好地集中注意力。

(3)阅读。经过浏览全文和提问这两个步骤,接下来就是细读全书了。此时的阅读目的就是解决自己提出的问题,所以应按每一章节进行阅读,边读边想自己曾经提出的问题,并用铅笔把自己认为的重点及难点的地方分别用"。"和"?"等符号做标记。

(4)背诵。不是指逐句的复诵或默记,而是指在理解的基础上,集中精力把有关章节的中心思想和基本观点牢记在脑中。这是预习甚至是复习过程中一种非常有效的学习模式。

(5)复习。对书的每一个章节都进行了前四个阶段的操作以后,还要进行综合整理,使知识掌握更加系统化,以达到"鸟瞰全局"的效果。

5. 学会记笔记

正确的记笔记方式是80%时间用来听,20%时间用来记录,这样记忆和理解水平才可能大幅度提升。

(1)康奈尔笔记法。这一方法几乎适用于一切讲授或阅读课,特别是对于听课笔记,这种方法是记与学、思考与运用相结合的有效方法。

第一步:把笔记本分为提示栏、笔记内容、总结三部分,记录笔记时,只把笔记写在第二部分笔记内容栏中。

第二步:课后总结,课后要点写在第一部分提示栏中;复习的时候,复述所学内容,用自己的话总结要点写在第三部分总结栏中。

第三步:多次记忆,每周至少花10分钟重读某科笔记。

(2) 符号记录法。符号记录法就是在课本、参考书原文的旁边加上各种符号,如直线、双线、黑点、圆圈、曲线、箭头等,便于找出重点,加深印象,或提出质疑。什么符号代表什么意思,可以自己掌握,但最好形成一套比较稳定的符号系统。

使用符号记录法要注意三点:一是读完后再做记号。在还没有把整个段落或有标题的部分读完并停下来思考之前,不要在课本、参考书上做记号。二是要善于选择。不要一下在很多项目下划线或草草写上许多项目,这样会使记忆负担过重。三是用自己的话。页边空白处简短的笔记应该用你自己的话来写,这些话会成为这一页所述概念的提示。四是要整齐。符号要尽量整齐,而不要胡写乱画,否则会影响你以后的复习和应用。

4.2.3 学习资源

大学提供了丰富的学习资源,值得大学生去开发利用。

1. 慕课(MOOC)学习

慕课是 2012 年开始由美国顶尖大学发起的一种大型开放性网络课程。随着世界开放教育资源运动、在线教育以及开放与远程教育的蓬勃发展,慕课这种大规模开放在线课程业已发展成为一种引领潮流的时尚,它汇集了全世界顶尖高校的优势课程,其开放度及个性化能大大满足各类学生的需求,为大学生获取学习资源带来机遇。

(1) 要选好课(讲得好的),选对课(你需要的)。选课是慕课学习的重要环节。所谓选好课,就是要选名校名家的课程,选讲得好的课程学习。而选对课,就是要选你当下最需要的课程,你真正感兴趣的课程。

(2) 充分利用好课程提供的所有学习材料。慕课的形式是多种多样的,但是,最常见的是视频、讲义、作业以及项目的组合。加之慕课的学习是以完全在线的形式展开的,因此在学习慕课的过程中,学习者是否能充分利用好课程所提供的所有学习材料,就显得尤其重要。

(3) 合理分配并管理好自己的时间。慕课及其他网络课程的学习不受时间限制,大学生可以在任何自己认为合理的时间进行学习,同时还可以根据需要重复进行,或者有重点地选择部分内容进行巩固。但是在慕课(MOOC)学习过程中,有的大学生一次选取了太多的慕课学习,而在现实生活中又有其他事情需要处理,结果慕课的学习时间常常被其他事情所取代,其结果势必导致辍学。

(4) 记好课程时间节点,弄清课程评分政策。目前,许多慕课都只是持续数周。这样在选课、学习和考核的各个不同时间段,记好课程时间节点就显得尤其重要。同时,学习者在学习慕课的过程中,应当弄清楚课程评分政策。

(5) 将慕课学习与你的工作和生活紧密结合。在慕课的学习之初,尤其是在选课的时候,学习者应该选择跟自己的学习、生活和工作密切相关的课程。

(6) 用好在线论坛,积极参与社区互动。慕课最大的优点就在于学习者参与。因此在慕课学习的过程中,大学生应当用好在线论坛,积极参与课程社群中的互动和交流,尤其是要把同时修读慕课的其他来自世界各地的"同学"视为重要的资源,通过在线论坛和社群中的互动交流,在向慕课讲授者学习的同时,向来自世界各地的学习者学习。

2. 科研参与

科研参与为大学生积累学习经验、发展自己的兴趣和潜能提供良好机会。无论是独立开展科研活动还是参与他人的科研项目,大学生积极参与科研活动可能会提升其发现问题、解决问题的能力,从而最终促进自身思维水平和整体认知水平的提高。

(1) 培养科研兴趣,提高创新意识。科研兴趣是指对不确定事物或未知事物进行追求和探索的愿望,并期望运用科学方法参与探索实践的自觉行为。人人心中都有兴趣的种子,但并非人人生而具有科研兴趣,科研兴趣需要培养、熏陶。

(2) 明确科研目的,培育学术道德意识。很多高校推出了"大学生科研训练计划",以本科生导师、本科生科研项目等形式,吸引广大学生参与科研实践。

(3) 参与科研实践,提高科研能力。对于大学生而言,做好科研的两个必备条件是进行科研选题和导师选择。很多学校为本科生设立了专项科研项目,学生只要学有余力就应该积极申报。

(4) 选好科研团队。大学生科研团队一般是按"课题制"组建的课外研究团队。该科研团队是为了解决一个相对独立、内容较单一、周期一般较短、规模不大的研究项目而组建的。

3. 图书馆

从中外高校图书馆的发展来看,可以认为,高校图书馆的产生,满足了人类传承文化的需要,是人类文化传承和创新的基础性设施。大学新生在入学后,要了解本校图书馆的建馆历史、工作流程、分类规则,了解各阅览室、书库的藏书情况、借阅方式、规章制度,遇到问题及时向图书馆工作人员咨询求教。

(1) 要学会读书。图书馆被誉为大学的心脏,是大学师生最理想的阅读场所。美国的一位科学家曾这样赞叹说:"图书和图书馆已经为人类的文明作出了卓越的贡献,如果没有它们,就很难相信全世界人民能够取得像他们现在已经取得的如此之大的进步。"对于大学新生的学习来说,图书馆是第二课堂。

(2) 要充分利用图书馆学好本专业知识。教师在课堂上讲的只是本专业最基本最主要的东西,而图书馆备有各个专业的多种教材、参考书和专业刊物。大学生应充分利用图书馆的多种信息资源,了解本专业的全貌、前沿和发展趋势,并通过在图书馆的学习加深对课堂教学内容的理解,主动探询和掌握最新的专业知识。

(3) 会使用电子资源。随着现代通信技术、计算机和网络技术以及信息存储技术的迅猛发展,电子资源作为一种新型的图书馆资源类型,其数量正在呈几何级数增长,它占图书馆资源的比例越来越大,使图书馆资源的结构发生了重大变化,由于电子资源具有使用灵活、不受时空限制、检索速度快、传递迅速、同时支持多用户使用等一系列优点,因而成为高校图书资源的重要组成部分。

4. 学术讲座

现代大学的学术讲座又称学术演讲或学术报告,是指某一学科领域的专家学者、知名人士围绕相关主题在一定的时间内,将自己的观点或知识以报告或演讲的方式传授给听众的一种学术活动。而其中又以学术讲座为知识浓缩与思想精华之亮点。学术讲座作为学者思想的凝聚,也是学子汲取知识营养的途径,让在校的大学生真正实现"足不出校,便知天下事"。

社会发展与科学研究日新月异,可以从讲座中了解理论发展和科学研究的最新动态,分享演讲者学术生涯中的研究成果和研究心得,领略讲演学者们的文化底蕴、治学态度、学术精神以及人格特征,彰显学术研究之无穷魅力。著名华裔诺贝尔奖获得者丁肇中先生在《个人陈述写作思路之案例篇》中曾指出,他之所以踏上科学研究的道路缘于曾经聆听一位诺贝尔奖得主的讲座,他认为该讲座对他走向科学研究之路产生了深远的影响,并促使他的研究兴趣转向实验物理学领域。

(1) 如何获取讲座信息。获取相关的讲座信息,最简单的途径就是关注本校的公告栏。一般来说,讲座的主办方会提前在相关场所发布这些信息,讲座的宣传材料通常会张贴在公告区最醒目、人流最密集的地段。如果上网方便,也可以查看学校里有关讲座信息的专门网页来获取近期讲座的详细资料。

(2) 听讲座的过程中要记笔记。记讲座的笔记会比记听课笔记有难度,既没有板书,一般也不会有明确的固定的一条主题思路,主讲人讲的范围会比较宽,甚至多条主线并行开展,所以要认真听,抓住重点记。最好能记下讲座者的个人信息、讲座的题目、主要内容。要有条理,主题脉络必须清晰。讲座者一般在开讲之前对自己进行自我介绍,有的还会留下自己的联系方式,如电话、邮箱等,这些都应该记下来。

总之,大学生每听一次讲座,都要在讲座中有所收获。这样,大学讲座的作用才能得到真正地发挥,讲座才能成为大学学习生活的重要组成部分,大学生才算真正地利用了讲座这一资源。百度创始人李彦宏曾在一次访谈中说到,他在北大听过的讲座不计其数,除了专业内容外,还涉及哲学、宗教、艺术等各种知识。

大学里的讲座可以分为指导性和学术性两类。在指导性讲座中,演讲者能给我们以切实的人生指导。通过听讲座,我们有机会和来自各个方面各个行业的优秀者接触,有机会分享专家、学者们的研究成果,领略他们的人格魅力。

4.2.4 学习能力

学习能力是运用科学的学习方法去独立地获取信息,加工和利用信息,分析和解决实际问题的一种个性特征。

(1) 自学的能力。自学的能力,也就是举一反三或无师自通的能力。读中学时,老师会一次次重复课本内容,但进了大学后,老师只能充当引路人,学生必须积极主动地探索、学习和实践。

(2) 批判的能力。每一件事情,都有多方看法,不是只有一个非黑即白的答案。不同的人有不同的意见,每个意见都值得了解和珍惜。怎么样培养批判式思维能力呢?就是我们在每碰到一个知识点的时候,不但要学会问"为什么",还要学会问"为什么不?"

"为什么一定是这样,为什么不可能是那样?"这会让你更深入地了解问题的本质。

(3) 融会贯通的能力。在大学的学习中,必须遵循整体性原则,把各种知识作为相互联系的整体来对待。对任何知识的理解,总是以已有经验、知识为基础,如果各自知识是孤立的,将会影响利用这些知识关系去理解新的问题。

(4) 辩证思维能力。任何概念是抽象的也是具体的。掌握概念不仅是从个别到一般的过程,而且也包括一般再回到个别的过程。只有经过这样的反复才能真正掌握概念。大学生要学会运用抽象思维。抽象思维是运用概念、判断、推理反映现实的过程。抽象思维撇开事物的具体形象,抽取事物的本质属性。另一种思维方式是形象思维,形象思维是以形象作思维的运动形式,以感情做思维运动的动力,并带有想象、联想以及幻想的思维活动。概念、定理是严肃、抽象、呆板的,而具有辩证思维能力的人,这些概念、定理在他们的心中都是活泼、具体、生动而有感情的。大学生们在学习中不可被概念、定理抽象的外表所阻碍,要努力发掘它们内在的、活生生的内涵,要从感情上去理解从而把握它们。

【本节重点】

1. 大学生如何掌握适合自己的学习方法,养成主动自觉学习的习惯。
2. 学会使用思维导图。
3. 大学生学习资源的分类与运用。

【练习与实践】

按照下面的提示,用思维导图的方法把"辩证思维"的概念补充完整。
(1) 在 A3 纸的中央,写上"辩证思维"。
(2) 根据"辩证思维"的概念确定分支。
(3) 画出关键词。
(4) 对关键词进行分类总结。
(5) 加入色彩、简图、图标及符号,进行完善。

4.3 人际关系与情绪管理

【案例引导】

最强寝室,那一抹靓丽的风景

四川外国语大学社工专业的大三学生小钟和室友小陈,正在为当天要在村里进行的文艺表演做准备。小钟和小陈都是重庆市"三区"社工人才支持计划的一员,已经参加过多次志愿服务的她们,对这一切显得驾轻就熟。与此同时,在川外松苑21舍542寝室,小钟的另外两名室友也早早地起了床。当天,她们所从事的一个虚拟养老志愿项目,要去社区为老人服务。"从大一开始,我们寝室4个人就开始参加各种志愿服务,别人都说我们是'爱心寝室'。"小钟笑着说。

这并不是个例,学霸寝室、创业寝室、运动达人寝室……在高校里,有各种各样的特色寝室,反映出大学生们丰富多彩的校园生活。

(资料来源:牛瑞详.卢波.最强寝室,那一抹靓丽的风景[N].重庆日报,2016-12-15(04).)

点评

步入了大学校园,在与人交往过程中,希望得到别人的支持、帮助,就要培养自己的人际交往能力。大学生要正确认识到人际交往的重要性,不能把自己封闭在狭隘的生活小圈子里,而应以及积极的态度,利用一切机会主动与人交往、交流,使自己的人际交往能力适应未来社会发展的需要。除了班级集体,大学生主要生活和学习的场所便是寝室,大学生们常以自己独有的生活方式及志趣观念形成各自的寝室特点。志趣相投、积极向上的室友通常会互相影响、彼此带动,有助于大学生身心健康发展。同时,那些具有鲜明特色的优秀寝室也对学校其他寝室起着模范带头作用。

现代社会中,人与人之间的相互依存和联系更加密切。人与人之间和谐关系的形成、友谊的建立、职业的起航、事业的成功,都需要在良性人际关系中实现。人际交往能力是现代人重要的素质能力,也是影响一个人能否适应社会,步入职场的重要条件。

4.3.1 人际关系的内涵

人际关系是一个内涵十分深刻、外延又非常广阔的概念,它有广义和狭义之分。广义的人际关系,即在各种社会关系中,一切个体的人与人之间关系的总和。狭义的人际关系,即两个或者两个以上个体,通过各种媒介进行思想和行为的相互作用,所形成的相互依存的关系,它包括人与人之间的心理关系、法律关系、道德关系、经济关系等。

人际关系存在于社会之中,我们可以把社会看成是由无数人际关系组成的网络结构,而社会上的每一个人都可以看成是这一复杂网络中的一个"节点",这一"节点"同四面八方、各种各样的人发生着联系,这些联系把孤立的个人联结起来,形成各种各样的群体。由于人们的社会生活实践是多方面的。按照一个人的生命历程,开始是从一些直接的、人数不多的交往中形成比较简单的人际关系,随着年龄的增长,人际交往的范围则愈来愈广泛,形成的人际关系也愈来愈复杂。

社会心理学研究中,人际关系是在交往的基础上形成的相对稳定的情感纽带,是人与人之间心理上的关系。人们通过人际交往在社会生活中交流信息、沟通感情。人际交往是个动态过程,对于大学生来说,正常的人际交往和良好的人际关系都是其心理正常发展、个性保持健康、生活幸福的必要前提。当人际关系和谐时,心情就会是平静舒畅的;当人际关系不和谐时,人就感到紧张、孤独、焦虑。

4.3.2 人际关系的特点

各种人际关系体现出不同特点,这里主要讨论各种类型的人际关系所共有的一般特性。

1. 人际关系的社会性

任何人都是处在一定的社会关系中从事社会实践活动的人。社会属性是人的本质属性,人的自然属性也深深打上了社会属性的烙印。每一个人从他来到人世的那天起,就从属于一定的社会群体,同周围的人发生着各种各样的社会关系,如家庭关系、血缘关系、地缘关系、经济关系、政治关系、法律关系、道德关系等。这些社会关系的总和决定了人的本质,脱离社会的人际关系是不存在的。影响人际关系的状态和特征的各种因素,不可能脱离整个社会这个大网络的性质和状态——社会因素。

2. 人际关系的复杂性

由于人际关系具有社会性,而社会本身是复杂的,因而人际之间的一切关系都具有复杂性。以人际角色关系为例,在人生实践的社会"舞台"上,每个人都不可能仅仅担任一个角色。在人的一生中,他必须兼任多种社会角色。在人际交往中,各种不同类型的角色关系对人们的言行举止、为人处世等,都有不同的要求,否则就不可能处理好各种类型的角色关系。如果从人们在交往中的心理关系角度来分析,人际关系就更复杂。社会上的每一个人都有自己的思想、感情、性格、动机、欲望,而这些思想、感情、动机、欲望和对问题的看法均具有一定的差别。这样,人与人之间的心理关系就必然显现出复杂、多样的性质。

3. 人际关系的动态性

人际关系的动态性,即人们在交往中形成的人际关系状态不是固定不变的,而是发展变化的,形成人际关系状态的交往过程实质是一个动态的过程。例如:亲密关系和非亲密关系状态可以相互转化,这些转化过程是一个动态过程,如图4-1所示。

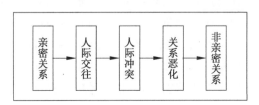

(a) 亲密关系转换

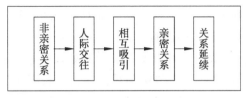

(b) 非亲密关系转换

图 4-1　亲密关系、非亲密关系转换的动态过程

(资料来源:安德鲁·J. 杜布林. 人际关系:职业发展与个人成功心理学[M]. 北京:机械工业出版社,2014.)

人际关系虽然具有复杂性,处理人际关系有一定难度,但是,掌握一定的交往原则、交往艺术,可以促使人际关系向好的方向转化。大学生渴望能够在校园中建立起良好的人际关系,这不仅是一种求得他人认可的心理追求,而且在某种程度上决定其在大学阶段的学习效果和生活质量。

4.3.3 大学生活中如何建立和谐的人际关系

一般来说大学的人际关系主要是同学关系、师生关系、家庭关系,先学会处理这些人际关系,就会增加人际交往的自信。

1. 同学关系

同学关系是大学生人际关系的主体。大学生一般是同辈群体,在生理和心理方面有着共同特征和共同语言,身为大学生,从友好的相互关心的同学那里得到支持的学生比被他人排斥的学生在学习上更能发挥潜力,同学之间的真挚友情所产生的力量是不可忽视的。

(1) 要主动交往。人际交往有主动与被动、积极与消极、有效与无效之分。主动交往不仅可以使人掌握人际交往中的主动权,展现个人交往的魅力和风采,而且可以消除交往中的心理障碍,增强自信心,提高人际交往的质量和效率,大学生要克服自卑、孤独、自傲、胆怯、怀疑等心理状态,要善于主动与老师、同学交往,如见面主动问候、打招呼,有了疑难问题主动请教老师,别人有了困难主动伸出援助之手等,积极参加学校组织的各项文化活动。

(2) 要相互尊重。宿舍作为大学生活的基本单元,不仅是大学生住宿的场所,也是学习、娱乐、交流、交往的重要场所。大学生宿舍成员相对固定,朝夕相处,相互之间频繁接触,宿舍成员之间的行为品质、兴趣爱好得到充分暴露,很多私密袒露其间,室友之间产生不愉快甚至冲突在所难免,这些小矛盾在不知不觉间影响着宿舍各成员之间的关系,如果得不到及时化解,日积月累,就会导致室友间产生误会,直至爆发"战争",严重的还会诱发心理疾病。所以,大学生要以真诚、宽容、平等、互助的态度与舍友交往,适度改变自己,更多地体谅别人,轻松友爱的宿舍氛围就会出现。

2. 师生关系

对于大学生来说,师生关系是大学生所要面对和处理的最为重要的关系。大学生要学习理论知识、实践技能和社会经验,而获取这些知识的途径、获取的快与慢、数量的多与少,在很大程度上取决于大学生如何面对和处理与老师之间的关系。

(1) 要尊敬老师。尊师重道是传统美德。在大学校园中,老师是为我们传授知识、答疑解惑、培养技能、助力成长的重要人物。因此,大学生尊敬老师要细化到学习生活的细节中。

(2) 主动和老师沟通,反映学习生活状态。一般来说向老师请教问题往往是师生间交往的第一步,好问不仅直接使学习受益,还会增多、加深和老师的交流,无形中就缩短了与老师的距离,对于大学生来说可以完整地表达自己的想法,在第一时间得到老师的回答。

3. 家庭关系

家庭关系是最基础的人际关系。由于大学生和父母所成长的时代不同,在教育程度、文化素质等方面存在差异,常常使得大学生与父母之间产生矛盾分歧。因此大学生要多和自己的父母交流谈心,主动把学校里发生的事情说给父母听,增进彼此间的了解,求得认同,达到和谐。如果发生较大的矛盾和争执,也要以尊敬父母为前提,尽量听取父母的意见,恰当地表达自我观点。

4.3.4 用心培养职业社会需要的人际交往技能

在美国,曾有人向2000多位雇主做过这样一个问卷调查:"请查阅贵公司最近解雇的3名员工的资料,然后回答:解雇的理由是什么。"结果是无论什么地区、什么行业的雇主,三分之二的答案都是:"他们是因为与别人相处不来而被解雇的。"人际关系在工作当中的地位显得越来越重要,如何把握和处理好人际关系显示了一个人的综合能力。

1. 真诚守诺

大学生在人际交往中要真诚待人,信守诺言,承诺的事情要尽量做到,这样才能赢得别人的信任,彼此建立深厚的友谊。

2. 尊重他人

自尊是一个人重要的心理需求,每个人都期望在人际交往中得到尊重。对大学生来说,大多数人的自尊心都较强,不太能够接受别人的负面信息。因此,大学生在人际交往中尤其要注意尊重的原则,不损伤他人的名誉和人格,承认或肯定他人的能力与成绩。即便要指出对方的某些缺点和错误,也需要首先肯定对方的态度和原则,指出在一些小的方面存在的问题。特别要注意讲究语言文明,开玩笑要适度。还有就是同学们可能来自不同地域,有不同的生活方式,要注意尊重同学的生活习惯。

3. 学会沟通

在人与人的接触中,沟通深具影响力,而良好的人际交往和沟通能力不是与生俱来的,它需要在社会交往实践中学习、锻炼并提高。

沟通中的技巧犹如人际关系的润滑剂,它可以帮助人们在交往活动中增进彼此的认识和了解,缩短心理距离,建立良好的关系。

(1) 学会真诚地赞美别人。一位哲人说过:"只有真实的赞美才能最打动人的心灵。"每个人都希望得到别人的认可,而认可的常见形态就是赞美。当我们看到其他人身上的优点或者美丽的变化时,大胆地给予赞美或认可,会给对方带来欢乐。这种欢乐和谐的氛围会影响到其中的人,使人与人之间的关系变得轻松融洽。

(2) 学会宽容。宽容是一个人必不可少的一种素质,宽容包含了理解、体贴、善待他人的精神,人们在生活中不可避免地会产生矛盾或冲突,处理得不好,就会使人感到不愉快,甚至会发生极端的现象。要想使自己生活得愉快,宽容就是正确的方法。宽容大度会使你拥有很多朋友,大学生在人际交往中要学会做个有心人,善于体察别人的心境,主动关心他人,采取不同的方式使他们感受到你的善意和温暖。对于别人的错误不要揪着不放,斤斤计较,以牙还牙或者坚决对立。那样隔阂就会越来越深,人际关系只会越来越紧张,对人对己没有任何益处,只会增加更多的麻烦。

(3) 学会倾听。倾听是大学生获取知识、进行交往的必要手段。人们在日常生活中,言语实践的使用情况是:听占 45%,说占 30%,读占 16%,写占 9%。也就是说,在生活中,人们有将近一半的时间在听。

大学生在倾听对方谈话时,要态度诚恳有礼貌,注意力集中,不仅要听清说话者所表达的内容,而且要听懂对方的语气、语调等副言语信息,看懂对方的体态语。

4.3.5 情绪管理

情绪是指人们在内心活动过程中所产生的心理体验,或者说是人们在心理活动中,对客观事物是否符合自身需要的态度体验。人在认识客观事物的过程中,不仅了解事物的表面特征,揭示事物的本质及内在联系,同时还会对所反映的事物产生喜好或厌恶之情。

1. 情绪管理

处于青年期的大学生,心理上正经历变化波动较大的时期,反应在情绪和情感方面,表现为情绪的不稳定性与冲动性,情感体验开放、丰富,却容易陷入情绪困扰。一个人要有意识地去控制自己本能的反应是需要很多努力和能量的,其结果更可能是,你想要控制的最终会以更强大的威力对你造成冲击。就像试图用堵的方法来限制洪水一样,会导致更严重的洪水泛滥。

2. 情绪疏解

美国生理学家艾尔玛做过一个简单的实验,研究情绪对健康的影响。将一支支玻璃管插在摄氏零度、冰与水混合的容器里,以收集人们不同情绪时呼出来的"气水"。结果发现,心平气和时呼出来的气,凝成的水清澈透明、无色、无杂质。如果生气,则会出现一种紫色的沉淀物。

(1) 倾诉疏解。倾诉是疏解不良情绪的最好方式。倾诉的方式很多,一种是找朋友、家人、师长、心理医生等自己信赖的人进行倾诉,事实上,不少大学生自己意识不到自己的心理危机或疾病,不会主动向心理咨询中心或是专家寻求解决方法。

(2) 运动疏解。通过运动,大脑中会分泌一种可以支配的心理和行为的肽类。其中一种叫作"内啡肽"的物质,科学家称之为"快乐素",它作用于人体能使人产生愉悦。

(3) 兴趣爱好疏解。有了广泛的兴趣和爱好,就会有更多的机会接触社会,接触他人。提高自己的社会适应和处理人际关系的能力,就会有机会参加各种活动,有更多的收获和成就感,树立起良好的自信心。

(4) 积极表达情绪。好的情绪要与人分享,糟糕的情绪要与人分担,这有助于大学生增加对情绪的敏感度并加深自我认识和把握。负性情绪的表达尤其重要,它不仅有助于大学生缓解当时的紧张,而且可以避免坏情绪的积压。

（5）自我激励。要学会用生活中的哲理或某些明智的思想来安慰自己,鼓励自己同痛苦和逆境进行斗争。

（6）情绪转移。人的情绪容易受到外在的事物与场景的改变,所以,外在的事物和场景的改变,情绪也会随之改变。当察觉到自己的情绪不佳时,可以选择自己喜欢的事情来做,或者做一些能让自己专心投入的事情来分散注意力,将不愉快的心情暂时忘记。如可以看自己喜欢的书、做志愿服务、听音乐、看电影等。

【本节重点】

1. 大学生良好人际关系的建立和维护。
2. 学习情绪管理。

【练习与实践】

1. 打开心灵之门——我是谁？我是一个什么样的人？我希望我成为什么样的人？

（1）游戏活动,敞开心扉。分小组活动,在小组中每个同学写出最能代表自己特征的 10 个句子,然后,读给大家听;其他同学听完后,发表对这个学生的看法。然后再由这个同学谈谈听了同学对自己的评价后的体会和感受,并谈一下自己希望成为什么样的人的愿望。

（2）小组同学全部进行完后,每个同学写下自己的收获、体会、感受、评价及愿望。在小组中轮流读自己的感受。

（3）每小组推荐两名同学面向全体同学读自己的收获、体会、感受、评价及愿望。

（4）结束活动。

2. 情绪讯息训练。通过练习意识到情绪的存在,辨别自己所经历的情绪,通过学习情绪的各种不同的表达途径来获取更多的信息。

（1）练习引入。人们通过肢体语言可以传递很多信息,我们通过关注人们的肢体变化,可以了解大量的自己或别人如何感受的信息。通常,人们通过自己的肢体变化向周围人传递信息。

（2）将一个班的学生分为两组,然后朗读一系列的信息。学生将通过肢体语言表达这一信息(注意,可以使用不同的方式,如目光接触,做出手势或姿势,但不能说话)。以下是这些信息的举例。

① 我太累了。
② 我很厌倦。
③ 我没有任何错误。
④ 请让我回答这个问题。

⑤ 我为你感到骄傲。
⑥ 我不能相信你居然这样说话。
⑦ 我太紧张了。
⑧ 请不要盯着我。
⑨ 看看我有多棒。

(3) 分享。你们传达了以及接收到哪些信息？每个人都在用同样的方式表达同样的信息吗？传达信息的方式有何相似和不同呢。

4.4 大学生素质教育与社会实践

【案例引导】

求学路上丰满羽翼

小王是北京一所普通高校工业设计专业的大学毕业生，毕业后顺利入职某大型汽车企业。在校友访谈中，小王把成功求职归功于在大学素质训练和社会实践的锻炼。她积极参加素质拓展训练和社会实践活动，在担任班级的学习委员和系电子协会的副会长期间，承担班级和协会的大型活动，提高了自己的组织能力和语言表达能力。在学习之余参加各类社会实践活动，四次获得大学生电子设计大赛二等奖。小王说正因为专业学习和社会实践打下的良好基础。

点评

目前企业的择才用人越来越注重毕业生的综合素质，并特别关注学生的动手能力和实践能力。某知名企业的人力资源经理说："在招聘过程中，我们最重视的是大学生的专业背景、知识掌握程度，以及参加的社会实践活动情况。在校期间的实践活动、兼职活动以及校园组织活动都会被列入招聘考察的项目之中。"

大学生面对巨大的就业压力，要认真思考自己的责任，在实践活动中不断提高自己各个方面的素养，苦练"内功"。

4.4.1 素质教育和素质拓展活动

四年大学毕业时我将拿什么来纪念我的大学？一张证明自己学历的毕业证书、一本好友的留言册、一个大学生生活的相册，是否可以加上一份"大学生素质拓展证书"，它是大学生在校期间接受素质教育的"成绩单"，是一份逐渐为社会所认可、为用人单位所重视的新证书，它系统、规范地记载了大学四年成长历程，是大学生走出象牙塔的最好纪念。

1. 素质教育

素质教育是一种以提高受教育者诸方面素质为目标的教育模式。"素"的原本含义是本色,即事物的本来形体、根本属性;"质"的含义是指事物的固有性质。素质是每个人在生活、工作、学习等各种活动中所展现出的基本知识、基本能力和基本品质。进入21世纪,在高校实施素质教育是将大学生培养成为完全的人、全面发展的人。为此,共青团中央、教育部、全国学联在2002年联合实施了"大学生素质拓展计划",希望通过此项计划促进大学生自觉参与素质教育,动员社会资源服务大学生素质教育,增强大学生自主创业就业的意识和能力。

2. 大学生素质拓展计划

"大学生素质拓展计划"的基本内容是以开发大学生人力资源为着力点,进一步整合深化教学主渠道外有助于提高学生综合素质的各种活动和工作项目,在思想政治与道德素养、社会实践与志愿服务、科技学术与创新创业、文体艺术与身心发展、社团活动与社会工作、技能培训等六个方面引导和帮助广大学生完善智能结构,全面成长成才。

(1) 大学生素质拓展计划的"六大模块"

一是思想政治与道德素养。主要包括参加党、团组织重要活动以及在思想认识、道德品质等方面的表现。

二是社会实践和志愿服务。主要记录参加社会实践、志愿服务等活动及在活动中的表现和取得的成果。

三是科技学术与创新创业。主要记录在从事创新活动、创业活动以及参加各级学术、科技、创业等比赛中取得的成绩。

四是文体艺术与身心发展。主要记录参与的文体活动和取得的成绩,以及有益于身心发展的各种经历,以培养文化艺术修养和健康心理为目标。

五是社团活动与社会工作。主要记录大学期间所参与的社团活动、担任学生干部职务以及在组织和管理能力等方面的锻炼。

六是技能培训。主要记录参加各类技能培训取得的证书和成绩以及未被以上模块所包含的主要经历或成果。

(2) 大学生素质拓展计划的内容体系

内容体系包含"两项设计""一组活动""一次测评""一本证书""十个导向目标"。

"两项设计"即职业导航设计和学业进程设计。在职业导航设计中大学生主要结合兴趣爱好、家庭背景、价值追求及现实国情设计自己的职业道路和事业方向,帮助优化自己的人生道路,减少和避免成功道路上的各种障碍;在职业导航设计的基础上,科学合理地安排在学校接受教育的内容、方式、途径及目标。

"一组活动"是在进行"两项设计"后,素质拓展计划将鼓励和帮助大学生选择并开展一组有主题的课外活动,拓展自身综合素质。

"一次测评"是在大学生参加了丰富的课外活动和教育项目之后,学校会对素质拓展成果进行一次测评,以帮助参加者明确能力优势,发现能力失衡和能力贫困,为进一步的素质拓展提供参考依据。

"一本证书"是在面临就业的时候,学校为每位学生提供一本素质拓展证书,作为在校期间素质拓展的凭证和记录。

"十个导向目标"是参加一次专业技术培训,参加一次创业实践或创业培训,完成一件创新作品,参加一次青年志愿者社会公益活动,参加一次社会实践和社会调查,鼓励参加一次国际交流活动,参加一次前沿学术活动,获得一个职业资格等级证书,担任一届学生干部,获得一次表彰和奖励。

(3) "大学生素质拓展计划"的实施

"大学生素质拓展计划"的实施过程提出了"三个结合"的原则,即课内外相结合、第一课堂与第二课堂相结合、学习与实践相结合。大学生素质拓展计划主要包括职业设计指导、素质拓展训练、建立评价体系、强化社会认同四个方面,通过教学、课堂、讲座、活动等丰富多彩的方式展开。如可以通过"挑战杯"竞赛、"三下乡"活动、全国大学生课外学术科技作品等竞赛活动,全面带动和促进"大学生素质拓展计划"的实施。

(4) "大学生素质拓展计划"实施的意义

"大学生素质拓展计划"从时代需要出发,注重培养大学生的学习态度和学习能力,促进他们在德智体美等方面生动、主动地发展;引导大学生学会做人、学会求知、学会实践、学会生活,为获得终生学习能力、创造能力以及生存和发展能力打好基础。

3. 素质拓展活动

素质拓展活动起源于英国,第二次世界大战期间,英国船队在大西洋频频受到德国潜艇攻击,伤亡重大。事件中人们发现从海中生还的并不是那些身强体壮的人,而是一些具有丰富野外生存经验、意志坚强且具有良好团队精神的人。

素质拓展活动是区别于传统培训意义上的一种新型教育方法,它要求参加训练的个人首先要充分地参与训练活动来获得感官上的直接认知,然后听从培训老师的专业指导和团队成员进行互动交流,在这个过程中不断地发现自己的弱点,提升个人的理性认识,完善自身素质。

大学生素质拓展活动的主要目的是"磨炼意志、陶冶情操、完善人格、熔炼团队"。素质拓展活动通过设置学生可能遇到的生活情景或社会现象,培养大学生以积极开拓的姿态去战胜困难,提高解决问题的能力。

4.4.2 社会实践中的个人成长

大学是一个小社会,步入大学就等于步入半个社会。大学生只有深入社会,了解社会,服务于社会,投身到社会实践中去,才能学有所用,在实践中成才,在服务中成长,并有效地为社会服务,体现自身价值。

大学生的实践活动越丰富,能力越发展,其个性培养也就越明显。西班牙著名思想家奥尔特加指出:"大学不仅需要与科学进行长期的永久的接触,否则就要萎缩退化,而且需要和公共生活、历史事实以及现实环境保持接触。大学必须向其所处的时代的整个现实环境开放,必须投身于真正的生活,必须整个地融入外部环境。"意思是说大学教育要与社会生活、社会需要紧密结合,才能发挥出大学教育的真正作用。大学生在掌握基础理论的同时,不能忽视自己能力的培养,只有把理论和实践结合起来,把知识和能力结合起来,才能有所成就。社会实践对于在校大学生具有加深本专业了解、确认适合的职业、为向职场过渡做准备、增强就业竞争优势等多方面作用。大学生参加社会实践,可以了解社会、认识国情,增长才干、奉献社会,锻炼毅力、培养品格,增强历史使命感和社会责任感,同时对于加强自身独立性也有十分大的作用。从用人单位的角度看,具有优秀的沟通能力、分析能力、团队合作能力及应变能力的大学生,更受企业的欢迎。

1. 社会实践为大学生理论联系实际提供平台

社会实践提供了一个把理论与实际、知识与能力连接起来的平台,有利于大学生形成理论联系实际的作风和习惯,从而增强学习的自觉性和主动性,促进专业的学习和提高,锻炼分析现实问题、解决现实问题的能力。

大学生社会实践常见的有以下六种形式。

(1) 学生暑期"三下乡"社会实践活动。20世纪80年代初,团中央首次号召全国大学生在暑期开展"三下乡"社会实践活动,随后逐步在各高校展开,时至今日已成为各大高校锻炼学生社会实践能力的一种重要的常规性活动,也是考核学生综合素质的重要指标。这类活动一般以扶贫、济困、扶老、救孤、恤病、助残、救灾、助医、助学等为工作重点,按照"目标精准化、工作系统化、实施项目化、传播立体化"和"按需设项、据项组团、双向受益"的原则,组织大中专学生志愿者广泛开展形式多样的社会实践活动。

(2) 大学生志愿者服务。青年志愿者活动,是以"奉献、团结、友爱、互助"为宗旨,以志愿服务的形式参与社会生活,奉献个人力量,是大学生参与社会实践、锻炼个人综合品质和道德品格的良好载体。团中央于2003年开始实施的大学生志愿服务西部计划,青年志愿者扶贫接力计划,大型经济、体育、文化活动、抗震救灾、抗洪救灾及社会各种公益性服务活动等。

(3) 社会调查。社会调查是大学生社会实践活动常用的形式和方法,对某种社会现象和问题进行实地走访参观、调查研究、社会考察,促使大学生接触社会和了解国情,掌握科学的研究方法、储备社会知识和增加阅历。

(4) 科创实践。科创实践是指大学生利用自己的专业知识或者技能特长参与科技创新活动,并将其产生的成果运用到个人创业、促进经济发展、推动社会进步中去。主要包括课外科技活动、课外创业活动、大学生研究训练项目、大学生自主创业等形式。

(5) 学校实践实习课程。大学生分析、解决问题的能力需要通过实践去获得。在校期间,大学生应该把课堂上、书本里学到的普遍理论同具体实践结合起来,在实践中培养自己的分析问题和解决问题的能力,培养真才实学。

(6) 企业实践。目前,很多高校在教学过程中已经安排了大学生在企业中金工实习、生产实习、毕业实习等实践环节,大学生们一定要充分利用好这些机会,向现场有经验的技术人员学习,向工人师傅学习,汲取他们多年的实践经验,来充实自己。

2. 社会实践能力的培养

有的大学生在求职择业过程中,由于缺乏社会实践这一重要环节的锻炼,就业能力明显不足,盲目求职择业的现象严重。一些企业在招聘大学毕业生时,也往往优先录取那些参加过社会实践、具有一定组织管理能力的毕业生。

(1)脚踏实地。社会实践中的大学生应该注意,不管在校时是不是学生干部,学习成绩如何,在社会实践岗位上都要谦虚谨慎、脚踏实地,切忌只是指手画脚。而实践岗位中踏实钻研得来的收获,自然会提升自己在团队中的影响力。

(2)团结协作。在社会实践中要学会与人协作,发挥自己的组织协调能力。个人要取得大的成就一般离不开别人的帮助。要做到这一点,首先要端正态度,在建立良好人际关系的前提下,学会与别人交流,善于与人合作。

(3)大胆探索。对于身处改革时代的大学生而言,具有开拓精神、创新能力非常重要。为此,大学生在社会实践中要追求思想的创新、学习的创新,不断向自己的过去挑战、向自我极限挑战,不断实现自我超越。

3. 社会实践的设计与实施

大学生社会实践的内容非常丰富,但选择什么样的实践项目,不仅决定着实践的方向和内容,制约着实践的过程,而且还体现着实践者的水平,甚至关系着实践的成败。

(1)选题要具有现实意义。可以选择与社会密切相关的、被大众较为关注的热点问题,也可以结合学长们做过的调查主题,结合学校、专业的特色来开展自己的社会实践,也可以在实践中为相关部门献计献策,解决具体的问题,体现一定的应用价值。

(2)选题要具有可行性。要考虑和分析各种条件,如人力、物力、财力等各方资源的支持。充分估计选题的主观条件,量力而行,客观地分析自己的能力并充分考虑自己的特长和兴趣,并结合自己的经济和身体状态来选题,并且要充分考虑安全因素,对实践地点、实践内容的安全性要做好充分调查,交通条件和食宿条件等也要提前了解。

(3)创新型原则。实践项目可以从主题、形式、内容等方面有所突破,而且能提出自己的观点和看法。有了新颖的题目和内容,实践活动就有灵魂和价值,也能避免浪费。

(4)管理要精细规范。一个实践项目往往需要多个专业的知识理论来支撑,因此在实践团队组建上也经常呈现出不同专业、不同年级人员相互交叉的现象。这种取长补短的做法,使活动开展更加顺利,内容更加丰富,也更具有实践价值。

4. 撰写社会实践报告

社会实践报告是社会实践成果的集中体现,直接关系到实践考察成果质量的高低和社会作用的大小。要撰写好实践报告,就要掌握报告的格式、结构和写法。一般来说,社会实践报告要经过四个基本步骤。

（1）确定主题。主题是社会实践报告的灵魂，注意报告的主题要与调查主题一致，根据调查和分析的结果，对调查资料进行取舍，使得主题集中鲜明。

（2）布局和拟定提纲。这是调查报告的关键环节。布局是指调查报告的内容构架、安排及展现形式的总体设计。而拟定提纲的过程实际上就是把调查材料进一步分类、构架的过程，做到围绕主题，层层递进，环环相扣，层次分明。

（3）撰写调查报告。根据确定好的主题和提纲，进行调查报告的撰写。在撰写过程中，一是注意结构合理，要有标题、导语、正文、结尾、落款；二是文字要规范，通俗易通，特别要注意对数字、图表、专业名词术语的使用，做到准确生动。

（4）修改完善报告。在完成调查报告后，要认真修改，检查是否有需要增加和删减的内容。在完成这些工作后，才能上交。

4.4.3 学生社团中的大学生成长

大学校园为大学生们开辟的一片生机盎然的广阔空间，这就是学生社团。在学生社团里，风华正茂的年轻人聚在一起，为着共同的兴趣与目标筹划未来、积极实践。

1. 学生社团的分类

高校学生社团一般按照学生的兴趣爱好来分类，下面按照思想理论类社团、学术科技类社团、实践类社团、文娱类社团、体育类社团五类进行详细介绍。

（1）思想理论类社团。高校思想理论类社团主要以马克思主义相关理论的学习为主，是对高校思想政治教育工作中党的先进理论进课堂、进教材、进头脑"三进"要求的落实。社团根据不同年级学生的特点开展丰富多彩的理论学习研究活动，将党的奋斗目标教育、党的历史教育、国情教育和学生成才教育融为一体，成为大学生"三观"教育的重要载体。

（2）学术科技类社团。学术科技类社团主要指以满足成员对知识的需求为基础，以提高学术水平和实践能力为共同目的而建立起来的，与专业学习、学术研究结合紧密的带有专业实践性质和多学科交流的社团。

（3）实践类社团。实践类社团是指成员运用自己掌握的知识和技能进行活动用以检验所学知识和技能，社团以培养学生综合能力为主要目的，通常以操作性较强的实践活动为主要活动。它又可以分为两种类型，一是专业技术服务型，如读者协会、公关协会等；二是劳动服务型，如青年志愿者协会等。

（4）文娱类社团。文娱类社团以成员的艺术特长、爱好为基础，为满足其成员的特长发展需要而建立的非专业化的艺术方面的学生社团，活动形式活泼，以举办艺术技艺讲座及排演节目为主，如话剧团、艺术团等。

（5）体育类社团。体育类社团是指有相同体育爱好和兴趣的同学，为提升其在该项活动中的技术而组建起来的以不同体育项目为分类的学生社团。其活动较注重趣味性，一般举办竞技比赛，以定期集中训练为主。如轮滑协会、武术协会、足球协会、篮球协会等。

2. 学生社团的作用

大学生社团活动有利于培养学生的参与意识和公平竞争、积极进取的精神。在大学期间,学生的追求是多层次的、多角度、多方位的,社团文化为大学生的全面发展提供了众多公平竞争、拼搏进取的机会。

(1) 培养合作能力。一个社团的成功关键在于成员之间的合作。人与人之间的共处是一件难事,"人多力量大"是我们常说的俗语,但有时候"1+1"并不等于或大于2。在社团活动中,要做一个诚心诚意的服务者,珍惜自己与他人合作的每一次机会。

(2) 培养领导能力。社团也是培养自己领导能力的良好平台。现代社会已经越来越不需要"两耳不闻窗外事,一心只读圣贤书"的人才,而对大学生的领导力提出了要求,大学生只有在实践中不断锻炼提高,才能逐步增强领导能力。

(3) 培养适应社会的能力。大学生在假期、周末、课余时间,放下课本,参加社团活动,广泛接触社会,与各种人交往,学到许多在课堂上难以学到的东西,使自己更了解社会、融入社会,克服"书生气十足""天真幼稚"的作风,使自己思想意识接近社会现实。

(4) 增强集体意识。大学生的社团活动集知识性、趣味性于一体,适合青年学生思维活跃、接受信息快、可塑性强的特点,容易被学生所接受,有利于形成向心力、凝聚力,在社团内形成了团结互助、平等友爱、共同前进的人际关系,潜移默化地使大学生的集体主义观念得以增强。

3. 学生社团的选择

大学生往往刚进入校门,就会被各种各样的社团招新活动所吸引,我们经常会在学生社团招新现场看到新生们拿着一沓宣传材料,每一个社团都觉得新奇的,每一类社团都想参加,于是,一不小心就参加了好几个学生社团。

一般来说,我们选择社团时需要注意三个方面的问题。

(1) 从自身兴趣出发,避免从众心理。大学新生刚到一个新的环境,对学习、生活各方面还不太熟悉,容易受到群体的影响和压力,产生从众心理。选择学生社团亦是如此。

(2) 与自己的所学专业相结合。学生通过学生社团活动可促进自己对专业知识的理解,做到理论联系实际,提高分析问题和解决问题的能力。

(3) 与自己的职业规划相结合。面对严峻的就业压力,大学生的职业规划显得越来越重要。大学阶段是职业发展的助跑期,职业规划要从大一开始。因此,大学生可选择有利于自己职业规划目标实现的学生社团,如有志于从事计算机行业工作的可选择信息技术协会等。

大学生社团在完善大学生知识结构、锻炼技能、提升思想道德水平等方面发挥着独特的作用,从这方面看,大学新生可以积极加入社团,丰富自己的学习生活,把社团当作大学生活历程中的另一个家,用爱心和热忱真诚地为社团付出。在这个过程中,大学生一定会收获很多。

【本节重点】

1. 大学生素质拓展的意义。
2. 大学生社会实践的形式。
3. 校园文化活动的基本组成,学会选择适合自己的校园文化活动。

【练习与实践】

1. 素质拓展训练:我的家我做主
(1) 游戏分组,每7人一组。
(2) 每组写出10个最不受欢迎的班级氛围,如妒忌、独裁;再写出10个最受欢迎的班级氛围,如轻松、平等。
(3) 每组将结果公布,并阐述理由。
(4) 集体讨论。
思考:你为班集体的良好氛围的形成努力过吗?
2. 素质拓展训练:飞得更远
(1) 游戏分组,每5人一组。
(2) 每组折一架纸飞机。
(3) 给你们的飞机起一个响亮的名字。
(4) 为你们的飞机设计(画)一个徽标。
(5) 描述(说)飞机的性能。
(6) 写一段广告词宣传你们的飞机。
以上步骤限时十分钟。完成后请思考以下问题。
(1) 你们小组有任务分工吗?
(2) 谁做的以及怎样做的分工?依据是什么?
(3) 你喜欢所承担的任务吗?
(4) 如果重新分配任务,你会怎样选择?为什么?
(5) 请将游戏后你的体会写出来。

【复习与思考】

1. 如何加强自我管理,安排好大学生活。
2. 如何提升大学学习的主动性,做好自己的学业规划。
3. 如何处理人际交往中的难题和障碍。
4. 大学期间应参加哪些活动来提高锻炼自己的能力。

第5章 职业目标探索

【学习目标】

1. 了解当前就业形势和高校毕业生就业创业的相关政策。
2. 规划毕业去向,探索职业目标。
3. 认知就业市场,掌握就业程序。

5.1 就业形势与就业政策

【案例引导】

选择村官实现梦想

小张,男,山东济南人,中共党员,北京某高校工商管理专业(专升本)毕业生。现在北京市朝阳区三里屯街道宣传部工作。

刚上大学,小张就立志要成为一名北京的公务员。在专科阶段,他刻苦学习,以优异的成绩升入本科,本科即将毕业时,他参加了学校组织的大学生村官选聘培训会,较全面学习了北京"大学生村官"项目就业的相关政策,经过层层选拔,他如愿以偿当上"大学生村官"。

在村里,他深受村民的欢迎。他充分发挥自己二胡演奏艺术特长,在村里创办了一个二胡培训班,教那些渴求学艺的孩子拉二胡,还在村里组织一些丰富多彩的文化活动,他被村民称为"文化村官"和"基层文化带头人",被评为"北京市优秀大学生村官"。

"大学生村官"的经历和锻炼,提高了他的综合能力和自信心,三年"村官"聘期期满、考核为优秀,小张考入北京市朝阳区三里屯街道办事处文化服务中心,之后他考取了北京某大学在职硕士研究生,并获得硕士学位。其后又顺利考取公务员,录取到北京市朝阳区三里屯街道办事处宣传部工作,实现了他的梦想。

点评

小张是山东生源,在校期间他努力学习、找准择业目标,当上大学生村官。在大学生村官工作岗位上发挥特长、爱岗敬业,连续两年考核优秀,符合大学生村官落户北京政策,当他村官合同期满时,享受事业单位定向招聘的优惠政策,两年后他又报考公务员,享受到对大学生村官定向招考优惠政策。一路走来,小张的求职就业经历体现了北京大学生村官相关的多项优惠就业政策。

就业政策和就业形势的变化都会对大学生就业产生影响。就业形势是指大学毕业生就业的环境状况和发展趋势,既包括国家政治经济和社会发展状况、毕业生就业市场的供求情况,也包括行业发展情况。就业形势是随着社会的发展而变化的。

5.1.1 当前高校毕业生就业形势

大学生要对当前的就业形势有一个较全面的了解,并通过客观的分析,能够正视现实,审时度势,做好应对策略,把握就业机遇,顺利就业。

1. 国际、国内经济形势概况

当前,国际金融危机的不利影响仍然存在,世界经济处于疲弱复苏态势,国际经济发展形势仍然不确定,风险和变数依旧很多,错综复杂。中国经济呈现出新常态,有三个主要特点:一是经济从高速增长转为中高速增长;二是经济结构不断优化升级,第三产业消费需求逐步成为主体,城乡区域差距逐步缩小,居民收入占比上升,发展成果惠及更广大民众;三是从要素驱动、投资驱动转向创新驱动。新常态将给中国带来新的发展机遇。第一,新常态下,中国经济增速虽然放缓,实际增量依然可观;第二,新常态下,中国经济增长更趋平稳,增长动力更为多元;第三,新常态下,中国经济结构优化升级,发展前景更加稳定;第四,新常态下,中国政府大力简政放权,市场活力进一步释放。中国经济发展的新常态对高校毕业生就业提出了新的挑战,也带来了新的机遇。

2. 高校毕业生就业形势

目前,我国高等教育的大众化已经发展到较高水平,高校毕业生数量仍在逐年增加,毕业生数量的增长大于用人需求的增长,高校毕业生就业难将是一个长期的态势,毕业生就业供需结构不平衡的矛盾更加复杂突出,市场对人才的需求不断多样化、实用化,用人单位对毕业生的要求不断提高,当前我国高校毕业生就业整体形势越来越严峻。

党中央、国务院、各级政府高度重视毕业生就业问题,陆续出台了一系列促进高校毕业生就业创业的政策措施,帮助大学生就业。当代大学生应该认真分析复杂严峻的就业形势,积极培养自己的综合能力,抓住机遇,迎接挑战,为顺利就业打下良好的基础。

3. 高校毕业生就业现状

《2016年中国大学生就业报告》[1]显示,高校毕业生就业率稳定,在国家对大学生创新创业政策的支持下,高校对大学生创新能力的培养成果开始显现。毕业生自主创业比例持续上升,高职学历毕业生创业比例高于本科学历毕业生。虽然经济下行压力大,高校毕业生"受雇全职工作"的比例有所下降,但毕业生自主创业和继续深造的比例上升,确保了大学生就业率继续保持稳定。

4. 高校毕业生就业趋势

我国就业的产业结构也发生一系列变化,就业人员开始从第一产业向第二、第三产业转移。随着产业结构的变动,就业需求在结构性方面有变化,如二、三线城市和民营中小企业对毕业生的需求明显上升,毕业生对就业的期望值与社会需求有着明显差距。

根据麦可思近几年发布的毕业生就业情况数据,高校毕业生就业呈现出新的就业趋势。

(1) 吸纳高校毕业生就业的主渠道已由国有企业转向民营企业,民营中小企业对毕业生的需求加大。

(2) 毕业生就业地区开始从"北上广"一线城市转向二、三线城市,二、三线城市和中西部等地区对高校毕业生的需求量明显上升。

(3) 高校毕业生就业形式已由受雇全职工作为主转向更多的从事自由职业、自主创业、阶段性就业(签劳动合同)等灵活就业形式。

(4) 毕业生选择国内外深造的比例明显增加。

(5) 大学生报考公务员持续走热,考公务员仍是众多大学生就业的首选,但是公务员招考的多数岗位是面向具有"基层工作经历"的非应届毕业生。

5. 高校毕业生面临的机遇与挑战

变化发展的经济社会给大学生就业带来了机遇和挑战。

(1) 当前高校毕业生面临的机遇

① 新兴产业发展

随着我国经济新常态出现的经济升级转型、产业重心改变、创新创业活力增强等,对就业带来拉动。目前我国新兴产业和高技术产业面临着人才短缺的困境,这为大学生就业提供了新的机遇和空间。近年来,信息技术和计算机服务、金融、电子商务等现代制造和服务业发展迅速,提供了大量适合毕业生的就业岗位。

② "一带一路"战略

随着我国推出的一系列国际经济发展战略,如"一带一路""互联互通"、亚太自由贸易区等,将会对毕业生就业产生积极的影响。

---

[1] 麦可思研究院. 2016年中国大学生就业报告[M]. 北京:社会科学文献出版社,2016.

2013年我国提出共建"一带一路"战略,将构筑新一轮对外开放的"一体两翼",在提升向东开放水平的同时加快向西开放步伐,助推内陆沿边地区由对外开放的边缘迈向前沿。遵循和平合作、开放包容、互学互鉴、互利共赢的丝路精神,中国与沿线各国在交通基础设施、贸易与投资、能源合作、区域一体化、人民币国际化等领域开发与合作。

③ 高科技带动

当前我国正在加快经济结构改革,处于经济转型期,转型的方向是发展高科技,用科技化带动产业化。因此,大力发展高科技企业,使高科技产业化。

(2) 高校毕业生就业面临的挑战

我国经济发展模式转变,宏观经济正由高速增长减缓至中高速增长转换的过程。经济结构与就业结构仍然面临结构调整的艰巨任务。我国的产业结构已开始从劳动密集型转向资金密集型和技术密集型,这种产业结构升级,是经济发展水平提升的标志,但它必然会带来就业机会减少的结果。经济结构调整后,人才需求的增长主要集中在第三产业,目前出现供求不匹配的情况。

① 大学生毕业人数逐年增多

近年来,全国高校每年毕业生人数在逐年增加,再加上往届未就业毕业生的数目,毕业生总量压力还将继续增加。我们可以预测在未来就业市场上高校毕业生的就业竞争将愈加激烈。

② 就业结构调整越来越快

随着时代的发展与科学技术的不断进步,社会生产结构以及市场需求结构变化过快。相对落后的产业很快就被市场淘汰,而一些新兴产业正如雨后春笋般涌现,这就需要大量的新型人才。

③ 用人单位要求越来越高

目前大学生就业市场俨然已成了用人单位的买方市场,用人单位自主权加大,导致其对毕业生的招聘要求越来越高。一方面,用人单位很看重应聘者的工作经验,以便实现利益的最大化。但一般来说,应届毕业生缺乏实际操作经验,从学生到职员的转换期间需要一个较长的熟悉工作和岗位的过程,所以用人单位宁愿找有经验的老员工也不愿要缺乏经验的毕业生新手。另一方面,用人单位对应聘者的学历层次要求越来越高。用人单位认为学历越高能力越强,同时高学历还可以提升公司的知名度与形象。因此各用人单位招聘时首选高学历,还有那些名牌高校毕业生。毕业生的能力素质与用人单位的要求存在较大差距。

④ 毕业生就业观念存在问题

毕业生的就业期望值居高不下,就业观念存在误区。求稳,即是追求长期稳定;求大,即是追求进大城市、大机关、大单位;求高,即是追求高起点、高工资、高福利;求闲,即是追求工作清闲和悠闲。这些问题更加剧了大学生的就业困难。

(3) 在当前复杂的就业形势下,高校毕业生的应对策略

① 毕业生应避免产生恐慌心理,要积极面对,努力争取各种机会,用慎重、真诚和勇敢的态度面对第一次就业选择,成功走好职业生涯发展的第一步。

② 针对用人单位对毕业生的要求越来越高的现状,毕业生要全面提高综合素质和能力,培养个人专长和团队精神,掌握就业主动权,迎接挑战。

③ 毕业生要转变就业观念,放下"精英"的架子,树立普通劳动者意识,主动适应当前就业形势的变化和社会的需求,不等不靠,尽快实现就业。

树立新的就业观,即从基层、一线做起,从小、从头做起的就业观;循序渐进、不断发展的就业观;自强自立、敢创敢干的就业观;跨地区、跨行业、跨所有制、跨国界的全方位就业观。

④ 调整就业期望值,眼光不应只盯在一线大城市、大企业和机关单位,二、三线城市、边远地区、基层单位急需人才,高校毕业生应响应国家、政府的号召,做好到基层、到艰苦地区去工作的思想准备。到祖国最需要的地方去施展才华,建功立业,体现自己的社会价值和人生价值。

⑤ 毕业生要尽量早日走上工作岗位,提高实践能力。只有在岗位上踏实工作,才能获得实实在在的工作经验和社会经验,在干中学,脚踏实地,为将来进一步的发展奠定基础。

5.1.2 我国高校毕业生就业政策

高校毕业生就业政策是指党和政府为了解决高校毕业生就业问题制定和推行的一系列政策规定。就业政策根据国家政治、经济的发展变化而不断调整。

1. 当前我国高校毕业生就业创业的总政策

党中央、国务院、各级政府高度重视高校毕业生就业问题,为了切实解决高校毕业生就业难题,出台了多项促进大学生就业创业的政策措施。高校毕业生要学习相关就业政策,实现顺利就业。

教育部 2013 年 7 月公布的《国家促进普通高校毕业生就业政策公告》指出,国家对到城乡基层、中西部地区就业,到中小企业就业和自主创业,应征入伍和家庭困难的毕业生分别给予各种优惠政策。

2. 主要政策性就业项目

政策性就业就是区别于市场性就业的另一种就业方式,就是国家政策所制定的某方面就业机会,或者政策优待的某些岗位。比如大学生村官、应征入伍等就业项目。

近年来,中央各有关部门主要组织实施了引导高校毕业生到基层就业的专门项目。引导鼓励毕业生到基层就业。国家近几年出台了一系列优惠政策鼓励高校毕业生积极参加社会主义新农村建设、城市社区建设,国家还加大了高校毕业生入伍服义务兵役的预征工作力度和高校毕业生自主创业的扶持力度。

(1) 中央有关部门实施的基层就业项目

近年来,中央各有关部门主要组织实施了 5 个引导高校毕业生到基层就业的专门

项目。

① 大学生志愿服务西部计划

2003年开始由共青团中央牵头,教育部、财政部、人力资源和社会保障部共同组织实施。每年招募1.8万名普通高等学校应届毕业生,到西部贫困县的乡镇从事为期1~3年的教育、卫生、农技、扶贫以及青年中心建设和管理等方面的志愿服务工作。

② "三支一扶"计划

2006年,中组部、原人事部等八部门下发《关于组织开展高校毕业生到农村基层从事支教、支农、支医和扶贫工作的通知》(国人部发〔2006〕16号),以公开招募、自愿报名、组织选拔、统一派遣的方式,每年招募高校毕业生,主要安排到乡镇从事支教、支农、支医和扶贫工作。服务期限一般为2~3年。

③ 农村义务教育阶段学校教师特设岗位计划

2006年,教育部、财政部、原人事部、中央编办下发《关于实施农村义务教育阶段学校教师特设岗位计划的通知》(教师〔2006〕2号),联合启动实施"特岗计划",公开招聘高校毕业生到"两基"("两基"是基本实施九年义务教育和基本扫除青壮年文盲的简称)攻坚县农村义务教育阶段学校任教。特岗教师聘期3年。原则上安排在县以下农村初中,适当兼顾乡镇中心学校。

④ 选聘高校毕业生到村任职工作

2008年,中组部、教育部、财政部、人力资源和社会保障部出台了《关于印发〈关于选聘高校毕业生到村任职工作的意见(试行)〉的通知》(组通字〔2008〕18号),计划用五年时间选聘10万名高校毕业生到农村担任村党支部书记助理、村委会主任助理或团支部书记、副书记等职务。从2010年开始,扩大选聘规模,逐步实现"一村一名大学生村官"计划的目标。选聘的高校毕业生在村工作期限一般为2~3年。

⑤ 农业技术推广服务特设岗位计划

农业技术推广服务特设岗位计划由农业部牵头,人力资源和社会保障部、教育部和科技部共同组织实施。从2013年开始,每年招募一批普通高等学校应届毕业生,到乡镇或区域性农业技术推广机构从事为期2~3年的农业技术推广、动植物疫病防控、农产品质量安全服务等工作。

根据中组部、人力资源和社会保障部、教育部、财政部、共青团中央《关于统筹实施引导高校毕业生到农村基层服务项目工作的通知》(人社部发〔2009〕42号)等政策规定,参加中央部门组织实施的基层就业项目、服务期满的毕业生,享受以下优惠政策。

a. 公务员招录优惠:每年拿出公务员考录计划的一定比例,专门用于定向招录服务期满且考核称职(合格)的服务基层项目人员。服务基层项目人员也可报考其他职位。

b. 事业单位招聘优惠:鼓励在项目结束后留在当地就业,参加各基层就业项目相对应的自然减员空岗,全部聘用服务期满的高校毕业生。从2009年起,到乡镇事业单位服务的高校毕业生服务满1年后,在现岗位空缺情况下,经考核合格,即可与所在单位签订不少于 3 年的聘用合同。同时,事业单位公开招聘工作人员,应拿出不低于 40% 的比例,聘用各专门项目服务期满考核合格的高校毕业生。

　　c. 考学升学优惠:服务期满后三年内报考硕士研究生初试总分加 10 分;同等条件下优先录取;高职(高专)学生可免试入读成人本科。

　　d. 国家补偿学费和代偿助学贷款政策:参加各基层就业项目的毕业生,符合规定条件的,可享受相应的学费补偿和助学贷款代偿政策。

　　e. 服务期满自主创业的,可享受税收优惠、行政事业性收费减免、小额贷款担保和贴息等有关政策。

　　f. 其他:各基层就业项目服务年限计算工龄。服务期满到企业就业的,按照规定转接社会保险关系。

　　(2) 大学生入伍服义务兵役

　　2009 年,国家出台了应届高校毕业生入伍预征政策,大规模征集普通高校应届毕业生入伍。经国务院、中央军委批准,从 2013 年起,全国征兵时间由冬季调整到夏秋季。高校毕业生应征入伍服义务兵役,服役年限为两年。

　　应征入伍服义务兵役享受优惠政策,高校毕业生应征入伍服义务兵役,除享有优先报名应征、优先体检政审、优先审批定兵、优先安排使用"四个优先"政策,家庭按规定享受军属待遇外,还享受优先选拔使用、学费补偿和国家助学贷款代偿、退役后考学升学优惠、就业服务等政策。

　　就业政策,报考公务员、应聘事业单位职位的,在军队服现役经历视为基层工作经历,同等条件下应当优先录用或者聘用。退役后一年内可视同高校应届毕业生办理就业报到手续,户口档案随迁。

　　(3) 选调生计划

　　选调生是各省党委组织部门有计划地从高等院校选调品学兼优的应届大学本科以上毕业生到基层工作,作为党政领导干部后备人选和县级以上党政机关高素质的工作人员人选进行重点培养的高校毕业生。选调生是公务员的一种,录用后直接为公务员编制。

　　(4) 自主创业

　　按照《国务院关于进一步做好新形势下就业创业工作的意见》(国发〔2015〕23 号)、《国务院办公厅关于深化高等学校创新创业教育改革的实施意见》(国办发〔2015〕36 号)等文件规定,高校毕业生自主创业优惠政策主要包括以下几点。

　　① 税收优惠:持人力资源社会保障部门核发《就业创业证》(注明"毕业年度内自主创业税收政策")的高校毕业生在毕业年度内(指毕业所在自然年,即 1 月 1 日至 12 月 31 日)创办个体工商户、个人独资企业的,3 年内按每户每年 8000 元为限额依次扣减其当年实际应缴纳的营业税、城市维护建设税、教育费附加和个人所得税。对高校毕业生创办的小型微利企业,按国家规定享受相关税收支持政策。

　　② 创业担保贷款和贴息支持:对符合条件的高校毕业生自主创业的,可在创业地

按规定申请创业担保贷款,贷款额度为10万元。鼓励金融机构参照贷款基础利率,结合风险分担情况,合理确定贷款利率水平,对个人发放的创业担保贷款,在贷款基础利率基础上上浮3个百分点以内的,由财政给予贴息。

③ 免收有关行政事业性收费:毕业2年以内的普通高校毕业生从事个体经营(除国家限制的行业外)的,自其在工商部门首次注册登记之日起3年内,免收管理类、登记类和证照类等有关行政事业性收费。

④ 享受培训补贴:对高校毕业生在毕业学年(即从毕业前一年7月1日起的12个月)内参加创业培训的,根据其获得创业培训合格证书或就业、创业情况,按规定给予培训补贴。

⑤ 免费创业服务:有创业意愿的高校毕业生,可免费获得公共就业和人才服务机构提供的创业指导服务,包括政策咨询、信息服务、项目开发、风险评估、开业指导、融资服务、跟踪扶持等"一条龙"创业服务。各地因地制宜建设一批大学生创业孵化基地,并给予相关政策扶持。对基地内大学生创业企业要提供培训和指导服务,落实扶持政策,努力提高创业成功率,延长企业存活期。

⑥ 取消高校毕业生落户限制,允许高校毕业生在创业地办理落户手续(直辖市按有关规定执行)。

3. 北京市高校毕业生就业创业主要政策

(1) 公务员招考

北京市各级机关公务员招考按照"一次考试,二次调剂"的方式组织实施。市级机关、区县级机关,面向具有两年以上(含两年)基层工作经历人员招考;街道、乡镇党政机关,垂直管理部门的基层队、站、所等基层单位主要招录应届高校毕业生(应届指取得毕业证书年度与招录年度相同)。

报考职位面向应届毕业生的,限于列入国家统一招生计划(不含定向、委培)的全日制普通高等院校北京生源应届毕业生,北京地区全日制普通高等院校非北京生源本科以上(含本科)应届毕业生,列入"985工程"京外院校中最高学历期间获得校级以上"三好学生""优秀学生干部"或者一等以上"优秀学生奖学金"的本科以上(含本科)应届毕业生。

(2) 大学生村官(选调生)

北京市自2006年开始选聘普通高校毕业生到京郊农村担任村党支部书记助理、村委会主任助理和农民专业合作社理事长助理,统称为大学生村官,聘期一般为三年。

目前,北京市13个有行政村的近郊及远郊区全部招聘大学生村官。

北京市从2017年开始实施大学生村官和选调生工作并轨,每年选调400名左右应届优秀高校毕业生到村任职,统称为"大学生村官(选调生)"。大学生村官(选调生)招录与公务员考录工作同步实施,招考采用"一次考试,二次调剂"的方式组织实施。

大学生村官(选调生)选调范围包括列入国家统一招生计划(不含定向、委培)的全日制普通高校北京生源、北京地区全日制普通高校非北京生源应届优秀毕业生。报考朝阳区、海淀区和丰台区的非北京生源须为硕士研究生及以上学历。

(3) 退役大学生士兵就业

北京市政府出台了针对大学生应征入伍的优惠政策，包括适当放宽征集年龄条件、优先报名应征、优先体检政审、优先审批定兵，提高经济补助标准，服役期满后升学优待，就业优先等，享受北京市的就业优惠政策，公务员、事业单位、国企、非公单位的定向招录比例。详细政策可查阅首都征兵网(http://www.bjzbb.com/)。

(4) 北京生源高校毕业生自主创业

自主创业优惠政策如下。

① 对于创办公司制企业的，投资人可以专利、非专利、股权等非货币资产出资；对其注册资本在50万元以下的，可按照出资人的约定，自公司成立之日起两年内分期缴足。工商行政管理机关设立绿色通道，为其申请办理企业和个体工商户登记注册提供便捷的服务。

② 对于从事个体经营的，且在工商部门注册登记日期在其毕业后2年内的，自其在工商部门首次注册登记之日起3年内免收管理类、登记类和证照类行政事业性收费。

③ 凡开办个体工商户或创办企业，符合本市小额担保贷款政策，自筹资金不足的，可申请小额担保贷款。本市个体工商户小额贷款最高担保额度为10万元，对资信良好、还款能力强、符合本市产业导向的个体工商户，可根据其生产经营状况将担保最高额度提高至20万元。经营项目属于微利，符合本市小额担保贷款贴息政策的，可享受不超过20万元贷款额度的财政贴息扶持。

④ 对合伙经营和组织起来就业的，按照本市小额担保贷款政策，贷款规模可适当扩大。对资信良好、还款能力强、符合本市产业导向的合伙创办小企业，按照企业合伙人和现有职工中本市失业人员总数申请小额贷款担保的，可按人均不超过20万元的额度提供担保，最高担保额度为100万元。

⑤ 持《就业失业登记证》(注明"自主创业税收政策"或附着《高校毕业生自主创业证》)的高校毕业生在毕业年度内(指毕业所在自然年，即1月1日至12月31日)从事个体经营，3年内按每户每年8000元为限额依次扣减其当年实际应缴纳的营业税、城市维护建设税、教育费附加和个人所得税。

⑥ 本市户籍应届及毕业2年内未就业的高校毕业生可结合自身条件和创业需求，凭相关有效证件到市人力资源和社会保障局公布的创业培训定点机构报名，申请参加一次免费创业培训。

(5) 非北京生源高校毕业生进京就业

① 进京指标审批

非北京生源毕业生进京就业，需先在京落实接收单位。其中，被党中央、国务院、各民主党派中央、各部委、人民团体、央属企业、驻京部队所属单位(统称"中央在京单位")接收的，由接收单位按照隶属关系，报中共中央组织部或国家人力资源和社会保障部办理进京审批手续；被北京市及各区县所属用人单位(统称"北京市属单位")接收的,由接收单位按照隶属关系,报北京市人力资源和社会保障局办理进京审批手续。

② 北京市落户政策

a. 北京市公务员落户北京政策

非北京生源应届高校毕业生录取国家公务员或北京市公务员,按照有关规定落户北京。

b. 大学生村官(选调生)落户北京政策

非北京生源本科以上学历毕业生,录取大学生村官(选调生)的,毕业当年按有关规定上报北京市人力资源和社会保障局办理进京预审批手续;工作两年连续考核合格者,户口转至所在区人力资源公共服务机构。

c. 参军入伍落户北京政策

大学生从本市入伍,服役期满后退役本科以上学历非京籍毕业生,被北京市用人单位接收的,可办理进京落户手续。

4. 毕业生就业基本政策中的相关规定

(1) 毕业生主要就业形式相关规定

① 签订就业协议就业

毕业生通过"供需见面和双向选择"在一定范围内自主择业,落实接收单位,毕业生与用人单位签订就业协议书,作为派遣的依据,派遣毕业生统一使用,本专科使用《全国普通高等学校本专科毕业生就业报到证》,研究生使用《全国普通高等学校研究生毕业生就业报到证》(以下简称《报到证》),此证由国家教委授权地方主管毕业生就业调配部门审核签发。

② 毕业生灵活就业

毕业生以"签订劳动合同""单位用人证明""自由职业""自主创业"等具体形式就业的,学校按照国家有关规定,将毕业生的人事关系派遣至生源地区,办理《报到证》,由毕业生生源当地毕业生就业主管部门负责管理。

③ 考取研究生

毕业当年考取国家计划内研究生的毕业生,原则上不办理就业报到手续。

④ 毕业生出国(出境)留学

毕业生凭国(境)外大学的录取通知书,因教育部不受理出国留学人员户口等存放手续,毕业生需办理人事关系派遣回生源地手续。学成回国就业,根据留学回国相关政策,需到教育部留学服务中心进行国(境)外学历学位认证后,落实接受单位后,办理就业落户相关手续。

⑤ 毕业生应征入伍

根据有关政策,毕业生批准入伍,服役期满退役后一年内,可视同当年的应届毕业生,凭接收单位录用手续,向原就读高校申请办理就业报到手续,户口档案随迁。

(2) 毕业生就业单位更换

改派指教育行政主管部门核发《报到证》后,毕业生工作单位变动并换发《报到证》

的做法。按照《普通高等学校毕业生就业工作暂行规定》，调整改派应在毕业生自第一次派遣之日起1年内进行，改派必须符合国家就业政策导向，超过时间一般不予受理。毕业生就业1年以后的调整，按在职流动人员有关规定办理，不属于教育部门受理范畴。

毕业生已在京外单位就业，一年内工作单位发生变动，如新的接收单位与原单位在同一省（区），应到该省（区）教育行政主管部门办理改派手续；如新接收单位与原单位不在同一省（区），毕业生持相关材料到原毕业学校提出改派申请，由学校到所在省、自治区、直辖市毕业生就业主管部门为其办理改派手续。

北京生源毕业生已在京就业的，一年内工作单位发生变动时不需办理改派（仅限于工作变动前后单位均属于市属单位）。2011年北京市人力资源和社会保障局《关于北京生源大中专毕业生离校后就业服务及人事档案接收管理有关问题的通知》（京人社毕发〔2011〕133号）印发后，对于在京就业的北京生源毕业生，只要求在初次实现就业时在《报到证》上一次性签注就业手续，以后工作发生变动时，不再办理在《报到证》上签注调整意见的手续，均按照人员调动程序办理档案接转手续。

非北京生源毕业生已派遣京外单位就业，欲改派在京就业；非北京生源毕业生已经派遣至在京单位，又提出改派但不符合国家就业政策导向的；毕业生毕业后无故不到用人单位报到的；未经学校允许擅自同用人单位解除劳动关系后，要求办理改派手续的，原则上就业部门不予受理。

（3）几种类型毕业生就业的相关规定

① 定向生就业的相关政策

定向生即定向培养的学生，定向招生是为了帮助边远地区、少数民族地区和工作环境比较艰苦的行业培养人才。培养方式是定向的高校毕业生要严格按照定向协议到原定向单位（地区）就业。

② 师范生就业的相关政策

师范生实行免费教育，签订《师范生免费教育协议书》，毕业后从事中小学校、幼儿园教育教学工作，在协议规定服务期内，师范生违反教育协议的需要缴纳在校期间的专业奖学金和培养费用（含免缴的学费、取得的生活补助等）。

③ 结业生就业的相关政策

结业是指具有正式学籍，已学完教学计划规定的全部课程，但有主要课程不及格情况，取得结业证书。结业生落实接收单位，可以办理派遣手续，但在《报到证》上注明"结业"字样。

【本节重点】

1. 当前高校毕业生面临的就业形势。
2. 毕业生面临的机遇与挑战。
3. 高校毕业生主要政策性就业项目。

【练习与实践】

列表比较公务员、选调生、大学生村官(选调生)的身份、报考条件、培养目标、管理使用、发展前景的不同。

公务员、选调生、大学生村官(选调生)比较

比较项目	公务员	选调生	大学生村官(选调生)
身份			
报考条件			
培养目标			
管理使用			
发展前景			

5.2 职业目标探索

【案例引导】

小萌的职业探索

小萌是某高校在读研究生,本科是会计专业,因为成绩优异、综合表现出色而被保送本专业的研究生。同学们和朋友们都非常羡慕小萌,觉得她未来一定会有一个很好的职业前途。可是小萌自己却很苦恼,她并不喜欢自己的专业,当初因为保送研究生名额很少,没有多想就上了研了。随着对专业方向学习和研究的逐步深入,小萌越来越发现从事本专业的工作不是自己想要的生活,很想转行但又不知道自己适合做什么。

通过测评和交流,咨询师与小萌一起探讨了她的性格特点、价值取向以及职业倾向,发现小萌面临的问题与很多大学生一样,关键在于缺乏对职业社会和职业知识的了解。因此,咨询师推动小萌行动的方向在于启发她去深入、广泛地了解职业,并提供一些获得职业信息的渠道和方法。

咨询师特意提醒小萌注意,在开展职业探索之初,不要把职业规划理解成绝对、一成不变的。社会环境和就业市场处于不断变化之中,做职业规划,不是把自己限制在一个很小的职业范围内,要开阔视野,充分了解自我和职业,在积极的行动中根据现实情况不断调整和修正自己的职业方向,最终才能达到选择理想职业道路的目标。

点评

职业不同于工作。尤其是现代社会组织结构日趋扁平、组织性质日趋多元,职业选择也日益多样化。这从另一个角度说明,每个人的职业倾向和个性特点都不会对应唯一的职业选择,而是会有多项职业可供选择。

21世纪带来了诸多新机会和新挑战,在工作世界中也是如此。21世纪的工作

世界往往让我们感到焦虑和不安。以往稳定的职业和有安全感的组织可以为人们提供可预期和可憧憬的生活,但是新时代的职业越发变得多样化,组织日益变得流动化。

5.2.1 职业世界探索

探索和了解这么纷繁复杂的职业世界,并非易事。本部分内容将从相关概念入手,介绍认识职业世界的相关理论工具。

1. 工作、职业和事业

在职业生涯发展领域中,还需要着重加以区分的几个概念是工作、职业和事业。工作是用来谋生的;职业不仅可以解决谋生的问题,还可以解决未来发展的问题;事业则不仅仅可以解决谋生的问题和发展的问题,更加具备了各种责任,对家庭的责任,对事业伙伴的责任,对员工的责任,对社会的责任。这三者之间,在内涵上逐层深入,在发展顺序上也具有前后转承的关系。

在毕业生即将离校迈入社会之际,大家通常所说的"找工作",就是第一层面上的"工作",当然不能据此说这些毕业生没有"人生追求",因为人首先要解决生存问题,这是人之常情,无可厚非。刚毕业的时候,大家比较关心的是:上班途中的路离家近一点,上班时所做的事情少一点,上班后所拿的工资多一点。

在解决了生存、温饱问题之后,发展的问题就开始成为关注的重心。这个时期内,大家比较关心的是:公司是否能够提供更大的发展空间,是否给予员工更多的学习成长机会,负责的业务是否能让自身能力和素质进一步提升和改善。

对于大多数人来说,一生都可能奔走在从工作"升级"到职业的道路上,在年龄、阅历的积累下这种"跨越"并不困难。但是,从职业"升级"到事业,却并非人人都能够做到。事业是一个人可以一辈子为之所奋斗的,终其一生去为实现自己的目标而坚持不懈的努力。它解决的是人类最高层次的需求——社会认可和自我价值的真正实现。

2. 职业锚——找准自己的定位

职业的大千世界好像浩瀚的宇宙,不断有未知的新兴职业涌现,新老交替是宇宙生存法则。而我们能够了解、知悉的职业仅仅是其中寥寥。因此,在探索这浩瀚职业世界的过程中,唯一能够把握的就是自己的"宇宙飞船",动力系统、导航系统、操作系统才是决定这艘"飞船"的飞行路线以及最终降落地点的内在决定因素。因此,在开始职业世界探索之前,再次进行自我"检测"和"定位"是非常重要的。面对即将进入求职季的大三学生,在大学前两年的实践和反思基础上,对自我认知必然有更深层次的感悟。在进行职业世界探索之前,这个命题依然有再次重申的必要性——自我价值观的澄清,好比掌握了职业宇宙的"导航系统""动力系统",这样才能在面对变化万千的职业世界保持稳定的方向和准确的判断。因此,在大一自我认知工具基础上,本部分内容拟推荐职业锚,以使得在校生能够进一步挖掘自我,澄清价值观,进而推动其顺利开展职业世界的探索和定向。

（1）职业锚理论概述

锚，是使船只停泊定位用的铁制器具。职业锚，又称职业定位理论。实际就是人们选择和发展自己的职业时所围绕的中心，是指当一个人不得不做出选择的时候，他无论如何都不会放弃的职业中的那种至关重要的东西或价值观。

职业锚是自我意向的一个习得部分。个人进入早期工作情境后，由习得的实际工作经验所决定，与在经验中自省的动机、价值观、才干相符合，达到自我满足和补偿的一种稳定的职业定位。职业锚强调个人能力、动机和价值观三方面的相互作用与整合。职业锚是个人同工作环境互动作用的产物，在实际工作中是不断调整和变化的。

职业锚理论是由美国麻省理工大学斯隆商学院、美国著名的职业指导专家埃德加·H. 施恩教授率先提出。施恩领导了一个专门研究小组，采取了包括面谈、跟踪调查、公司调查、人才测评、问卷等多种方式，针对斯隆管理学院的 44 名 MBA 毕业生的职业生涯发展历程进行了长达 12 年的跟踪研究，最终于 1978 年提出了最初职业锚的五种类型，即自主型职业锚、创业型职业锚、管理能力型职业锚、技术职能型职业锚、安全型职业锚。20 世纪 90 年代，又发现了三种类型：安全稳定型，生活型，服务型职业锚。施恩先生提出了八种类型的职业锚，并推出了职业锚测试量表。八种类型职业锚如图 5-1 所示。

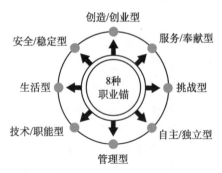

图 5-1　职业锚类型

（2）职业锚的八种类型

① 技术/职能型

技术/职能型的人，追求在技术/职能领域的成长和技能的不断提高，以及应用这种技术/职能的机会。他们对自己的认可来自他们的专业水平，他们喜欢面对来自专业领域的挑战。他们一般不喜欢从事一般的管理工作，因为这将意味着他们放弃在技术/职能领域的成就。

② 管理型

管理型的人追求并致力于工作晋升，倾心于全面管理，独自负责一个部分，可以跨部门整合其他人的努力成果，他们想去承担整个部分的责任，并将公司的成功与否看成自己的工作。具体的技术/功能工作仅仅被看作是通向更高、更全面管理层的必经之路。

③ 自主/独立型

自主/独立型的人希望随心所欲安排自己的工作方式、工作习惯和生活方式。追求能施展个人能力的工作环境,最大限度地摆脱组织的限制和制约。他们宁愿放弃提升或工作扩展机会,也不愿意放弃自由与独立。

④ 安全/稳定型

安全/稳定型的人追求工作中的安全与稳定感。他们可以预测将来的成功从而感到放松。他们关心财务安全,如退休金和退休计划。稳定感包括诚信、忠诚以及完成老板交待的工作。尽管有时他们可以达到一个高的职位,但他们并不关心具体的职位和具体的工作内容。

⑤ 创造/创业型

创造/创业型的人希望使用自己能力去创建属于自己的公司或创建完全属于自己的产品(或服务),而且愿意去冒风险,并克服面临的障碍。他们想向世界证明公司是他们靠自己的努力创建的。他们可能正在别人的公司工作,但同时他们在学习并评估将来的机会。一旦他们感觉时机到了,他们便会自己走出去创建自己的事业。

⑥ 服务/奉献型

服务/奉献型的人指那些一直追求他们认可的核心价值,如帮助他人、改善人们的安全、通过新的产品消除疾病等。他们一直追寻这种机会,即使这意味着即使变换公司,他们也不会接受不允许他们实现这种价值的工作变换或工作提升。

⑦ 挑战型

挑战型的人喜欢解决看上去无法解决的问题,战胜强硬的对手,克服无法克服的困难障碍等。对他们而言,参加工作或职业的原因是工作允许他们去战胜各种不可能。新奇、变化和困难是他们的终极目标。如果事情非常容易,它马上变得非常令人厌烦。

⑧ 生活型

生活型的人是喜欢允许他们平衡并结合个人的需要、家庭的需要和职业的需要的工作环境。他们希望将生活的各个主要方面整合为一个整体。正因为如此,他们需要一个能够提供足够的弹性让他们实现这一目标的职业环境。甚至可以牺牲他们职业的一些方面。

这八种职业锚相互之间的关系并非孤立和排他性的。1996年,Feldman和Bolino的研究进一步修正和发展了施恩的职业锚理论,提出了多重职业锚的假设,并将职业锚分为三大类八个维度:技术/职能型、管理型和创造/创业型职业锚从属于才能;安全/稳定型、自主/独立型和生活型职业锚从属于动机和需要;服务/奉献型和挑战型职业锚从属于态度和价值观,认为个体在这三类范畴中都可以存在一个主要的锚,这一论述使得职业锚理论更加合理,也更符合现实情况。

(3) 职业锚理论对于大学生的借鉴意义

① 技术/职能型职业锚的学生,注重追求在专业领域的发展,因此牢固掌握专业

基本理论知识和专业技能对他们来说尤其重要。

② 管理型职业锚的学生,则表露出成为管理人员的强烈动机,因此,在学校里主动学习一些现代管理学知识,通过各类活动锻炼自己的管理能力十分重要。除了组织管理能力的培养之外,更多的应该是职业能力和综合素养的锤炼。

③ 创造/创业型职业锚的学生都有这样一种需要建立或创设某种完全属于自己的东西,比如一件作品、一个公司,来反映自己的成就。这种类型职业锚的学生,往往都有探索未知领域的勇气和创新精神。

④ 自主/独立型职业锚的学生希望摆脱束缚和制约,喜欢选择、享受自由的生活。他们不像技术/职能型职业锚的学生那样,希望到某个企业中去追求一种职业导向,而是决定成为一名咨询专家,要么是自己独立工作,要么是作为一个相对较小的企业中的合伙人来工作。

⑤ 安全/稳定型职业锚的学生极为重视长期的职业稳定和工作的保障性,他们比较愿意从事有保障的、有体面收入的、未来可变动性较低的工作。这类学生通常倾向于选择政府部门或者较稳定的事业单位。对这类学生,在校期间,要充分利用校内实习岗位或者学生事务中心,争取在学习之余能够参与一些行政事务工作,体验一下安稳并不代表安逸,在现代职业社会,还是需要强化自身的差异化优势,有不断进取的精神和足够的风险意识,这样才能保持职业的稳定性。

⑥ 服务/奉献型职业锚的学生通常显示出其服务于社会或他人的意愿倾向,但是具有服务型主导职业锚的个体,通常也会有一个明显的辅助职业锚。所以,具有服务型的职业价值观倾向,并不是说必须要去直接做那些直接能够服务与社会或人群的事业,在每个岗位上,都能够体现出服务他人、服务团体的这种倾向。学校或者社会公益组织经常会有各类型的志愿活动,可以在参与这些活动中,加深对自身价值取向的体验,同时为社会、他人作出自己的贡献。

⑦ 挑战型职业锚的学生往往喜欢新颖多样的工作,有挑战的工作任务,他们往往把克服工作中别人无法克服的困难看成是成功。大学能够提供非常丰富的各类资源,例如创新创业大赛或者科技类竞赛、组建社团,这类学生可以在这些活动中迎接挑战,找到并培养自己稳定、突出的专业能力。

⑧ 生活型职业锚的学生往往更为看重家庭或个人生活与职业的平衡,希望将生活的各个主要方面整合为一个整体。这类学生一般需要一个能够提供足够的弹性职业环境。这类学生一般在各类活动中表现并不抢眼,需要在生涯教育中引导其找到生活和职业不同方面的侧重点,以达到平衡。

3. 职业世界的分析层次

现在的大学毕业生,"找个工作"不仅仅是要解决毕业之后温饱问题的"燃眉之急",还要考虑到温饱之后的发展需要。因此,如何分析一份工作的"好""坏",要从宏观、中观以及微观等多角度去收集信息,在大环境和大趋势下加以分析判断,为最终的生涯决策提供充分依据。总的来说,大致有如下四个分析层次:国际环境、国内环境、产业环境以及组织环境,具体内容分述如下。

(1) 国际环境

世界经济一体化潮流已经基本席卷了世界各个角落。开放的世界使世界各国原有的"一国经济"正在走向"世界经济",从而形成了"全球相互依赖"的经济格局。这种局面不仅大大改变了人类的生活条件,而且也极大地影响了人们的职业角色和定位。偏安一隅、自得其乐的职业领域越来越少,越来越多的行业、企业正在不断加入世界经济一体化潮流之中,作为其中的参与者必须要有这样的眼光才能在职业发展过程中站稳脚跟。以制造业为例,目前西方发达国家的"再工业"方兴未艾,美国的"再工业化"、德国的"工业 4.0"都在积极推动制造业转型升级,推动国民经济再度实体化,并且取得了一定的成效,吸引了相当规模的国内和海外制造业资本回流本国,对于曾经的"世界制造业工厂"的中国来说,其影响已经初见端倪。

(2) 国内环境

影响国内环境的因素有政治、经济、文化等多方面因素,这里着重介绍劳动力市场供求关系这个重要的影响因素。

劳动力市场供求关系。需求与供给共同决定了劳动力价格和发展趋势。当劳动力供给大于需求时,说明人多活少,劳动力价格必然就会下降;反之,劳动力价格则会出现上升趋势。因此,在不同区域、不同劳动力市场细分市场下,会有不同的市场趋势。

教育对于提高劳动力市场价格有很大帮助。近年来,教育无用论又有所抬头,似乎大学毕业生与特定行业普通劳动者(例如最近很火爆的快递员、紧俏的制造业技术工人等)的劳动力价格有趋同、甚至低于普通劳动者的劳动力价格的趋势,但是从群体范畴来看,教育对于提高劳动力市场价格依然有很大帮助。现代劳动经济学研究表明,教育与收益呈现一定正相关性:在一定范围内,随着教育程度提高,工资水平有明显提高,但是在教育程度上达到一定水平后,工资水平的增加幅度变化并不明显。

随着高等教育从精英教育进入大众化阶段,教育对劳动力投资的另外一种效应也正在逐渐显现,即教育的"羊皮纸"效应。"羊皮纸"效应指教育增加了个体在劳动力市场上的收益,并不是通过劳动生产率水平的显著提高,而是在获得学位证书后,得以向雇主展示其胜任岗位的资格,这说明了教育的一种鉴别的信号作用。

(3) 产业环境

中国是一个传统的制造业大国,但是并非强国。因此在制造业转型升级过程中,必然要有重点突破领域,这些领域的职业发展在国家产业政策的支持和推动下,必然有事半功倍之效。

(4) 组织环境(区域环境)

产业政策引导下的产业发展,有重点领域,也有重点区域。例如北京和天津同属于京津冀一体化区域,但是在各自城市发展功能定位上却有很大差异,同样以制造业为例,在北京则属于外迁产业,但在天津却属于政府大力扶持、改造升级的重点对象。

2015年《京津冀协同发展规划纲要》发布,天津市定位为全国先进制造研发基地;同年,天津被批准为第二批自贸区。不同区域环境必然带来不同的职业发展机遇,必须要顺应时机,因时制宜、因地制宜。对于不同企业来说,也是如此。

5.2.2 职业目标聚焦

深度的自我认知以及对职业世界进行的不同层次分析,目的在于构建一个"知识框架",就像搭起一张"过滤网",用这个"过滤网"去筛选种类繁多、纷繁复杂的职业信息,从而能够进一步聚焦自己未来发展的职业目标。这并不意味着一定要在毕业之前,确定自己未来发展的特定方向和目标。有时候目标"明确"与"不确定"并没有严格意义上的好坏之分。在后现代生涯理论中,对于"不确定"有积极意义上的认知——这种不确定的状态可能会使个体保持某种程度的开放性,这样对于未知的各种机会,都会有接纳的可能性。所以确定目标和保持开放性是一对"矛盾",如果保持两者之间的平衡,还需要自己根据自身情况恰当把握。在讨论如何聚焦职业目标之前,首先分享一个案例,感受一下职业目标的多种可能性。

【资料学习】

在2015—2016年的NBA(美国职业篮球联赛)赛季,位于硅谷地区的金州勇士队创造了NBA历史上常规赛获胜率最高的纪录。在2009年,金州勇士队还是NBA里比较弱的球队之一。

金州勇士队的成功是因为它处在一个特别的地区——硅谷。硅谷地区有两种人最不缺,即风险投资人和工程师:前者善于看到其他人还没有发现的投资潜力,然后把它经营成值钱的实业;后者善于利用技术创造奇迹。6年前勇士队的比赛成绩跌到了谷底,一些风险投资人决定将这支不值钱的球队买下来好好经营,让它成为美国体育界最耀眼的明星。

投资人的秘密武器,就是能够应用大数据的工程师。投资人为球队委派了新的管理层:没有任何执教NBA经验的史蒂夫·科尔。科尔在执掌勇士队之后,坚持用数据说话,而不是凭经验。他根据背后团队对历年来NBA比赛的统计,发现最有效的进攻是眼花缭乱的传球和准确的投篮,而不是彰显个人能力的突破和扣篮。在这个思想的指导下,勇士队队员苦练神投技,全队在一个赛季中投进1000个三分球,又创造了一项NBA纪录;与此同时,勇士队卖掉了那些价钱高却效率低的明星,而着重培养自己看中的新人——斯蒂芬·库里;除了利用数据制定战略,勇士队还利用实时数据及时调整比赛中的战术。正是靠高科技,勇士队才得以在短短6年里从倒数第二名登顶NBA的总冠军,库里本人也成为当年的最有价值球员(MVP)。

(资料来源:吴军. 浪潮之巅[M]. 北京:人民邮电出版社,2016.)

上述案例中的"大数据工程师"是一种非常典型的职业"嫁接"——篮球运动与大数据分析师的结合,球队中的大数据工程师既需要了解篮球运动,又需要掌握大数据分析技能,才能把两者进行有效结合,才能取得如此"完美"的成绩。在信息时代,大数据在IT、销售、金融等行业似乎已经司空见惯,但是在篮球运动中成功应用这一技术显然有些出乎意料。可见,新兴技术与传统行业的"嫁接"将会产生出更多令人出乎意料的"职业之果"。

1. 职业目标的聚焦

在聚焦职业目标的过程中,可以参考这样一个等式"职业＝行业＋企业＋岗位"。以教师的职业举例来说,同样是教师的职业,但是大学教师和小学教师的工作内容、岗位职责、发展路径以及能力素质要求的差异非常大,这就是行业、企业以及岗位不同对于同一名称的职业会造成的影响。再如上述分享的案例,同样是做大数据分析师,在NBA球队和在百度搜索,其工作内容、岗位职责、能力素质要求等方面也会截然不同。

下面,一起来看看行业、单位都有哪些分类以及行业和单位的评估要素。

(1) 行业类型

行业分类就是有规则的按照一定的科学依据,对从事国民经济生产和经营的单位或者个体的组织结构体系的详细划分,如林业、汽车业、银行业等。根据国家统计局颁布的统计标准,国民经济行业分类与代码(GB 4754—2011),国民经济行业分类包括: A. 农、林、牧、渔业;B. 采矿业;C. 制造业;D. 电力、热力、燃气及水生产和供应业;E. 建筑业;F. 批发和零售业;G. 交通运输、仓储和邮政业;H. 住宿和餐饮业;I. 信息传输、软件和信息技术服务业;J. 金融业;K. 房地产业;L. 租赁和商务服务业;M. 科学研究和技术服务业;N. 水利、环境和公共设施管理业;O. 居民服务、修理和其他服务业;P. 教育;Q. 卫生和社会工作;R. 文化、体育和娱乐业;S. 公共管理、社会保障和社会组织;T. 国际组织。

(2) 单位类型

单位类型一般有:国有企业、国有控股企业、外资企业、合资企业、私营企业、事业单位(包括医院、学校等不同类别的国家公益性单位)、国家行政机关(包括中央和地方等各级党和政府机构)等。

麦可思研究院发布的《2016年中国大学生就业报告》显示,大学毕业生就业重心发生变化,民企、中小微企业等成为大学毕业生主要就业去向。大学毕业生在民营企业就业的比例从2013届的54%上升为2015届的59%。而在国企、外企就业的比例分别从2013届的22%、11%下降到2015届的18%、9%;2013届至2015届大学毕业生在3000人以上大型用人单位就业的比例从23%降到21%,在300人以下的中小微用人单位就业的比例从51%上升至55%。

(3) 行业/企业/岗位的评估要素

① 重要性:(市场)是否符合国内产业政策重点发展方向,或者是否有区域性产业发展需求。这一要素将会影响个体未来生涯发展的可持续性。

② 影响力:(技术)能否提升所属及相关产业产品或服务附加价值,与国际接轨或跨产业人才流动、新兴需求。这一要素将会影响个体未来生涯发展中的核心竞争力的

形成以及发展问题。

③ 需求性:(人才)未来应用的方式或可能影响的人员规模。这一要素将会影响个体未来生涯发展中的待遇、升迁、发展路径等相关问题。

2. 职业目标的决策

在开始介绍具体决策工具之前,首先有必要简单介绍一下关于决策的相关概念。

(1) 决策概念——决策框架、决策风格和决策策略

① 决策框架

做决策一个最自然的方法是,判断哪个选项会带来最大的收益或者哪个选项会带来最少的损失。那么,如果给你 5 元或者 10 元来选择,毫无疑问,较好的选项是 10 元钱。然后,在生活中往往情形更为复杂,对于收益或者损失的感觉或认知,经常依赖于形成决策框架的方式。例如,想象一下你将得到 1000 元的加薪,你会有多高兴。如果你根本没有指望会有加薪,那么这笔加薪看起来就如同天上掉馅饼一样的额外收益,你可能会非常兴奋。但是,如果你已经被几次告知会有 5000 元的加薪额度,结果现在变成了 1000 元。现在,你的感觉会如何?你可能感觉似乎损失了 4000 元工资,你一点都不会高兴。事实上,两种情形下,你都是每个月增加了 1000 元的收入,但是心理效应完全不同。这就是为什么在决策中参照点非常重要的原因。

对于决策框架而言,除了参照点非常重要,还有一点是问题的措辞方式对于个体将要做的决策也可以产生很大的影响。当你把注意力集中在正向信息方面,则会在决策过程中下意识地收集信息、证据来支持正面的判断,反之,则会收集反面的信息和证据,那么决策就可能随之发生变化。

② 决策风格

通常来说,决策风格有两大类:一是理性(直线)决策;二是直觉式决策。理性决策运用到大脑左半球的功能,采用分析、逻辑和演绎推理的方法进行思考,它可能遵循的工作模式如图 5-2 所示。

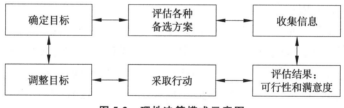

图 5-2 理性决策模式示意图

直觉式决策更多侧重使用大脑右半球进行工作,利用想象力和创造性,而且可能会即兴做出改变。这种决策方式并不是随心所至,而是来自于其个体智慧的积累,通过潜意识中形成的知识框架来对各类信息进行直觉式判断。因此,这类决策者在决策前更有必要了解自己的价值观、兴趣、技能和个性。

③ 决策策略

通常来说,每个人的决策策略是不同的。在日常生活中,可以看到各种各样的决策策

略,看看下面的几种决策策略,想想自己最常用的是哪一种？有效性如何？是否需要改变呢？

a. 计划:"搞清楚事实。"考虑价值观、目标、重要的信息、替代方案和结果,以理性的方式平衡理智和感觉。

b. 冲动:"闭着眼睛跳下去。"很少去思考或者调查,按照瞬间涌入大脑的第一个想法去做。

c. 直觉:"感觉这样做是对的。"自发的,基于内心和谐感的潜意识选择。

d. 顺从:"你说怎么办,我就怎么办。"不果断,让其他人为自己做决定,模仿他人的计划。

e. 拖延:"船到桥头自然直。"延迟、逃避,希望有什么人或者什么事情发生,自己就不用主动做出决定了。希望获得合法的延期履约权,推迟思考和行动。

f. 宿命:"一切都是天注定。"会发生的事情自然会发生,让外部因素来决定吧,把自己一切都交给命运。

g. 痛苦挣扎:"如果要是……,我可怎么办呢？"总是担心做出错误的决定,迷茫失落与各种信息、数据之间,淹没于各种可能方案的分析之中。

(2) 决策工具——SWOT分析

所谓SWOT分析,即基于内外部竞争环境和竞争条件下的态势分析,就是将与个体密切相关的各种主要内部优势和劣势、外部的机会和威胁等列举出来,并依照矩阵形式排列,然后用系统分析的思想,把各种因素相互匹配起来加以分析,从中得出一系列相应的结论,为最终决策提供依据。

S(strengths)是优势,W(weaknesses)是劣势,O(opportunities)是机会,T(threats)是威胁。按照竞争战略的概念,战略应是一个个体"能够做的"(即内部的优势和劣势)和"可能做的"(即外部的机会和威胁)之间的有机组合。模型如图5-3所示。

优势	机会
劣势	威胁

图5-3 SWOT分析模型

我们把大学生作为一个整体,对这个群体的择业进行SWOT分析,具体示例如下。

① S

"90后"大学生的择业价值取向更加多元化,他们不但关注就业带来的物质福利,更关注工作的精神层面。例如,工作单位是否离家较近,工作岗位是否能够给予他们一定的自由权和发展空间,工作是否符合自己的专业或特长,能否在工作中体现自我价值感等。

这一代大学生们自我意识突出，面对职场时积极主动，有职业规划意识，积极参与社会实践，充分利用各种社会兼职和实习机会，对学校或单位组织的各项职业技能比赛参与度较高，热衷于报考各种职业资格考试。善于利用网络资源，容易接受新鲜事物。

② W

因为更多的选择机会，这一代大学生普遍存在着职业定位不清晰的问题。在鲜明的自我意识、张扬的个性特征之下，还存在着抗压能力较差等问题，因此职业发展初期，他们通常会陷入理想与现实的矛盾中，对现实与理想状态之间的落差感到迷茫、震荡，进而犹豫，在尝试改变现实受挫的情况下，很容易心生退意。因此，经常表现为就业行为短期化，例如主动辞职、跳槽，就业稳定性不高。

③ O

鉴于近年来我国经济发展压力持续增加，稳定就业规模成为政策调控的首要目标，大学生群体就业更是重中之重，国家出台了各类优惠政策，加大了对毕业生就业扶持力度，例如：大学生村官、志愿服务西部等计划；鼓励中小企业吸纳大学毕业生，对跨区聘用大学毕业生的省会城市及省会以下城市取消落户限制等政策。与此同时，随着我国市场经济程度日益提高，劳动力市场竞争也日趋公平和完善，劳动力区域之间流动障碍也越来越少，大学毕业生完全可以凭借一己之力在各类招聘中脱颖而出，获得更好的职业发展机会。

④ T

我国经济产业结构正面临转型升级，中国作为"世界制造中心"的地位正在受到越来越多经济欠发达地区国家的挑战，与此同时，发达国家的"再制造业"政策也正在吸引着越来越多的产业资本回流本国，因此国内经济增长下行压力加大，反映在劳动力市场方面的表现即为劳动力需求减少，就业岗位减少。目前国内劳动力市场还存在劳动力资源需求与供给的结构性错位问题，企业需要的人才与高校培养的人才定位不相匹配等问题。

从上述 SWOT 分析模式中可以看出，大学毕业生群体作为劳动力市场中最重要的高端人力资源，对内，既有优势，也有劣势；对外，既有机遇，也有挑战。在大学生自身职业发展规划和设计过程中，要注意加强自身优势建设，扬长避短；在应对外在发展环境过程中，要充分做好择业信息收集和分析，把优势与机遇相结合，努力作出最佳生涯决策。

【本节重点】

1. 关于职业目标的多元探索。
2. 职业价值观澄清。

【练习与实践】

××职业的典型一天

(1) 活动目的

"典型的一天"访谈活动,要展现的不仅是特定岗位的"一天",更重要的是明确该工作和职能的核心竞争力,将学生想要了解的方方面面变成微缩的景观一样全面呈现出来。这样了解之后可以帮助学生更加清楚自己适合做哪方面的工作,明确自己的职业方向;也让有意向加入该行业的学生在步入职场前对工作状态和生活状态都有所了解,在入职前做好技能、身心等各方面准备。

(2) 活动要求

① 对象:要求学生找到一位职场人士,其所从事目标职业应该是学生未来希望从事、目前希望了解和接触的;该职场人士的工作年限最好在3年左右,处于从学校向职场过渡的最佳时期。

② 要求:请对方详细列出自己某一天的工作日程安排,该日程安排应该是本职业具有代表性的活动;内容要求包括工作内容、工作对象、合作伙伴、团队关系等细节描述;采访者需要做好详细的纸质记录。

5.3 就业市场与就业程序

【案例引导】

退后一步,海阔天空

小王是东北地区某省重点高校应用力学专业的大学毕业生。他来自一个贫困的小山村,家境贫寒,从小他就立志要像自己的表哥一样考上大学,再到北京找一份收入高的工作来改善家庭的生活水平。通过不懈的努力,他以县里第一名的好成绩如愿考进省内重点大学。可为了供小王读大学,父母只能四处借钱,使得本就清贫的家庭变得负债累累。

小王的表哥曾经告诉过他北京大学毕业生的平均工资都有三五千元,自己每年都能向家里寄几千元钱。为了尽快帮家里还清债务,小王下定决心要去北京闯一闯,于是放弃了本省市的单位面试机会,只身前往北京。然而在北京几经周折,小王也没有找到一份合适的工作,他只能遗憾地返回家乡。

得知同学们大都在本省找到了工作,而自己空手而归。他心里很是失落,十分懊悔,便向老师倾诉。老师着重分析了他的北京"情结",劝他认清自己的专业就业方向和北京的人才需求,不要过于理想化。

小王终于放弃了一定去北京的念头,开始在本省内找工作。后来,他在老师的多次推荐下,联系到一家建筑公司,十分愉快地走向了工作岗位。

点评

小王出自寒门，家庭贫困，因为读书使家庭负债累累。他希望自己工作后能够立即还清债务，这是可以理解的。但他没有考虑到自己的专业，也没有考虑到北京对人才结构的需求现状，就只身前往北京求职。像他这样"冷门"专业的毕业生，在北京的确需求单位很少，所以他在北京找不到工作是不足为奇的。

大学生找工作时，不能只凭自己的主观愿望，还要根据自己和社会的现状，如所学专业、学历层次，某个城市对某种专业人才的需求情况，以及到这个城市参加就业的竞争者的情况。如果你十分向往某个城市，但那个城市并不能接受你，你又何必一定要去那里呢。幸好小王及时向老师倾诉，得到了老师的帮助，改变了自己的想法，调整了自己的就业期望，终于在自己喜欢的城市找到了如意的工作。

5.3.1 大学生就业市场

大学生就业市场是随着我国市场经济的发展和教育体制改革的不断推进逐渐形成和发展起来的，实现大学生人才资源的流动配置，在高校大学生的就业中发挥着重要作用，目前大学生就业市场越来越完善。

1. 大学生就业市场及其类型

大学生就业市场属于劳动力市场中的高端市场，是在国家宏观政策指导下，对高校大学毕业生资源进行合理配置的人才市场。大学生就业市场通过政府引导、市场调节和毕业生自主择业，在特定的时间内，以特定的市场形式，通过毕业生和用人单位之间"双向选择"，使高校毕业生这一特殊劳动力资源在社会上达到合理配置。

大学生就业市场是以高校毕业生为主体的就业市场，在实践应用中不断规范和优化，为毕业生和用人单位之间的"双向选择"提供服务，很好地反映毕业生供求关系。大学生就业市场按表现的形式，可分为有形就业市场和无形就业市场。

(1) 有形就业市场

有形就业市场有特定的组织者、具体的时间、具体的地点、特定的参与对象（大学生），市场组织者在某一时间、某一地点将用人单位和大学毕业生组织在一起开展的就业招聘活动，如北京大学生就业之家毕业生双选会等。

① 按举办的单位分类

a. 高校主办的毕业生就业市场。即高校单独组织的毕业生校园招聘会、供需见面会等，它针对本校毕业生的专业方向和就业行业类型，邀请产学合作单位或有良好合作关系的行业单位参加，招聘活动主要针对本校毕业生，是大学生就业市场中最主要的一种市场，针对性强，成功率高。

b. 高校联合举办的毕业生就业市场。为实现互惠互利，扩大毕业生就业资源，会出现两个及两个以上的高校联合举办的毕业生就业市场，规模较大，参加的招聘单位比较多,毕业生选择和被选择的面比较广,满足用人单位对人才的不同需求,招聘质量很高,有效提高就业市场的双向选择成功率。

c. 企业举办的专场招聘会。由大型企业或企业集团为招聘所需人才单独举办的招聘会,地点可以在企业,也可以在高校,招聘岗位确定,目的明显,这种招聘方式快捷、时效性强,是企业经常开展的毕业生就业市场。

d. 政府主办就业市场。政府主管部门或人才中介机构主办的毕业生临时或常设就业市场,主要参与者是高校应届毕业生。一类是省、市、区主管毕业生就业部门组织各高校所设立的大学生就业市场;另一类是地方人事主管部门或人才中介机构所设立的人才市场。

e. 社会就业市场。社会就业市场面向全社会开放,不专门针对应届毕业生,很多岗位要求应聘者具备相关工作经验。由政府人事代理机构或人才市场、职业介绍所、人才公司等机构举办的临时性和常规性的人才招聘就业市场。

② 按举办的类别分类

a. 地区性就业市场。为地方毕业生提供就业服务或为地方用人单位提供招聘服务的就业市场,一般由地方毕业生就业主管部门举办,能比较准确地反映本地区的人才供应情况和人才需求状况。

b. 行业性就业市场。这类就业市场主要为本系统、本行业毕业生和用人单位提供双向选择服务,由中央部委主管毕业生就业部门主办。

c. 分层次类就业市场。按照招聘单位对学历层次的要求不同而形成的就业市场,基本上分为研究生就业市场、本专科毕业生就业市场等。

d. 分科类就业市场。由地方毕业生就业主管部门从市场细化的角度出发,把理、工、农、医、师等学科类的毕业生分科类组织起来,与相应科类的用人单位进行双向选择。

(2) 无形就业市场

无形就业市场主要指网络就业市场,不受时间、地点的限制,由毕业生和用人单位通过媒体、网络等交互平台进行双向选择的就业市场。近年来,随着信息化技术的高速发展,无形就业市场因其便捷、高效被毕业生和招聘单位广泛接受,大大提高了效率,节省了物力、财力。教育部出台了高校毕业生就业信息管理和决策系统,各地方、各高校也都建立了自己的毕业生就业信息网站和就业信息库。

我国无形就业市场从主办机构来分主要有:①社会的人才招聘网站(如前程无忧网、智联招聘网等);②省(市、自治区)高校毕业生就业信息网(如北京高校毕业生就业信息网);③各高校毕业生就业信息网。

2. 大学生就业市场的主要特点及现状

(1) 大学生就业市场的特点

① 专门性

大学生是有知识、有技能的高素质人才,大学生就业市场是专门为大学生求职择业服务的人才市场,其实现的就业率和就业质量比其他就业市场高。

② 社会性

大学生就业市场关系到国家人力资源能否合理配置使用,关系到大学毕业生能否充分就业,关系到学校培养目标的实现和国家教育的发展,大学生就业市场不仅仅是大学生个人就业问题,还关系到大学生家庭的满足,关系到社会的和谐稳定,具有广泛的社会性。

③ 周期性

大学生就业市场有一定的周期性是由大学生毕业的周期性决定的,每到大四学年,大学生就进入了毕业学年,大学生就业工作就开始启动。每年从11月开始到次年7月份毕业生毕业离校,绝大多数毕业生通过就业市场择业,这段时间是大学生就业市场最活跃的时间,过了这段时间,大学生就业市场就进入了淡季。

④ 群体性

每年7月份,全国有几百万高校毕业生毕业,就意味着几百万毕业生同时进入就业市场,这是一个庞大的特殊群体。为实现大学毕业生的充分就业,学校及教育主管部门必须精心组织安排,做好工作。

⑤ 多样性

根据用人单位和毕业生的需求,毕业生就业市场形式灵活多样,既有有形的,也有无形的;既有主管部门举办的,也有高校积极举办的;既有规模大的,也有规模小的;既有综合的,也有分类的;既有区域的,也有部门的。

(2) 大学生就业市场的现状

随着大学毕业生人数的增加,我国大学毕业生就业市场中的人才竞争日趋激烈,市场建设也日臻完善,其现状主要表现在以下几个方面。

① 依然是用人单位主导的"买方市场"

a. 1999年以来我国高校大规模扩招,高等教育从精英教育走向大众化,大学毕业生数量迅猛增加,直接影响到大学生就业市场供求关系的变化。

b. 随着经济全球化步伐的加快,海归学子对国内大学生就业也造成一定的冲击,他们直接在就业市场上参与竞争,竞争力较强,对就业形势本来就很严峻的国内大学生造成了一定的就业压力。

c. 大学生就业市场偏爱紧缺专业,由于高校部分专业设置滞后于社会发展需求,这部分专业在就业市场中处于竞争劣势,是影响毕业生就业的另一个重要因素。

d. 国家经济结构调整加剧大学生就业市场结构性矛盾。我国传统产业从发达地区向不发达地区转移,发达地区着重发展高技术制造业和现代服务业,不发达地区传统产业技术人才需求出现迅猛增长,而专业人才供应不足,发达地区传统产业技术人才过剩,高技术制造业和现代服务业人才供应不足,导致大学生就业市场的专业结构性矛盾和地域结构性矛盾突出。

e. 国家鼓励大学生创业。2015年李克强总理曾批示:"大学生是实施创新驱动发展战略和推进大众创业、万众创新的生力军。"各级政府出台了一系列相关政策鼓励大学生创新创业,力图通过高校、政府、社会三方建立有效机制,引导大学生创新创业,并为大学生创业提供了一系列优惠政策,开辟出一个更具创造力的大学生就业市场。

② 就业市场建设日趋规范、完善

近几年,随着我国社会主义市场经济的不断发展和完善,大学生就业市场建设也不断向规范化、法制化迈进,公开、公正、公平竞争的良好择业氛围正逐步形成,目前全国各省市已基本形成了固定完善的大学生就业市场。近几年来,国家通过法律政策调控(如加强规范大学生就业市场的法律法规建设)、经济调控(如对于志愿去国家重点建设单位、艰苦行业和边远地区工作的毕业生予以奖励)、信息调控(如打破行业间的相互封闭,沟通人才供需信息)等调控手段,使大学生就业市场进一步向规范化、完善化方向发展。此外,当前的就业市场功能正在进一步完善,不仅能够高效配置毕业生资源、交流供需信息,而且还具有就业指导和服务功能,即包括就业指导、服务、咨询、推荐就业、就业培训及就业测试等功能。

③ 无形市场逐步普及应用

随着计算机网络技术的高速发展,网络招聘越来越显示出其便捷性,毕业生可以通过网络等无形市场远程联络用人单位。网络、视频、微信、传真、电话等通信联系方式越来越显示出在就业市场的巨大活力。毕业生可通过网络查询招聘信息并进行应聘,也可以远程视频面试和交流。许多毕业生就业主管部门和高校加快就业信息网络建设,方便毕业生与用人单位的双向选择,大学生就业的无形市场得到快速发展。

④ 区域性就业市场联动

区域性就业市场联动,是指在高度统筹考虑就业市场合理布局和分配的基础上,建立满足不同类型供需要求的多层次就业市场体系,实现以就业服务为目的的市场协作或互动方式。

以"京津冀一体化"为例,据河北省人民政府网站相关资讯,2016年10月27日河北省人社厅与北京和天津的人社部门签署了《推动人力资源和社会保障深化合作协议》《专业技术人员职称资格互认协议》等系列协议,在推动三地就业创业服务一体化、社会保障顺畅衔接、深化区域人才交流、跨地区劳动监察协作、专业技术人员职称资格互认、留学人员创业园共建等多方面达成一致。根据京冀两地达成的协议,两地的2152家人力资源服务机构(其中,公共就业服务机构有693家)将按统一标准,为群众提供职业介绍、职业培训、流动人员人事档案管理、人事劳动事务代理、人力资源培训、人才素质测评、高级人才寻访、劳务派遣、人力资源管理咨询、人力资源软件等一系列人力资源服务。

3. 大学生就业市场认识及把握

大学生就业市场已经成为大学毕业生就业的主渠道,大学生进入毕业季后,要根据个人的职业生涯规划,确定就业方向,分析自己能够获得目标职业的就业市场在哪里。在了解和选择就业市场的过程中,大学生应该从自身条件和就业市场情况两方面来考虑,从而选择最有利于自己求职目标实现的就业市场。

(1) 自身条件

在选择就业市场之前,大学生首先应对自身条件做一下盘点,例如:你的目标职业是什么?你能够为求职投入多少时间?你愿意为求职投入多少费用?这个过程如同我们在选择商场时要考虑自己的购物时间、购物需要、购物费用一样,如果不事先有所谋划,在有限时间内往往会一无所获,又或是盲目购物、严重超支。

(2) 就业市场情况

在选择就业市场时,大学生一般需要通过网上查询、熟人咨询、现场考察等途径了解就业市场的以下两方面信息。

① 就业市场资质

针对有形的就业市场,大学生需要确认就业市场的主办方。一般来说,各省市及各大高校就业工作部门主办的招聘会组织较为有序,用人单位质量也相对较高。

针对无形的就业市场,比如招聘网站,建议大学生选择知名的招聘网站、各省市毕业生就业部门的网站或高校就业信息网。网络上的招聘信息鱼龙混杂,选择正规的无形就业市场不仅能提高筛选就业信息的效率,还能降低被虚假招聘信息蒙骗的风险。

② 就业市场规则

针对有形的就业市场,大学生要了解参加就业市场的活动需要准备哪些材料,如是否需要携带学生证。一般来说,专门针对高校应届毕业生的招聘会都需要学生持学生证入场。

针对无形的就业市场,大学生要了解网站各相关版块的功能及搜索职位的有效方法,以便提高搜索目标职位的效率。

5.3.2 用人单位的招聘程序

知己知彼,百战不殆,毕业生择业前了解了用人单位的招聘程序,应聘中可以做到有条不紊、不慌不忙,把自己的择业活动调整到与用人单位的招聘活动一致,推动择业活动的有效进行。一般来讲,无论什么样的用人单位,主要采取以下几步招聘程序。

1. 确定需求和招聘计划

用人单位根据运营情况和自身建设、发展状况,充分征求各用人部门意见,确定出本年度需要招聘应届毕业生的人数、岗位和条件等,同时制订详尽的招聘计划。

2. 发布需求信息

用人单位的需求信息主要通过以下渠道进行发布。

(1) 通过政府教育主管部门所属高校毕业生就业指导中心发布信息。

(2) 通过高校毕业生就业工作部门发布信息。

(3) 通过单位网站、社会招聘网站、高校就业信息网发布信息。
(4) 通过参加各种招聘会发布信息。
(5) 通过电视、报纸、广播等媒体发布需求信息。

3. 举办单位宣讲会

一些用人单位(主要是企业单位)，为了快速、高效地招聘到所需人才，会到高校开展单位宣讲会，介绍单位的建设、发展情况、人才需求情况、发展培训机会、用人制度及企业文化等，并交流反馈毕业生们关心的各种问题。

4. 收集毕业生信息

用人单位广泛收集毕业生信息的主要渠道如下。
(1) 政府教育主管部门所属高校毕业生就业指导中心及高校就业工作部门。
(2) 供需洽谈会和大学生就业市场。
(3) 高校就业网站。
(4) 社会求职网站。

5. 筛选毕业生

用人单位根据招聘条件和对人才素质的要求，对收集到的毕业生信息进行筛选，用人单位比较看重毕业生与岗位匹配的优势、胜任岗位的知识水平、能力及综合素质。

6. 面试、笔试

用人单位会根据用人部门的需求进行面试和笔试，一般情况是人力资源部门进行初试，初步筛选出一部分毕业生，然后用人部门会根据岗位的要求进行复试，确定最终人选。有的用人单位会针对专业能力对毕业生进行笔试，对于笔试的时间、地点等内容，用人单位会提前通知。

7. 签订就业协议

用人单位经过面试、笔试确定出录用毕业生后，会与毕业生签订《毕业生就业协议书》。在毕业生到单位报到后，用人单位还会与毕业生签订劳动合同，明确双方的责、权、利。

8. 上岗培训

为了让新录用的毕业生尽快适应岗位的要求，用人单位都会对新员工进行培训，让新员工了解单位规章制度和企业文化，熟悉岗位的生产运营状况、采用的高新技术，让新员工尽快适应新的工作环境和生活环境，尽快融入企业文化中。

 【资料学习】

1. 外企招聘流程
(1) 人事部门核定招聘岗位

在外企公司，劳动力成本高，公司招人必须要经过慎重考虑，如有空缺岗位公司会考虑:是否内部有合适的人选替代,空缺岗位是否符合公司长期发展的需要,是否可以聘用短期的临时工。若必须招聘人员,人事部报总经理批准后,进入招聘流程的第二步。

(2) 人事部根据工作岗位责任,起草招聘信息

招聘信息首先在公司内部刊登,供内部员工双向选择,两周内没有合适的人选,招聘信息上集团的内部招聘网,如果一个月内仍找不到合适的人选,人事部就考虑通过外部渠道招聘。

(3) 刊登招聘广告,准备面试

人事部门选择专业的媒体刊登招聘广告,高级经理级别的人才一般通过专业的猎头公司寻找。

面试有两次到三次,经过第一轮面试筛选2~3人进入第二轮面试,两轮面试基本上能定下合适的人选,公司有时候会委托专门的机构对人选的背景进行调查(主要是信用及有无犯罪记录调查)。

(4) 给出offer并准备聘用合同

招聘人员接受offer后,双方签订劳动合同。

2. 国企招聘流程

人社部规定:国有企业招聘应届高校毕业生,除涉密等特殊岗位外,都要实行公开招聘,并且还要在政府网站发布招聘信息,报名时间不少于7天,拟聘人员也要进行公示,公示期不少于7天。

(1) 发布招聘信息阶段:公布招聘岗位、招聘岗位职责;应聘人员条件、应聘方式和时间段。

(2) 接收报名阶段:对应聘人员进行资格审查,对应届毕业生主要是筛选简历的方式,审查完毕确定入选名单,公布名单,确定笔试时间。

(3) 笔试阶段:组织笔试,阅卷,根据结果筛选名单,确定进入笔试环节人选。

(4) 面试阶段:一般分为是自我介绍和答辩(回答提问环节),主要考察人选的表达能力、人职匹配的情况、应变能力,确定最终录用名单。

(5) 体检阶段:录用人员到单位指定医院体检。

(6) 政审和考察阶段:国企人员到毕业生所在学校对毕业生进行进一步的考察,通过毕业生同学、班主任、辅导员等相关人员了解招聘毕业生的日常表现。

(7) 签订聘用合同。

3. 事业单位招聘流程

(1) 个人报名阶段:报名人员登录指定的报名网站(各地人事考试信息网),如实填写、提交相关个人信息资料。报名资格一经招聘单位初审通过,不能更改。

(2) 单位初审阶段:招聘单位指定专人负责资格初审工作,在报名期间查看本单位的网上报名情况,根据应聘人员提交的信息资料,对报名人员进行资格初审,并在网上公布初审结果。网上报名期间,招聘单位会公布咨询电话并安排专人值班,提供咨

询服务。

（3）网上缴费阶段：报名人员在网上提交报考信息后，可在规定日期查询报名资格初审结果。通过资格初审的人员，要于规定日期前登录当地人事考试信息网，进行网上缴费，逾期不办理网上缴费手续的，视作弃权。缴费成功后，下载打印各种表格和准考证。

（4）资格审查阶段：事业单位公开招聘工作人员的资格审查工作，贯穿招聘工作的全过程。进入面试的应聘人员，需按招聘信息公布的要求，向招聘单位提交本人相关证明材料。取得面试资格的应聘人员在面试前3天仍未向招聘单位提交有关材料的，则视为弃权。经审查不具备报考条件的，经主管机关核准后，取消其面试资格。因弃权或取消资格造成的空缺，按笔试成绩依次递补。

（5）笔试阶段：笔试考试采用百分制计算应聘人员的成绩。笔试设定最低合格分数线，由省事业单位公开招聘主管机关根据应聘人数和考试情况确定。

（6）面试阶段：面试在事业单位公开招聘主管机关的指导下，由招聘单位或其主管部门按备案的面试方案组织实施，面试方案的备案应在面试前一周完成。达到笔试合格分数线的应聘人员，根据招聘计划和招聘岗位由高分到低分按比例依次确定面试人选。笔试合格人数出现空缺的岗位，取消招聘计划；达不到规定招聘比例的，按实有合格人数确定。面试人选确定后，由招聘单位张榜公布并通知本人。

面试结束后，按笔试成绩和面试成绩计算应聘人员考试总成绩。笔试成绩、面试成绩、考试总成绩均计算到小数点后两位数，尾数四舍五入。根据考试总成绩，确定进入考核体检范围人选。

（7）考核体检阶段：按照招聘岗位，根据应聘人员考试总成绩，由高分到低分确定进入考核体检范围人选，并依次等额组织进行考核体检。同一招聘计划应聘人员出现总成绩并列的，则按笔试成绩由高分到低分确定人选。对考核、体检不合格人员造成的空缺，可从其他进入同一岗位考核范围的人员中依次等额递补。根据实际需要，既可先进行考核也可先组织体检。体检标准参照公务员录用体检通用标准执行，国家另有规定的从其规定。

（8）签订聘用合同阶段：经考试、考核、体检合格的拟聘用人员，公示7日无异议的，由聘用单位或其主管部门提出聘用意见，报人事厅备案。符合聘用条件的，由人事厅发放《事业单位招聘人员通知书》，凭《事业单位招聘人员通知书》办理调动、派遣等相关手续，双方按规定签订聘用合同，确立人事关系。受聘人员按规定实行试用期制度，期满合格的正式聘用，不合格的解除聘用合同。

（9）监督检查阶段：为保证招聘工作的公正性，招聘单位要最大限度地实行政务公开，及时面向社会公布招聘工作的进展情况，做到信息公开、过程公开、结果公开，接受社会和群众的监督。

（资料来源：法律教育网，http://www.chinalawedu.com/web/163/jx20140530162622463 30153.shtml）

5.3.3　大学生就业程序

高校毕业生的创新能力强,发展潜力大,是国家经济建设宝贵的人才资源。我国政府历来重视高校毕业生的就业工作,在不同的历史时期,根据当时的政治、经济的发展需要,都制定了与当时的政治、经济发展需要相适应的大学生就业制度以推进大学毕业生就业。

1. 我国大学生就业制度历史沿革

随着我国经济体制由计划经济向市场经济的发展,教育体制改革及人事制度改革,我国的高校毕业生就业制度大致的经历了三个阶段:由"国家分配、统包统分"为主要特征的计划调控阶段,以"供需见面、双向选择"为特征的过渡阶段,"市场导向、自主择业"为特征的市场调控阶段。

2. 当前我国存在的几种主要就业制度

（1）劳动合同制度

2007年,第十届全国人民代表大会常务委员会审议通过了《中华人民共和国劳动合同法》（以下简称《劳动合同法》）。

《劳动合同法》从劳动合同的订立、履行和变更、解除和终止等多个方面,进一步完善了劳动合同制度,明确了劳动合同双方当事人的权利和义务,保护劳动者的合法权益,构建和发展和谐稳定的劳动关系。

【资料学习】

小王毕业后到一家私企上班,试用期2个月,公司的说法是等到试用期结束后再与小王签订劳动合同。小王记得在就业指导上学习过《劳动合同法》的相关内容,就查看了相关条款。《劳动合同法》第七条:用人单位自用工之日起即与劳动者建立劳动关系;第十条:应当自用工之日起一个月内订立书面劳动合同;第八十二条:自用工之日起超过一个月不满一年未与劳动者订立书面劳动合同的,应当向劳动者每月支付二倍的工资。小王找到公司一起查看了劳动合同条款,很快签订了劳动合同,维护了自己的合法权益。

（2）就业协议制度

就业协议是明确毕业生、用人单位和学校在毕业生就业工作中权利和义务的书面表现形式。毕业生和用人单位达成就业意向后,应与用人单位签订由教育部或各省、市、自治区就业主管部门统一印制的就业协议。

① 毕业生就业协议是在毕业前签署,确定毕业生与用人单位之间的就业意向,是派遣毕业生的依据。

② 毕业生就业协议的内容主要是毕业生基本情况及应聘意见、用人单位基本情况及意见。学校同意推荐毕业生到该用人单位就业并列入就业计划进行派遣,而不涉

及毕业生到用人单位报到后所享有的权利和义务。

③ 如果毕业生就考研、参军等与用人单位达成一致意见，可以在备注条款中予以注明，用人单位还会在备注条款中注明违约方应该承担的违约责任。

④ 就业协议是毕业生与用人单位关于将来就业意向的初步约定，对于双方的基本条件和即将签订劳动合同的部分基本内容的大体认可，并经用人单位的上级主管部门和高校就业部门同意和见证，一经毕业生、用人单位、高校、用人单位上级主管部门签字盖章即具有一定的法律效力，是编制毕业生就业计划和将来双方订立劳动合同的意向依据。

【资料学习】

毕业生小张用学校发的就业协议书跟吉林省某单位 A 签了约，又想跟北京的 B 单位签约，便到 A 单位谎称学校要其将协议书取回补办手续，取走协议书，而他本人一拿到协议书即到学校谎称是该单位欺骗了他，解决不了户口将其退回，想跟学校换发一份新协议。

谁知小张自作聪明，以为单位没有任何证据（即协议书不在手），一直没有找 A 单位协商解约。A 单位一气之下告到学校，状告小张行为太不像话，欺骗单位、学校，没有诚信，希望学校给予处理。最后，小张以因"失信"，影响学校声誉，给予小张通报批评处分告终。

毕业生与用人单位签订就业协议是一件非常严肃的事情，各方一经签字盖章即具法律效力，任何一方都有履行协议的责任和义务，不得随意变更协议。上述案例中学生违背了诚信原则，既损害自己利益，又败坏学校名声。

(3) 人事代理制度

人事代理制度是指在社会主义市场经济条件下，经组织人事部门批准或授权制定的人才服务机构，受单位和个人委托，运用社会化服务方式和现代化手段，按制定的法律和政策规定，为"三资企业"、民营企业、私企等不具备人事管理权限的非国有企业单位，要求委托人事代理的其他事业单位，自费出国和辞职后尚未落实单位的专业技术人员和管理人员提供人事档案保管或有关人事方面的代理服务工作。

人事代理的服务内容，主要有以下几方面。

① 负责被代理人员人事档案的收集、整理、保管、利用等工作。被代理人员的履历表、奖惩登记、党团及考核等材料由用人单位提供，代理机构及时对送交材料归档。

② 确认被代理人员的身份、出具有关证明，办理被代理人的转入、转出手续，推荐就业单位，签订聘用合同；为毕业生转正定级出具各种证明材料，建立被代理人员集体户口挂靠制，调整档案工资、职称考评、考核，计算其工龄，若工作调动，按档案工资标准开出；办理被代理人员的出国（出境）和政审手续。

③ 负责办理失业、养老等社会保险服务，并为其代办住房公积金。

④ 建立被代理人员党组织，转接党组织关系。制定流动党员定期或不定期思想

汇报制度,按时收缴党费。

⑤ 开展被代理人员岗位及专业技能培训,根据用人单位的要求,有针对性地组织岗位和技能培训。

⑥ 提供信息咨询服务,包括人事政策咨询、人才供求关系信息、市场统计信息、人才价格信息等服务。

人事代理的对象、规模在不断扩大。人事代理最初服务对象大都是"三资企业"、民办科技企业、乡镇企业和非国有单位,现已发展到一部分国有企事业单位。

【资料学习】

小吴是北京某高校毕业生,毕业后去了银行工作,但是签订三方协议的时候,小吴被告知要到区人才交流中心盖章,办理档案转接关系。小吴有点疑惑,到银行工作怎么要把档案放到人才交流中心呢?经咨询就业指导老师后才明白,他这种情况属于就业制度中的人事代理制度,实现人事关系和人员使用分离,即单位管用人,而一些具体的人事管理工作,如档案管理、计算工龄、评定职称、社会保险等,由人才交流中心代管。

(4) 职业资格证书制度

2000年3月劳动和社会保障部第6号令《招用技术工种从业人员规定》明确,国家实行职业资格证书制度,实行先培训后上岗的就业制度。同时规定了用人单位招用90个技术复杂及涉及国家财产、人民生命安全和消费者利益的工种(职业)的劳动者,必须从取得相应职业资格证书的人员中录用。

职业资格证书是职业标准在社会劳动者身上的体现和定位,是劳动者具有和达到某一职业所要求的知识和技能标准的认证,分为《从业资格证书》和《执业资格证书》。

职业资格证书制度是劳动就业制度的一项主要内容,也是一种特殊形式的国家考试制度,它是按照国家制定的职业技能标准或任职资格条件,通过政府认定的考核鉴定机构,对劳动者的技能或职业资格进行客观公正、科学规范的评价和鉴定,对合格者授予相应的国家职业资格证书。

【资料学习】

龚同学,女,大三时确定了自己要当一名小学教师的职业目标,在搜集教师岗位相关招聘条件时发现教师资格证是从事教师职业所必须的从业资格证。于是龚同学在某私立教育机构找了一份兼职工作积累实践经验,同时学习教育学和教育心理学,大四时成功考取了教师资格证。后经过面试,龚同学被朝阳区某小学录取,成为一名光荣的小学教师,实现了心中梦想。

3. 我国现行就业管理部门的工作程序

(1) 就业管理部门工作的基本程序

大学生就业管理机构分为三级:教育部,主管全国大学生就业工作;各省(市、自治区)和中央有关部委,分管本地区、本部门的大学生就业工作;各高校和各用人单位,负责毕业生就业的具体事宜和招聘接受毕业生事宜。

① 确定年度就业工作意见,制定相应的就业政策。
② 供需信息统计。
③ 组织供需见面和双向选择。
④ 签发《报到证》。
⑤ 组织毕业生文明离校。

(2) 省(市、自治区)高校毕业生就业办公室(就业指导中心)的管理和服务职能

随着高校毕业生就业指导工作的深入开展,各级地方政府的教育主管部门都设立了高校毕业生就业办公室(就业指导中心),负责高校毕业生就业的日常管理工作。其主要职能包括以下几个方面。

① 根据高校毕业生就业工作的政策,制定具体实施意见。
② 指导高校和用人单位的毕业生就业工作,并为其服务。
③ 组织管理当地高校毕业生需求信息的登记、发布和供需见面、双向选择活动,组织毕业生就业市场。
④ 组织实施当地政府委托的高校毕业生资格审查;负责高校毕业生的《报到证》签发、调整和接收工作。
⑤ 受委托协调当地高校毕业生就业过程中的争议。
⑥ 为高校毕业生提供就业服务。

总之,毕业生可以从省(市、自治区)就业办公室(就业指导中心)获得以下三个方面的服务与帮助:一是准确的政策信息;二是广泛的需求信息;三是专业的就业培训。

(3) 高校毕业生就业工作部门的职责

① 负责本校毕业生就业工作,根据上级部门的要求,制定本校毕业生就业工作意见,把握就业工作进程,及时解决就业工作中出现的问题。
② 负责本校毕业生的资格审查,及时向教育部或当地政府主管部门报送毕业生资格审查情况以及就业方案。毕业生资格审查主要从德育、智育、体育三方面审查毕业生是否符合毕业条件,对于不符合学校学籍管理有关毕业条款的,给予相应处理。
③ 就业指导工作。
④ 联系用人单位,收集需求信息,为毕业生提供就业信息、就业咨询,向用人单位推荐毕业生,为毕业生组织校园招聘会等各种供需见面、双向选择活动,开拓本校毕业生的就业市场。
⑤ 负责毕业生就业协议书的签订,汇总毕业生就业情况,并办理毕业生就业的一系列手续。
⑥ 开展毕业教育并组织办理毕业生的离校手续。
⑦ 开展其他毕业生就业相关的工作。

4. 大学毕业生就业程序

大学毕业生就业过程包括：自我分析，确立职业目标；收集就业信息；准备自荐材料；参加招聘会等双向选择活动；参加面试和笔试；签订就业协议、报到等环节。

（1）自我分析，确定职业目标

毕业生要确定职业目标，必须对自己进行明确的分析，明确自己想要的到底是什么，把自己的价值观融入求职择业中。从大的范围来说，大学毕业生首先需要确定的择业目标包括以下三个方面。

① 择业的地域范围

去经济发达的东部沿海城市，还是去内地就业；去户口所在地还是去外地就业；去北上广深等一线大城市还是留在二线城市发展，这些都是毕业生要考虑的因素，要充分参考国家经济结构调整方向、个人能力特长、生活成本等因素。

② 择业的行业范围

兴趣驱动人生成功，确定职业目标一定要充分考虑自己的兴趣特长，确定选择在本专业范围内就业还是跨专业就业，选择从事技术岗位还是管理岗位，是选择与人打交道还是与物打交道，这些选择要充分考虑自己的综合素质、个性心理特征、能力及兴趣特长等。

③ 择业的单位类别

确定了行业范围后，还要明确选择单位类别，是选择国有企业、"三资企业"、民营企业、事业单位还是报考公务员，选择前一定要充分了解这些单位的招聘条件和对人才素质的要求，判断自己的条件是否与单位用人标准吻合。

（2）收集就业信息

确定好职业目标之后，就要收集就业信息，促进就业目标的实现。大学毕业生应通过各种渠道广泛收集就业信息，就业信息主要包括以下四个方面的内容。

① 大学生就业市场信息

大学毕业生要关注社会招聘网站、学校就业信息网站和校内就业信息公告栏以及用人单位发布的招聘信息，及时了解用人单位的需求信息、就业招聘活动以及新的就业市场动态等。通过各种方式了解社会各行业、各类企事业单位对毕业生的需求。尤其要了解本校、本专业的社会需求情况，以及用人单位对毕业生的基本要求等。毕业生在收集就业信息中遇到的任何问题，要及时咨询学校就业工作部门的就业指导老师。

② 政策和法规信息

大学毕业生要了解当年的就业政策及相关的法律、法规信息，如《中华人民共和国劳动合同法》《反不正当竞争法》《国家公务员暂行条例》、本地区和学校"毕业生就业工作意见"等。

③ 用人单位的信息

毕业生要了解用人单位的招聘信息，包括所需专业、岗位对人才的要求、需求毕业生的数量、工作条件、福利待遇等；了解用人单位的信息，包括用人单位的资质、生产运营状况、企业文化、发展前景、对人才的重视程度以及对毕业生的安排使用情况等。

④ 吸取成功者的经验

往届毕业生不乏求职成功者，他们的求职经验、教训、体会和建议等，都会为大学生的成功择业奠定良好的基础。

(3) 准备自荐材料

在确定好职业目标、收集就业信息后，毕业生即可准备自荐材料，包括毕业生就业推荐表、个人简历、求职信、成绩单、获奖证书及培训证书等。

(4) 参加招聘会等双向选择活动

在就业活动中，大学生就业市场在用人单位与大学生之间架起了见面、沟通的桥梁。无论是有形市场还是无形市场，无论是企业自办就业市场还是高校主办就业市场，无论是大型社会招聘会还是小型招聘会，都要求毕业生在双向选择活动中精心准备，将自己的良好状态发挥出来。

(5) 参加面试和笔试

用人单位在招聘过程中，会采用面试的形式考察应聘者的逻辑思维能力、语言表达能力和具有的知识结构是否符合单位需求；采用笔试的方式考核毕业生的专业知识、具备能力和综合素质。毕业生要充分准备面试和笔试，只有两项都通过，才有可能被用人单位录取。

(6) 签订就业协议

用人单位通过招聘活动选拔出自己满意的毕业生后，就可以和毕业生签订《毕业生就业协议书》。

(7) 报到

毕业生与用人单位签订好就业协议书，并得到学校、政府教育主管部门的审核同意后，做好毕业离校的各项准备工作。毕业生在领取就业报到证后，按照报到证规定的期限和指定的地点去用人单位报到。

【本节重点】

1. 了解就业市场，有针对性地做好参与就业市场竞争的准备。
2. 熟悉就业指导部门和用人单位的招聘程序。

【练习与实践】

请根据下面的毕业生就业流程图，结合毕业年级的学业安排，利用大学生职业生涯规划的理论和方法，作出临毕业一年的具体规划，并贯彻实施。

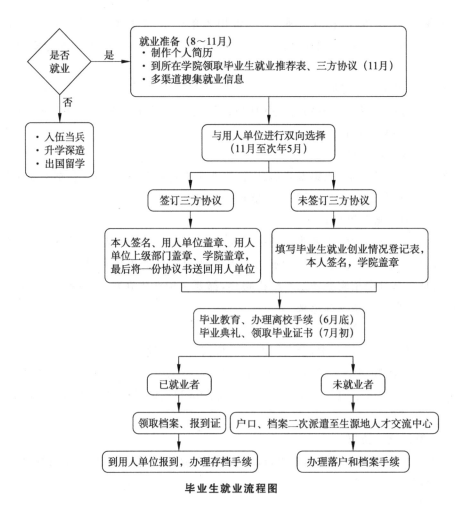

毕业生就业流程图

【复习与思考】

1. 认识就业形势,分析就业政策,把握自己的就业机会。
2. 规划毕业去向、探索职业目标。
3. 分析自己的就业市场在哪里。

第6章 求职择业指导

【学习目标】

1. 学会收集和使用就业信息。
2. 撰写和准备求职自荐材料。
3. 掌握面试和笔试技巧。
4. 学习求职择业过程中的心理调适。
5. 认知就业权益,学会自我保护。

6.1 就业信息的收集与应用

【案例引导】

把握信息,成功就业

北京某高校国际商务专业毕业生小张。在大三上学期,她就开始注意收集各种就业信息,其中包括就业政策、就业形势分析、用人单位的招聘信息等,还建立了自己的就业信息库。

在大三一年的时间里,小张通过校园招聘会、招聘网站等途径收集的招聘信息有几百条。在筛选信息的过程中,她遵循的原则是:寻找快速成长或者高回报的行业;处于上升期的企业;有助于发挥自身优势的职位。

大四上学期,小张没有像其他一些同学那样漫无目的地投递简历或随便找个实习工作,而是把大多时间投入毕业论文的写作中。有时,她会去一些招聘会,但都是有目标和有准备而去的,她应聘的都是经过精心选择后的中意单位。由于前期信息收集整理的工作充分,最终,当许多同学还在为了找工作而四处奔波时,小张已经找到了一份适合自己的工作。

点评

许多毕业生在求职初期总要走一些弯路，主要原因就在于缺乏求职规划，收集就业信息的目标不明确。本案例中的小张之所以能找到适合自己的工作，正是在于她能够认真分析自身特点，明确自己的求职目标，提早做求职准备，利用多途径获取就业信息。

在当今这个信息时代，信息在毕业生择业的过程中发挥着至关重要的作用。就业信息是毕业生求职择业的基础和必备条件，只有及时掌握有效的就业信息，才能在求职中获得主动权。因此，我们应学习就业信息的收集与应用方法，在求职择业中积极主动地利用多渠道收集就业信息，并认真鉴别、筛选、整理这些信息，为成功就业奠定良好的基础。

6.1.1 就业信息概述

就业信息的内容十分广泛，作为信息的一种，它不仅具备信息的各种属性，还具有一些典型特征。了解就业信息的含义、分类、特征及作用是进行就业信息收集与应用的前提。

1. 就业信息的含义及分类

(1) 就业信息的含义

就业信息是指求职者通过某种途径获得，并经过加工整理，能被求职者所理解，并对其求职择业有价值的消息、知识、资料和情报。

(2) 就业信息的分类

就业信息根据不同的分类标准有不同的分类。

① 按照就业信息包含的内容分类

根据就业信息包含的内容不同，可以将就业信息分为就业形势信息、社会需求信息、用人单位信息等。

a. 就业形势信息

就业形势信息是指大学生就业市场上毕业生和用人单位之间总体的供需状况。

首先，大学生要了解国家经济发展战略，了解产业的分类和结构，以及产业结构的调整和变化趋势；了解行业的分类与结构，以及目标行业发展的趋势，使自己总揽全局，更好明确职业发展方向，以在国家经济社会发展的大背景下找到自己的正确位置。

其次，大学生不仅要了解当年毕业生总的供求形势，还要重点关注相关区域的人才供求形势。利用各种新闻媒介，毕业生很容易了解到全国与自己同一年毕业的毕业生有多少，进而初步了解就业总量的压力水平及劳动力供求水平的格局。值得注意的是，毕业生还应对自己的大学所在地、家乡所在地以及自己未来有可能安家立业地域的了解，因为经济情况不同，对人才的需求也不同。

最后，毕业生要了解同自己专业直接对口或相关的行业中各类企业的现状和发展趋势,比如某行业中的龙头企业或标杆企业有哪些,其发展现状与发展趋势如何;某行业中国有企业、外资企业与民营企业的发展现状及发展趋势如何等。

b. 社会需求信息

社会需求信息是指各级、各类用人单位对毕业生需求的情况。主要包括用人单位对毕业生的学历层次、专业、性别、人数以及对所需人才的具体要求等。

c. 用人单位信息

用人单位信息是指具有用人单位内部特点的信息,主要包括用人单位的所有制性质、隶属关系、规模、发展前景、地理位置、经营范围、经济状况、福利待遇、用人单位招聘岗位要求及联系方式等。

用人单位信息可以从该单位的官方网站或相关介绍资料中获得,也可以从该单位的主管部门处获得,当然也可以向学校的就业指导中心咨询,有条件的毕业生还可以通过亲戚、朋友去了解,也可以自己去实地考察一番。

总之,掌握和了解用人单位的信息越多,判断的准确率就越高,求职的成功率相应也会提高。

② 按照就业信息获取的途径分类

根据就业信息获取的途径,可以将就业信息分为口头信息、书面信息、媒体信息、行为信息。

a. 口头信息

口头信息是指通过与人交谈获取的信息。毕业生通过与老师、同学、朋友了解的就业信息都属于口头信息。

口头信息不太系统全面,而且其权威性与可信度和谈话对象本身对信息掌握的程度有一定关系。因此,毕业生对口头信息要做进一步了解和落实。

b. 书面信息

书面信息是指通过书面材料获取的信息。各种有关就业工作的指导性文件、学校和用人单位的各种书面通知、函件等都属于书面信息。

书面信息比较正式,权威性强,是毕业生必须重视和把握的信息。

c. 媒体信息

媒体信息是指通过各种正式公开发行、发布的媒介载体获取的信息,如在报纸、杂志、电视广播、网络上发布的就业信息等。

在信息时代,网络是承载信息的主要载体。网络上发布的就业信息因其信息更新速度快、信息量大,受到广大求职者的青睐。但是,网上的就业信息繁多,真假难辨。毕业生一定要慎重选择,并及时向就业指导老师咨询,以免上当受骗。

d. 行为信息

行为信息是指通过信息传递人的面部表情和肢体语言获取的信息。这类信息的有效性依赖于求职者对信息传递者面部表情和肢体语言的准确判断。在大学生求职中较少利用这类信息,但是大学生在与用人单位等信息发布者沟通时,要用心观察、发掘沟通者的体态、语言等透露出来的行为信息,进行正确把握和回应,促使沟通顺利、求职成功。

2. 就业信息的特征及作用

(1) 就业信息的特征

就业信息作为信息的一种,它不仅具备信息的各种属性,还具有时效性、相对性、共享性等典型特征。

① 就业信息的时效性

就业信息具有很强的时效性,每一条就业信息的效用都有一定的期限,过了期限,效用就会减少,甚至丧失。正所谓"机不可失,时不再来",毕业生在收集、整理、处理就业信息时一定注意信息的有效时间,及早对信息做出应有的反应,切勿错失良机。

② 就业信息的相对性

就业信息的价值是相对的,一则招聘信息,对符合应聘条件或有意向应聘相关岗位的人是非常有价值的,而对其他人来说则基本毫无价值。这就要求求职者要有针对性的收集就业信息,并根据自身条件筛选出适合自己的就业信息,切不可盲目追求当今大家都看好的企业或职业。

③ 就业信息的共享性

就业信息的共享性是指就业信息可以通过不同的载体进行传播,所到之处为社会各方所共享共用。就业信息的共享性也意味着就业的竞争并不仅局限于本班同学、本校同学,还包括来自其他高校的众多求职者。因此,在求职阶段大学生一方面要加强竞争意识,争取早一点获得就业信息,早一点做好准备,成功实现"捷足者先登";另一方面也要有分享精神,要将自己掌握的就业信息适时与身边的同学分享,一起切磋求职经验,因为他们虽然可能成为竞争对手,但也有可能成为你求职路上的伙伴。

(2) 就业信息的作用

一个人的成功就业,不仅取决于他自身的知识和能力,还取决于他能否掌握和有效运用就业信息。对求职者来说,就业信息的作用主要体现在以下几个方面。

① 就业信息是调节生涯目标的参考

大学生通过对就业信息的了解和分析,可以明确未来可能从事的某些具体职业的类型和特点、岗位的能力标准和要求。同时,对照目标职业的特点和具体岗位的标准和要求,大学生还可以发现自身目前情况与求职目标要求之间的差距,进而从实际出发看待个人的发展方向,调整自己的知识结构,提高自身的能力水平,从而使自己在求职中拥有更强的竞争力。

【资料学习】

小娄是某高校电子信息工程专业毕业生。小娄在校期间一直在学生处就业指导中心担任助理,工作认真、负责,是个比较文静的女生。担任学生工作助理,在协助老师完成工作中,了解了大量就业信息,开始思考自己的就业方向。最终,她确定了自己的就业方向——教师。

确定了就业目标之后,她开始着手准备教师资格证的考试和普通话测试,以获取应聘教师必备的证书。第一次参加教师资格证的教育学和教育心理学两门课程的考试时由于准备不充分,两科考试都没有通过。也正是这次的考试挫折,让她明白了想要考取教师资格证并不是一件容易的事情。于是,她利用暑假期间参加了社会上针对考取教师资格证的培训班。经过近三个月有针对性的学习,小娄在毕业之前顺利地考取了教师资格证,并在毕业时顺利入职小学担任教师。

娄同学之所以能成功实现自己的教师梦,主要是因为她在大学学习和担任学生工作助理期间,明确了自身的努力目标,确定了就业发展方向。她针对职业目标的要求,进行了高质量的学习与实践。

② 就业信息是顺利就业的可靠保证

在掌握了大量信息后,毕业生经过综合分析、筛选比较、科学决策,最终将会瞄准一个或几个相对确定的目标,然后准备面试或其他类型的考察。

【资料学习】

秦同学,女,某高校旅游学院酒店管理专业毕业生,中共党员,在校期间担任班长,是同学眼中的榜样,老师眼中的好学生。年初,某知名酒店集团举行校园招聘,秦同学投递了简历,并顺利通过了简历筛选获得了面试机会。

面试结束,秦同学落选。她对结果感到非常意外,对面试结果百思不解。后来她找到辅导员,将面试经过向辅导员描述了一遍,请辅导员帮忙分析面试失败的原因。其实,她具备很好的沟通表达能力和专业能力,之所以会面试失败,主要是因为她没有在面试前认真了解该酒店集团的品牌及品牌特色,导致在回答相关问题时回答的内容过于笼统,缺乏针对性。

就业信息的作用是贯穿整个求职过程的,并非投递过简历后就无须再了解相关就业信息了。就业信息的收集也绝非仅限于用人单位的需求信息。秦同学正是因为忽视了面试前对用人单位具体情况的了解,而错失了一个就业机会。

③ 就业信息是择业决策的重要依据

不同时期、不同地域,就业政策会有一定的差异;不同行业、不同企业,招聘要求也会有一定的差异。大学生需要根据国家及地区的就业政策和社会需求信息来确定自己的职业选择,以尽量避免在求职道路和职业发展上走弯路、走错路。

【资料学习】

王同学,北京某高校旅游学院旅游管理专业毕业生。王同学入学后一直找不到自己的方向,也不知未来想从事什么工作,对自己定位不清。即将面临就业,他在和父母沟通后,有了留京的意向。作为一名外地生源的北京二本高校本科毕业生,他知道留京落户并非易事。

通过向辅导员咨询和上网查阅就业信息,他了解到目前能够留京落户的几条途径中只有参军入伍和大学生村官比较切合自己的实际情况。遗憾的是,他因为体检未能通过,无法参军入伍。庆幸的是在报名应征入伍的同时,他仍时时关注大学生村官的招聘动向,并按时递交了大学生村官项目的申请材料。最终他凭借自己的学生干部经历、优秀党员身份以及专业方面的特长被选拔到通州区某地做大学生村官。

就业信息是择业的基础,是决策的前提。王同学及时通过多途径了解到国家和北京地区的就业政策,通过自身努力实现了留京落户的就业目标。

6.1.2 就业信息的收集

收集就业信息是大学生求职择业前的一项重要任务。为使自己在就业大军的竞争中处于更有利的位置,大学生必须充分利用各种渠道、运用各种手段准确地收集各种就业信息,为择业决策做好充分准备。

1. 就业信息收集的原则

收集就业信息应力求做到"早""广""实""新"。

(1) 所谓"早",就是收集信息要早做准备。及早收集就业信息有助于大学生在求职择业赢得主动。例如,北京中小学在招聘教师时一般都要求应聘者有相应的教师资格证,而北京市的中小学教师资格考试每年只有两次,因此如果不及时收集掌握相关信息,提早取得教师资格证,就无法应聘中小学教师岗位。

(2) 所谓"广",一是指信息收集渠道要广,要利用多种有效途径收集就业信息;二是指就业信息内容要广,要收集多层次、多方面的就业信息。有的同学收集的就业信息内容过于单一,例如只注意根据自己预先设定的目标收集有关地区、行业和用人单位的就业信息,完全无视其他的就业信息,一旦求职目标的应聘遭遇挫折,又无后备的就业信息,就会造成就业被动。

(3) 所谓"实",一是指收集的信息要真实、准确,求职者可以通过网上查询等形式考察用人单位招聘信息的真实性;二是指收集的信息要具体,求职者不仅要收集用人单位需要什么层次、什么专业的人才以及在生源属地、性别、相貌、专业、学历、外语水平、计算机能力、专业知识、技能等方面有什么具体要求,还要掌握用人单位的名称、性质、地点、环境、企业文化、发展前景、用人制度、招聘岗位的基本要求、联系方式、招聘方式等各方面信息。

(4) 所谓"新",就是要不断掌握最新的就业信息,勤于更新自己的就业信息库。一方面,国家或地区的就业形势和就业政策都会随着政治、经济等社会环境的变化而变化,求职者需实时关注这类信息的变化。另一方面,招聘信息具有极强的时效性,一般来说时间越长,就业信息的价值越小,在已经过了有效期的招聘信息上投入时间、精力,结果往往都是徒劳无功。

2. 就业信息收集的途径

（1）高校内部就业资源

高校通常是大学生收集就业信息的首选渠道。高校内部就业资源包括高校就业指导部门、师长、校友等资源。

① 高校就业指导部门

高校的毕业生就业指导部门是高校毕业生就业工作的行政管理部门，包括学校就业指导中心和各院、系负责学生工作的有关部门。高校的毕业生就业指导部门专门从事毕业生就业工作，同上级主管部门、各部委、各省市的就业部门及用人单位保持着广泛而密切的联系，是各级政府部门下发就业政策以及用人单位发送需求情况的信息集中地。

学校毕业生就业指导部门获取提供的就业信息数量大，针对性、准确性、可靠性都较强，是毕业生获取就业信息的主要渠道。大学生应重点关注学校就业指导部门发布的用人单位招聘信息、企业校园宣讲会信息、校园招聘会信息以及各类就业指导和培训信息。

适用范围：所有求职的应届毕业生及应聘实习岗位的高年级在校大学生。

② 师长

班主任或专业教师比一般人更了解本专业毕业生适合就业的方向和范围。他们利用自己的老同学、学生、科研伙伴、协作单位等关系，往往能够获得针对性较强的就业信息，这些信息经过老师筛选后可靠性较强，而且与毕业生的就业意向和所学专业较为吻合，对毕业生求职择业是十分有利的。

适用范围：所有求职的应届毕业生，尤其是缺乏社会关系资源的应届毕业生。

③ 校友

对于应届毕业生来说，利用校友资源获得工作机会是一个不错的选择。

高校一般都会定期组织校友活动，大学生在校期间可以利用这些活动多多结识一些校友。一般相同或相近专业的学生进入同行业、同类企业，甚至同一家企业的概率很高。大学生在求职时可以借助校友资源来帮助自己打探企业内部招聘流程和进程，以获得第一手资料。

适用范围：所有求职的应届毕业生，尤其是缺乏社会关系资源的应届毕业生。

（2）各级人才市场及招聘会

除了各高校，各省、市每年也会通过政府所辖人才机构，如各级人才市场、人才交流中心等举办规模大小不等的招聘会。招聘会分专场招聘会和综合招聘会两种。近年来针对应届毕业生的招聘会呈现出专场招聘会为主的趋势，一般都是专门面向某一类求职者，或专门由某一行业的招聘单位参加，针对性较强。

通过招聘会获取就业信息的优点是信息量大，涉及范围广，与用人单位可直接交流，不仅有利于获得丰富而全面的信息，还可以成为极好的锻炼面试技能和增加面试自信心的机会；缺点是筛选信息耗时耗力，尤其是在大型招聘会里挑选适合自己的企业和职位。

适用范围：所有求职的应届毕业生，尤其是缺乏面试经验或高校内部就业资源与社会关系资源相对较少的应届毕业生。

求职的大学生在参加招聘会时要有"选""听""递""答""问""记"这六个过程。

①"选"，即按照自己的求职意向锁定目标企业，并确定主次，大致规划出应聘顺序。

注意要点：

a. 尽早进入会场，以便整体浏览招聘会上各公司招聘的职位。如果较晚进入会场，招聘会可能已是人山人海，一则无法多点时间去了解自己心仪的职位；二则在时间有限的情况下，由于人多拥挤，应聘排队时间较长，会减少面试的机会；三则是在企业展位前，浏览了好一阵子才上前去咨询岗位问题，这样很容易给人仓促而无求职准备的印象，或者转了几圈会场下来再回来，也会让人留下心态不稳，目标不明确的感觉。因此，尽早进入会场，是占据求职主动地位的重要策略之一。

b. 选择目标企业时最好借助主办方提供的会刊等招聘会材料，并在材料上勾画出目标企业或将目标企业记录在手写本上。如果招聘会主办方在会前就公布了参会企业的信息，这项工作最好在参加招聘会之前完成。

②"听"，即在目标企业的展位前，作为旁观者或排队等候人员听用人单位的介绍，听前来应聘者对用人单位的询问以及用人单位向应聘者提出的问题。

注意要点：

a. 要表现得礼貌大方，不要焦急莽撞地往人群里扎。

b. 在"听"的过程中，要尽可能记住相关重要信息，这些信息很有可能会用到接下来你要应对的简短面试中。

③"递"，即决定应聘某个岗位时，向应聘者递交自己的简历。

注意要点：

a. 应双手递交自己的求职简历，以表示诚意应聘这个岗位。

b. 递交的简历一定是一份干净整洁的简历。卷成一团、有折痕、皱巴巴的简历会让招聘者觉得你不重视他们的公司。

c. 要在适当的时机，与用人单位的招聘人员面谈并投递个人简历。当展位前挤得水泄不通时，最好先等一等，无须担心理想的职位被捷足者先登，在招聘会里合适的人选一般是不分先后的，晚一会儿投简历并不会影响招聘结果。只要不因太迟而最终错过与用人单位交流机会，等招聘展位前清静一些再上前应聘，与招聘人员交流的效果会更好。另外值得注意的是不要在招聘者没空的时候还去打扰招聘人员，否则只会生生地撞上"枪口"。

④"答"，即回答招聘人员的问题。应聘者在招聘会上与用人单位招聘人员的交流其实就是第一轮面试，表现的好坏直接影响到能否参加下一轮考评。

注意要点：

a. 谈话要简明扼要。在招聘会上不可能谈得很细，主要表明你对该公司的兴趣和对所应聘岗位的胜任力,引起招聘人员的重视,给他留下一个良好的第一印象,以争取到再见面的机会。

b. 即便面对的是非目标企业的招聘人员,与之交流时也要认真对待。招聘人员在相同或相近的行业中也会有流动性,他今天在这家企业,也许几天后就会成为你应聘其他企业时的面试官。

⑤ "问",即选择你感兴趣的用人单位,主动提问题。比如,咨询用人单位的用工形式,应聘岗位的人员结构、培训情况等。

注意要点:

a. 用人单位在展位前已经明确展现出的信息不要再去询问。

b. 不要询问关于薪水、福利等问题,用人单位决定录用你时自然会与你谈这类问题,即便他们不主动谈,等到那时再问也来得及。

⑥ "记",即及时记录在招聘会现场搜集来的求职信息,并将其中重要的信息加以标记,以便会后整理。

注意要点:

a. 一定要记录自己投递求职简历的公司名称、应聘岗位、地址、联系方式、联系人以及怎么得到面试通知(时间、地点)等,以避免事后遗忘。

b. 对未能有机会取得面谈机会的目标企业,最好记录下该公司招聘人员的邮箱或办公电话。会后可以写一封跟踪信或是在他们不太忙的时候打一个跟踪电话,继续保持联系。

通过招聘会这个途径求职,除了要注意 "选""听""递""答""问""记" 这六个过程,大学生还要注意以下三点禁忌事项。

第一,切不可穿着太过随便,女生切勿浓妆艳抹。无论男女都要穿着打扮得端正整洁,正装是较稳妥的选择。

第二,切不可家长陪同。大学时期还不能独立参加招聘会的学生会很可能被招聘人员打上胸无主见的标签。

第三,切不可发广告式地投递简历。"非诚勿扰"也是招聘企业的心声,招聘会上用人单位的招聘人员除了面试还会悉心观察现场走动的求职者,对于将一摞简历依次发到各个展台前的求职者,很难赢得招聘人员的好感。因此,就业机会也并非会随简历投递量的增加而增加。

(3) 网络媒介

在互联网时代,借助网络媒介求职如今已成为大学毕业生最常用的求职途径之一。毕业生不仅可以通过互联网获取各种就业信息,还能将自己的求职信息及简历发布在网上,以供用人单位的筛选。利用互联网求职可以不受时间和地域的限制,同时又能获取大量的就业信息,这些优势是其他求职途径所不能比拟的。

① 互联网求职途径的特点及适用范围

目前,大学生利用互联网求职主要是通过各省市毕业生就业部门的网站、专业互联网招聘网站、用人单位官方网站等方式获取社会需求信息、用人单位信息等就业信息。近年来,随着智能手机普及率的不断增高,各类招聘应用软件及公众号应运而生,进一步为求职者提供了便利。下面将分别介绍上述几种互联网求职途径的特点及适用范围。

　　a. 各省市毕业生就业部门的网站及其公众号

　　各省市毕业生就业部门的网站或公众号会发布最新的就业政策,也会提供就业指导信息和大量招聘信息。如北京高校毕业生就业信息网(http://www.bjbys.net.cn/)、北京高校毕业生就业指导中心的公众号"成功就业"。

　　适用范围:所有求职的应届毕业生,尤其是想应聘事业单位的应届毕业生。

　　b. 专业的互联网招聘网站及其手机应用软件

　　通过专业的互联网招聘网站及其手机应用软件可以利用其搜索引擎根据职位关键词快速查询到用人单位需求信息。这类招聘网站有长期固定的会员单位,有科学专业的职业测评,可以为求职者提供一体式的服务。

　　适用范围:所有求职的应届毕业生及应聘实习岗位的高年级在校大学生。

【资料学习】

　　我们先列举一些现今较为知名的招聘网站如下。
　　中华英才,http://www.chinahr.com
　　前程无忧,http://www.51job.com/
　　智联招聘,http://www.zhaopin.com/
　　应届生求职网,http://www.yingjiesheng.com/
　　外企人才服务在线,http://www.fesco.com.cn/

　　随着互联网产业深入发展,垂直细分化、社交媒体应用多元化,以及大数据时代的到来,上述招聘网站近年来遭受到前所未有的竞争压力,新的互联网招聘形式不断涌现,比如"58同城""赶集网"等综合类信息平台,"拉勾网""猎聘网""BOSS直聘"等面向不同层次群体的招聘平台以及社交媒体招聘网站"LinkedIn""大街网"等。

　　c. 用人单位官方网站

　　很多用人单位的官方网站都会设置招聘版块,如"加入我们"等,专门发布本单位的招聘信息。通过浏览用人单位官方网站求职者不仅可以了解到用人单位的相关招聘信息,还能较全面地了解到用人单位的发展愿景、企业文化、主要业务、最新动态等信息,而这些都是求职选择和面试时需要掌握的重要信息。

　　适用范围:有较明确的求职意向或面临相应用人单位面试的求职者。

　　② 互联网收集就业信息的注意事项

- 要有选择地进入适合自己情况的正规、权威的网站,切忌漫无边际地四处收集。
  许多毕业生事先不知道哪些求职网站比较权威,也不清楚自己到底要找什么样的工作,便漫无边际地在网上乱逛,四处收集就业信息。这样做不仅浪费了宝贵的求职时间,耗费了大量的精力,还极容易被一些颇具诱惑力的虚假信息所蒙骗。

- 不要把所有的希望都寄托在网络上。网络虽然能为毕业生提供大量的就业信息,但筛选和甄别信息需要耗费大量时间和精力。一些毕业生由于对网络过分崇拜和依赖,一头扎进网上信息的"汪洋大海"就不再考虑其他更权威、更有效的信息渠道,大大降低了自己的求职效率。
- 不要重复应征一家公司的职位或同时应征一家公司的数个职位。用人单位往往会在多个网站发布相同的职位招聘信息或在同一网站发布数个职位的招聘信息。一些毕业生喜欢尽可能多地投递简历,殊不知让招聘者重复阅读相同的简历,实际上并无益处,反而会让招聘人员觉得浪费了自己的时间。
- 进行网络在线申请(以下简称"网申")时,一定要及时保存相关信息。"网申"是指通过公司官方网站的招聘页面,或者第三方的招聘网站开设的专门的页面投递简历的求职方式。目前,许多知名企业的招聘都要求求职者首先进行"网申"。

求职者在进行"网申"时,时常会由于网络不稳定、外界干扰等因素而被迫中断,因此一定要及时保存相关信息,以免因重复填写相同信息而浪费时间。求职者完成"网申"的信息后,也要注意保存信息,以便日后查阅。

- 一定要提防虚假信息。网上的信息鱼龙混杂,毕业生一定要提防虚假信息。一些人才招聘网站被不良之徒利用,打着招聘的旗号,其实另有所图,故意制造信息"陷阱",骗人骗财。

(4) 新闻媒体

在互联网高速发展的今天,广播、电视、报刊、杂志等传统的新闻媒体在招聘方面发挥的作用逐渐降低。不过,目前我们仍能够通过这类途径获得一些重要的就业信息。

国家教育部主管、全国高校学生信息咨询与就业指导中心、高等教育出版社主办的杂志《中国大学生就业》,各地的《就业指导报》《人才市场报》《劳动信息报》等,它们都会刊登大学生就业的政策法规、用人单位需求等方面的信息。

适用范围:不方便使用或不会使用互联网的求职者。

(5) 社会关系

中国是一个注重关系的社会。利用人际关系求职也是一个重要的求职渠道。大学生因为长期生活在校园环境中,接触面较窄,人际关系不广,就业信息的来源渠道也就比较有限。所以,毕业生要善于利用各种社会关系,拓宽信息的来源,让更多的人帮助自己收集就业信息。

在借助社会关系求职时需要注意以下几点。

① 要把自己的求职意向尽可能清晰地告知对方。毕业生在与对方沟通时可以针对自己的求职意向征求对方意见,询问对方能否看看自己的个人简历是否写得合适。

② 要重视对方给你提供的信息。如果对方为你提供了信息,无论该信息对你当

下的求职是否有直接作用,你都应该表示感谢。人们看到自己的意见受到重视和赞赏,就会带来更多的信息。

③ 每当你得到对方推荐,一定要问清楚你去该单位联系时是否可以提到推荐人的名字作为引荐。

④ 不管你联系的人是否帮助过你,你得到工作以后一定要让他们知道。

(6) 社会实践

社会实践不仅是大学生锻炼综合素质的好机会,也是大学生获得就业信息的重要途径。在社会实践的过程中,大学生通过自己的努力赢得用人单位的好感、信任,取得就业信息甚至直接谋得职位的大学生不乏其人。

大学生在进行各类社会实践的过程中,应注意以下几点。

① 要有意识地注意一些关于行业发展趋势、人才需求状况、相关职位的岗位职责和任职要求等与大学生就业有关的问题。

② 要注意观察、思考,努力去发现自己原来没有想到的、潜在的职业或岗位,一旦有所发现,应及时追踪求索。

③ 在勤工助学、挂职锻炼、毕业实习等直接在用人单位进行的社会实践中,更应多听、多看,要"淡化"自己的学生身份、"打工"角色,以主人翁的姿态了解和关心该单位的事业发展,了解和关心自身和周围岗位上在职人员的工作状况,尤其在与自己的求职意向相吻合的单位或岗位实践时,要充分展现自己的才华和能力。

适用范围:有社会实践经历的应届毕业生。

(7) 个人走访收集

个人走访收集是指毕业生采取上门走访的方式,直接到自己感兴趣或向往的用人单位,面对面地和人力资源部主管进行交流、表达愿望的一种信息收集途径。

为了提高个人走访收集的求职成功率,建议毕业生注意如下几点。

① 现在很多用人单位因为业务繁忙,不接受没有事先预约就直接登门造访的这种应聘方式,所以在采取这种方式之前,首先要对用人单位有足够的了解或提前电话预约,免得浪费时间和精力。

② 要对自身的情况了然于胸。熟悉自身才能说服别人,首先要做的是确保对个人简历上的所有内容了然于心,绝不可在招聘者问起有关细节的时候支支吾吾答不上来。此外,在推销自己之前,要准备一个简要而不简单的自我介绍,通过自我介绍在最短的时间引起对方的兴趣。

③ 在登门之前要对用人单位有一个比较深入的了解。如果连用人单位的主营业务等基本信息都不知道,就企图说明你能胜任他们单位的工作,那么登门拜访只会是徒劳。因此,多了解一些对方就会多一些胜算。

④ "面子工程",不可小觑。衣着打扮反映的是一个人的品位,为了给对方一个良好的第一印象,更为了求职的成功,请在衣着和打扮上多费点心思。建议把自己打扮得职业些,成熟些,还要自然些。

⑤ 提前"押题",先行演练。如果对方接受了你的冒昧来访,并愿意和你坐下来谈一谈的时候,机会就来了。对方可能会问一些问题。

一个比较好的建议就是如果对自己没有信心,可以找一个你身边的人就可能会发生的情况先行排练排练,一来可以练练口齿;二来可以增加信心。

⑥ 独来独往,不要依赖。在登门拜访用人单位的时候,不要请父母、朋友或同学等陪伴。一个没有独立性的人是不受用人单位欢迎的。

6.1.3 就业信息的应用

在当今这个信息化时代,大学生通过各种途径往往可以收集到大量的就业信息。由于信息的来源和获取的方式不同,内容往往虚实兼有,互有矛盾。

值得注意的是,就业信息广义上包括就业形势信息、社会需求信息、用人单位信息等多类内容,但在求职阶段需要鉴别、筛选和管理的主要是用人单位发布的招聘信息,因此在本节的下述内容中就业信息主要指的是这类招聘信息。

1. 就业信息的鉴别与筛选

(1) 就业信息的鉴别

就业信息需要鉴别的主要是其可靠性和有效性,下面将分别介绍这两点的鉴别方法。

① 就业信息的可靠性

鉴别就业信息的可靠性一般可以利用以下三种方式。

- 根据就业信息的来源渠道进行分析判断。一般来说,经劳动部门、工商部门等批准的职介机构发布的就业信息是比较真实可靠的。各级人才市场及招聘会正式展位的就业信息也相对可靠。
- 利用互联网搜索用人单位相关信息进行分析判断。此外,通过互联网搜索引擎搜索用人单位名称,还可能得到其他人关于该单位的评价。没有负面评价不等于该就业信息就一定可靠,但是如果有负面评价就意味着这家用人单位的就业信息需要斟酌。
- 根据就业信息资料的内在逻辑进行分析判断。如果发现资料内容的表述前后矛盾,或违背事物发展的逻辑,或有违反实践经验即实际情况的内容,此类就业信息的可靠性就值得怀疑。

一般情况下,如果出现以下情况中的任意一种就要提高警惕性。收取各类押金、培训费、上岗费。打着"高薪诚聘"的旗号,招聘的却是低门槛甚至无门槛职位的。招聘程序非常简单,只留地址或联系电话,让求职者直接前去面试的招聘信息。

通过就业信息的可靠性分析,求职者应对不真实的、虚假的就业信息坚决剔除,弃之不用,以防在求职过程中上当受骗。

② 就业信息的有效性

鉴别就业信息的有效性一般需要考察就业信息中如下几项要素。

- 用人单位的全称。用人单位的名称往往包含着所属的行业、业务范围、所在地区、所有制形式等，比如"北京外企人力资源服务有限公司"。不过也有一些企业在注册地以外的地方建立了办公地点，因此不可仅从用人单位名称判断工作地点。
- 用人单位性质。例如，国有、私有、股份制、合资、外商独资企业、党政机关、事业单位、科研设计单位、部队等。
- 用人单位的主管部门或隶属关系。例如，市属单位要搞清上级主管部门（指人事管理权限），中央单位应搞清主管部、委、总公司等情况（人事档案管理关系）。近年来随着改革的发展，一些事业单位的人事管理办法也出现了变化，而人事管理办法的不同有时也会造成工资、福利、医疗、养老、住房等待遇方面的差别。
- 用人单位的规模、发展前景、经营范围、在行业及社会上的地位等。
- 招聘职位的岗位职责，即岗位的从业者需要去完成的工作内容以及应当承担的责任范围。
- 招聘职位的任职要求，一般包括对从业者年龄、身高、相貌、体力等生理条件方面的要求，对从业者敬业精神、工作态度等职业素养方面的要求，对从业者职业价值观、兴趣、气质等心理特征方面的要求，以及对从业者的学历、职业技能和其他才能的特殊要求等。
- 用人单位的福利待遇，包括薪金、福利、保险、奖金、住房、培训、休假、工作时间（如有无夜班、加班）、提薪机会等。
- 用人单位的联系方式，如人事部门联系人、电话、通信地址、E-mail等。

除以上信息外，判断就业信息的有效性往往还要注意发布招聘信息的时间和招聘的有效期限，一般情况下越是新发布的信息，求职成功率越高，超过招聘有效期限的信息一般都是无效信息。

（2）就业信息的筛选

经过就业信息的鉴别后，我们可以在众多信息中将可靠、有效的信息找出来，完成初步的筛选。然后，再按照自我标准进一步地筛选，即看看自己的性格、兴趣、特长、专业与哪些工作更匹配，哪些工作对自己的发展更有利等。

在进行就业信息的筛选时，建议毕业生不仅要考虑哪些岗位更适合自己，也要考虑哪些岗位是自己能够胜任的。这就要求毕业生对自己的自身条件和用人单位的要求都要有清晰的认识，既无须妄自菲薄，也不要好高骛远。

2. 就业信息的管理技巧

（1）就业信息管理的参考模式

求职的过程往往也是一个不断地分析和处理信息的过程。下面我们就向大家介绍一个简单的就业信息管理模式。

以对某个职位的满意度（即对职位评价的高低）为纵坐标，以某个职位获得的难易程度为横坐标作图。如图6-1所示，划分出A、B、C、D四个区域。

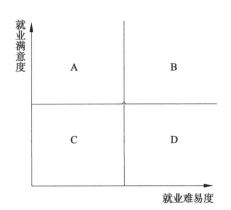

图 6-1　就业信息管理模式

在四个区域中,A 区既是理想的工作,又容易得到;B 区工作不错,但竞争者众多,或要求很高,本人需要付出极大的努力,或者说得到这个工作的可能性很小;C 区工作不太理想,但容易得到;D 区既不是自己理想中的工作,也不容易得到。

根据这一方法,毕业生在得到就业信息时,先要分析、归类,按其在 A、B、C、D 中的类型分别处理,以保证充分、高效地利用好收集到的信息。

区域 A 的职位在毕业生收集的就业信息中往往是最少的,如果幸运的你得到区域 A 的职位信息,一定要把握住机会,全力以赴去争取。但对待区域 A 的信息,毕业生要持审慎的态度,既不能放过"捡漏"的机会,也要防止这类信息中诱人的陷阱。

区域 B 的职位既符合自己的理想,又充满挑战性,正可表现当代大学生敢于竞争、敢于冒险的个性,也是人生的一次宝贵体验。因此,毕业生对待区域 B 的信息,一是要倾注时间和精力,认真分析研究,并精心准备应对之策;二是要充满自信,充分展现自己的能力,努力争取成功。

区域 C 的职位在毕业生收集的就业信息中往往是比例最高的,而且多数人最后的就业去向也是落在区域 C。但在求职过程中,毕业生对这一区间的就业机会往往先不考虑,总企盼着有更好的单位出现而犹豫、观望。

区域 D 的信息与其他三个区域的相比,其对毕业生的价值最低,可以暂时将其排除在外。但是,在针对其他三个区域的就业机会均求职受挫时,一方面可以考虑通过多种途径将区域 D 中的就业机会转化到区域 C 中,即想办法降低就业难度。另一方面也可以考虑通过降低自己的工作期望,把区域 D 中的一些就业机会转化到区域 B,以扩大自己的求职范围。

值得注意的是,将就业信息按照上述方式分成 A、B、C、D 四类的同时,我们还要利用 Excel 表格或其他工具将这四类的就业信息都准确地录入到个人就业信息管理库中。

当然,就业信息的管理模式不是唯一的,毕业生也可以根据自己的实际情况找到其他适合自己的就业信息管理模式。但无论如何,就业信息管理都是求职过程中一个十分关键的环节,毕业生切不可忽视。

(2) 就业信息管理应注意的问题

在进行就业信息管理时,我们除了要找到适合自己的就业信息管理模式,还有如下两点注意事项。

① 长期积累,定期审视

求职需要机遇,而机会往往会更青睐有准备的人。冰冻三尺非一日之寒,个人就业信息管理库也非一日就可以建好的。大学生要长期积累就业信息,并在实践中摸索出适合自己的就业信息管理方式。

大学生在进入毕业年级之前就应该有意识地积累就业信息,并将就业信息作为学业规划和职业生涯规划的重要参照。进入毕业年级以后,求职的大学生应广泛地收集就业信息,有效地鉴别、筛选和管理信息,并定期审视自己的就业信息库和就业信息管理方式,以提高就业信息的使用效率。

高效的就业信息管理可以让杂乱无章的就业信息清晰地呈现在求职者面前,为求职者的择业提供重要依据,从而避免求职者在压力之下顾此失彼,错失良机。

② 资源分享,共同受益

好的职位往往有成百上千的人竞争,这时你的竞争对手绝非只有在学校里与你同班、同专业的那些同学。有些就业信息对自己不一定有用,可是对他人十分有用。在这种情况下资源分享往往会带来双赢的效果。你能主动分享对他人有用的信息,不仅给了他人帮助,也增加了与他人交流信息的机会。随着交流互动的增加,也许你也会从别人手中获得对自己十分有益的信息。

【本节重点】

1. 了解就业信息的含义、分类和特征。
2. 就业信息是调节生涯目标的参考,是顺利就业的可靠保证,是择业决策的重要依据。
3. 学会鉴别、收集和管理就业信息。

【练习与实践】

当你同时面临几个单位时,你不知道如何作出选择,犹豫是因为各有利弊,这时你需要将收集的信息分别加以整理,对不同的情况进行相互比较。下面介绍一个处理信息的有效系统,这个系统要求你考虑关于每个工作的 5 个参数。

(1) 职位描述。包括一般责任、工作层次和有关单位。
(2) 工作地点。包括你将工作的地理区域和物理环境。
(3) 发展机会。晋升机会和工作保障。
(4) 雇用条件。包括薪水、奖金、工时和着装规范等特殊要求。
(5) 入门要求。包括要求具备的教育和培训经历。

下面我们利用"职业评价工作单"对收集的信息进行处理和选择。你可依次判断该工作是否符合你的理想,对你的休闲娱乐、与亲朋好友交往的影响。做评价时根据以下的标准,在该工作每个特点所对应的标有 6 个数字的框中画圈。

"5"表示该工作对你有绝对的吸引力或者非常强烈的吸引力。

"4"表示该工作对你吸引力一般。

"3"表示该工作对你有点吸引力。

"2"表示该工作对你没有太大吸引力。

"1"表示该工作对你一般没有吸引力。

"0"表示该工作对你完全没有吸引力。

请把以上画圈的数字相加,得出总分。反映出了你对该工作总的吸引力有多大。如果有 3 个用人单位都准备与你面试,你可以按要求把 3 个用人单位的情况分别填入 3 张表中,根据得分的多少,比较出你对这 3 个用人单位的取舍。

毕业生在面临就业选择的时候可以运用下表"职业评价工作单"的方法对工作进行评价,哪个工作的得分高,那么就倾向于选择哪项工作。

职业评价工作单

职位名称		
工作特点	评 价	评 分
职位描述		0 1 2 3 4 5
工作地点		0 1 2 3 4 5
发展机会		0 1 2 3 4 5
雇用条件		0 1 2 3 4 5
入门要求		0 1 2 3 4 5
		总得分=

6.2 求职自荐材料准备

【案例引导】

小李的求职遭遇

小李在参加招聘会前通过各种渠道了解求职信息,为了帮助自己顺利就业,提前准备了很多份求职材料,每份材料中都把自己的大学生活都做了详细的描述,为此花了不少的人力和财力。几次招聘会下来,共投出 50 多份求职材料,但两个月过去了,没有一家单位和小李联系进一步面试的事,难道花大力气准备的"敲门砖"都白费了?

点评

小李在求职前做了准备工作,对客观环境做了分析,在某种程度上是"打有准备之仗",但小李的问题是自荐材料没有很好地把握重点和结构,虽然什么都写了,但重点不突出,满篇繁复的内容更容易让考官觉得疲惫,难以在短时间内获得所需要的信息。

很多用人单位特别是知名企业,在招聘时往往要求应聘者先提供详尽的自荐材料,并通过浏览这些材料筛选出面试的对象。毕业生要实现自己的就业愿望,就必须在了解认识对方的同时,利用各种途径和方法来宣传自己、展示自己、推销自己,让用人单位充分地认识自己、交接自己、选择自己。能否成功地进行自我推荐很大程度上决定了能否获得进一步面试的机会,因此在择业竞争中,决定成败的因素很多,其中自荐材料的充分准备是非常重要的一步。

6.2.1 求职自荐材料概述

自荐材料是毕业生在求职中向招聘者所提交的各种书面材料的总称。

1. 求职自荐材料作用

求职材料是宣传自己的广告名片,是求职者针对一项具体应聘岗位,对自己进行系统评价,以证明自己是适合这份工作的最佳人选,它起到宣传自荐的作用。

2. 求职自荐材料主要内容

求职材料应包括:封面;自荐材料;就业推荐表;个人简历;学习成绩单等其他材料。

(1) 就业推荐表。包括毕业生个人的基本情况、院系意见和学校意见。

(2) 个人简历。主要内容应包括个人的自然情况、求职意向、主要经历、从事社会工作、组织的活动、担任的职务、社会实践和生产实习、受奖励情况及取得的成绩等。

(3) 学习成绩单。这是反映毕业生学习成绩的证明,应由高校院系教学部门填写、盖章。

(4) 其他材料。包括参加社会实践、毕业实习的鉴定材料;各类证书;导师或专家推荐信;有关科研成果证明及在刊物上发表的文章等。

3. 准备原则

一份卓有成效的自荐材料是开启事业之门的钥匙,进行准备时注意遵循以下原则。

(1) 真实性原则

求职自荐材料是毕业生对自己大学生活的全面总结和反映,在内容上必须真实,切忌为赢得用人单位的好感而弄虚作假。如果在求职材料中弄虚作假,即使是能侥幸获得面试机会,但有经验的人力资源管理者在面试过程中一般都可以看穿,只要被发现有一处作假,就会被认为是一个不诚实的人,从而被拒之门外。

(2) 重点突出原则

求职材料必须讲求重点突出,简明扼要,要让想了解自己的人能够迅速明确地看到基本情况。有些毕业生的求职材料做工精巧,设计美观,但是没有突出重点,前面很多页全是一些无关紧要的内容,如学校简介、院系简介、人生格言等。用人单位在筛选简历的时候,由于不能及时找到重要信息,而影响对求职者的判断。

（3）全面展示原则

求职自荐材料在突出重点的情况下还可以全面的展示自己，因此在准备自己的求职材料时除了个人的简历还应准备好求职信、推荐表、成绩单、资格和技能证书的复印件等。

（4）富有个性原则

由于用人单位对求职者的要求不尽相同，求职材料准备也应根据不同的单位有所差异。这要求求职自荐材料能体现求职者的个性，不能"千人一面"，更不能"张冠李戴"，切忌靠一份求职材料"行走江湖"。

（5）规范性原则

规范性原则的确立，是对大学毕业生所有文字材料的基本要求，因此建议同学们在制作求职材料时避免出现排版格式不统一，纸张、字体大小不一，用词不准确，语句不通顺，段落不清晰，甚至出现错别字的情况。

（6）美观性原则

准备求职材料的目的之一是吸引用人单位对求职者的注意力，或者让用人单位对求职者感兴趣，因此求职材料的设计就显得尤其重要。学习理工类的毕业生，求职材料的版面要讲究自然、朴素、理性、洁净；学习文学、艺术、管理、设计等专业的毕业生，求职材料要富有创意。

6.2.2　自荐信的准备

求职自荐信是毕业生向用人单位自我推荐的书面材料，是毕业生所有求职材料中至为关键的支柱性文件，其写作质量直接关系到毕业生择业的成功与否。因此，自荐信被称为毕业生求职的"敲门砖"。

1. 自荐信的作用

自荐信是有目的地针对用人单位的一种书面自我介绍，是争取与用人单位进行面谈的媒介之一。

2. 自荐信的格式和内容

自荐信的格式和一般书信大致相同，一封完整的自荐信在结构上由标题、称呼、正文、结尾、落款和附录六部分组成。

自荐信的内容主要有说明原因、推介自己、表达认识及态度三部分内容。具体内容如下。

（1）写求职信的理由，从何处获悉招聘信息、申请的目的、加入单位的原因及要申请的职位。

（2）做自我介绍，说明自己为什么适合申请的职位，提出能为雇主做什么。

（3）简明突出自己的相关实力，即为什么比别人更适合这个位置。

（4）强调所受过的培训、经历、技能和成就。

（5）最后，自荐信应该请示用人单位给予答复并留下自己的联系地址、单位等。

3. 自荐信的书写技巧

(1) 扬长避短,突出重点

自荐信的书写要围绕自己的长处去写,突出能引起对方的兴趣,如专业知识、工作经验、特长、个性等。要用自己的成绩、专长、优势,引人注目的"闪光点"去吸引并打动对方,让对方了解你的能力、特长、优势之所在。

(2) 精益求精,言简意赅

繁杂冗长的自荐信会使用人单位对你的求职信不感兴趣,当然自荐信也不能太短,让用人单位感觉你并没有诚意。为了保证简明扼要,字数应有所限制,一般以1000字左右为宜。

(3) 独立成篇,形式多样

自荐材料同简历一样重要,但它又是独立的,不能让它的内容成为简历的翻版,也不要写成公式化的信。

(4) 真实生动,不卑不亢

自荐信不要写得太死板,也不要写的像在乞求。语气要热情、大方、谨慎,既充分说明自己的长处,又要让用人单位感到真诚和实在。

6.2.3 求职简历

个人简历是一个人的简要经历,是对自己基本情况、经历的记载和陈述。

1. 求职简历的概念及作用

针对大学毕业生我们所讲的简历一般称作求职简历,它是指应聘者向未来雇主表明自己拥有能够满足某个特定岗位要求的知识、技能、态度等的一份较正式的说明材料。阅简历知能力,一份卓有成效的简历,将把一个最适合招聘岗位需求的你展现在招聘者面前,使你在众多的求职者中脱颖而出,赢得用人单位的青睐,获得面试机会。

2. 求职简历的类型

(1) 中、英文简历

按语言类别划分,求职简历可分为中、英文简历。二者在结构和表达上是基本相同的,但是英文简历不是对中文简历的简单照搬,两者有诸多的不同。一是表达方式不同,英文简历应该符合英语阅读的习惯,而中文简历要符合中国人的阅读习惯。二是作用的不同,对于国有企业、事业单位、国内的公司等,在招聘方有明确的要求下,英文简历通常起到对中文简历的补充作用,用来辅助说明你的能力尤其是英文能力;而对于外资企业或外国企业,英文简历是必备的选项,外企一般要看求职者的英文简历。你所有能力、素质的展示可能就来自于你的英文简历。三是侧重点不同,英文简历的侧重点在于关键词(key words)和行为动词(action words)。

(2) 表格式与开放式简历

按文本格式划分,可分为表格式和开放式简历。表格式简历是采用表格分类的形式把自己的各种基本情况介绍给用人单位,优点是清楚、简洁、醒目,在使用表格式简历时注意要根据自己的具体情况设计内容,不能照搬网上下载的表格。开放式简历优点是摆脱了表格的束缚,设计更加灵活多变。但制作开放式简历时,需要注意格式的规整与精致。

(3) 个性化简历

在求职过程中,特征鲜明、个性突出的人在竞争中容易让人记住,而简历也需要创意色彩,对于一些创新型的行业,比如艺术行业、表演行业等,能体现个人创意的简历更能得到招聘者的青睐。个性化的创新一般体现在以下两个方面。

① 从招聘企业出发进行创新

我们就来看看一位求职者的简历,这位求职者应聘的企业是某医药公司。求职者把自己的简历当成该医药公司的新产品来制作,在简历的封面上充分表现了招聘官最希望看到的、最有感情共鸣的新产品、企业标识、企业名称、企业识别色等元素。这些元素对于招聘官而言,具有特殊意义,招聘官通过观看这些要素传递的信息极大地加深了对简历主人的认同感和亲切感。

② 从应聘岗位出发进行创新

简历还可以从求职者所应聘的岗位进行创新,在简历上表现出自己符合该职位的能力、水平以及行业意识,这是简历创新的第二个方面。下面,我们来看看一位求职者的简历,这位求职者应聘的岗位是某房地产开发公司的文案策划一职,他把自己的求职简历做成了一份楼盘预售公告和一份楼书。对于房地产开发这个行业而言,策划专员这个岗位要求应聘者要具备独特的思维,富有创意和激情。楼书则是房地产企业与客户沟通的重要工具,也是最能体现房地产企业专业能力与策划水平的关键,还是最常见的楼盘展现形式。该求职者能从岗位角色出发多角度设计简历,说明他完全具备文案策划人的基本素质,而且还是个极富创意的策划人员,这样的人员正是企业非常需要的人才。

因此,求职简历是一个推介自我的工具,是协助简历的主人在竞争中脱颖而出的武器,只要能够切实帮助求职者完成阶段性目标,就是一份成功的求职简历。

3. 求职简历的内容及其撰写技巧

有的简历在求职中起到"四两拨千斤"的作用,有的简历却"石沉大海"杳无音讯。因此,求职者在制作个人简历时应加强对简历的内容设计和撰写技巧的运用。一般来讲求职简历包括以下内容。

(1) 个人信息

个人信息包括姓名、性别、出生年月、籍贯、政治面貌、毕业院校与专业、通信地址、联系电话、电子邮件、照片等。

个人信息的写作应当体现出清晰直观、与人方便的原则。一般来说姓名、地址和电子邮件应写在最醒目的地方;联系方式最好使用"三四四"的分节标注,如136-××××-××××;选择比较稳定的电子邮件系统,这样才不宜丢失信件,邮件的选择也要体现出与人方便的原则,不常用或特别长的后缀最好不要选择。

简历的照片会是 HR 们了解求职者的一个窗口,为了写一份有吸引力的简历,而专门去照一张比较普遍受欢迎的照片,也是十分必要的。在简历照片的拍摄和制作时应注意:整洁的发型、淡雅的背景、可以化不留痕迹的淡妆;要选择最近1~6月的近照,切忌照片与本人不符;照片可以展现自己的优点,与自己的气质相符,真实表现自我,不要有太大差距;服装要正规、挺括,可以是职业装和工作服,切忌太休闲的服装;最好是正面照和前侧面照,避免全侧面照;面带微笑,充满自信;避免电脑摄像头的照片、朦胧艺术照、烟熏照等。

(2) 求职意向

求职意向是指求职者想要应聘的职位,如"理财规划师""总裁助理""财务出纳"等,求职意向是整份简历的灵魂,简历的其他部分都是为其服务的。

求职意向应简洁、明确,有针对性。一份简历不要写多个求职意向,在同一份简历中最多可写两个求职意向,并且这两个求职意向是同一个方向相关联的岗位,如会计或出纳,而最忌讳完全毫无关联的职位,如服装设计或市场营销。差距过大的求职意向同时出现在一份简历中会给人定位不清的印象。简历是围绕求职意向展开的,如果求职者有多项求职目标,最好将相近目标岗位归类,根据不同的求职意向撰写不同的简历。

(3) 教育背景

教育背景是简历中一项很重要的信息。教育背景涵盖的内容主要包括:时间段、学校、学院、专业(主修、辅修)、学历、学位、研究方向、课程成绩、实践活动等。

教育背景一般应当以接受高等教育的时间为起点,按照时间逆序的顺序来写。如果应聘的职位与所学专业对口,那么应该突出自己的主修课程;如果跨专业求职,有双学位或者有相关的辅修经历,那么应当突出辅修专业。

(4) 实践经历

简历中的"实践经历"从广义上应当包括实习经历、兼职经历、社会活动、校园活动、项目经验等。实践经历是简历的核心,是招聘单位筛选简历时最重要的参考依据。实践经历主要内容包括实习公司的名称、部门名称、工作时间、工作地点、主要工作职责、主要成就以及在工作中学到的技能和素质等要素。实践经历最好采用倒叙的方式,从最近的时间段写起。

(5) 奖励情况

在求职简历的"奖励"部分,列出你所获得的并与你的求职目标相关的荣誉和奖励。在书写奖励时,要注意强调奖励的级别,奖励的实质,最好用相对的数字说明获得该奖的难度,如2016—2017年度获得某大学一等奖学金(奖励全校前5%的优秀学生)。

(6) 职业技能

职业技能也是求职简历的重要内容,个人技能的高低因人而异,但它是每个人先天具备与后天努力的综合结果,个人技能的高低在很大程度上影响个人的发展。它主要包括外语能力、计算机能力以及各种职业资格技能。

(7) 其他信息

有心的求职者可以充分利用简历中的其他信息为自己添光加彩。

① 个人爱好

很多求职者不重视求职简历中个人爱好的撰写,认为该部分无足轻重,其实不然,细节更能看出一个人的能力有多大。在描述个人爱好时一定要注意以下几点。

不具体的爱好不写,建议不要使用一些宽泛的词语,如爱好音乐、喜欢读书。针对岗位的需求,通过个人的爱好来补充说明自己具备某些素质和能力,如团队协作精神、独立工作能力、与人沟通能力等。表 6-1 给出一些个人爱好所反映的素质和能力。

表 6-1 个人爱好所能反映的素质和能力

项 目	体现的素质	适应的职位或部门
篮球、足球、排球	团队精神	一些对团队要求比较高的部门
围棋、国际象棋	战略意识	市场类或者高端职位
阅读、古典音乐	高雅	文职类
旅游	适应不同的环境和快速学习的能力	销售业务类
跆拳道	意志力	管理类,市场类职位
演讲、辩论	沟通能力	市场类,销售业务类职位
舞蹈	外向,易沟通	公关类,市场类的职位

(资料来源:徐柏才.大学生就业指导[M].武汉:湖北人民出版社,2013:91.)

② 自我评价

自我评价没有什么约定俗成的内容,在简历撰写中也不是必写项目。在写自我评价时不要写套话、空话,要遵循以下几个原则。

一是不要夸大其词。不能单纯地罗列"诚实守信""踏实勤恳""吃苦耐劳""乐观向上""勇于创新""团结协作"等形容词,这些都缺乏事实和数字支持。

二是突出个性。自我评价放在简历的最下面,也是给招聘者留下深刻印象的最后一次机会,因此,一定要突出自己的闪光点,与求职岗位无关的事情不要提及。

三是简洁明了。自我评价最忌讳长篇大论。自我评价不是总结陈词,而是补充你在前面部分没有体现出来的优点和特质,避免口语化。

4. 制作简历常出现的问题

(1) 文不对岗、夸夸其谈

有的求职简历内容与求职岗位没有相关关系,而且在描述自己所掌握的技能时过于自夸,这种自夸造成缺乏事实,空话连篇,如"有很强的综合素质""有优异的组织策划能力""很强的学习能力""精通英语"。

(2) 表述繁冗、经历重复

简历不是文学作品，并不是词汇越丰富，表达越详尽越好，一份好的简历需要思路清晰、重点突出、语言精简、论据充分。表达太过繁冗，不便于面试官迅速地阅读并获得重要的信息。因此，尽量使用短小句子，简历被阅读的速度非常之快，这些精短句式能让阅读者更快地浏览你的简历。

(3) 版面、格式不当

简历篇幅的设计也要遵循与人方便的原则，篇幅不宜过长，一页就够了。当然简历也不能过短，甚至半页不到。有的同学觉得自己是应届毕业生，没有任何经验，简历短点没关系。这种想法大错特错，这等于是让招聘者一看到你的简历就产生了"能力不足"或"敷衍了事"的印象。建议那些参与活动和实践经验不多的同学，尽可能地在简历上展现自己的能力，只要和求职岗位有相关的事项都可以精心构思表达出来写在简历上，不要吝惜展示自己的才能和优势。

简历的字号、字体、标点要统一。要把简历制作的美观简洁，表格、符号、文字要在一条线上，每行中间要有一定的空间便于招聘者的阅读，四周要留出足够的空白，显得清爽大方。

5. 简历的投递

一份好的简历可以让你在面试时取得好的印象，但是一份制作好的简历如果没有一个有效的投递方式一样会让你的简历石沉大海。

(1) 简历投递的几种方式

① 招聘会投递

参加招聘会是毕业生求职的主要途径之一，在招聘会之前毕业生要针对不同的行业、不同的岗位制作不同版本的简历，同时在参加招聘会的时候多带几份简历以备不时之需。在招聘会或双选会上选择适合自己的单位和岗位来投递简历才可能提高获得面试机会的概率。

② 网络投递简历

网络投递简历时注意不要做成"三无"邮件：无标题、无正文、无附件。

求职简历一般用私人邮箱发主题鲜明的应聘邮件。为了突出自己的应聘优势，可以在邮件主题上做点文章，如要应聘的是会计职位，对方的要求是有过会计事务所实习经历，而你正好有，那么在邮件的主题上就可以写"具有1年世界著名四大会计事务所普华永道实习经历"。所以，一个标准的邮件标题应该是：你要申请的职位＋你的姓名＋满足职位要求的最大优势。

网络投递简历时，在把简历作为附件的形式发送的同时，再以正文的形式发送自己的简历。如果把简历只放在附件里，这样增加了招聘人员阅读简历的时间。目前肆虐的网络病毒多以附件的形式传播，用人单位由安全起见，一般都希望以纯文本形式投递。

邮件的发送要有的放矢。试探性的网上求职成功率低，很大原因是由于毕业生对用人单位的具体要求没有领会。求职者投递简历之前,必要时还可以登录该单位的主页了解更多相关信息,在全面详细地了解了招聘岗位的信息后根据自己的实际情况投递简历。

③ 邮寄简历

邮寄简历是诸多投递方式中历史最悠久的一种,但即使在互联网高度发展的今天,邮寄简历也还是非常必要的。这种方式能方便求职者投递较多的求职材料,而且每一份材料都能做到量身定做,这有助于你博得招聘单位的好感。现在仍有公司希望收到传统方式邮寄过来的简历,尤以一些事业单位、学校、机关居多。在邮寄简历时,我们需要注意以下几个方面。一是选择大号牛皮纸,不要折叠简历,给招聘人员留下稳重、专业、职业的形象;二是信封的字迹要工整,信封上注明应聘的岗位;三是按照职位通知的要求将所需要的材料按照适当的顺序放进信封,不要遗漏。

④ 在线投递简历

现在越来越多的企业、事业单位、招聘代理机构等单位在招聘时要求在线填写简历模版。这种方式不允许有太多的创新,只需要按照要求完成简历模版的填写。在线投递简历的一般顺序是:通过各种途径,了解公司招聘员工所具备的知识和技能;根据招聘要求,参照自己的简历,选择适当模版空间的内容,表明自己符合要求;认真完成简历模版的填写,争取使自己脱颖而出。

⑤ 上门投递简历

上门投递简历是成功率最高的一种方式。鼓励广大的毕业生去这样做是基于以下几个事实:其一,只有一部分招聘单位标明禁止应聘者上门投递简历;其二,招聘单位禁止应聘者上门,是担心应聘者打扰了本单位的正常工作,如果你可以做到不打扰或者"几乎不打扰",你上门投递简历也没有什么不妥。上门投递简历时只能拜托前台把你的求职材料转交给人力资源部门,建议要把简历和求职信放进一个大信封里,并在信封上注明"申请'会计'职位,请转交人力资源部,十分感谢!"之类的话。

(2) 简历投递后的记录和联系

① 投递简历要记录用人单位

很多同学投完简历后就觉得万事大吉,既不记录简历投向单位的名称,也不记录求职岗位,这是一个很不好的习惯。

求职是一个长期的过程,很少有人能一次成功。毕业生在求职时会参加很多招聘会,投出很多份简历,如果不对投递简历的单位进行记录和分类,很可能在收到面试通知时发生混乱。

② 及时调整求职期望,更新简历

简历应该反复推敲,发现错误及时改正或者将简历不断完善。随着求职经验的丰富和求职岗位的调整,简历的内容和形式也应该相应作出改进。对于大部分同学来说,求职可能是一个持续半年到一年的过程,这个过程中,毕业生也会学会很多东西,自身也会进步,只有不断地更新简历,不断地提升自己的能力,才能在求职中最终获胜。

③ 投递简历后的联系

投递简历后,要保持电话的畅通,并及时的关注邮箱的邮件。现在几乎都在使用智能手机,经常会有电量不足。

在投递简历一周后,如果没有得到用人单位反馈,可以发邮件询问。很多企业人力资源部门人员的工作非常繁忙,招聘时每天都要阅读大量简历,你的简历有可能在招聘者疲劳时遗忘或没有查收,这时候一封得体的邮件可能会产生"起死回生"的效果。值得注意的是,这封邮件的措辞一定要有礼貌,不能用质问的语气。

【资料学习】

简历范例

姓 名	张某某	性 别	女	民 族	汉	照 片
身 高	172cm	体 重	58kg	政治面貌	中共党员	
出生年月	1993.12	贯 籍	北京	毕业时间	2016.7	
学 历	学士	学 制	四年	专 业	金融	
联系地址	××××××××					
联系电话	×××-××××-××××			邮 箱	×××××@×××.com	
求职意向	商业理财经理助理					
教育背景	2012.9—2016.6　××××××大学管理学院　金融学专业 核心课程:金融学(92)、金融市场学(91)、微观经济学(90)、宏观经济学(89)、经济法(90)、商业银行学(91)、证券投资学(88)					
工作经历	2016.7—2016.8　浙商银行　客户经理实习生 参与中小企业业务知识培训,协助客户经理处理业务,熟悉企业及个人贷款流程,实习期间完成调查报告约20份,处理续贷20份,能较好地处理基本的业务问题及特殊情况 2016.4—2016.7　北京爱思益咨询有限责任公司　市场部实习生 体验新兴创业公司工作强度与工作氛围,参与市场拓展目标的设立与策划等任务和工作,参与举办线上××××××讲座约60场、线下讲座20余场,独立撰写项目文案、编辑微信公众平台图文20余次					
校园活动	×××大学管理学院　管理学院阳光就业社团主席　2015.6—2016.3 负责社团组织建设,社团机构的管理,协调各部门工作 组织策划社团的成立大会、竞选会、团队培训、招新等运维活动 成功举行第一届、第二届模拟面试大赛、简历大赛等					
奖励情况	××××××大学一等奖学金2次(奖励全校3%的优秀学生) 北京市优秀毕业生(奖励全校5%的优秀学生)					
技能证书	英语技能:通过大学英语四级CET-4(564)、大学英语六级CET-6(530) 计算机技能:全国计算机等级考试三级,熟练掌握World、Excel、PowerPoint等办公软件					
自我评定	真诚、内敛、专注;优秀的思维、沟通和学习能力;良好的团队协作能力和团队管理能力					

6.2.4　网络求职材料

网络求职是伴随着近年来互联网的高速发展而产生的一种新型的有别于传统求职的应聘方式。

1. 网络求职概述

（1）网络求职的概念

网络求职是指求职者通过搜索引擎或直接从网络招聘服务平台上获取招聘信息，并通过网络投递简历、与招聘单位进行语言文字沟通，甚至通过视频系统直接接受用人单位面试的整个过程。

（2）网络求职的优点

① 信息量大

网络求职突破了地理限制，一个求职者在网上可以随时查阅全国各地的招聘信息，这无疑为求职者增添了很多机会。一些大型招聘网站里，可以随时查询数万条信息，且信息更新速度很快，每天更新的职位很多，求职者关注招聘网站就能在第一时间掌握用人单位的需求，从而把握求职的先机。

② 针对性强

对于网络上的海量信息，提供网络人力资源服务的网站，都会按照招聘行业、种类加以分类，求职者更是可以使用查询、筛选工具，根据自己实际情况对工作地区、岗位、行业等条件进行全方位智能查询，快速准确地查询到所需要的包括行业、职能、工作地点、薪资等信息，轻易找到适合自己条件的招聘信息。这方面传统招聘模式无法比拟。

③ 成本低，省时省力

对于囊中羞涩的大学生求职者来说，网络求职成为明智的选择。大学生求职者如果通过现场招聘会求职，求职者要花不少钱制作精美的简历，还要根据自己求职单位的数量多次打印、复印、包装，外加交通、食宿等费用，成本非常高。而这些在网络求职中都可免去，不但最大程度上节约了成本，还免去了奔波之苦。

④ 相对公平公正

网络求职平台给了每一个有意应聘的人充分的机会，有利于选拔优秀的人才。此外有些企业将招聘的规则、要求、实施进度、招聘结果等信息在网络上及时公示，这样就给所有求职者一个公开、透明的环境，增强求职者对企业的认同度。

（3）网络求职存在的不足

① 信息保密性不强

求职者在网络上发布的求职信息，一般情况下都是可以随时供人查阅的，基本上没什么保密性。资料通过网络泄露可能给求职者带来不必要的麻烦甚至被不法分子所利用。

② 信息可信度差

由于互联网发布信息成本低，虚拟性强，在网上发布招聘信息的公司，其真实情况可能无从得知，等求职者去了之后才发现里面有很多"猫腻"。

③ 缺少互动，信息反馈少

因为缺少与用人单位面对面的沟通，大学生求职者在投递简历后往往陷入被动等待，甚至无法确认自己的简历有无被应聘公司的招聘人员看到。参加传统的招聘会一般一周之内就能得到信息反馈，而网上招聘的等待期相对较长，经常是简历发出去后十几天才能得到反馈信息，有的甚至石沉大海，杳无音信。

④ 竞争更加激烈

同样一个职位发布招聘信息，通过网络形式，人力资源部收到的简历比现场招聘会收到的简历会多很多。这对于招聘方来说，意味着更宽的选择面。而对于求职者来说，则意味着更加激烈的竞争。

2. 网络求职材料准备技巧

(1) 选择适合自己的招聘岗位求职

根据个人的专业、特长，选择适合自己的网上招聘，有选择性地向用人单位求职，不要漫天撒网，乱投简历等于没投。比如有的招聘会针对的是有工作经验的社会人员，应届毕业生即使投了简历，也会因为不符合条件，而被用人单位退回。

(2) 拓宽视野

可将求职信息张贴在"智联招聘""前程无忧"等专业招聘网站里，也可以将信息发布在一些点击率比较高的网站招聘专栏上。当然也可以直接登录用人单位的网站，查看用人单位的招聘网页上发布的最新招聘信息，并直接与单位联系。

(3) 求职的自荐材料内容应突出重点

网络求职材料更应突出重点内容，特别是自己的专业、学校、社会实践经历、是否具有工作经验等重点内容。内容太多并且面面俱到的简历往往被视为"万金油"的代表，可能最先被淘汰。

(4) 多渠道搜集企业的信息

参加网上在线招聘前，对该企业各方面信息进行搜集和整理，以备招聘人员在线面试时出现尴尬的局面，同时受网络时间、视频空间的限制，网上招聘给每个求职者的时间是有限的，应聘大学生要问最想知道的内容、最关键的问题。获得用人单位首肯后，一定要留下明确的联系方式，为下一步的面试做好准备。

(5) 求职邮件的易读性

招聘负责人不会有太多的时间停留在你的简历上，为了单位招聘人员阅读方便，在邮件主题中就注明自己的姓名、学校、专业、申请的职位。求职信、简历、获奖证书等在用附件发送的同时一定要以文本格式粘贴在邮件的正文中，避免招聘人员因时间或技术问题而无法阅读附件中的内容而误失良机。

(6) 及时关注信息反馈

在网上招聘会结束后,可以通过 E-mail 或电话主动询问情况,向用人单位表示自己求职的诚意,也让自己心中有数。

(7) 化被动为主动

大学生在网络求职中既要利用网络搜索适合自己的企业的信息,也要利用网络这一中介平台发布自己的求职信息。在自己的求职网页或求职博客上,在个人主页上充分展示自身特色,吸引用人单位的目光。个人主页可以撰写自己的求职信、简历、论文、获奖情况、个人作品以及见报文章等,图文并茂地多方位展示自己的才能。

(8) 注意信息的安全性,预防网络求职陷阱

求职者发送电子简历时,要注意个人简历详实,但同时要注意保护个人信息的安全。特别是身份证号码、家庭详细住址、固定电话等这些重要信息尽可能不留。求职者应知道"任何招聘单位以任何名义向求职者收取抵押金、风险金、报名费、培训费等都属于非法行为",遇此情况要坚持拒交。

6.2.5 其他材料准备

由于求职信和简历受篇幅的限制,不可能把所有的成绩和特长都描述清楚,这时候如果能够巧用其他材料,证明求职者的能力,将增加几分胜算。大学毕业生的其他求职材料主要有以下几种。

1. 学历证书

学历证书是指在学校学习了规定的课程后,通过考试合格,由学校颁发的证书。例如,大学毕业时获得的毕业证、学位证。

2. 职业资格证书

职业资格证书表明持证者接受该职业所需要的职业知识与技能的教育,并具备这方面的能力,如会计证、律师证、教师资格证书等都是职业资格证书。

3. 专业学习成果证明材料

专业学习成果证明材料包括在校期间创作的作品、专业实践经历证明、科研论文等,这些都是证明应聘者专业能力和实践经历的有力证明。

4. 综合素质展示材料

各类奖励证书(各类优秀证书、各类活动获奖证书)。在对求职材料准备时可事先对综合素质能力证明材料进行简要的归类,根据岗位需要的能力和技能,有针对性地选择材料的内容向目标企业展示。

5. 特殊技能的证明材料

英语等级证书、计算机等级证书、汽车驾驶证等都可作为求职中特殊技能材料。

6. 就业推荐表

《毕业生就业推荐表》是各高校向用人单位证明应届毕业生身份、推荐毕业生的书

面材料,表中所填内容反映了学生个人信息、学习成绩、奖惩情况、社会实践经历等方面的情况,它是用人单位选择人才的重要依据,如图 6-2 所示。

2017 届北京地区普通高校毕业生就业推荐表

（此表仅限非定向毕业生使用）　　　　　　　　No.0023701

个人信息	姓　名		性　别		民　族		近期一寸免冠照片
	政治面貌		出生日期		健康状况		
	毕业学校		院　系		专　业		
	学　号		学　历		学　制		
	生源地区	/省(自治区、直辖市) /县(区)		/市(地区)	毕业时间	年　月	
	通讯地址				邮政编码		
	联系电话	固定电话：	手机：		电子邮箱		
	奖惩情况						
社会实践							
特长及能力	1. 主修外语语种及水平：＿＿＿＿＿＿　　2. 计算机水平：＿＿＿＿＿＿ 3. 特长：＿＿＿＿＿＿　　　　　　　　4. 在校期间担任职务：＿＿＿＿＿＿						
学校推荐意见	毕业生培养方式			就业范围			
	院(系、所)意见 （公章） 　　年　月　日			学校毕业生就业部门意见 **以上表格内容填写情况属实,特此证明。** （公章） 　　年　月　日			
	学校就业部门名称		联系人		联系电话		传　真
备注	1. 持此推荐表的毕业生应为国家统一招生录取的普通高等教育毕业生。 2. 此表每名毕业生一份,经培养单位校级就业主管部门盖章(红章)有效(复印无效)。 3. 请用人单位于＿＿月＿＿日前将回执返回学校(培养单位)。 4. 其他＿＿＿＿＿＿＿＿＿　　　　　　　　　　　　　北京市教育委员会印刷						

-----------------------✂

　　　　　　　　　　　　　　用人单位回执　　　　　　　　　　No.0023701

＿＿＿＿＿＿＿＿＿＿大学(学院)：
　　经研究,我单位拟同意接收你校＿＿＿＿＿＿(专业)毕业生＿＿＿＿＿＿(学号：＿＿＿＿),请凭此回执换发就业协议书,并于＿＿月＿＿日之前与我单位签订协议书。

　　　　　　　　　　　　　　　　　　　　　　＿＿年＿＿月＿＿日(用人单位人事部门公章)

单位名称		所有制性质		上级主管部门	
单位地址		邮　编	邮系人		电　话

图 6-2　毕业生就业推荐表

(1) 填写注意事项

① 此表需用黑色的中性笔或钢笔填写,不得使用圆珠笔。

② 字迹工整,不得涂改。

③ "个人信息""社会实践""特长及能力"等三栏由毕业生本人如实填写,并粘贴个人一寸免冠照片。

④ "学号""出生日期"栏需完整填写。如"10034××××""19××年××月××日"。

⑤ "主修外语语种及水平"在填写英语四级或六级并表明分数。

⑥ "政治面貌"从以下四项中选择其一填写:"中共党员"/"预备党员"/"共青团员"/"群众",其中,中共党员或中共预备党员者,以党组织的决议为准。

⑦ "专业"栏,填写全称。辅修双学位的毕业生不填写双学位专业。

⑧ "毕业生培养方式"填"统招统分"。

⑨ "就业范围"北京生源的学生填"不限",京外生源的学生且在京外就业的填"京外就业",京外生源的学生在申请可以解决进京名额的工作填"不限"。

⑩ 此表填写完毕后,由所在学院审核,并在"毕业生培养方式"处填写"统分"、在"院(系、所)意见"处填写"同意推荐"加盖公章,最后到就业指导中心审核、盖章。

(2) 毕业生推荐表注意事项

① 此表每名毕业生只有一份。学校审核盖章后,请毕业生本人妥善保管。在毕业生与用人单位未确定要签约时,毕业生可向其提供复印件。待双方决定签约后,再向其提供原件。

② 若毕业生与用人单位达成签约意向,此表下方的《用人单位回执》经用人单位签章后,毕业生凭此回执可到学院领取三方协议。

【本节重点】

1. 求职简历的内容及其撰写技巧。

2. 简历制作中常见问题。

【练习与实践】

以下是毕业生张某的求职简历,根据以上简历完成以下练习。

(1) 思考张同学在简历中个人基本情况部分的问题是什么?如何修改?

(2) 观察张同学简历中"求职意向"栏目与简历呈现内容的对应支撑关系,并提出修改意见。

(3) 对张同学简历的各项表述提出修改意见。

姓　　名	张　某	性　别	女	民　族	汉	照片
身　　高	158cm	体　重	40kg	政治面貌	团员	
出生年月	1993年12月	贯　籍	北京	毕业时间	2016年7月	
学　　历	学士	学　制	四年	专　业	园林	
毕业学校	××大学					
联系地址	北京市朝阳区					
英语水平	四级		擅　长	写作、阅读		
联系电话	183-××××-××××		邮　箱	×××××@126.com		
求职意向	销售、行政助理、教师					
熟悉的软件	Word,Excel办公软件；CAD；PS；SU					
工作经历	2005年5~12月,本人担任中山大学思科网络技术学院的助教,负责协助运营主管进行日常管理工作和招生工作。本人发起组建了中国思科网络技术学院中第一个学生团队CISCO Team,担任Team Leader,累计招聘、管理员工65人。本人策划了"E时代的梦想"广州高校系列活动。该活动先后在5所大学成功举办3届,首次活动获得思科中国2万元赞助资金,本人也被广东卫星广播邀请作为节目嘉宾					
校园活动	2013—2016年　院学生会副主席 　　　　　　　　组织暨大"南极光"歌唱大赛 　　　　　　　　组织烹饪大赛					
奖励情况	2013—2014年　学校二等奖学金；学习进步奖；第六届园林规划设计大赛二等奖 2014—2015年　学校二等奖学金 2015—2016年　学校二等奖学金					
学习及实践经历							
证书	会计从业资格证；四级证书					
自我评定	本人性格开朗、热情、耐心、有活力,待人热情,积极主动,能吃苦耐劳。有很强的组织能力。具有较强的适应能力,纪律性强,意志坚强。在校就读期间,本人培养了正确,积极,开朗的人生观,在努力学习各学科的专业技能同时,不断挑战自己,检测自己,同时还考取了会计从业资格证书					

6.3　面试与笔试

【案例引导】

小李的面试经历

求职人：小李(毕业于某外语院校国际贸易专业,现供职于某知名化妆品企业)

第一次面试是失败的,主考官让10位求职者围成一圈做抢答题。虽然这出乎意料,但临场时妙语连珠,回答总是与众不同。当时觉得自己表现出色,非自己莫属,可最后还是落选了。事后,主考官说,他们单位最看重的是招聘者有务实的工作态度和真诚的合作意识,我的口才虽然很好,但他们不需要。我这才悟出了一个道理,不同的单位、不同的职位有不同的需要。大智若愚与锋芒毕露都要适销对路才有用武之地。

我开始寻找应对面试的资料,在每次面试之前,详细了解对方的基本情况,在参加我现在所在公司面试的前一天,我拿着产品介绍书专门跑到大商场里去辨认这些产品,并且以顾客的身份请售货员讲解产品的性质和特点,从中了解到许多市场信息。

第二天面试的时候,有备而来的我凭着过硬的专业知识和灵敏的头脑,不仅流利的回答了考官的问题,还就产品结构与销售情况谈了自己的建议。最后我如愿以偿进入了现在的单位。

(资料来源:何小姬. 就业指导——理论、案例与实训[M]. 北京:中国人民大学出版社,2015.)

点评

小李同学在第一次面试过程中,虽然口才很好,表现很突出,但这并非是招聘单位看重和需要的能力,因此面试失败了。第一次面试之后,小李同学学会在每次面试前提前准备,事先了解面试公司的基本情况、市场信息、单位对面试者的要求等,终于有一天,小李面试成功。

无论是面试和笔试,都应该提前做好准备,知己知彼,方能百战百胜。

6.3.1 面试

面试作为一种重要的人才选拔手段已被用人单位普遍使用。如何顺利地通过面试,也成为大学毕业生求职择业时非常关注的问题。

1. 面试概述

面试是由用人单位精心设计,在特定场景下,利用多种方法通过招聘人员与求职者以面对面的交谈和观察,科学测评求职者的基本素质、专业知识、工作能力、发展潜力以及其与用人单位的匹配性,为人员聘用提供重要依据的考核形式。

面试是毕业生在求职就业时面临的一个重要环节,研究表明,80%以上的组织对求职者的考核和录用筛选都是借助面试这一手段来完成的。通过面试,用人单位不仅可以直接了解求职者的面貌举止等基本形象,而且可以了解应试者的智商、情商等综合素质,以及专业知识、工作能力、发展潜力、组织协调能力等各方面的才能。对于毕业生来讲,面试时的表现,往往影响到应试者和用人单位是否"情投意合",最终决定能否成功建立聘用关系,因此,必须高度重视面试这一环节。

然而,当高校毕业生真正经历求职面试时,经常由于一些毕业生认识程度不够,加上缺乏面试准备和临场应对技巧,最终面试失败。因此,大学生要提高面试重要性的认识,充分了解面试的各项内容和最新趋势,学习和掌握面试技巧,做好充分准备和临场发挥,对于应对面试这一重要环节是非常重要的。

(1) 面试测试的一般内容

① 仪表风度

仪表风度是指应试者的外貌体型、衣着举止、气色精神等方面,仪表风度是用人单位面试时考察的一项重要内容,公务员、事业单位、公关人员、用人单位经理人以及其他特殊职位,对仪表风度的要求较高。研究表明,仪表端庄、衣着整洁、举止文明、气度精神较好的人,一般做事有规律、自我约束性强、有较强的责任心。

② 专业知识

用人单位通过面试时提出一些专业相关问题,来了解求职面试者对于专业知识的掌握程度,以及专业知识和能力是否与拟录用职位相匹配。专业知识方面的面试将作为专业知识笔试的补充。

③ 工作态度

用人单位注重了解求职者过去学习和工作的态度,注重了解应试者求职应聘的动机和态度。一般认为,在过去学习、工作中态度不认真、不积极的人,在新的工作岗位上也很难做到勤恳工作、认真负责。

④ 口头表达能力

面试应试者是否能够将自己的观点、意见和建议顺畅地用语言表达出来,考察其口头语言表达的逻辑性、准确性、感染力,以及声音的音质、音色、音量和音调等。

⑤ 反应能力与应变能力

主要看应试者对面试官所提问题的理解是否准确到位,回答是否迅速准确,对突发性问题的反应是否机智敏捷、回答恰当;对于意外状况的处理是否得当、妥善等。

⑥ 自我控制能力与情绪稳定性

在遇到上司批评指责而产生压力,或者当个人利益受到冲击时,能够克制容忍和、理智对待,不至于因情绪波动而影响工作。自我控制能力与情绪稳定性对于公务员、管理人员等相关工作人员尤为重要。

⑦ 上进心

有上进心的人,一般都会有坚定的事业目标,并为之积极奋斗。上进心强烈者,不但能够把现有工作做好,而且能不安于现状,工作中追求创新;上进心不强的人,一般都是安于现状,而且凡事挑肥拣瘦,对待工作敷衍了事。

⑧ 求职动机

了解应试者为何希望来本单位工作,对哪类工作最感兴趣,在工作中追求什么,从而判断用人单位所提供的职位和工作条件等能否满足其工作要求和期望。

⑨ 业余爱好

面试官往往会询问应试者休闲时间爱好哪些运动,喜欢阅读哪些书籍,以及其他方面的个人兴趣爱好。了解一个人的兴趣爱好,这对录用后的工作安排有好处。

⑩ 工作经验

在面试中,面试官一般会根据应试者的个人简历或个人基本情况,进行相应的提问,借以确认求职者的具体工作经验。同时,通过工作经验的考察,可以考察求职者的责任感、主动性、逻辑思维能力等多方面的实际工作能力。

此外,面试时面试官还会向应试者介绍本单位及拟聘岗位的情况与要求,讨论有关工薪、福利等应试者关心的问题,以及回答应试者可能要问到的一些其他问题。

(2) 面试基本形式

根据面试的不同分类方式,面试有多种不同的形式,具体有以下几种。

① 结构化面试与非结构化面试

根据面试的结构化(标准化)程度,面试可以分为结构化面试、半结构化面试和非结构化面试等三种。所谓结构化面试,是指面试题目、面试程序、考官构成等方面都按照统一明确的规范流程进行的面试,公务员录用面试即为结构化面试;半结构化面试指只对面试的部分因素有统一要求,如规定有统一的面试程序,但面试题目可以根据面试对象而有所变化;非结构化面试是通常没有任何规范的随意性面试,对面试因素不作任何限定。目前,非结构化面试越来越少。

② 单独面试与集体面试

根据面试对象的人数多少,面试可分为单独面试和集体面试。

单独面试是最普遍的一种面试形式,指试官个别地与应试者单独面谈。

集体面试又叫小组面试,指多位面试者同时进行面试的形式。在集体面试中,通常要求应试者临时组成小组,通过相互协作,模拟相关场景,解决实际问题。该方法主要用于考察应试者的人际沟通能力、领导能力、反应能力等。

③ 一次性面试与分阶段面试

根据面试的进程来分,可以将面试分为一次性面试和分阶段面试。

所谓一次性面试,是指用人单位对应试者的面试一次性完成,一次面试之后直接给出面试结果。在一次性面试中,面试考官的配备一般比较全面,通常由人事部门负责人、技术负责人或部门经理组成。在一次面试情况下,应试者是否被最终录用,取决于这一次面试表现,因此应试者必须尽量全面地准备所有面试知识,全力以赴。

分阶段面试一般分为初试、复试与综合评定三步。初试的目的在于从众多应试者中进行初步筛选。初试一般由人事部门负责,主要考察应试者的仪表风度、工作态度、上进心、进取精神等基本工作素质,将明显不合格者予以淘汰。初试合格者则进入复试,复试一般由业务部门负责,主要考察应试者的专业知识和业务技能,衡量应试者的业务素养对拟任工作岗位是否合适。复试结束后,针对每位复试人员,由人事部门和业务部门进行综合评定,确定最终合格人选。

④ 电话面试和远程视频面试

由于地理环境的限制,避免产生一些不必要的麻烦,一些公司在进行初次面试前,会借助一些信息手段进行初步的信息了解,根据常见的信息手段,可分为电话面试和远程视频面试。

电话面试主要是通过电话中的交谈,初步测试求职者在表达能力、沟通技巧、应变能力等各方面的基本能力,同时也方便用人单位针对简历中的一些疑问做简要的补充。

视频面试是随着信息化的发展而产生的新兴面试方式,与日常的视频聊天类似,用人单位借助互联网与求职者进行沟通,以此解决地域、距离远等矛盾。

2. 面试的准备工作

面试前,要做大量的准备工作。既要了解好用人单位,又要调整好自身状态,成功往往青睐于有准备的人。

(1) 深入了解用人单位

通过查询用人单位的官方网站、新闻报道等宣传信息,深入了解用人单位基本情况,包括用人单位的性质、发展历史、文化传统、产品业绩、未来发展方向等详细情况。另外,还要掌握用人单位的用人标准、岗位要求、员工发展等情况。避免让面试官产生以为其不了解单位的印象,做到"知己知彼,百战不殆"。

(2) 知识技能准备

在求职面试前,要对应聘岗位所需要的知识和能力结构有所认知并做充分的准备,例如专业知识、外语知识、业务技能以及综合素质的准备。提前预测面试时可能要考察的专业知识,知识的空白区要尽快查阅资料进行补充,避免出现一问三不知的尴尬场面。

(3) 充分准备面试材料

参加面试要带好个人简历、在校成绩单以及各类获奖证书和等级考试证书等个人基本材料。如果是外企招聘,要另外携带英文简历;必要时可携带自己的成果和作品,例如设计师招聘可携带以往的设计成果。

(4) 调整心理状态

面试是一种特殊的考试形式,每一种类型的考试既考察个人能力又强调心理素质和临场发挥。首先,要充分审视自己,确保客观准确的自我认知,了解自己的个人能力和人生目标;其次,要满怀信心,相信自己完全可以胜任工作的要求;最后,要克服不良情绪,不要把一次面试看的过重,"是金子总会发光的",这样的心理暗示会降低面试紧张程度。

(5) 面试形象准备

面试形象包括由内而外的精神面貌和外在形象。面试前要保证充分的睡眠,学会自我调节,保持愉快的心情和良好的精神状态。面试前做好仪表修饰,确保穿着打扮等与年龄和身份相协调、与应聘岗位相一致的前提下,充分展示个人特点和魅力。这一点将在下文中详细说明。

3. 面试难点与对策

尽管应试者在面试前做了大量的准备工作,但还是有些难点需要重点强调一下,尤其在真正面试过程中,会出现一些突发状况。

(1) 消除面试紧张

面对一份梦寐以求的工作,尤其作为一名刚毕业的大学生,紧张是在所难免的,而且适度的紧张,有助于提高面试表现。面试过程中,有些同学面对陌生的考官提出的问题,脑子里准备了长篇的答案,但是由于紧张过了头,一句也讲不出来。通过面试,用人单位不仅会考察到专业方面的知识,而且会透过回答的语言,看出你的语言组织表达能力。这里,提供几种克服面试紧张的方法。

① 做好充分的面试准备工作,紧张往往来源于准备不足,因此要在面试前,深入了解用人单位,做好知识能力准备,提前备好面试材料,以良好的精神面貌和心态参加面试。

② 练习你的回答,从中可以进一步明确自己面试交流过程中希望交谈的要点。在面试之前,想象面试官可能会问哪些问题。虽然你无法准确预测面试问题,但所有公司希望了解的基本方面都是类似的:你做过什么,希望做什么,打算如何为公司创造价值等。简洁明了的回答会表明你是一位深思熟虑的思考者。

③ 增强信心,不着急回答问题。应该通过心理暗示,提醒自己,不要把一次的面试结果看得过重。而且,紧张是一种正常的生理和心理反应,所有人都会面试紧张,其他应聘者也会有这样的问题,成功属于最先克服紧张的应聘者。

面试官在提出问题之后,不用着急回答问题,应该停顿几秒的时间,简单思考一下,组织一下语言之后再慢慢地讲出自己的答案。而且在回答的过程中,要不停地提醒自己放慢语速,不能让思维和表达脱节。逻辑思维严密的回答会让人更加信服。

(2) 巧妙回答不清楚的问题

由于面试过程中的复杂多变性,面试前准备的再充分也可能会遇到自己不清楚的问题。求职者在回答面试官提出的问题时,如果不清楚答案,千万不能急于回答,更不能不懂装懂,胡乱作答。遇到不清楚的问题,有可能是面试官对于问题的表述与自己的表达习惯不符,此时,应该委婉的反问一下面试官该问题的大体方向,逐步确定问题的考查范围,然后再进行作答。

在适当的时候,可以征求一下面试官的同意,对不清楚的问题做一下笔记,以此展示自己的求知欲,也方便自己日后加强此方面的学习。

(3) 讲错话的处理

面试的氛围是会让人紧张的,尤其作为刚毕业的大学生,由于缺乏面试经验,更加容易产生紧张的心理。人在紧张的时候很容易出现说错话的情况,因此,面试时讲错话千万不用耿耿于怀,因为一个小小的错误而坏了大局。

(4) 打破面试沉寂

在面试过程中,有时会遇到场面很安静的情况;有时招聘人员会有意识地保持沉默,故意考验求职者的反应。在这种情况下,很多求职者因缺乏准备,往往不知所措,被动等待面试官开口,最终陷入困境。此时,应该主动一些,可以沿着之前的问题反问一下面试官,比如:"我刚才对问题的陈述您认为哪里不清楚吗?""您还有什么问题要问吗?"总之,不能让现场太尴尬,要主动打破僵局。

在回答问题过程中,如果只是一味地回答"是"和"不是",也容易出现尴尬的安静,因此要对每一个问题进行简单的延伸,把面试当成一种工作和能力的交流。

6.3.2 面试礼仪和技巧

一个人的良好形象不仅仅表现在相貌和身材等先天方面,穿着打扮和举止在很大程度上也反映出一个人的修养。同时,掌握一定的面试技巧,也会让面试过程如鱼得水。

1. 面试基本礼仪

(1) 面试仪表

英国形象设计师罗伯特·庞德曾说过:"这是一个两分钟的世界,你只有一分钟展示给人们,另一分钟让他们喜欢你。"面试更是如此,用人单位对求职者的第一印象特别重要,直接影响面试整个过程。第一印象指的就是面试仪表,主要包括外貌妆容和神情形态。

仪表主要包含服饰和妆容,俗话说:人靠衣服马靠鞍。服饰能直接反映出一个人的文化水平、修养和气质,从某种程度来说,服饰也能反映一个人的心态。不同人士的面试着装要求,见表6-2。

表6-2 面试仪表要求

服饰	男　士	女　士
衣着	西装要合身,不能有褶皱,尽量纯色,颜色要深一些,建议黑色、深蓝色或深灰色;款式以经典款为宜,不要过于前卫。 衬衫选择白色或淡蓝色等纯色、浅色,衬衫的下摆要放在裤腰里,以显得精神利落。 领带要干净、平整,位置端正,不能偏在一边,领带的颜色要与西装和衬衫的颜色搭配,不要过于前卫和时尚。 皮鞋建议选择经典的黑色皮鞋,黑色皮鞋属于最稳重的色调,穿之前要擦鞋,保持皮鞋的光亮和清洁。 袜子要选择纯色袜子,以深蓝色、黑色或者深灰色为宜,同样要与衣服和皮鞋的颜色搭配。长度不要过短,不能露出小腿。	应准备一至两套正规的套装,选择与职位相符的款型、颜色,要显得活泼、有朝气。 切忌穿得太紧、太露或者太透。不能穿超短裙和领口过低的衣服。夏天,要注意内衣是否会透出颜色和轮廓,不能让人感觉不庄重甚至轻佻。 鞋子以简洁大方、包住脚趾的基本款式为宜,鞋跟不宜过高,3~8厘米即可,颜色要与衣服的颜色搭配。 裤子的长度要盖住鞋面,颜色以纯色为宜。 穿裙子时要尽量穿肉色长筒袜,长度要高于裙边,不可露出。
配饰和其他	发型上,尽量不要留长发,只有个别需要彰显个性的企业可以接纳。而且要刮胡子。可以戴手表,但不要佩戴耳环、项链、手镯等饰品。 要携带公文包,不能只携带一份简历,至少要带笔和笔记本,以方便记录。	面试时要携带文件夹或公文包,不能用女士的各类皮包携带面试材料,显得不专业、不重视。 首饰的选择上,要注意合理搭配,尽量选择朴素淡雅的首饰类型。耳环以耳钉为主,大小适宜,不可佩戴耳链,不可佩戴两个或以上,不可佩戴发声的,不可太亮。项链不宜过长,不宜过于花哨。手链和戒指也应该以淡雅为主,不能过于新奇而导致喧宾夺主,显得不够庄重。 可以化淡妆,包括口红和眼影。妆容要素雅,不能浓妆艳抹,更不能素面朝天。如果使用香水,不宜过于特殊和浓郁,以清新的花香和水果香最好。

(2) 面试举止

举止是指人的一举一动，主要有动作和表情。举止作为无声的语言，内涵却比语言更丰富。主要包括目光、表情、站姿、坐姿、行走、手势、握手、鞠躬、递物和接物、自我介绍等内容，举止优雅的人，更容易面试成功。

① 目光

应正视对方脸部由双眼底线和前额构成的三角区域，同时应将目光放虚，切忌聚焦，盯着对方看。回答问题时，目光要转向提问的面试官，以示自己在倾听。要善用目光的变化来表达自己内心的情感变化。

② 表情

微笑是最好的面部语言，在整个面试过程中，无论交谈、打招呼还是告别要时刻保持微笑的状态。要适度微笑，笑的真诚得体，含而不露，不能哈哈大笑，更不能捧腹大笑。笑的时候不能出声，不当笑时不笑，以免适得其反，给对方留下不好的印象。

③ 站姿

站立时，头要正，目光要平，微收下颌，挺胸收腹，两手自然下垂或叠放在身体前面，两腿站直并拢，脚跟相靠，脚尖张开约60度，给人以挺拔优雅的印象。

④ 坐姿

入座时动作要轻缓，椅子不能坐实，背部不靠椅背，坐三分之二为宜。女生要两腿并拢，男生可稍微分开，双手平放或叠放在大腿上，上身保持挺直并稍微前倾，会显得端正大方。

⑤ 行走

千里之行始于足下，行走过程中，双目向前平视，面容平和自然，双肩平稳，双臂前后自然摆动，摆幅以30～35度为宜；上身要挺直，收腹立腰，重心前倾。

⑥ 手势

面试过程中，手势主要有打招呼、告别和鼓掌等多个手部动作，应注意力度、速度和时间。例如鼓掌时，应用右手掌轻拍左手掌掌心；介绍某人某物，或者指示方向时，不可直接用手指，正确手势为手心向上，手臂伸平，手指并拢，以肘关节为轴，做出方向指示动作。无论是面试还是其他时候，应尽量避免出现搔头皮、掏耳朵、搓泥垢、玩手指等令人反感的小动作。

⑦ 握手

握手时社交过程中经常要用到的举止，因此要十分注意。握手讲究尊者优先，一是不能主动伸手；二是对方伸手后要热情友好，要把握好握手的力度和时间。握手时双目注视对方，面带笑容，上半身略微前倾，持续时间不要超过一秒。

⑧ 鞠躬

如果要表示对他人的敬意或者感谢，可以采用鞠躬的方式，例如面试开始或结束时。方法是首先立正站好，保持身体端正，同时双手在身前放好（右手搭在左手上），面带微笑；然后以腰部为轴弯腰鞠躬，上身向前倾斜15～30度为宜。

⑨ 递物和接物

递物和接物时要双手接送,面试过程中,主要涉及递名片和面试材料的环节。例如,递名片时要面带微笑,双手拇指和食指持名片两端,名片正面向上恭敬的递送给对方。接受名片时,应双手捧接。递面试材料时,同样面带微笑,将材料正面朝向对方,双手送交对方。

⑩ 自我介绍

进行自我介绍时,举止要庄重、大方,可将右手放在自己的左胸上,不要慌张,表情坦然、亲切,目光应看着对方或大家,不要东张西望、面红耳赤、不知所措。

(3) 面试语言

语言是一个人内心思想的外在体现,面试时注意谈吐文明、礼貌,尽量多用敬语、尊称。

① 称呼

所谓称呼,就是跟对方打招呼时的敬语,我们最普遍使用的称呼是"同志"和"先生"。在用人单位的工作场合,可以直接称其职称并在职称前冠以姓氏,例如"张经理""刘主任""李处长"。对于陌生人,尤其是年长自己的,不知道如何称呼时,可称为老师,而且要注意"您"和"你"的使用,做到谈吐优雅、尊重对方。

② 礼貌用语

礼貌用语包含问候、感谢、道歉、咨询、慰问等。要特别注意"请"字的运用,如"请指教""请帮忙"等。

③ 其他注意问题

在讲话时不能有太多的手势语言、口语和口头禅,让人听了不专业或者不舒服。

在讲话时要用标准的普通话,不可使用方言,更不可讲错字或者念错字,说话要注意不急不慢,清晰而准确的表达自己的意见。若是外企或者英语要求较高的行业,要做好英语面试的准备。

2. 面试的技巧

应聘者最终能否应聘成功,根本上,取决于个人的能力和素质,但是,通过了解、掌握和运用一些面试技巧,会让面试的临场发挥更好,也会影响到最终的面试结果。

(1) 掌握面试程序

掌握面试的基本程序,可以使求职者从容的准备和应对面试。一般情况下,面试的基本程序主要包含以下步骤。

① 求职者提交材料,用人单位根据求职者的申请材料和笔试结果进行审核,确定面试名单。

② 用人单位向求职者通知面试的具体时间、地点以及其他要求。目前,用人单位多采用发送短信和电子邮件的方式通知求职者参加面试。因此,求职过程中要及时留意短信和邮件通知。

③ 求职者收到通知,结合自身情况,进行面试准备。

④ 根据面试的时间、地点和基本要求，提前到达面试场地。无论何种情况，都不能迟到，以提前10分钟到达为宜。提前到达可熟悉面试地点，调整好面试心态，避免因仓促而出错。

⑤ 正式面试。正式面试环节主要有：自我介绍、面试官提问、应试者回答问题、应试者提问、双方交谈等。面试自我介绍应大体包括本人的姓名、学历、在校经历、个人技能和兴趣等个人基本情况，一定要简洁，重点突出，时间不要超过两分钟。

⑥ 面试结束，等待面试结果。面试快结束时，面试官会说一些常规的话语，"谢谢应聘我公司，面试结果我们会及时通知你""您的情况已大体了解，请问还有其他问题吗？"如果面试官问求职者是否有其他问题，可咨询个人职业发展与生涯等相关问题，展现自己对于职业发展的关注和敬业精神。

⑦ 面试后。通常情况下，面试结束一周内，用人单位会发送录用通知，如果一周之后未收到可电话咨询一下。

（2）面试过程中的技巧

① 进门要敲门

轮到自己面试时，哪怕门是开着的，也应该在面试室外轻轻敲门，得到允许后方可进入。具体敲门动作为使用中指关节轻巧两下，动作不可过大，也不能探头左右张望，更不可直接推门而入，开门结束后，应转身轻轻关门。

② 进门后要打招呼

进门后点头微笑，然后表达问候："上午好""下午好""各位领导，上午好"。进入之后站立表示尊重，尽量等到对方邀请后表示感谢再坐下。如果现场比较尴尬，可做简单的自我介绍，打破沉寂。

③ 精神集中

回答问题时，精神集中，力求给对方以沉稳自信的形象。在语言方面，要注意谈话的内容和方式，通过表情和语调等身体语言，传达出自己的真诚、乐观和大方等态度。

④ 面试姿势

面试过程中，全程都会被面试官注视，因此，保持一个优雅的姿势特别重要。正确的坐姿上文已经讲过：坐椅子的三分之二，双腿自然并拢，双手平放或叠放放在膝盖上，上身挺直，身体不要靠着椅背。切忌不能有小动作，如抖腿、跷二郎腿、讲话时摇头晃脑等。每一个小动作都会引起面试官的特别注意，继而产生反感。

⑤ 认真倾听

在面试过程中，不要轻易打断面试官的讲话，保持认真倾听。如果实在有不清楚需要问询的问题，也应该首先表示礼貌和歉意："对不起，我有一个问题不太清楚，您能再说一下吗？"在面试官讲话的过程中，更不能有玩手指、转笔等小动作。

⑥ 适当记笔记

面试时，应随身携带装有笔和本的公文包，方便在回答问题时或者遇到某些需要记录的问题时，求职者做笔记。进行记录之前，尤其是一些自己无法回答的专业问题，可向面试官征求同意，方便于面试结束后查阅相关资料，补充专业知识。

6.3.3 常见面试新要求

面试的类型多样，但是公务员面试和外语面试是比较常见和特别的两种面试形式，因此，重点了解一下以下两个常见的面试形式，是十分必要的。

1. 公务员面试新趋势

随着公务员报考人数的增加，用人单位对考生提出了更高的要求，针对职位命题，"干什么考什么"成为用人单位的主要命题思想。公务员面试专业化，已成为一种趋势，"专业化"要求考生在答题时间内，全方位、多角度、立体式的组织专业的答题思路，将自己的职位优势呈现出来，证明自己与职位要求之间的高匹配度。目前，国家公务员考试主要采用结构化面试和无领导小组面试两种形式。

(1) 结构化面试

① 试题形式

目前，国家公务员的结构化面试主要采用两种方式：传统的结构化面试和以材料为依托的结构化面试。具体面试时，有时会结合使用两种方式。

② 面试模式

国家公务员面试主要有听题和看题两种模式。两种模式的考查侧重点不同。听题就是考官读一题，考生答一题。听题主要考查考生的听写能力、理解能力、瞬时反应和短时思维能力，考试节奏主要由考官掌握；看题就是考官就题本发给考生，考生自行解答。看题主要考查考生的阅读能力、短时思维能力，看题的考试节奏由考生自主掌握。

除此以外，公务员面试还有"先看材料，再听题"和"先听题，中间看材料"两种模式。

③ 命题特色

目前，公务员面试的命题特色主要包含以下几大类型问题：背景性问题，继续了解和掌握考生基本信息；意愿性问题，主要包含考生的报考意向、未来工作的目标和方向等；智能性问题，考查考生的综合分析能力；情境性问题，借助情景，考查组织协调、人际交往以及语言表达等方面的能力；行为性问题，主要出现在财政监察系统以及审计署的面试中，考查计划组织协调能力和人际交往意识与技巧；知识性问题，通过专业知识的测试，考查专业技能，甚至是实践操作技能。

(2) 无领导小组面试

无领导小组面试在上文已经详细介绍过，简单地说，就是一种面试官全程不参与，由小组自由发挥的集体面试形式。

① 无领导小组面试特点

无领导小组面试由材料阅读、个人陈述、自由讨论、总结陈词等几个主要环节构成。同学们在准备该项面试时，要学会合理分配时间，把握好阅读材料、写提纲以及发言的具体安排,备考该项时注重锻炼自己的阅读能力、总结归纳能力、组织协调能力以及言语表达能力。必要时可提前了解自己所报部门的面试情况和面试侧重点。

② 命题特色

无领导小组面试中的问题主要由以下几种:两难式问题,考生在两种互有利弊的答案中选择其中的一种;选择式问题,考生在规定时间内讨论并达成一致意见;开放式问题,即问题设置简明且限制条件少,答案的范围较广;资源争夺型问题,该问题适用于指定角色的无领导小组面试中,让处于同等地位的考生就有限的资源进行分配或自荐式竞争限定的名额。

2. 外语面试

外语作为一门工具,正逐步成为每人必备的一项技能,在进行面试时,有些单位会单独设置外语面试的环节。

(1) 面试前的准备

① 提前了解用人单位。外语面试中的单位一般是跨国外企,因此要了解公司的总体情况,还要包括总公司在国内设立分公司的时间、业绩、规模,以及业务发展方向等。

② 根据外语的特点,外语面试自我介绍时内容应强调求职的动机以及想应聘的岗位,因此要提前了解应聘岗位的具体要求和特点,自我介绍时才能自信满满,切合主题。

③ 准备好面试材料,主要包含与专业能力和应聘岗位相关的证书和培训证明,最好与应聘职位有直接关联,表示自己在这方面具备优势。

(2) 外语面试中的技巧

自我介绍时应该记住"3P 原则":Positive(自信),Personal(个性),Pertinent(中肯)。展示自信,通过自我肯定的语言和展示,让面试官充分了解你的优势和潜力。突出个性,要主动展示自己与众不同的个人能力,尤其要强调自己的专业与实践能力。言语中肯,就是要实事求是,不要过分夸张的渲染,更不能涉及和自己无关的事情。

与中文面试一样,外语面试过程中,自我介绍要简洁明了,给面试官留下思路清晰、重点突出、逻辑性强的个人印象。

(3) 外语面试表现注意事项

面试过程中口齿清晰、语调适中。在谈话和介绍自身工作的过程中,要注意把握重点,多讲一些与应聘工作有关联的经历。具体话题要多围绕以下几个方面展开。

① 个人能力专长。外企单位更喜欢展现自己能力的人才,因此不能表现的过于谦虚。首先尽可能的展示自己的专长,然后顺理成章地得出结论:I think your unit needs a man like me(我想,贵单位需要像我这样的人才)。这样的句式,就会站在公司的立场考虑问题,面试官会更容易接受你。

② 工作业绩。外国公司面试喜欢用事实说话,为了证明各方面的能力,你可以把过去的经历和成绩联系起来:I explored Chengdu market and sold 30 000 sets in one year(我开发了成都市场,一年销售出去 3 万套)。

③ 应聘诚意。当某个问题说完后,可以反问一句,I'd like to hear your opinion(我很想听听你的意见)。这句话表明了你对面试官的尊敬,很容易使他(她)产生亲切感。当面试人在试探你的应聘诚意时,应该及时表态:So far as that is concerned,you must have understood my determination(谈到这里,您一定已经明白我的决心)。多问一些与工作内容相关的问题,展现对这份工作的极大兴趣。如:What other responsibilities do you think this job will include?(您觉得这份工作所包含的职责还有哪些?)

6.3.4 笔试

笔试作为一种与面试对应的招聘考试,用以考核应聘者特定的知识、专业技术水平和文字运用能力的一种书面考试形式。

笔试主要适用于人数较多、需要考核的知识面广或需要重点考核书面能力的情况。规模大的用人单位和单位大批量用人,国家机关遴选公务员,都会有笔试的环节。

1. 笔试的种类

用人单位招聘过程中的笔试环节,主要分为以下几类。

(1) 专业考试

专业考试主要是检验应聘者担任某一职务时是否能达到所要求的专业知识水平和实际工作能力。

(2) 心理测试

心理测试采用事先编制好的标准化问卷进行测试,根据测试者完成的数量和质量来判定其心理水平或个性差异。用人单位往往以此来测试应试者的态度、兴趣、动机、智力、个性等心理素质。有些单位还会在心理测试中添加智商测试的内容,以考察应聘者的分析能力,思维能力等。需要注意的是,目前很多单位的心理测试,是直接给应聘者发送网址,应聘者随时可以完成的。

(3) 技能测验

技能主要包含应聘者熟练操作使用计算机、英语读写和会话能力,以及在财务、法律、驾驶等方面的能力。考察应聘者的动手和实践能力。

(4) 命题写作

用人单位通过论文或公文写作的形式,考察应试者分析问题能力、逻辑思维能力和文字表达能力。比如限时写出一份会议通知、请示报告或某项工作总结;也可能给应试者一些材料,让应试者迅速写出一篇简报或新闻稿。

2. 笔试的准备

古语说:"知己知彼,百战不殆。"毕业生在笔试前,应该做好以下准备。

(1) 平时认真学习,扩大知识面

笔试虽然可以采取临阵磨枪的方式,但是良好的笔试成绩,是与平日的学习积累、扎实的专业能力分不开的。大学生在校期间,要努力学习相关专业基础知识。因此,大学生在校期间,除了学好基本的专业知识外,要注意培养自己运用所学知识分析、解决实际问题的能力和实践操作能力。

除此之外,大学期间,应该根据自身的职业生涯规划,多学习一些专业技能,例如英语技能、计算机、金融财会等。

(2) 笔试前进行针对性的复习

笔试前,应聘者应该根据自己所应聘的职位和单位行业,结合对用人单位的咨询或网络查询,确定笔试的大致范围,然后进行有针对性的专业知识复习。

(3) 保持良好的身心状态

求职笔试虽然不同于上学期间的各种考试,但却是用人单位挑选员工的重要参考,因此,求职者务必重视笔试,调整好身心状态。

(4) 熟悉考试环境,做到有备无患

提前熟悉去往考场的路线和时间,以及考场环境,有利于消除应试者的紧张心理。

3. 笔试的方法和技巧

笔试的主要内容是基础知识和专业知识,除此以外,还有与专业知识有关的或与招聘单位有关的某些知识和技能。参加笔试时主要应注意以下几点。

(1) 保持良好的考试心理状态

要保持适当紧张、相信自己的考试心理。缺乏紧张,更容易使一个人心态上懒散,过度紧张,又容易出错。

(2) 掌握科学的答题方法

如果想顺利通过笔试,科学的答题方法是必不可少的。

① 通览全卷,做到心中有数

上文已经讲过,笔试有很多种类,题型多,内容多,而且有时间限制,因此必须做到心中有数,合理安排答题时间。

② 先易后难,先简后繁

按照先易后难的原则进行答题,这样不会因为难题占用大部分时间,最终没有时间去做简单题目。遇到一些比较繁琐的题型,注意先列好提纲,再逐条填充,切勿即兴作答,发现问题后随意勾画,影响卷面。

③ 认真审题,精心作答

具体答题时,要认真审题,按照题目的要求,逐字逐句的分析题意,进行精心作答。

④ 交卷前复查,防止遗漏

在答完试卷后,要及时复查,查看是否填写了个人基本信息、是否有漏答的题目、是否有错别字等低级错误情况。

(3) 具体的解题思路和答题方法

① 选择题的答题技巧

选择题的答题主要有以下几种方法:逐项排除法,通过依次比较选项与题干,查看每一个选项是否符合要求,依次阅读排除,通过排除认定最终选项;第一印象法,当快速读完题干和所有选项之后,若某些选择在头脑中先形成了正确选项的印象,便可选择此项;选项比较法,通过将所有选项进行比较,选择最符合题意要求的选项。

② 填空题的答题技巧

填空题考查的内容往往是易混、易忘、易错的重点内容,一般答案是唯一的,答题时看清题目要求,是填一个数字、词语还是句子。

③ 判断题的答题技巧

判断题是对所给命题做出明确的是或非的回答。一般判断题只有一个误点,最多两个,要求考生做出正误判断的内容常常是易混淆、易误解的概念、事实、原理、结论等,解题时注意力应集中在这些方面。比较常见的有逻辑错、隶属错、事实错、前提错以及概念使用、词语表达方面的错误,判断时务必全面地、细致地考察题目陈述内容的含义,以免被试题中的个别内容所误导。

④ 简答题的答题技巧

简答题着重考查考生对基本概念、基本原理的掌握程度,以及运用掌握的理论知识分析判断实际问题的能力,同时也检测对一些重大事件、重大原则等内容的记忆、理解和辨别的能力。要求考生用适当的字词、短语或句子对此作简要的回答。另外,要注意分辨好是简答题还是简述题。简答题的要注意观点鲜明,内容完整,知识点全面,针对性强,文字简明;简述题除了回答内容要点以外,要阐述一些与此相关的内容和材料,同时加入自己的理解和观点,即要在回答是什么的基础上,重点回答为什么和怎么样的问题。

【本节重点】

1. 了解常见的面试和笔试类型。
2. 掌握一定的面试和笔试技巧。
3. 了解面试和笔试的常见问题。

【练习与实践】

课堂模拟面试

1. 面试准备三步走

授课老师按照面试材料、面试形象和自我介绍三步,指导学生提前做好面试准备,同时在课堂上分小组进行展示。所有小组展示完成后,进行全班的分析和讨论。具体面试准备主要有以下三步。

(1) 准备面试材料

① 求职材料准备

求职材料主要有求职简历、学习成绩材料、荣誉证书以及其他证明材料。

② 用人单位的基本情况

提前了解用人单位的基本情况,如单位性质、单位规模、用人单位文化、业务范围、经济效益、发展前景等等。另外,要提前了解用人单位此次面试的基本形式和基本要求。

③ 专业知识准备

提前对应聘职位进行深入了解,对应聘职位的专业知识要求进行详细的分析和准备,如果有欠缺的地方,应该抓紧咨询老师同学朋友。

(2) 面试形象准备

最基本的要求是整洁大方,协调统一,与自己的年龄、性格、仪表等相符即可。

面试形象准备的具体要求可参看本节的第二部分面试礼仪和技巧。

(3) 撰写自我介绍

在求职面试时,第一个环节往往是自我介绍。这是推销自己的好机会,良好的开端是成功的一半。

① 开场白尽量要简短。开场白就是"各位考官,上午好""我是来自……"等的话语,尽量要简短,通过开场白进入自我介绍的主题。

② 内容有侧重。自我介绍应该分为基本情况、在校表现、工作经验和成绩、应聘优势等方面。应该根据应聘单位和职位的具体情况,合理安排自我介绍内容的比重。基本情况尽量少一些。工作经验和成绩尽量多说一些,而且要多讲与此次应聘有管理的工作经验。

③ 合理分配时间。自我介绍的时间以2分钟以内为宜,要提前做好练习。

④ 注意力集中,不可在自我介绍时东张西望,左顾右盼。

⑤ 其他注意事项:结束时要表达感谢等。

2. 职场面试零距离

该环节充分模拟面试现场的场景,授课老师在整个过程中不能进行指导,待所有环节全部结束之后,再进行点评和指导。

(1) 模拟面试准备

① 面试用的场地,面试用道具:面试桌椅、黑板、计时器等。

② 对授课学生进行角色分组:面试官、求职者、面试场外人员。

③ 面试材料:面试评分表、面试官准备面试问题、求职者准备求职材料。

(2) 模拟面试环节

① 分角色,设计面试内容

根据角色分组,指导面试官角色组进行场景设计,确定应聘公司类型、拟聘职位、面试具体形式、对求职者的能力素质要求等。求职者角色组进行面试准备,包括面试材料准备、面试礼仪、面试知识准备等。

② 分角色扮演

面试官引导求职者,进行专业而全面的面试提问,并做好面试记录和评分工作。

所有人员以此类推。

整个面试过程中,授课老师不能因为任何临时性问题打断面试环节。让所有学生感受面试的全过程,让他们主动去解决发生的问题,以锻炼他们处理事情的灵活应变能力。

③ 互换角色

如果时间允许,依次互换所有同学的角色,做到知己知彼。

(3) 案例分析和讨论

模拟面试结束之后,要分组进行分析和讨论,及时改正模拟面试中出现的问题。授课老师要及时让各小组和各位同学自己总结在面试中的感受和面临的一些问题,让各位同学充分思考之后,老师再提出总体的点评和建议,并进行有效的纠错和指导。

6.4 求职心理调适

【案例引导】

小凡的求职烦恼

小凡是一名毕业生,性格内向,与人交往较少。当同学们都在为找工作而四处参加招聘会,忙着投简历时,他却连简历都没有制作;当父母和同学都劝他赶紧找工作时,他却认为自己各方面条件都不优越,用人单位不会录用他。

班主任经过深入了解后发现:小凡在准备就业前期,对自己没有正确地、全面地认识,求职意向不明确,但就业期望值却很高,对工作条件和薪酬水平要求都比较高。然而,因为学习成绩不佳,担心自己的专业水平缺乏竞争力;同时对自己专业的认同感也不强,所以他不是很想从事本专业相关的工作,但他又不愿意找和自身专业不相关的销售、文秘之类的工作。看到别的同学都找到工作,小凡自己心里着急却不主动去找工作。

点评

小凡在就业求职时,畏缩不前,迟迟没有实际行动,其主要原因还是在于他自己不能正确地面对自我、缺乏主动出击的勇气,看不到自己的优点,对自己没有信心,害怕在求职择业过程中遭受到打击,从而选择了逃避的方式。大学毕业生想要在求职择业时作出合适的选择,首先,要全面认识与理解就业形势与政策,转变就业观念,树立正确的择业观,不能"眼高手低"。其次,要放松心态、积极准备,进行正确、客观的自我评价,力求找准自己的求职定位和就业方向。消除求职就业过程中的迷茫、自卑、恐惧等心理,关键是能否了解自己的优点和长处,扬长避短,以健康的心理状态迎接就业挑战。

大学生求职择业是人生重大转折,职业选择过程是一个艰难甚至痛苦的过程。求职择业这一应激事件会引起相应的应激反应,导致部分毕业生心理功能失调,出现自卑、焦虑恐惧、退缩等不良心理反应,本节将重点介绍良好心理素质与求职择业的关系、大学生就业过程中的心理现象以及如何应对求职择业压力。

6.4.1 心理素质与求职

择业是大学生人生道路上的一次重大选择,也是一次对心理素质的考验,这时许多同学都会遇到复杂的矛盾和深深的困惑。了解心理素质的有关知识,有助于培养自己良好的求职择业心态,在激烈的就业竞争中做到沉着冷静、应对自如,也可为今后的职业发展做一番准备。

1. 什么是心理素质

心理素质是一个人成功的基础,更是一个人富有一生的资本。心理素质,对于一个人终身成就和幸福水平的重要性,远远超过了知识和文化素质。

(1) 心理素质的概念

所谓心理素质,简单地说,就是在先天与后天共同作用下形成的人的心理倾向和心理发展水平。从个体的角度来说,影响我们择业的因素,除了家庭背景、毕业院校及所学专业等客观条件外,决定我们就业选择行为的就是心理素质了。心理素质在短期内也是难以改变的,我们所能做的就是对自己现在所具备的心理素质进行合理地评估后,结合现实的就业情况,找到最适合自己的职业。

(2) 心理素质与心理健康

心理素质与心理健康关系密切,但不等同。心理素质是指个体心理结构及其机能特点的总和,包括心理过程、个性心理和心理倾向及其特征,是内在的。心理健康则是一种持续的、积极的心理状态,是外显的。

2. 大学生应具备的心理素质

美国心理学家马斯洛(Abrahan H. Maslow)认为良好的心理素质表现在以下几个方面:具有充分的适应力;能充分地了解自己,并对自己的能力作出适度的评价;生活的目标切合实际;不脱离现实环境;能保持人格的完整与和谐;善于从经验中学习;能保持良好的人际关系;能适度地发泄情绪和控制情绪;在不违背集体利益的前提下,能有限度地发挥个性;在不违背社会规范的前提下,能恰当地满足个人的基本需求。

心理素质的标准是一种理想尺度,它一方面为我们提供了衡量心理素质发展水平的标准;另一方面也为我们指出了提高心理素质的努力方向。大学生的心理正处在从不成熟走向成熟的阶段。大学生的心理素质有其独特性,一般来说,包括如下几个方面。

(1) 智力正常

智力是我们学习、生活与工作的基本心理条件,也是适应周围环境变化所必需的心理保证,因此,衡量我们的智力是否正常,关键在于其是否正常地、充分地发挥了自我效能,即有强烈的求知欲,乐于学习,能够积极参与学习活动。

(2) 情绪健康

情绪健康的标志是情绪稳定和心情愉快。包括的内容有:愉快情绪多于负性情绪、乐观开朗富有朝气、对生活充满希望、情绪较稳定,善于控制与调节自己的情绪,既能克制又能合理宣泄自己的情绪。

(3) 意志健全

意志健全具体指在各种活动中都有自觉的目的性,能适时地作出决定并运用切实有准备的方式解决所遇到的问题,在困难和挫折面前,能采取合理的反应方式,能在行动中控制情绪和言而有信,而不是行动盲目、畏惧困难、顽固执拗。

(4) 人格完整

人格完整具体指有健全统一的人格,个人的所想、所说、所做都是协调一致的。具有正确的自我意识,以积极进取的人生观作为人格的核心,并以此为中心把自己的需要、目标和行动统一起来。

(5) 自我评价正确

自我评价正确是指我们能恰如其分地认识自己,摆正自己的位置,既不以自己在某些方面高于别人而自傲,也不以某些方面低于别人而自卑;面对挫折与困境,能够自我悦纳,喜欢自己,接受自己;自尊、自强、自制、自爱,正视现实,积极进取。

(6) 人际关系和谐

人际关系和谐表现为乐于与人交往,既有广泛而深厚的人际关系,又有知心朋友;在交往中保持独立而完整的人格,有自知之明,不卑不亢;能客观评价别人和自己,善取人之长补己之短,宽以待人、乐于助人,积极的交往态度多于消极态度,交往动机端正。

(7) 社会适应良好

社会适应良好是指我们既能正确认识客观现实环境,以有效的办法应付环境中的各种困难,不退缩;又要根据环境的特点和自我意识的情况努力进行协调,或改变环境适应个体需要,或改造自我适应环境。

(8) 心理行为符合年龄特征

处于青年期的大学生是处于特定年龄阶段的特殊群体,应具有与年龄和角色相适应的心理行为特征。

3. 心理素质与求职

良好的心理素质是良好择业心态的前提条件,是正确择业和顺利就业的基本保障。因而大学生在择业中要调整心态,做好充分的心理准备,树立良好就业意识,促进就业顺利。良好择业心态的具体表现特征有:客观评价自己、科学分析环境条件,选择一个同自己所具备的实力相当或接近的择业目标。

下面就让我们一起来具体分析心理素质的不同方面与职业选择之间的关系。

(1) 性格与职业选择

性格是个人对现实的稳定态度以及与之相适应的、习惯化的行为方式中表现出来的个性心理特征。个性的差异主要表现在性格上,由于每个人的性格不同,对社会职业的态度不同,选择职业的喜好倾向也不同。

心理学中,有关性格的分类方法众多,其中九型人格理论①按照人们的核心价值观和注意力焦点的不同,将人分为九种:完美型(完美主义者)、助人型(给予者)、成就型(实干者)、自我型(悲情浪漫者)、理智型(观察者)、疑惑型(怀疑论者)、活跃型(享乐主义者)、领袖型(保护者)、和平型(调停者)。

① 完美型,其性格特点是公平正直,讲究原则,做事严谨认真,有条有理,井然有序,不易妥协,黑白分明,对自己和别人要求均高,追求完美,他们信仰"我正故我在"的真理,其一生仿佛是一部充满伦理道德的教育片。

② 助人型,富有爱心和同情心,善解人意,渴望与别人建立良好关系,以人为本。他们信仰"我爱故我在"的真理,其一生仿佛是一部感人至深的公益爱心片。

③ 成就型,其性格特点为好胜心强,喜欢被人认同,追求个人成就,渴望比他人更成功,喜欢成为别人关注的焦点,希望被人尊重、肯定和羡慕,以成就衡量自己价值的高低,积极进取,目标感很强,是天生的工作狂作。他们信仰"我牛故我在"的真理,其一生仿佛一部鼓舞人心的成功励志片。

④ 自我型,其性格特点是情绪化,害怕被他人拒绝,渴望别人能够了解自身内心感受,有时会觉得他人不懂自己,我行我素。他们信仰"我真故我在"的真理,其一生仿佛是一部唯美浪漫的爱情片。

⑤ 理智型,其性格特点是喜欢思考分析,求知欲强,但不善表达内心感受,给人"不懂人情世故"的印象。他们信仰"我知故我在"的真理,其一生仿佛是一部神秘深邃的科普探索片。

⑥ 疑惑型,其性格特点为做事小心谨慎,不轻易相信别人,多疑虑,小心谨慎,为人忠诚,但却太多疑虑,总觉得世界充满危机,内心深处常有担心、焦虑,会因为过于考虑安全方面而延迟采取行动,他们相信"我安故我在"的真理,其一生仿佛是一部跌宕起伏的悬疑片。

⑦ 活跃型,其性格特点是喜欢不断探索新奇有趣的事物,能够一心多用,同时做好几件事,勇于尝试新鲜刺激,富冒险精神,乐天知命,精力充沛,擅长逃避不快乐的事情,追求自由自在、率性而为的生活。他们信仰"我爽故我在"的真理,其一生仿佛是一幕五彩斑斓的喜剧片。

⑧ 领袖型,其性格特点为刚强自信,有正义感,勇于承担,喜欢带领并保护身边的人,但是有时别人会觉得这种人过于"霸道"而与其保持距离。他们信仰"我强故我在"的真理,其人生仿佛是一部气势恢宏的战争片。

⑨ 和平型,其性格特点为宁愿息事宁人,怕纷争,祈求和谐相处,适应力强,是个温和的和平使者,做事慢条斯理,待人处事很圆滑,懂得逃避压力,避免冲突,不轻易批

---

① 裴宇晶. 九型人格与职业生涯规划[M]. 北京:北京大学出版社,2013.

评、善于调解人际关系，容易接受不同的事物。他们信仰"我宁故我在"的真理，其一生仿佛是自然生态的纪录片。

(2) 气质与职业选择

与性格紧密联系的就是气质。气质是指人们心理活动的速度、强度、稳定性和灵活性等方面的心理特征，它更多地是受先天遗传因素的影响。正所谓"江山易改，本性难移"，指的就是气质的相对稳定性。心理学上一种对气质划分的方法，将气质分为四种类型，即多血质、胆汁质、抑郁质和黏液质。

① 多血质。多血质的人，俗称活泼型，这类人的情绪色彩鲜明，反应速度和灵活性强，容易适应新环境，具有较大的可塑性和外倾性，但注意力不稳定，兴趣容易转移。比之四季，则如活泼的春天，其典型代表人物如《红楼梦》中的王熙凤、《西游记》中的猪八戒、《鹿鼎记》中的韦小宝。多血质的同学适合选择如政府、企业事业管理、外事工作、律师、新闻工作者之类的工作；但不适合做细致单调、环境过于安静的工作。

② 胆汁质。胆汁质的人，俗称不可抑制型，这类人精力旺盛、反应敏捷、乐观大方，但性急、暴躁而缺少耐性，热情忽高忽低。比之四季，则如热烈的夏天，其典型代表人物如《红楼梦》中的史湘云、《三国演义》中的张飞、《西游记》中的孙悟空等。胆汁质的同学适合选择导游、推销员、节目主持人、演讲者等要求反应速度快、处事果断的工作；但不适合机械性或稳定性太强的工作，因为他们有点"猴子屁股坐不住"的缺点。

③ 抑郁质。抑郁质的人，也可称为抑制型，这类人反应速度缓慢，情感体验深、多愁善感，适应环境能力差，容易疲劳，严重内倾；但感情细腻，做事谨慎细心、认真，观察力敏锐，善于察觉别人不易察觉的细小事物。比之四季，则如压抑的秋天，典型代表人物有《红楼梦》中的林黛玉，《西游记》中的唐三藏，《三国演义》中的司马懿。这类同学适合当化验员、保管员、校对、排版，也适合做机要工作、研究工作、医务工作和艺术创造工作。在政府、企业事业中，可以担任部分主管以及按常规做出决断的领导人或机要秘书等。

④ 黏液质。黏液质的人，俗称安静型，这类人感受性低而耐受性高，安静稳重、情绪稳定、反应速度慢，也不容易转换，兴趣专注、善于忍耐，属于内倾型。他们具有自制、守纪、安静的品质，但对周围的事物情感淡漠。比之四季，则为安静的冬天，典型代表人物有《红楼梦》中的薛宝钗、《西游记》中的沙僧、《三国演义》中的诸葛亮。这类同学适合于做有条不紊、按部就班、平静且耐受性高的工作，诸如医生、审判员、出纳员、话务员、播音员、会计员等职业；但不适合做富于变化和激烈的工作。

气质虽然分为四种，生活中既有单一气质类型的人，也有人是两种或好几种气质的混合，只是在这几种气质中，更倾向于其中的一种类型。而且气质本身无好坏、善恶之分，任何一种气质都有其积极的一面，也有消极的一面；气质并不决定一个人的社会价值和成就的大小。在选择职业时，同学们要考虑自己的气质特点，做到扬长避短。

(3) 兴趣与职业选择

兴趣以需要为基础。需要有精神需要和物质需要，兴趣主要是基于精神需要。人们若对某件事物或某项活动感到自己需要,他就会热心于接触、观察这件事物,积极从事这项活动,并注意探索其奥妙。

兴趣又与认识和情感相联系。若对某件事物或某项活动没有认识,也就不会对它有情感,因而不会对它有兴趣。反之,认识越深刻,情感越炽烈,兴趣也就会越浓厚。

美国著名华人学者丁肇中教授就曾经深有感触地说:"任何科学研究,最重要的是要看对自己所从事的工作有没有兴趣,换句话说,也就是有没有事业心,这不能有任何强迫。"

(4) 能力与职业选择

能力是指直接影响人们活动效率,使活动任务得以顺利完成的个性心理特征。能力可分为一般能力和特殊能力。一般能力指在不同种类的活动中表现出来的共同能力,适用于广泛的工作范围,是有效地掌握知识和顺利地完成活动所不可缺少的心理条件。特殊能力指在某些特殊领域的活动中所表现出来的能力,如节奏感、数字敏感性、色彩鉴别力、空间比例关系感知等就属于特殊能力。

(5) 价值观与职业选择

价值观就是我们在生活和工作中所看重的原则、标准或品质,它带给我们目的感,就像星星一样,指引人们到生命空间的某些地方。价值观对择业起着决定方向的作用,且其作用往往超过了兴趣和性格的作用。价值观在职业上的体现就是职业价值观。很少有工作能完全满足我们所有重要的价值观。

(6) 适应性与职业选择

适应职业仅仅是一个良好的开端。大学生的人生抱负,是在岗位上作出成就和贡献。适应力将对职业成就的取得起着重要作用。

(7) 自我认知与职业选择

求职择业、步入职场是大学生完成学业后,走向社会、服务社会的重要历程,而求职择业中的首要问题便是确定择业目标。自我认知对确定择业目标起着重要的作用。

实际上,自我认知包括对自身性格、气质、兴趣、能力、价值观等各方面的认识。自我认知能力既是心理素质的组成部分,又是认识心理素质其他方面的前提条件。

综上所述,良好的心理素质对就业目标的实现起着促进和保障作用,可使求职者充分发挥自己的聪明才智,挖掘自己的潜力,综合自己的优势,运用良好的求职择业心理,利用最佳求职策略,扬长避短,不懈努力,从而找到最能施展才华、最能获得用武之地、实现人生抱负的舞台,实现就业目标。

6.4.2 大学生求职择业中的心理现象

经过四年的大学生活,临近毕业季时,除了少数同学继续学习深造外,大多数同学不得不面对的一个问题就是求职择业。求职择业意味着我们将要告别十几年的学校生活而步入一种全新的生活方式。当今社会上的职业种类和择业方式纷繁复杂,这虽然增加了大家自由选择的空间,同时也增添了选择的困难。

1. 压力与焦虑

今年10月底,企业管理专业的小谢参加了一个专场招聘会,发现用人单位对本科生的兴趣好像都不大。原来以为自己成绩不错,但几次面试,初试的时候就被刷了下来。现在晚上躺在床上常焦急得睡不着觉。

其实小谢完全没有必要那么焦急。虽然说就业形势不容乐观,但本科生最终要找份工作还是不成问题的,目前毕业生招聘供需见面会才刚刚开始,而许多用人单位还在做招聘计划,大量机会还在后头。另外,本科生虽然在学历上比不上硕士生和博士生,但也有其自身的优点,例如可塑性更高、可挖掘的潜能更多等。

当前激烈的就业竞争环境使大学生在求职择业时产生了较大的心理压力。在面对巨大的就业压力和焦虑时,同学们的各种心态误区和观念误区也纷纷暴露,而这些心态误区和观念误区又是产生压力和焦虑的重要原因。

2. 心态误区

某高校中文系的小吴说:"我原来就知道努力读书,考试考个高分,现在好像忽然就要毕业了,我们中文系是'万金油'专业,好像去哪个单位都可以,但自己真不知道该干什么!"

其实像小吴这样对前途茫然不知所措的毕业生不在少数。毕业生首先要了解自己,认真地发掘一下自己的真正兴趣和特长,清楚自己最希望从事哪些工作,然后在求职时才会更有目的性,而不至于像无头苍蝇一样乱跑乱撞。

有许多同学在毕业、择业的时候,对自己的职业目标、需要、价值观以及自身特点等没有明确的认识;在就业时不能正视自己的能力、素质和择业的客观环境,不能对自己有一个客观、清醒、全面的评价。

(1) 从众

从众是指在求职中不考虑自己的兴趣、专业等特点,盲目听从或跟随别人的意见以及盲目寻求热门职业的现象。持有这种心理的毕业生往往脱离自己的实际状况,跟在别人的后面走,如在就业市场中哪个摊位前人多他们就往哪里去,毫无主见。

(2) 依赖

依赖是指在择业中不愿承担责任,缺乏独立意识,没有个人独立的决策能力,没有进取精神,不主动参与就业市场的竞争,不敢向用人单位展示和推销自我,依靠自身的努力去赢得竞争,赢得用人单位的青睐,而是依赖老师、学校送工作上门,幻想着"车到山前必有路"。

个人独立决策能力不强和缺乏进取精神是造成择业依赖心理的主要原因。这种缺乏独立意识和能力的毕业生只会被用人单位抛弃。

(3) 自卑

自卑的大学生不敢正视现实,对自己的长处估计不够,怀疑自己的能力,不善于发现适合自己的职业岗位,在对自己的抱怨、贬低中失去了求职的勇气,错失很多的就业机会。

同时,大学生太在意自卑感的存在就会更加受伤。越来越沮丧消沉,沉浸在自己的世界中永远无法进步,进而限制能力的提高和经验的积累。长时间沉浸在自卑中会对大学生造成非常大的伤害。

(4) 保守

保守是指缺乏竞争意识,不能积极主动地迎接挑战。自主择业给大学生提供了就业的自由及通过竞争获得理想职业的机会。结果是有压力没勇气,不能真正向用人单位展现自己的竞争实力,错过机会,在竞争中陷入了不战自败的境地。

3. 观念误区

对于大学生而言,应该尽快就业上岗,早上岗早获经验,哪怕是与专业无关的工作,起码积累了社会经验。先上岗再调整心态、先上岗再继续充电,工作经验比几张证书是更好的筹码。

现实中,一些大学生的想法蕴含着某些就业观念误区。

(1) 作茧自缚——过分强调专业对口

在求职时,只要是与自己专业关系不密切的职业就不考虑,这样做只能是人为地增加了自己的就业难度。目前我国高等教育的人才培养与经济发展的客观现实不匹配、专业设置与市场需求不匹配的问题是明显存在的。

(2) 一蹴而就——期望一步到位

很多大学生希望一次就能选定理想的职业。当前"大学生就业难"的现状,与许多大学生在找工作时想"毕其功于一役"的心情有很大的关系。

(3) 好高骛远——不愿从基层做起

某些大学毕业生走出校门时往往踌躇满志、心比天高,认为参加工作就是要干一番大事业,而不愿脚踏实地地从日常平凡工作做起。

(4) 实用主义——只顾眼前利益,忽视职业发展

在择业标准中只有工作条件、收入等眼前实在利益,而对自我的职业兴趣、能力、职业的发展前景等因素不作考虑,因而极易选择到并不适合自己的职业。

(5) 理想主义——高期望值

大多数毕业生对求职的期望过高,不过多数人能通过在就业市场的体验,客观地认识和接受当前的就业现状并调整自己的择业标准。但仍有部分大学生固执己见,偏执地坚持自己原来的择业标准,甚至宁愿不就业也不改变。

6.4.3 调整求职心态

大学生求职就业的过程是大学生重新认识自我、认识社会,并主动调整自我、适应社会的过程,是自我成长过程中的重要人生经历。

1. 调整认知与正视现实

(1) 职业自我

"没有最好的职业,只有最合适的职业",一个自己不喜欢或者不擅长的岗位,不管

它在别人眼里有多美好,终归会成为自己职业发展的阻力。不能正确认识和接受职业自我,造成了大学生诸多的心理困扰。

机会总是留给有准备的人。机遇对求职者来讲也非常重要,了解并接纳自我以后,还要学会抓住属于自己的机遇,这样才能保证以后的求职顺利。首先,多收集有关的职业信息,然后根据既定的择业标准进行选择。需要注意的是机遇并不是对任何人都适用的。记住,只有合适自己的才是最好的。最后,机遇是有时效性的,在发现就业机会时要主动出击,闯一闯、试一试。

(2) 职业价值观

提起就业,大家首先想到的是满足生存需要。但是对于现代社会的人来说,职业对个体的意义已远不是如此简单,职业可以满足人们从低层次到高层次的多方面需要,如交往、挑战、权力、成就、创造、归属、责任等。

在进行职业选择时,不仅要考虑工作的经济收入、工作条件、地点等因素,更要考虑职业对自我一生发展的影响与作用。要在考察社会需要的基础上,树立职业发展、发挥才能、事业有成的择业观念。对于那些虽然现在工作条件不理想,但发展空间大,能让自己充分发挥作用的单位要优先考虑;对于那些现在经济发展水平不太高,但发展潜力大,创业机会多的工作地点也要重视。

(3) 期望值

调查发现,过高的期望月薪常常与高的就业压力相伴而行。因此,适当地降低期望值(包括月薪、环境等)也是有效缓解就业压力的措施之一。当然,掌握一个合适的度也很重要,过低的期望也意味着不自信,这样反而会增加求职者的就业压力。

有研究报告称,就业市场上的用人单位找不到人、大量的毕业生无处可去的"错位"现象普遍存在,这与大学生的就业期望普遍较高不无关系。许多大学生不愿意去一些经济落后的地区工作,可是随着城镇化的快速推进,县级市以及乡镇等地方将成为新一轮经济发展的热点,也将给大学生们提供更多的发展机会,国家也有许多相关政策上的支持。

2. 调节情绪,坦然面对

面对就业市场的激烈竞争,大学生在求职过程中总会体验到挫折、焦虑、紧张、担心、委屈,甚至恐惧等负性情绪。

在求职中遇到挫折时,要用冷静和坦然的态度待之,客观地分析自己失败的原因,进行正确的归因。首先,在就业市场化、需求形势不佳、就业竞争激烈的条件下,出现求职失败是在所难免的,不能期望自己每次求职都能成功。要对可能出现的求职挫折有充分的心理准备。同时,应把就业看作一个很好的认识社会、认识职业生活、适应社会的机会,应通过求职活动来发展自己,促进自我成熟,因此"不以成败论英雄"。其次,自己求职失败并不一定就是因为自己的能力不行。出现求职失败有许多原因,可能是因为你选择求职单位的方向不对,也可能是因为你的价值观与单位的企业文化不符合,还有可能是其他一些偶然因素。

3. 有效行动,保持希望

就业市场化、自主择业给大学生带来了机遇与实惠,但许多大学生对"市场"残酷的一面认识不足,对就业市场的客观实际了解不够。经过对就业市场、就业形势的客观了解与深刻体验后,我们必须明白现实情况就是如此,无论是抱怨还是气愤都没有用,这种就业情况不可能是一时半会儿就能改变的。

(1) 梳理支持系统

所谓支持系统,简单来说,就是我们所能利用的各种社会资源所构成的网络系统。我们在择业时,一项重要的工作就是积极梳理自己的社会支持系统,联结各种资源,妥善地加以利用,从而更有效地应对择业过程中可能出现的困境。

(2) 保持希望

希望(hope)是个体对于一件事的渴求与坚持,并且设法去达到目标的行动过程。希望不是停留于我们脑海的念想,它还包括实际的行为。研究希望的专家斯奈德教授认为,真正有价值的希望应该包含三个成分:目标、动力思维(agency thought)和路径思维(pathway thought)。

目标是我们想要达到的地方,它为我们指明方向。动力思维是我们追求目标的勇气和困境中坚持的力量,而路径思维则帮助我们思考,怎么样才能到达这个目标,以及预想计划失败时,采取何种替代方法。如果说"想去大海的那边看看"是希望,那么"彼岸"就是我们的目标;我们需要从"此岸"到达"彼岸"的路线图和一条船,也就是实现目标的路径和方法;最终我们还需要自己不断地摇橹划船,这就是实现目标的动力。

【本节重点】

1. 心理素质与心理健康。
2. 心理素质对择业的影响。
3. 正确认识求职择业过程的压力、困惑及误区。
4. 合理调节自我认知与职业认知,找到适合自己的职业方向。

【练习与实践】

气质类型的测量与评价

请认真阅读下列测题,对每一题你认为非常符合自己情况的,在后面括号里填上"+2",比较符合的填"+1",拿不准的填"0",比较不符合的填"-1",完全不符合的填"-2"。

(1) 做事力求稳妥不做无把握事。   (　)
(2) 遇到可气的事就怒不可遏,想把心里话说出来才痛快。 (　)
(3) 宁肯一个人干事,也不愿多人在一起。   (　)
(4) 到一个新环境很快就能适应。   (　)
(5) 厌恶那些强烈的刺激,如尖叫、噪音、危险的镜头等。   (　)

(6) 和人争吵时,总是先发制人,喜欢挑衅。（　）
(7) 喜欢安静的环境。（　）
(8) 善于和人交往。（　）
(9) 羡慕那种能克制自己感情的人。（　）
(10) 生活有规律,很少违反作息制度。（　）
(11) 在多数情况下情绪是乐观的。（　）
(12) 碰到陌生人觉得很拘束。（　）
(13) 遇到令人气愤的事,能很好地自我克制。（　）
(14) 做事总是有旺盛的精力。（　）
(15) 遇到问题常常举棋不定,优柔寡断。（　）
(16) 在人群中从不觉得过分拘束。（　）
(17) 情绪高昂时,觉得干什么都有趣;情绪低落时,又觉得什么都没意思。（　）
(18) 当注意力集中于一件事时,别的事很难使我分心。（　）
(19) 理解问题总比别人快。（　）
(20) 碰到危险的情境,常有一种极度恐怖感。（　）
(21) 对学习、工作、事业怀有很高的热情。（　）
(22) 能够长时间的做枯燥、单调的工作。（　）
(23) 符合兴趣的事情,干起来劲头十足,否则就不想干。（　）
(24) 一点小事就能引起情绪波动。（　）
(25) 讨厌做那些需要耐心、细致的工作。（　）
(26) 与人交往不卑不亢。（　）
(27) 喜欢参加热烈的活动。（　）
(28) 爱看感情细腻、描写人物内心活动的文学作品。（　）
(29) 工作时间长了,常感到厌倦。（　）
(30) 不喜欢长时间谈论一个问题,愿意实际动手做。（　）
(31) 宁愿侃侃而谈,不愿窃窃私语。（　）
(32) 别人说我总是闷闷不乐。（　）
(33) 理解问题常比别人慢些。（　）
(34) 疲倦时只要短暂的休息就能精神抖擞,重新投入工作。（　）
(35) 心里有话宁愿自己想,不愿说出来。（　）
(36) 认准一个目标就希望尽快实现,不达到目的,誓不罢休。（　）
(37) 学习、工作一段时间后,常比别人更疲劳。（　）
(38) 做事有些鲁莽,常常不考虑后果。（　）
(39) 老师或师傅传授新知识、技术时,总希望他讲慢些,多重复几遍。（　）
(40) 能够很快地忘记那些不愉快的事情。（　）
(41) 做作业或完成一件工作总比别人花的时间多。（　）

(42) 喜欢运动量大的剧烈体育活动或参加各种文娱活动。（ ）
(43) 不能很快地把注意力从一件事转移到另一件事上去。（ ）
(44) 接受一个任务后，总是希望把它迅速完成。（ ）
(45) 认为墨守成规比冒风险强些。（ ）
(46) 能同时注意几件事物。（ ）
(47) 当我烦闷的时候，别人很难使我高兴起来。（ ）
(48) 爱看情节起伏跌宕、激动人心的小说。（ ）
(49) 对工作抱认真严谨、始终一贯的态度。（ ）
(50) 和周围人们的关系总是相处不好。（ ）
(51) 喜欢复习学过的知识，重复做已经掌握的工作。（ ）
(52) 希望做变化大、花样多的工作。（ ）
(53) 小时候会背的诗歌，我似乎比别人记得清楚。（ ）
(54) 别人说我"语出伤人"，我并不觉得是这样。（ ）
(55) 在体育活动中，常因反应慢而落后。（ ）
(56) 反应敏捷，头脑机智。（ ）
(57) 喜欢有条理而不甚麻烦的工作。（ ）
(58) 遇到兴奋的事常使我失眠。（ ）
(59) 老师讲的新概念，我常常听不懂，但弄懂以后就很难忘记。（ ）
(60) 假如工作枯燥无味，马上就会情绪低落。（ ）

1. 气质类型记分评定

各种气质所属的各题题号如下。

胆汁质：2,6,9,14,17,21,27,31,36,38,42,48,50,54,58。
多血质：4,8,11,16,19,23,25,29,34,40,44,46,52,56,60。
黏液质：1,7,10,13,18,22,26,30,33,39,43,45,49,55,57。
抑郁质：3,5,12,15,20,24,28,32,35,37,41,47,51,53,59。

2. 计分标准

（1）如果某一项或两项的得分超过20分，则为典型的该气质。例如，胆汁质超过20分，则为典型胆汁质；黏液质和抑郁质得分都超过20分，则为典型黏液—抑郁混合型。

（2）如果某一项或两项以上得分都在20分以下10分以上，其他各项得分较低，则为一般该气质。例如，一般多血质，一般胆汁—多血混合型。

（3）若各项得分都在10分以下，但某项或几项得分较其余项高（相差5分以上），则为略倾向于该气质（或几项的混合）。例如，略偏黏液质型、略偏胆汁—多血混合型；其余类推。一般来说，正分值越高，表明该气质特征越明显；反之，分值越低越负，表明越不具有该气质特征。

（4）多数人的气质是一般型气质或两种气质的混合型，典型气质和三种气质混合型的人较少。

（资料来源：张拓基，陈会昌．关于编制气质测验量表及其初步试用的报告[J]．山西大学学报（哲学社会科学版），1985(4)：73-77.）

6.5 就业维权与法律保障

【案例引导】

试用期的遭遇

小郭和小许成功应聘到一家医药公司做市场销售员。试用期的主要工作是联系客户,同时,公司向小郭和小许每人收取了 2000 元的押金,目的是保证公司利益不受损失,试用期结束后退还押金。接下来一个月的实习时间,两人每天从公司到医疗机构往返奔波。然而 1 个月下来,他们却没能联系成功一家客户。他们如实向主管领导说明了情况。公司有关负责人遗憾地表示,由于他们未完成公司交办的任务,不能被最终录用,并且,试用期间两人因涉及公司业务发生的部分费用支出要从当初交纳的押金中扣除。没能完成公司交办的业务,固然让他们感到愧疚,但当初交纳的押金因各种原因被扣除,让小郭和小许感觉难以接受。

点评

初涉职场的大学生急于找到工作但又缺乏必要社会经验和相关法律知识,一些用人单位乃至不法之徒也正是利用了大学生这种情况侵害大学生的就业权益,甚至利用大学生进行违法犯罪活动。大学毕业生的就业权益之所以屡屡受到不法侵害,原因主要在于三个方面:供需双方信息不对称;相关操作程序不规范,缺乏有效的监督和管理;大学生维权意识匮乏,权益救济机制难以发挥有效作用。而信息渠道不畅通,供需双方信息不对称是最为重要的一个原因。很多招聘单位往往利用信息渠道的不畅通和招聘渠道的种种漏洞制造求职陷阱。常见的求职陷阱有:以实习、试用为名,收取各种形式的"风险抵押金""保证金";以招聘销售人员、市场营销人员名义招聘,却进行低薪利用、招生培训,甚至非法传销等。

大学毕业生在求职择业过程中有哪些权益?就业权益如何维护?如何在就业中行使自己的权利和履行应尽的义务?以及大学生在就业权益受到损害时如何运用法律武器来维护自身权益?

6.5.1 毕业生的就业权益

就业权益是公民正当权益的重要组成部分,毕业生作为公民,理应依法享有公民所有的权利。根据《中华人民共和国劳动法》(以下简称《劳动法》),毕业生就业时作为普通劳动者,应享有劳动者依法所享有的基本权利,如平等就业、选择职业的权利等权利。除上述权利外,大学生作为即将就业的特殊群体,其就业权益还具有自身的特点,相关法律法规、政策还赋予毕业生在求职过程中依法享有诸多方面的就业权益。

1. 毕业生就业权益的内容

（1）获取就业信息的权利

就业信息是大学毕业生求职择业成功的前提条件，只有在充分获取就业信息的基础上，才能有效结合自身情况，选择适合自身发展的职业和工作岗位。

用人单位有义务向毕业生和学校如实介绍本单位的真实情况。任何发布虚假招聘信息、对毕业生隐瞒本单位实际情况的做法，都是对毕业生就业权利的侵犯。

（2）接受就业指导权

毕业生应通过学校就业指导中心和社会公共就业服务机构获得就业指导。按照教育部的要求，所有高校从2008年起开设就业指导课，就业指导的内容包括：向毕业生宣传国家的有关就业方针、政策；宣传毕业生就业的有关原则、规定和程序；对毕业生进行择业技巧的指导，引导毕业生根据国家需要、社会需要，结合个人实际情况找到适合的工作岗位。接受就业指导与服务是每个高校毕业生依法享有的权利。

（3）被学校推荐的权利

高校在就业工作中的一个重要职责就是向社会用人单位推荐毕业生，毕业生享有在就业过程中得到被学校推荐的权利。被学校推荐的权利应包含这几方面内容：学校有责任实事求是向社会用人单位如实推荐毕业生，不能夸大或贬低毕业生的表现；学校应公开、公平、公正向用人单位推荐毕业生，不能厚此薄彼；学校应根据毕业生在校表现，选择优秀的毕业生向用人单位推荐。

（4）自主选择职业权

《劳动法》第三条规定，劳动者享有选择职业的权利。大学生在国家就业方针、政策指导下通过供需见面、双向选择实行自主择业，毕业生可以根据社会需求和自身的实际情况，自愿地选择就业去向和用人单位，任何单位和个人都不能干涉或强迫毕业生选择其指定的用人单位，不能损害毕业生择业的自主权。作为求职的大学毕业生，在就业市场上享有自主选择职业的权利，可以按照自己的兴趣、爱好和能力去选择自己喜欢和擅长的职业。家长、学校和用人单位可以为缺乏工作经验的毕业生提供择业意向方面的咨询及建议，推荐和引导毕业生选择适合自己的职业和工作岗位，但不能干涉或限制他们自主选择职业的权利。

毕业生自主选择职业权，也意味着毕业生即使已经与用人单位通过"双向选择"达成就业意向并签订了就业协议或劳动合同，仍然可以在承担了相应违约责任的前提下，放弃原有的就业选择。

（5）平等就业权

《劳动法》规定，劳动者享有平等就业的权利。即符合我国劳动法规定的劳动者不仅享有就业机会的平等，也包括就业帮扶的平等。具体体现在符合招聘条件的毕业生都可以平等地接受学校推荐，具有参加用人单位公开招聘，进行公正、平等竞争的机会，而且要求用人单位在录用毕业生的过程中和确定福利待遇时要做到公平、公正，一视同仁，劳动者就业不因民族、种族、宗教信仰不同而受到歧视，也不得有性别、地域、身高相貌等方面的歧视。

（6）违约求偿权

毕业生的就业协议一经签订,毕业生、用人单位、学校三方中的任何一方都必须严格履行,不得擅自毁约,如有违约都必须严格承担相应责任。任何一方提出变更或解除协议,均须得到另外两方的同意,并应承担违约责任。对于用人单位无故解除协议的,毕业生有权要求用人单位履行协议,给毕业生造成损失的,应当按照协议承担相应的赔偿责任。

2. 毕业生在就业过程中应履行的义务

毕业生在享有上述就业权益的同时,还应当树立责、权、利统一的思想,形成权利义务一致的观念。在就业阶段应该履行以下义务。

（1）回报国家,服务社会

按照"得之于社会、还之于社会、报之于社会"的原则,大学毕业生应积极地以自己的职业行为,回报国家、社会和家庭,承担起自己应尽的义务。

（2）诚信做人,如实介绍自己情况

毕业生在求职就业过程中向用人单位如实介绍自己的情况,是诚信做人的基本要求,也是自己应尽的义务。毕业生在填写就业推荐表、撰写自荐信、向用人单位介绍自己时,应真实反映自己的基本信息、实际能力、价值取向,不能夸大其词、弄虚作假,这是对用人单位负责,也是对自己负责,只有以诚相见如实介绍自己的真实情况,才能取得用人单位的信任。

（3）诚实签订就业协议,严格履行就业协议

就业协议是明确毕业生、用人单位和学校在毕业生就业工作中权利和义务的书面表现形式,属意向性协议。遵守协议是就业工作顺利进行的保证。

（4）按时到工作单位报到履行就业协议

《普通高等学校毕业生就业工作暂行规定》要求,毕业生办理完离校手续后,应持《报到证》按时到用人单位报到。如果自派遣之日起,无正当理由超过三个月不去就业单位报到的;报到后,拒不服从安排或无理要求用人单位退回的等其他违反毕业生就业规定的,由学校报地方主管毕业生调配部门批准,不再负责其就业。

6.5.2 就业协议与劳动合同

1. 就业协议概述

（1）就业协议的含义及性质

就业协议全称《全国普通高等学校毕业生就业协议书》,又称"三方协议",是全国普通高校国家计划内全日制毕业生在与用人单位正式确立劳动人事关系之前,毕业生、用人单位和学校三方之间就毕业生就业方向签订的协议,由三方共同签署后生效。就业协议书最重要的作用是明确毕业生、用人单位、学校三方在毕业生就业择业过程中的权利和义务,即毕业生按照就业协议的内容,在规定的时间内到用人单位报到;用

人单位在毕业生毕业后,做好各项接收工作,安排毕业生就业;学校按照协议的内容,审核并列入建议就业方案,报国家教育主管部门备案,并根据就业协议内容,办理就业手续和户口、档案迁移手续。

国家教委于1997年颁布的《普通高等学校毕业生就业工作暂行规定》明确规定,用人单位在当年11月至次年5月签订毕业生录用协议。国家教育部高校学生司制定了全国统一的《全国普通高等学校毕业生就业协议书》,后由各地方教育主管部门根据本地情况制订就业协议书,协议书由学校统一发放,每个学生只能领取一套有编号的就业协议书。

根据我国民法的相关理论,就业协议具备民事法律行为生效的要件,即主体合格,意思表示真实,内容合法。因此,就业协议一经签订,对毕业生、用人单位和学校三方当事人都具有法律约束力。就业协议具有民事法律上合同的效力,受法律保护,当事人应严格履行就业协议。

(2) 就业协议的内容

教育部高校学生司统一制表的《全国普通高等学校毕业生就业协议书》主要由三部分内容构成:①毕业生的情况及意见,包含毕业生个人基本情况和应聘意见,由毕业生本人填写;②用人单位的情况及意见,包含用人单位的基本信息,毕业生档案转寄单位名称、地址,毕业生户口迁移地址和用人单位意见等内容,由用人单位填写;③学校基本情况及学校意见,包含学校联系人,院(系)意见、学校毕业生就业部门意见等内容,由学校就业部门填写。

(3) 毕业生签订就业协议书的注意事项

毕业生就业协议书的签订对用人单位、毕业生和高等院校都具有约束力的,它不仅明确了毕业生与用人单位的选择意向,也是毕业生就业派遣和人事、户口、档案转接的主要依据。通过双向选择,毕业生在与用人单位达成用人意向之前,一定要结合自己的实际能力,综合分析所选择的用人单位是否有利于促进自己事业的发展,推动人生价值的实现,是否确定要留在该用人单位工作。有部分毕业生在签订就业协议时态度不慎重,因而影响自己的顺利择业。

每一位大学毕业生签订就业协议书时应采取慎重态度,既不能犹豫观望,也不可盲目冲动,要在充分了解就业政策之后,经认真考虑再决定与用人单位签订就业协议书。一旦与用人单位签订就业协议书,就必须履行。

① 详细了解用人单位的状况及主体资格

签协议前,毕业生一定要全方位地了解用人单位的相关情况。例如:企业所处的行业发展趋势、企业自身的发展前景、企业招聘的岗位性质、企业的员工培训制度、待遇状况、福利项目等系列内容,不但要掌握资料,更要实地考察。

签订就业协议书前,要弄清用人单位的性质及用人方式:单位是否有独立人事管理权,需要重点了解单位的人事状况,了解用人单位是否具有应届毕业生的接收权。能否为毕业生办理户口档案转接及社会保险等手续,是单位办理还是通过人才市场人事代理办理;是哪一种用人方式,正式编制内录用、聘用合同制、临时聘用或派遣制等,以便毕业后及早与相关单位签订劳动合同。

② 按规定的程序签订就业协议书

毕业生持用人单位的接收函到院系领取就业协议书,先由毕业生、院系在协议书上签署意见后交用人单位,由用人单位签署意见后再交给学校,有的毕业生为省事,要求学校先签署意见,但这样做使学校无法起到监督的作用,可能受害的将是毕业生本人。按规定的程序签订就业协议书,由学校最后把关,有利于维护学生的合法权益。

③ 充分利用毕业生意见栏和备注栏,明确约定条款内容

特别需要提醒的是"毕业生意见"栏,许多毕业生签订就业协议时往往忽视这一内容,不填或只简单填"同意"二字。实际上,毕业生应对是否愿意到用人单位就业表明自己的意见,同时也应将与用人单位在洽谈中达成的基本条件写明,以免日后发生争议。尤其是先与单位主管部门签订就业协议,报到后才安排具体单位的毕业生,更应注意此部分的填写。例如,毕业生与某区教育局签订协议,但具体到哪个学校需报到后才能落实,双方洽谈时,区教育局表明会安排毕业生到所属区的中学工作,毕业生在填写应聘意见时,就应注明"本人同意到区教育局安排的中学任教"等字样。这有利于促进与劳动合同的衔接,避免日后产生纠纷。另外,需要在协议书备注栏约定的条款包括关于服务期限、福利待遇、违约处理办法等。如果报考了研究生、准备专升本或出国留学的毕业生在签订就业协议书时,应将报考研究生、专升本或准备出国留学的有关真实情况告知用人单位,经过沟通协商达成一致意见后在备注栏说明,否则毕业生需承担违约责任。

④ 每位毕业生只能与一个用人单位签订就业协议书

毕业生应诚实信用的签订就业协议书,只能与一个用人单位签订就业协议,一旦签约就应履行协议,如因特殊情况需要变更协议,应与用人单位充分沟通,征得用人单位的同意,并出具书面同意变更意见书。就业协议书不得转让,因转让造成的后果或责任由转让双方共同承担。签订就业协议书时用人单位应遵守平等协商的原则,将本单位的用工信息、工作条件、薪酬待遇等详细情况告知毕业生,并就以后可能出现争议的地方协商一致。凡与两个或两个以上用人单位签订协议书的,一般只认定与最先签约的用人单位的协议书生效,其他按违约处理。

⑤ 就业协议违约及处理

国家基于维护广大毕业生的利益,要求用人单位维护毕业生就业计划的严肃性,就业协议经三方签字、盖章后生效,各方都应严格履行就业协议,任何一方不得擅自解除协议。用人单位不得拒收毕业生,毕业生也不得随意更换单位,否则都属于违约行为,应承担违约责任。若有一方提出变更协议,须征得另两方同意,并由违约方向另两方承担违约责任。由于种种因素,就业协议书签订之后,违约现象客观存在,为维护当事人合法权益,可遵循以下程序处理违约责任。

一是签订就业协议书时,毕业生应与用人单位充分协商,在就业协议书的备注栏,

书面确定违约责任承担及补偿办法。二是毕业生单方擅自解除就业协议的,需征得原用人单位的同意和解约书面证明,并向用人单位和学校交纳违约金,承担违约责任后,方可重新领取新的就业协议书继续择业。三是用人单位提出违约,应与毕业生积极沟通,并向毕业生支付一定的补偿金。如用人单位拒不支付或故意拖延的,毕业生可通过用人单位所在地的劳动行政部门干预处理,或申请劳动仲裁,学校也应当出面通过各种途径维护毕业生的合法权益。

⑥ 签订就业协议书后一定签署劳动合同

在签订就业协议的基础上,毕业生完成大学学业,领取了就业报到证之后,去用人单位上班,即为正式报到。大学毕业生与用人单位确定了工作意向,并不意味着就此完成就业。对于初涉职场的大学生来说,与用人单位签订劳动合同是一个非常重要的环节,它是劳动者合法权益得到有力保障的唯一途径。为了更好地保障自己的权益,毕业生应及时和用人单位签订劳动合同。正式的劳动合同可能是学生毕业前签订、毕业后生效的,也可能是毕业后签订,立即生效的。一般就业协议书也会在劳动合同生效时,而终止其效力。

2. 劳动合同的基本知识及法律规定

(1) 劳动合同概念

劳动合同也称劳动契约、劳动协议,《劳动法》第十六条规定,劳动合同是劳动者与用人单位确立劳动关系,明确双方权利和义务的协议。劳动合同是确定劳动关系的法律形式。《劳动合同法》第十条规定:建立劳动关系,应当订立书面劳动合同。劳动合同是劳动者保护自己权益的基本形式和书面文件,一旦劳动者所在单位违反劳动合同,劳动者可以此为依据通过行政、协商、仲裁和司法等途径维护自己的权益。

(2) 劳动合同的基本内容

劳动合同的内容指的是劳动合同中双方共同达成的规定双方当事人权利和义务的有关条款。劳动合同的内容与劳动者的权益密切相关,双方当事人在劳动合同订立中必须明确的各自的权利、义务及其他有关问题。

根据《劳动合同法》第十七条的规定,劳动合同的内容,可分为法定条款和约定条款两大部分。第一部分是劳动合同的法定条款。法律、法规规定应当纳入劳动合同的事项。第二部分是约定条款。约定条款是订立劳动合同双方当事人根据《劳动合同法》规定经过协商约定,自行规定的试用期条款、培训条款、保密条款等内容。

劳动合同可以约定试用期,根据合同期限的长短,试用期时间长短包括不超过1个月、不超过2个月和最长不超过6个月。同一用人单位与同一劳动者只能约定一次试用期。试用期包含在劳动合同期限内。在此需要明确的是,试用期是劳动合同中的一项约定,没有单独的试用期合同,用人单位和大学生约定试用期考察合格后才签订正式的劳动合同,这是明显违反法律规定的。

3. 就业协议与劳动合同的区别

尽管就业协议与劳动合同有相近之处,但就业协议毕竟不是劳动合同,二者不能互相替代,它们的主要区别体现在以下几个方面。

(1) 签订时间不同

一般来说,就业协议是在大学生还未毕业就业之前签订的,属于在校期间;而劳动合同是在大学生毕业离校后到用人单位正式报到后才签订的,当然,也有用人单位要求在毕业生报到前签订劳动合同的,程序上一般是先签就业协议,再签劳动合同。

(2) 主体不同

三方协议的主体是三方,即大学毕业生、用人单位和高等院校;而劳动合同的主体是两方,是劳动者与用人单位之间确立劳动关系的协议,只要双方当事人协商一致,符合国家的法律、行政法规,无欺诈、胁迫等手段,经双方签字盖章,劳动合同即生效。

(3) 内容不同

三方协议的主要内容是毕业生如实介绍自身情况,并表示愿意到用人单位就业、用人单位表示愿意接收毕业生,学校同意推荐毕业生并列入就业方案;而劳动合同是记载劳动者和用人单位的权利和义务,是劳动关系确立的法律凭证。依据《劳动法》的规定,劳动合同的内容比较详细,而就业协议的条款相对比较简单,属意向性协议。

(4) 目的不同

就业协议是毕业生和用人单位关于将来就业意向的初步约定,经用人单位的上级主管部门和高校就业部门统一鉴证,一经毕业生、用人单位、学校签字盖章,即具有法律约束力的,受法律保护的,是编制毕业生就业方案和将来双方订立劳动合同的依据。

(5) 适用的法律依据不同

三方协议的制定、发生争议后的解决主要依据是《国家关于高校毕业生就业的规定》《民法》《合同法》等,就业协议虽然在法律适用时的法律依据与劳动合同相一致,但并不直接适用劳动方面的法律法规,而主要是适用有关民事法律和政策制度;而劳动合同的订立以及发生争议后主要是依据《劳动法》和《劳动合同法》来解决。劳动合同适用《劳动合同法》及劳动行政部门颁布的有关劳动人事方面的法规。

(6) 适用的人员不同

劳动合同可以适用于各类人员,凡是中华人民共和国的公民只要有劳动权利能力和劳动行为能力并符合法律规定的条件,经过供需见面、双向选择,一经录用都可以与用人单位签订劳动合同;而就业协议适用的人群相对单一,一般只适用于高等院校毕业生、毕业研究生。

因此,就业协议不能等同于劳动合同。在就业中处于弱势地位的大学生,千万不能因为签订了就业协议就忽视了劳动合同的签订,一旦发生劳动纠纷或事故,很难得到法律的全面保护。

4. 毕业生签订劳动合同注意事项

大学毕业生与用人单位签订劳动合同是大学生在求职中取得成功的标志,但大学毕业生与用人单位在经验和掌握专业知识程度等方面的不对称性,使他们明显处于劣势,因此签订劳动合同时应慎重,不可大意。通常签订劳动合同时应注意以下几个问题。

(1) 签订的劳动合同须合法

依法签订劳动合同是其产生法律约束力的前提。如果签订的劳动合同不合法,那么求职者的权益保护会遇到困难。为此,求职者一定要先确认自己签订的劳动合同是否具备产生法律约束力的条件;双方签订的劳动合同内容不得与相关法律法规相冲突。《劳动法》规定,违反法律、行政法规签订的劳动合同为无效劳动合同;签订劳动合同的程序、形式必须合法,如经协商一致、书面形式等。

(2) 坚持平等自愿的原则

在签订劳动合同时,毕业生和用人单位是平等的民事主体,具有平等的法律地位,享有法律规定的平等权利,因此,双方必须坚持自愿的原则,协商合同条款内容,任何一方不得将自己的意志强加给另一方,更不能采取欺诈手段订立劳动合同。

(3) 对合同内容应仔细推敲

一是看合同条款的语言文字表达是否清楚而有条理,是否存在歧义;二是看合同条款是否包括《劳动合同法》的九项法定必备条款内容,还有哪些约定内容须写入劳动合同,约定试用期的时间是否在法律规定范围内;三是对用人单位提供的格式合同须认真推敲,对格式合同中出现的不愿接受的诸如范围界定不清、表述含糊、一语多义等有关条款,应予以拒绝;四是看双方的权利、义务、责任是否划分清楚,对"单方面合同"应予以拒绝;五是认真校对外文合同文本或部分外文合同文本的中文意思内容,与其递交给当地劳动行政部门鉴证的中文合同文本内容是否一致。

(4) 因用人单位原因没有签订劳动合同的劳动关系仍然受劳动法律、法规的保护

《劳动法》第十六条明确规定"劳动合同是劳动者与用人单位确立劳动关系、明确双方权利和义务的协议。建立劳动关系应当订立劳动合同";《劳动合同法》第十条规定"建立劳动关系,应当订立书面劳动合同"。用人单位在聘用劳动者后不签订劳动合同是违反法律的。用人单位不与劳动者签订劳动合同,原因有多方面,除了建立劳动雇佣关系时应当签订劳动合同的观念未广泛建立外,另外就是用人单位认为不签劳动合同,就可以不受劳动法律的约束,对劳动者的管理就比较自由。这种理解是错误的,根据我国劳动法律法规如原劳动部《关于贯彻执行〈中华人民共和国劳动法〉若干问题的意见》《关于劳动争议受理问题的复函》《中华人民共和国企业劳动争议处理条例》等的规定,只要发生劳动关系,即使用人单位不与劳动者签订劳动合同,只要形成事实上的劳动关系,劳动者依然受劳动法律的保护。而新《劳动合同法》又在第十四条规定"用人单位自用工之日起满一年不与劳动者订立书面劳动合同的,视为用人单位与劳动者已订立无固定期限劳动合同"。第八十二条规定"用人单位自用工之日起超过一个月不满一年未与劳动者订立书面劳动合同的,应当向劳动者每月支付二倍的工资"。这些措施进一步保护了劳动者的合法权益。

虽然有以上法律的保护,但毕业生应尽可能地要求签订劳动合同,它可以对劳动内容和法律未尽事宜作出详细、具体的规定,在发生劳动争议时也是解决纠纷的重要证据。

【资料学习】

问题1:同一用人单位与同一劳动者能约定几次试用期?

《劳动合同法》第十九条并没有明确规定试用期的适用主体,但是第十九条第2款规定:同一用人单位与同一劳动者只能约定一次试用期。

问题2:劳动合同中关于试用期是如何规定的?

劳动合同一般有试用期限的规定。《劳动合同法》第十九条规定"劳动合同期限三个月以上不满一年的,试用期不得超过一个月;劳动合同期限一年以上不满三年的,试用期不得超过二个月;三年以上固定期限和无固定期限的劳动合同,试用期不得超过六个月"。这是劳动合同的一种特有现象,即合同有效期已经开始,合同也已经履行,但在一个特定的期限内双方当事人都可以相对自由地解除劳动合同,终止劳动关系。而且在此期间,双方解除或者终止劳动关系的行为都无须承担在劳动合同有效期内的其他时间应当承担的某些责任。

用人单位如果违反上述规定,如果约定的试用期超过了法定期限,那么用人单位必须按照正式劳动合同所约定的试用期满所发放的工资标准向劳动者支付超过试用期部分期间的赔偿金。

问题3:试用期包括在劳动合同期限内吗?

用人单位不得将试用期合同与劳动合同分离。劳动合同仅约定试用期的,试用期不成立,该期限为劳动合同期限。这说明试用期只是劳动合同中约定的一个条款,它不是独立的合同,它不能离开劳动合同单独存在。也就是自用工之日起,用人单位就应该与劳动者签订劳动合同,试用期只不过是劳动合同中的一个特殊阶段。

问题4:试用期内劳动者有哪些具体权利?

①要求支付工资的权利。试用期内用人单位必须给予劳动者正式录用后同岗位同工种最低工资档或劳动合同约定工资的80%,并且不能低于当地最低基本工资。②加班的,照样享受加班待遇。③必须依法参加社会保险,为劳动者缴纳社会保险费用。

问题5:用人单位试用期解除权的行使条件?

过去实践中存在一种误解,即用人单位在试用期内解除合同只要简单地说不符合录用条件即可,根本不需要给出理由,这是错误的理解。《劳动合同法》在此方面作了更加明确的规定,"用人单位在试用期内解除劳动合同的,应当向劳动者说明理由",这意味着用人单位对解除原因必须负担举证责任。但对于劳动者而言,基于劳动的不可强制性,在试用期内劳动者可以无理由的解除劳动合同,只需提前3天通知单位即可。

问题6:应届毕业生实习期待遇有什么规定?对大学生毕业后一年的见习期有哪些规定?

第一,实习期是针对在校学生而言的概念,是指学生在校期间,到单位的具体岗位上参与实践工作的过程。对于实习期的规定,最主要的依据是《关于贯彻执行〈中华人民共和国劳动法)若干问题的意见》,以下简称《意见》第十二条明确规定:"在校生利用业余时间勤工助学,不视为就业,未建立劳动关系,可以不签订劳动合同。"通常应届毕业生和用人单位及学校三方会签订一个实习三方协议。

第二,根据教育部的有关规定,对高等学校毕业生实行见习期的目的,是继续加强对毕业生的培养教育,进一步提高他们的政治、业务素质和从事实际工作的能力,使他们尽快地适应经济建设和社会发展的要求;同时,使用人部门(单位)全面了解、考察毕业生,以便合理地安排使用他们,充分调动他们的积极性,更好地为社会主义现代化建设服务。高等学校本、专科毕业生就业后,原则上都要安排到基层见习。见习期一般不超过一年。对入学前已从事一年以上有关本专业实际工作的,经所在单位批准,可免去见习期。见习期满,应及时办理转正手续,按期为其评定专业技术职务的任职资格,聘任相应工作职务,确定工作岗位。在毕业生见习期间的管理服务政策中明确,毕业生见习期限一般为 6 个月,最长不超过 1 年;在见习期间被见习单位正式录(聘)用的,在该单位的见习期可以作为工龄计算。见习期与高等学校毕业生在单位接受进一步培养和教育,以及之后的确定岗位、评定职务等密切相关,一般只涉及高等学校应届本、专科毕业生。

(资料来源:华律网法律专题,http://www.66law.cn/topic2010/ldhtsyqgd/)

6.5.3 社会保险

社会保险是由国家通过立法,多渠道筹集资金,对劳动者在因年老、失业、生病、工伤、生育而减少劳动收入时给予的经济补偿,使他们能享有基本生活保障的一项社会保障制度。

1. 社会保险概述

社会保险主要包括养老保险、失业保险、医疗保险、工伤保险和生育保险等五种保险,具有强制性。其中养老保险、失业保险和医疗保险,这三种险是由企业和个人共同缴纳的保费,工伤保险和生育保险完全是由企业承担的,个人不需要缴纳。

2. 社会保险的内容

社会保险主要包括养老保险、失业保险、医疗保险、工伤保险和生育保险等,具有强制性。

(1) 养老保险

养老保险(或养老保险制度)是国家和社会根据一定的法律和法规,为解决劳动者在达到国家规定的解除劳动义务的劳动年龄界限,或因年老丧失劳动能力退出劳动岗位后的基本生活而建立的一种社会保险制度。

(2) 失业保险

失业保险制度是国家通过立法强制实施,由政府负责建立失业保险基金,对非因本人意愿中断就业而失去工资收入的劳动者提供一定时期的物资帮助及再就业服务的一项社会保险制度。它是社会保障体系的重要组成部分,是社会保险的主要项目之一。

(3) 医疗保险

社会医疗保险制度是通过国家立法,强制性地由国家、单位和个人缴纳医疗保险费,建立医疗保险基金,当个人因疾病需要获得医疗服务时,由社会医疗保险机构按规定提供医疗费用补偿的一种社会保障制度。医疗保险具有社会保险的强制性、互济性、社会性等基本特征。因此,医疗保险制度通常由国家立法,强制实施,建立基金制度,费用由用人单位和个人共同缴纳,医疗保险费由医疗保险机构支付,以解决劳动者因患病或受伤害带来的医疗风险。

(4) 工伤保险

工伤保险指劳动者在工作中或在规定的特殊情况下,遭受意外伤害或患职业病导致暂时或永久丧失劳动能力以及死亡时,劳动者或其遗属从国家和社会获得物质帮助的一种社会保险制度。根据《工伤保险条例》的规定,工伤保险的适用范围包括中国境内各类企业、有雇工的个体工商户以及这些用人单位的全部职工或者雇工。

劳动者由于工作原因并在工作过程中遭受意外伤害,或因接触粉尘、放射线、有毒有害物质等职业危害因素引起职业病后,由国家或社会给负伤、致残者以及死亡者生前供养亲属提供必要的物质帮助。工伤保险除了和其他社会保险一样都包含待遇补偿和支付的内容之外,它的特点还在于其具有预防事故发生,预防职业病伤害以及职业康复的内容,这是其他社会保险中所没有的内容。

(5) 生育保险

生育保险是通过国家立法规定,在劳动者因生育子女而导致劳动力暂时中断时,由国家和社会及时给予物质帮助的一项社会保险制度。我国生育保险待遇主要包括两项:一是生育津贴,用于保障女职工产假期间的基本生活需要;二是生育医疗待遇,用于保障女职工怀孕、分娩期间以及职工实施节育手术时的基本医疗保健需要。

【资料学习】

阿米是杭州某公司的职员,2013年8月与单位签订了5年的劳动合同,试用期为3个月。2014年8月27日,阿米在社保站查询缴费记录时,发现单位没有给自己缴纳试用期(2013年8~11月)的社会保险费。根据合同上的有关规定,阿米向单位寄出《解除劳动合同通知》,同时准备申请仲裁,要求单位支付经济补偿以及补缴社会保险费。

分析:《劳动法》第七十二条规定:"社会保险基金按照保险类型确定资金来源,逐步实现社会统筹。用人单位和劳动者必须依法参加社会保险,缴纳社会保险费。"从这条规定可以确定,只要建立了劳动关系就应当依法参加社会保险,缴纳社会保险费。劳动部《关于实行劳动合同制度若干问题的通知》第三条规定,试用期包括在劳动合同期限中,也就是说,试用期同样属于劳动关系的存续期间,因此,试用期内用人单位也应当为员工缴纳社会保险费。

《劳动法》第三十二条规定有一下情形之一,劳动者有权随时通知用人单位解除劳动合同:一是在试用期内;二是用人单位以暴力、威胁或非法限制人身自由的手段强迫劳动的;三是用人单位未按劳动合同规定支付劳动报酬或提供劳动条件的。用人单位应当向劳动者支付报酬,并缴纳相应的社会保险。

由此可知,用人单位未依法为劳动者缴纳社会保险费,劳动者有权随时通知用人单位解除劳动合同,用人单位需向劳动者支付经济补偿金。只要用人单位未依法为劳动者缴纳社会保险费,劳动者均可依法解除合同而不受正在发生或已经发生的限制。

(资料来源:http://www.cabhr.com/hr/details-id-162369.html)

6.5.4 就业侵权行为及其防范

1. 侵害大学生就业权益现象屡见不鲜

就业是民生之本,大学生在就业市场中是个特殊的社会群体,大学生就业已成为当前社会关注的焦点问题。在当前买方市场占尽优势的大学生就业市场中,大学生就业过程的合法权益遭到侵害的现象比较普遍,在求职的过程中,存在各种各样可能的"陷阱",大学生的就业权益受到各种侵犯,究其原因,大致可以归纳为两个方面。

(1) 缺乏维权意识和知识

大学生在求职过程中维护自身合法权益的意识淡薄,在求职过程中应提高警惕,加强自我保护意识,了解熟知就业的相关政策法规,熟悉毕业后的就业流程,从而使自己在就业时学会用政策法规保护自己,少走弯路,少受不合理的侵犯,顺利就业,只有明确了自己所享有的权利,才能更好地维护自己的权利不受侵害。

(2) 缺乏社会经验

由于大学生涉世不深,考虑不周,缺乏同用人单位打交道的经验,他们往往会把一些问题理想化,而没有想到社会复杂的一面,不懂得保护自己,而在事情发生之后,他们不懂得用有效的手段或借助一定的途径来维护他们的正当权益。而有些企业或组织正是利用当代大学生这样的一种心理,通过损害别人的利益来获取自己的利益。

2. 常见就业求职陷阱

求职陷阱指在大学生就业过程中,用人单位或一些不法分子为达到某种目的有意设计的圈套。求职陷阱是以侵害大学生的权益为目的的,这些陷阱情况复杂,形式多样。这里主要介绍以下几种常见的就业陷阱。

(1) 招聘陷阱

① 发布虚假招聘信息

主体不合格的机构,如非法人才中介机构以收取信息介绍费为目的,发布过时或子虚乌有的招聘信息,欺骗大学毕业生。传销机构假借一些知名企业的名义发布虚假招聘信息,高薪诱骗大学毕业生进入非法传销队伍。

其一是招聘会不合法。有些"双选会"打着毕业生就业的名义,实际未经有关主管单位审批。参加双选会的单位也良莠不齐,出工不出力,只为凑数,以便主办单位收取高价门票。有些招聘单位甚至出卖学生的个人信息,给一些违法之徒以可乘之机。其二是变相收费。如有些招聘单位不当场签约,要求通过网络或电话继续洽谈,而这些网络或电话都是收费的;有些招聘单位收取应聘者报名费、资料费或培训费等。其三是用招聘掩盖违法行为。有些企业打着招聘的幌子,逼迫毕业生做传销、推销或其他违法的事情。

② 招聘要求中有歧视条款

性别、身高、相貌、学历等歧视。工作经验歧视比较多,如有的用人单位在招聘中需要大学生有实际工作经验,然而对刚毕业的大学生来讲难以达到。

(2) 中介陷阱

第一种是收取高额的中介费用,提供虚假的招聘单位。第二种是虽然介绍了单位,但用人单位的状况与求职者的要求相去甚远,即便如此,工作几个月,往往被炒鱿鱼,理由是试用不合格。第三种是非法中介机构之间相互串通,以大城市高薪就业、落户等名义开展中介,收取不菲的中介费后,介绍给外地中介。外地中介找不法单位或私人小企业让大学生打零工,而户口、档案却长期违法滞留,甚至被丢失。

(3) 协议陷阱

① 口头承诺

口头承诺如果没有在协议书中白纸黑字予以体现,就没有法律约束力。一旦协议主体间发生矛盾,吃亏的一般都是学生。

② 不平等协议

由于大学生维权意识缺乏,在求职中又处于弱势地位,对不平等条款要么不知要么不敢提出异议,使就业协议在某种程度上成为"霸王合同"。

③ 就业协议代替了劳动合同

有些用人单位以就业协议替代劳动合同,究其原因,是用人单位在就业协议中的许多约定不符合劳动法规定,如果签订劳动合同,许多不合法约定将不存在,难以实现对大学生的约束,不能达到其违法用工的目的。

④ 不按规定签订就业协议和劳动合同

签订就业协议时,对毕业生档案接收单位、户口迁移地址不明确,对工作内容、合同期限、工资福利等协商条款不明确注明。

⑤ 不履行或部分履行就业协议和劳动合同的条款

就业协议签订后,违约或不按时接收毕业生。不按就业协议安排相应的工作岗位、不能履行协商好的工资福利等。以试用期不合格为由,解除劳动合同。不按劳动合同条款履行合同等行为。

(4) 试用期陷阱

① 没有试用期可能暗藏玄机

试用期是劳动合同的约定条款,对双方都有约束力,试用期长短应按《劳动合同法》的规定在劳动合同中约定。但某些用人单位在与大学生签订劳动合同时,故意不约定试用期。当大学生感到单位各方面情况不尽人意,想要另谋高就时,才发现自己在"无意"间放弃了试用期这一有利的武器,丧失了自己本该拥有的权利。在这种情况下,想单方面解除合同,便遭受用人单位的种种刁难,甚至付出惨重的代价。

② 试用期或见习期过长

在大学生就业中,违规违法现象主要表现为见习期与试用期的总期限超过一年,有的甚至长达两年;有些单位以见习期为借口不签合同,且借故延长见习期;有些单位签的是劳动合同,书写的却为见习期。诸如此类的现象屡见不鲜,应当引起大学生的高度重视。

③ 无偿试用

有些单位在招聘广告上列出诱人的人才引进条件,学生报名应聘后,却以考查学生能力为由安排十几个甚至几十个学生去单位试用,无非是为企业筹备展销会、为公司推销某种产品、为某一个大型活动跑跑腿等,待这些需要大批人力的活动一结束,他们便以试用不合格为由,辞退学生;而有些单位则以考核毕业生为借口,根本不愿付任何劳动报酬,从而达到廉价甚至无偿用工的目的。

(5) 培训陷阱

在大学生就业中,常常会看到一些培训机构混迹其中,不断给大学生介绍"高薪就业""保证就业"之类的机遇,殊不知其中陷阱重重。

① 收取培训费不安排就业

有些培训机构以"高薪就业""保证就业"的名义引诱大学生交了培训费,但培训结束后,却以种种理由不给安排就业。

② 培训机构与用人单位连手坑害大学生

大学生交了昂贵的培训费后,被推荐到一些位置偏僻、层次较低的企业和无人问津的低薪岗位,甚至在试用期就被借故辞退。

③ 用人单位的培训陷阱

有些用人单位要求新进大学生必须经过某某机构培训,考核合格才能录用。于是花费不少的大学生经过培训,考核过关者却寥寥无几。即使如此,被录用者也难逃厄运,工作刚满见习期或试用期即被以各种理由辞退。

④ 因为培训而失去自由

一些用人单位在大学生上岗前提出单位出资送大学生到某培训机构进行所谓的培训,并且签订培训上岗协议或劳动合同,规定只有经过培训合格的人员,才能准予上岗,且要签订长期劳动合同,最少服务一年,必须交纳数目不菲的违约金,有些单位甚至扣押大学生的证件。

(6) 收取求职者保证金、押金等财物或扣压证件

招聘过程中向求职者收取招聘费、培训费、押金或服装费、扣押求职者的居民身份证、毕业证、学位证、档案等。

(7) 安全陷阱

大学生就业存在的种种问题,给一些不法之徒提供了可乘之机。他们常常精心策划,坑蒙拐骗无所不用,如果大学生稍不留神就会受其所害。

谨防偷盗抢劫。首先,对陌生的人、陌生的地点与可疑时间的面试,一定要谨慎小心。其次,不要将手机、钥匙交给对方,也不要随便吃喝对方提供的食物饮料。最后,谨防诈骗。如果对方为掌握你的全面情况无休止面试,你可能已经处于危险的境地。要么设下小圈套让你闯祸,然后高价索赔;要么你的家人朋友可能接到你车祸、病危之类的通知,于是匆匆将钱转入了不法之徒的账号。

限招女生这类陷阱常见的特征是,对毕业生所学专业、能力等方面没有什么特别的要求和限制,只要求女生形象好,气质佳。通常广告上安排的所谓岗位也是体面、轻松的,一旦女大学生根据要求去见面时,可能会落入不法之徒、不良企业的陷阱中,轻则被劫财劫色,一无所有,更可怕的是陷入色情、传销业或被拐卖,甚至遭暴力相向,失去生命。

现在将求职者的姓名、住址和电话号码及身份证号码转让给他人或中介机构的行为很多。侵犯了求职者的隐私,有的会给生活带来困扰。

索要各种证件、签名、盖章。如果大学生在招聘中留下重要证据之类的东西,就可能成为欠费、欠税、担保人等各种形式的债务人,也可能成为敲诈勒索的对象。

(8) 非法工作陷阱

工作性质不清、任务不明,用人单位遮遮掩掩、行动诡秘,这时就要非常留心,可能所谓的"单位"正从事涉毒、偷运、销赃、窝赃、传销等非法工作。而一旦事情败露,违法者全无踪影,而毕业生成了替罪羊。

3. 就业侵权行为的防范与就业权益的自我保护

有的用人单位利用大学生求职心切的心态,对大学生的就业权益造成了不同程度的侵害,加之大学生在就业法律意识方面较为淡薄,所以导致很多大学生的就业权益屡受侵害。在此,针对大学生就业维权意识培养的相关问题进行简单分析。

(1) 法律意识

毕业生在就业求职过程中,应及时了解当前国家关于毕业生的就业方面的方针、政策和有关法律法规,明确毕业生在就业过程中的权利和义务。如果用人单位的规定与国家的政策、法律法规相抵触,侵犯了大学毕业生的合法权益,大学生应该善于利用法律的武器维护自身的合法权益。

(2) 风险意识

无论是自荐、应聘,都应该遵循"真诚、信用、平等"的原则,以自身实力参与竞争。要有风险意识,对于有些用人单位招聘人员,明显夸大优厚条件,以高薪和高福利吸引

人才的做法要有警戒心，预防侵害自身合法权益行为的发生。

(3) 契约意识

契约意识在就业过程中主要体现在两个方面，一是要求毕业生充分重视和深刻理解就业协议的重要性，要有通过就业协议来保护自己合法权益的意识；二是就业协议一旦签订即具有法律效力，必须具有严格遵守、履行就业协议内容的意识。协议一旦订立，双方都必须遵守，任何一方不得无故毁约、违约等，否则将受到经济和法律的制裁。

(4) 维权意识

【资料学习】

小吴毕业后到一家公司报到上班。工作一段时间后，发现公司存在无故克扣员工工资和无故不缴纳社会保险费的现象。员工们对公司的这一做法感到义愤填膺，但是考虑到自己的工作岗位和发展机会，没有人敢于站出来对此提出质疑。小吴知道公司的做法是违反劳动法的，强烈的维权意识使他认为一定要采取措施保护自己和同事的合法权益。于是他以匿名的方式向当地劳动监察部门举报了公司的恶劣行径。劳动监察部门接到举报后，马上在查证属实的基础上对公司进行了处罚，同时责令公司返还克扣的员工工资，并按规定补交社会保险费。小吴以自己的行动维护了自己和同事的正当权益。

(资料来源：中国就业网，http://www.lm.gov.cn/zb/lxwjy/content/2015-10/15/content_819282.html)

作为大学生，要在思想意识上增强维权意识，并要在现实行动中切实维护自己应有的合法权益。毕业生认识到自己的合法就业权益受到了侵害，应积极运用法律手段或者其他方法来进行救济以维护自己的合法权益，不能息事宁人，当作什么事都没发生过。毕业生只有养成了良好的维权意识，才能够平等地与用人单位对话，据理力争，切实保障自己的合法权益。随着我国劳动保护法律法规不断完善，已经可以为大学生维护自身权益提供了一套比较完备的劳动纠纷解决机制。当然维权意识要求毕业生应当知道可以采用什么途径维护自己的就业权利，例如学校出面调解，向劳动监察部门申诉、举报，向劳动仲裁机构申请仲裁，向人民法院提起诉讼等。

(5) 证据意识

法律是用证据说话的，毕业生在就业过程中应"多留一个心眼"，牢固树立证据意识。

毕业生小杨通过网络找着了一家颇有影响力的民营企业。在正式就职之前，他来到该企业指定的培训中心交纳了相关的培训及服装费用。该企业承诺，如果职员在培训后因为企业的原因没有被录用，将退还培训中所有的费用。结果，由于企业人事调整，小杨没有进入该企业工作。当他向该企业要求退还培训等费用时，因拿不出交费的证据而被拒绝。

证据意识的培养主要体现在三个方面:一是收集证据的意识,要求毕业生在就业时要有意识地叫对方出示或者提供相关资料,来佐证一定的事实,如要求公司出示营业执照、要对方出示表明身份的证件等;二是保存证据的意识,要求毕业生注意保存现有的证据,以便将来在仲裁或诉讼时支持自己的观点,如要注意保存单位在招聘时的海报,与单位往来的传真、邮件等;三是运用证据的意识,毕业生要有用证据证明案件事实的意识,知道什么样的事实需要什么样的证据证明,知道一定事实的举证责任是在对方还是己方,等等。

4. 防止误入求职陷阱的对策

(1) 早做心理防范

招聘中的各种骗术,究其原因,无非就是利用毕业生的"三种心态"。第一是自负心态,觉得自己能力强、身价高,高薪聘任才能体现自己的价值,结果往往落入"高薪"的陷阱。第二是着急心态,毕业生急于找工作的心理让一些不法之徒找到了借机骗财的机会。第三是糊涂心态,大学生心地单纯,对社会的复杂了解不多,认识不深,警惕性不强。

(2) 要对用人单位进行全面考察

一些不法分子或者非法中介为蒙蔽毕业生,使毕业生放松警惕,往往会将自己或公司包装得非常气派,他们往往会在大厦、宾馆临时租赁办公室,进行虚假招聘。那么如何了解用人单位的资信呢?可以借用中医的"望闻问切"四种诊断方法。

"望"就是眼观六路,观察用人单位所在地的环境和单位人员的基本素质,查看有无营业执照等。"闻"是通过资讯手段了解该单位经营发展概况及运营状况。"问"就是通过自己的亲友、同学、师长等关系网,核实招聘单位所言是否真实。"切"即直接交手试探虚实,在应聘中直接向主考官了解公司的各种情况,看看与自己了解的是否一致。最后综合上述信息,对用人单位的资信作出基本判断。

(3) 不要轻易缴纳各类费用和抵押证件

大学生应聘时要掌握好一个原则,即不要在应聘的过程中向招聘单位缴付任何形式的费用或抵押证件。在劳动保障部颁布的《劳动力市场管理规定》中明确规定:禁止用人单位向求职者收取招聘费用;向被录用人员收取保证金或抵押金;扣押被录用人员的身份证等证件;以招用人员为名牟取不正当利益或进行其他违法活动等行为。

此外,像招聘费、管理费、报名费等都是企业为引进人才、增强企业竞争力必须花费的成本,不能叫竞聘者承担。针对"招聘陷阱"中的押金骗术,毕业生在应聘时一定要牢记,招聘单位要招人,而不是招钱。因此,要保持头脑清醒,捂紧自己的钱袋子,不要被人牵着鼻子走。

(4) 获取招聘信息的渠道一定要正确

收集招聘信息时要看信息是不是在正规的媒体或是网站发布的,不要依靠短信、QQ、E-mail 寻求来源不明的信息。对网上的信息要有理性的认识和分析。目前,国内有许多网站由于技术能力的限制无法做到对每条个人信息的真伪一一辨别,个人可随意填写个人信息,同时注册多个网站,随时能够打一枪换一个地方。还有一些"黑网"打着招聘的旗帜来蒙骗一些人,通过网上"付款"获得收益后也就"人间蒸发"了。

(5) 不要轻易提供家庭电话

许多学生找工作心切,生怕联系不畅,单位录用通知无法传达,就将能找到自己的联系方式统统填写,殊不知会让不法分子钻空子。信息时代,通信技术非常发达,每个毕业生都要有保护个人隐私的意识。

一般来讲,应聘者只要留下自己的手机、电子邮箱就足以方便联系了。当对方要求你提供奇怪的证明材料时一定要多留个心眼,在任何情况下都不能向你并不完全了解的"招聘单位"透露有关任何你的隐私信息,千万不要轻易提供家庭电话,以防不法分子谎报你的信息,诈骗你家人财物。

毕业生一定要在求职应聘时作好足够的心理防范准备。要注意做到:一要戒贪心,不要让"高薪"蒙蔽了自己的双眼;二要戒心急,要仔细考虑各种收费是否合理;三要做有心人,利用多种方式了解就业市场中种种不规范行为,提高警惕,遇事能够理智分析,作出正确判断。

【本节重点】

1. 了解大学生就业权益和应履行的义务。
2. 理解就业协议的法律性质。
3. 重点掌握签订就业协议与劳动合同的注意事项。
4. 在应聘求职择业的过程中大学生要提高维权意识,学会识破就业陷阱,掌握防维权的途径和方法,学会运用法律手段维护合法权益。

【练习与实践】

小李是某高校的应届毕业生。毕业前夕,在学校组织的招聘会上,他向一家公司投递了简历并通过了面试,半个月后,小李收到了公司的录用通知书。由于临近毕业,小李与这家公司签订了"普通高等学校毕业生就业协议"。小李毕业后顺利进入该企业开始工作。小李提出要与企业签订劳动合同时,该企业始终不愿与小李签订劳动合同。企业借口双方在就业协议中没有明确规定何时签订劳动合同,而且关于工资、劳动期限等条款在就业协议中已经有约定了,双方没有必要再另外签订劳动合同。小李觉得双方确实没有约定什么时候签订劳动合同,公司说的似乎也有道理,就不再向公司提及此事。不料半年后小李忽然被公司裁员。

请你运用所学的知识分析公司这样做合法吗?小李应该如何维护自己的权益?

【复习与思考】

1. 如何高效鉴别、收集和管理就业信息?
2. 准备好简历等求职自荐材料。

3. 面试与笔试有哪些要求和技巧？
4. 面对就业压力，你打算如何应对？
5. 签订就业协议与劳动合同有哪些注意事项？
6. 常见的就业陷阱是什么？大学生就业过程中如何运用法律手段维护自己的合法权益？

第7章 自主创业指导

【学习目标】

1. 认识创新与创业。
2. 学会识别创业机会。
3. 熟悉创业的商业模式。
4. 掌握创业计划书的编写要求与规范。

7.1 创新与创业

【案例引导】

《赫芬顿邮报》：读者变为记者

《赫芬顿邮报》(The Huffington Post)号称"互联网第一大报",2011年2月,美国在线以3.15亿美元收购该报。像特斯拉的开源专利、安卓开源性平台一样,把读者变成记者,这是赫芬顿成功的法宝。《赫芬顿邮报》有1万多名"公民记者",类似传统媒体的"通讯员",每时每刻都在为它提供报道。"赫芬顿"称为"分布式新闻"。"分布式"网罗了大量高质量的撰稿人,用户原创内容(UGC)的能动性得到激发,媒体才能真正活起来。

《赫芬顿邮报》这种建立在社区基础上的内容生产的模式,值得从事内容生产的公司借鉴。它只有150名带薪工作人员,但依赖超过3000名投稿者为每一个可以想到的话题制造内容。它有另外12 000名"公民记者",这是它的"眼睛和耳朵"。它的读者也生产了网站的许多内容,每个月有多达200万条投稿。《赫芬顿邮报》的共同创建人乔纳·柏瑞蒂(Jonah Peretti)认为新闻模式再也不是一种新闻传递的消极关系,而是"一个在生产者和消费者之间共享的事业"。

(资料来源:海尔开放创新平台,http://hope.haier.com/article/index/detail/id/390365)

点评

《赫芬顿邮报》的创新,在于将传统的"我写、你看"新闻模式变成了"大家写、大家看"的共享事业。这种所谓"共享事业"是个同心圆模式:内核是网站最坚定的具有原创能力、质量非常高的博客作者;外面一环是公民记者,散布在美国各地;而最外的大环则是读者,在这个过程当中和网站博主发生互动。这种新的、更开放的新闻模式可以被视为一种"众包"模式,其中两个重要的贡献群体是博客与公民记者。开放式平台对于媒体固有的采编形式是一种颠覆。

在当下中国"大众创业、万众创新"的双创时代,创新并非是科学家的事情,而是每个行业、每个个体都有可能实现的活动。

7.1.1 创新

创新有广义和狭义之分。从广义上说,创新是指对社会和个人的创新产物的统称。狭义的创新是指按照一定的目标,充分运用已知的信息,通过个体创造活动的过程,产生出某种新颖、独特、具有个人和社会价值产品的智力特征。

创新涵盖众多领域,包括政治、经济、军事、社会、文化、科技等。因此创新可以分为科技创新、文化创新、艺术创新和商业创新。

在经济领域,创新是社会经济发展的前置因素,是形成规模性效益的源泉。创新与积累劳动形成经济发展的两大矛盾性劳动根源。创新的价值在于以新的生产方式重新配置生产要素形成新的生产力,创造新形式的劳动成果或者更大规模的生产。

在科技领域,它涵盖两方面:自然科学知识的新发现、技术工艺的创新。在现代社会,大学、科学工程研究等研究机构是基础科学创新的基本主体,而企业是工程技术、流程技术创新的基本主体。

在文化领域,主要是指文化艺术创意,寻找和创造新的适应社会发展、适合时代审美的新文化、新艺术、新工艺。

在商业领域,创新主要是商业模式的创新。简单来说,商业模式就是公司通过什么途径或方式来赚钱。

近代以来人类文明进步所取得的丰硕成果,主要得益于科学发现、技术创新和工程技术的不断进步,得益于科学技术应用于生产实践中形成的先进生产力,得益于近代启蒙运动所带来的人们文化思想的巨大解放。可以这样说,人类社会从低级到高级、从简单到复杂、从原始到现代的进化历程,就是一个不断创新的过程。不同民族发展的速度有快有慢,发展的阶段有先有后,发展的水平有高有低,究其原因,民族创新能力的大小是一个主要因素。

7.1.2 创新与创业

创业与创新有着密切的联系。创新是创业的手段,创业者只有通过创新,才能使所创的企业生存、发展并保持持久的生命力。尤其是大学毕业生创业,更需要有创新,具体说,要有创新意识、创新思维、创新技能及创新品质。创新是创业者实现创业的核心,创业者通过创新实现创业,而且创业者要通过创新实现创业精神。创业开创的是一种实业,创新则是指创造一种新的理念或新的技术。创业最好引用创新的成果,而创新又最好融合到创业的实践中,这样才能有利于发展。

1. 创新是创业的基础

创业离不开创新。创业与创新立足于"创","创"是共同点,是前提。"创"的目的是出新立业。创新在于所创之业、产品、观念、机制能不能弃旧扬新,标新立异,尊重与推行人民群众的首创精神,能不能适应时势变化,做到解放思想,实事求是,与时俱进,常变常新,推动社会历史前进。没有创新,创业就无从谈起,创新和创业是密不可分的实践活动。创业过程中,新产品的开发,新材料的采用,新市场的开拓,新管理模式的推行等,都必须有创新的思维作先导,创业最后才能成功。没有创业实践,创新意识就无法转化为新的产品,创新就失去了意义。创新不是蛮干,是巧干;不是凭空想象而是源于对知识的掌握,对现实的了解,对事物客观规律的准确把握。创新与创业是相辅相成的,无法割裂的关系。

2. 创新的价值在于创业

创新的价值就在于将潜在的知识、技术和商机转化为产品与服务,能够创造财富,实现企业再创业,通过将创新成果进行商品化和产业化,实现社会财富的增值。一方面,人们生产生活方式的变革通过科技和思想观念的创新而不断促进,为整个社会不断地提供新的消费需求。另一方面,创业活动是一种开创性的实践活动,在创业实践活动中主体的主观能动性得到充分的发挥,这在本质体现了创业是人们的一种创新性活动。

3. 创业蕴含着价值创新

创业和创新虽然是两个概念,但两者在本质上是一致的。每一个创业能够取得成功,必然其内在有着价值创新。创业者进行创业,就是把创新的产品或让用户满意的服务通过努力将其推向市场,让财富不断地增值。因此,创业是一种能够自我发展达到不断创新的过程,创新其实就是我们常说的"企业家精神"的本质。创新的本质是敢于突破旧的思维和常规,创业的本质是创新,创业的过程就是不断创新的过程。

4. 创业能深化创新

创业就是让新发明、新创造不断涌现,营造出旺盛的、全新的市场需求,使创新的经济价值、社会价值得以实现,实现科技创新的进一步深化,从而提高企业或国家的创新能力,推动经济转型与发展。创新是对人的发展总体的把握,创业着重是对人的价值具体体现。仅仅具备创新精神是远远不够的,它只是为创业成功提供了可能性和必要的准备,如果脱离了创业实践,缺乏一定的创业能力,创新精神也就成了无源之水,无本之体。创新精神所具有的意义,只有作用于创业实践活动才能有所体现,才有可能最终产生创业的成功。因此,创新与创业要有机融入,相辅相成。

在经济全球化、信息网络化、竞争国际化的新形势下,自主创新是创业企业立足于市场的根本保证,是推动创业企业发展的无形力量。作为大学生,当我们选择了以创新创业来实现人生价值时,我们就要不断地丰富自己,要在学习上刻苦认真,生活上注意社会的发展与动向,并在自我进取的同时,不断地去发现,去探索,去寻找适合自己发展的方向,这样我们才会在竞争激烈的经济社会有一席之地。

7.1.3 创新思维训练

1. 什么是创新思维

创新思维是思维的一种高级形式,创新思维方法的特征是能动性、互补性、层次性、实践性。一般来讲,以模仿思维为主的常规思维方式,比较适合已知的世界,在这个世界人们的思维活动通常是在模仿以前的成熟经验或他人的成功方法,这种"复制成功"做法可以帮助人们节省思考摸索的时间和精力,少走弯路,从提高思维效率的角度来讲无可厚非,是完全正确的。但进一步来说,当人们面对的情境越陌生,面对的问题越深奥,模仿思维所能起的作用越小,可以说越是在高层次的智力活动中,人们越需要创造力,对创新思维的需求就越大。

2. 学习创新思维的意义

创新思维方法的作用主要有四条,它是认知和实践之间的中介,它是产生新观念新发现的工具,它具有在问题解决过程中的启示功能,它具有对客观事物发展进程的适应、控制和引导功能。在过去,人们习惯把艰难的思考任务交给伟人或天才们,用他们的思考来替代自己的思考,用他们的知识成果来塞满自己的头脑,平常人只扮演一个思想追随者的角色。

那么是什么导致了传统思想发生革命性的巨变呢?主要是由于三个原因:教育的普及化、竞争的普及化、复杂的普及化。

首先,教育的普及化使民智开化,今天一个普通初中生所掌握的自然科学知识都要远远超过古代读书人一生的研究,这种知识宽度使得平常人拥有足够的知识基础来完成一般的创新活动。

其次,竞争的普及化让人们面临前所未有的生存压力和发展压力,今天的人们再也无法像过去那样偏安一隅,与世无争,过着田园牧歌式的生活。经济全球化的浪潮将世界变成一个地球村,人们不仅要面临自己周围熟悉环境的竞争,还要面对来自不熟悉的地球另一端的竞争压力。快节奏、错综复杂、动态变化的大环境构成了今天这个时代的主旋律,与之相应的,人们的思维方式也势必要转变成跳跃性、发散性、独创性的创新思维才能跟上时代超速发展的步伐。

最后,当今社会结构、企业经营、产业专业、工作方式、职业技能、人才标准都变得更加复杂,新出现的问题变得更加复杂。复杂的普及化,使得普通人的思维方式也需要变得越来越复杂,不能再满足简单初级的模仿思维方式。

基于以上考虑,创新思维在人们的日常生活、学习和工作中的应用领域越来越广,这使得普通人对创新思维的需求也越来越大。

3. 如何学习创新思维

第一,要学要领,即创新思维的基本法则,这些思维法则告诉我们什么是对的,什么是错的,什么是重要的,什么是不重要的,它就像一个坐标一样构成了我们思考的参照。

第二,需要反复强化训练,任何能力都是反复训练的结果。要想掌握创新思维,训练和提高自己的创造力,就要参与大量的训练。当然,这是一个非常枯燥乏味的过程,但通向成功的巅峰道路上从来没有捷径,无论是体能提升还是头脑提升,从来都是一份付出一份收获。

第三,创新思维训练需要环境。要学会创新思维必须有一个与之相适应的训练环境。一个熟读《游泳技巧大全》人即使能将整本书倒背如流,但如果没有水的环境他还是永远学不会游泳。许许多多的、大大小小的、简单与复杂的、专业与非专业的问题构成了创新思维的训练环境。

第四,创新思维训练需要在现实中实践。创新思维方法本身就是实践的产物,它还需要在实践的过程中不断地发展、不断地出现更能激发人创造性的新方法,而且创新思维方法主要用于指导人们的实践活动。创新思维培养的是活智慧,而不是灌输死知识,因此在学习的过程中,从头脑中输出比向头脑内输入更重要。所谓创新思维能力,从本质上来讲就是头脑向外输出新观念、新思想、新方法、新知识、新信息的智力。

4. 创新思维训练

(1) 发散思考法

对于创新思维而言,任何问题都存在多个答案,这种多答案源于从多个角度发散看问题。若想掌握创新思维,第一步要做到的就是培养发散思考习惯,这一过程就像由爬虫到蝴蝶的蜕变,当习惯了用多维视角去发散思考时,会突然发现以前熟悉的世界变得新奇陌生,丰富多彩,充满了无限的可能性和未知领域。

"你们告诉我,钢笔的用途是什么?"思维教练手中举起一支钢笔问道。

"写字、绘画。"台下的学员不假思索地同声回答。"钢笔的用途只有这几种吗?"思维教练追问道。

"钢笔可以作武器戳人、作支撑物……钢笔可以当礼物、装饰物、玩具……钢笔可以用作容器、数字符号、砝码……无数的钢笔可以盖房子、铺道路、创作艺术景观……"学员们七嘴八舌发表自己的见解,展开了热烈的讨论。

思维教练满意地点了点头,他挥了挥手示意大家安静:"你们感觉到自己在回答第一个问题与第二个问题时思维有什么不同吗?为什么会产生这种思维差异呢?"大家面面相觑,渐渐陷入沉思。

"我们在回答第一个问题时,思维是扁平的,只想到熟悉的答案。在回答第二个问题时,思维是发散的,会想到许多新答案、富有创意的答案。在刚才提问中,第二个问题是明显的开放型问题,因此大家自然会发散思考多个答案,而第一个问题不是明显的开放型问题,由于受思维习惯的影响,大家无意中就将它归结到封闭型问题,采取一种封闭扁平的方式去思考。但是,创新思维与常规的模仿思维的第一个显著差异就在是否发散思考,对于创新思维而言无论是遇到什么样的问题都会遵循发散思考法则,不会因为是一个封闭型问题就使思维封闭扁平化。"

(资料来源:袁劲松. 柔性思维教练[M]. 青岛:青岛出版社,2005.)

发散思考的方法很多,一般常见的有原因发散、结果发散、功能发散、层次发散、要点发散、方法发散、规则发散、过程发散等。比如,上文案例中回答问题时采用的就是规则发散法,即在不同规则的情况下,"1+1"存在多种可能性。

(2)跳跃联想法

在培养创新思维时,我们需要特别强化训练跳跃联想的能力,使大脑突破习惯思维的窠臼,在远离常识、常规之外发现闪光的创意。下面我们来做一个思维游戏,了解一下跳跃联想创新思维素质。

"游戏的规则是这样,请在纸上快速写出联想到的词汇,比如大海—鱼—渔船—天空……"

思维教练给学员们讲解着,并命题道:"现在我说第一个词汇是'电',请大家由此快速展开联想,在三分钟联想到的词汇越多越佳。"

① 电—电话—电视—电线—电灯—电冰箱—食品—鸡蛋……
② 电—风筝—节日—情人—红豆—袁隆平—荣誉—军人……

显然,第2位同学的思维跳跃度大,第1个联想词组词与词之间的联想难度小,而第2个联想词组中词与词之间的联想难度比较大,作为旁观者需要思考一下才能弄清楚它们之间是如何联想在一起的。比如电与风筝这两个词是如何联想在一起的,一般人很难想到。通过解释,了解到实际上完整思维过程是:电—富兰克林—实验—风筝。只是她在表述的时候思维快速跳跃省去了其中的两步,直接由电联想风筝。这种大跨度跳跃式的思维方式不仅思维速度快,而且更容易激发大脑中的灵感。

(资料来源:袁劲松. 柔性思维教练[M]. 青岛:青岛出版社,2005.)

跳跃联想是创新思维的翅膀,富兰克林之所以能由实验室中的电流联想到天空中的雷电,突破当时人们的传统观念,大胆地预测两者是相同的,靠的就是天才的跳跃联想。

怎样才能提高思维的联想跨度呢?在这里介绍给大家两种简单的跳跃联想训练方法。

① 自由联想训练,即随便找一个词汇起头,在规定的时间内快速联想,就像上文演示的思维游戏案例一样,要求想到的词组概念越多越好,这是训练思维联想的速度。

② 强制联想训练,即随机找两个不相关的事物,要求尽可能多地想出它们之间的相关联系或相同点,如大海和羽毛球有什么联系,有哪些相同点等。这种训练可以帮助我们提高大脑思维的跨度。对于一般人来讲,如果能按照这两种方法坚持训练一个月就基本上可以达到提高思维速度和跳跃性的目的,为创新思维打下坚实的基础。当

然，如果想进一步提升还需要学习掌握一些专业的思维工具来辅助思考，因为专业的思维工具像撑杆一样可以帮助我们的思维达到凭本能无法企及的高度。

【本节重点】

1. 认识什么是创新，什么是创新的过程。
2. 理解创业与创新的关系。
3. 掌握一些创新思维训练的方法，可以运用跳跃联想法、发散思考法。

【练习与实践】

1. 请列出20种杯子的用途。
2. 请列出10种导致交通堵塞的原因。
3. 自由联想训练：电脑—（   ）—（   ）……（15个联想词/1分钟）
4. 强制联想训练：请分析树木和音乐有哪些联系。（10个联系/3分钟）

7.2　认识大学生创业

【案例引导】

再利用的咖啡豆

咖啡豆经研磨煮沸后98%将会转化为咖啡渣废料。粗略推算，北京市现已拥有的近2 000家咖啡门店每年大约会产生近百吨咖啡渣废料，由于人们对咖啡渣认知不足，这些废料被全部丢弃。而事实上咖啡渣含有丰富的化学元素，是很好的有机肥料，在世界各地都有咖啡渣堆肥案例。

就此，北京某高校创业学生团队开始了回收咖啡渣的创业行动。

创业项目运行模式是这样的：从咖啡店里回收咖啡渣，由农户进行消毒、杀菌、发酵处理，制作初产品，再由残疾人温馨家园员工进行产品组合与包装，在咖啡店进行产品返销，为城市人提供种植体验。

创业学生团队教会农户咖啡渣处理技术，制成家庭种植食用菌包与咖啡渣绿植等农产品。由于蘑菇生长速度较快，7~10天即可长成食用，且会持续出菇5~8次，食用菌的生长周期正好符合学校每周一次的课外实践教学，团队正与北京市某中小学劳技教育实践中心协商种植体验课堂的开展。比较市场上已有的小型盆栽，咖啡渣绿植具有净化空气、防辐射、提神醒脑的竞争优势。所以将购买人群定义在具有一定消费能力且易于接受新鲜事物的都市白领阶层。目前，项目已取得Costa咖啡连锁企业支持，Costa将免费为产品提供店面销售展位。

（资料来源：中国大学生在线，http://job.univs.cn/2013/0430/963820.shtml）

点评

一个有效并且可持续发展的项目,不仅需要在经济上获益,同时也需要在社会和环境方面有积极的影响。这样的创业,正是当前国家鼓励大学生创业的典型。

现在,越来越多的大学生走上了创业道路。在这一节中,介绍创业的概念以及大学生创业的意义。

7.2.1 创业的概念

创业是一种精神、一种理念,也是一种行动。

1. 创业的内涵

广义的创业是指创造出新的事业、基业,泛指人的一切具有开拓意义的社会变革行为。狭义的创业是指个人或团队整合一切外界的资源和力量,寻求一切可能的机会,创立实业或企业并谋求发展的,创造价值的一种经济活动。

杰弗里·蒂蒙斯是美国创业学领域的泰斗,他认为创业是一个创造财富、增长财富的动态过程,是一个发现和捕获机会并由此创造出新颖的产品或服务并实现其潜在价值的过程。

2. 创业的要素

创业是一个复杂和复合的系统。创业者、创业机会、资源、人力资本等是创业的关键要素。

蒂蒙斯认为,创业机会是创业过程的核心驱动力,在创业之初,创业机会尤为重要。创始人或创业团队是创业过程的主导者,资源是创业成功的必要保障。创业机会是创业过程的开始,作为创业者或创业团队要善于把握商机、合理利用和配置资源,认识和规避风险,对团队的情况要有正确的认识。

3. 创业的类型

根据不同的分类标准,可以将创业划分出不同的类型。

(1) 依据创业动机的不同,可分为机会型创业与生存型创业

机会型创业是指那些已感知到商业机会的人自愿开发商业机会,虽然创业者还有其他的选择,但他们由于个体偏好而选择了创业,是那些为了追求一个机会而开创企业的创业者。生存型创业就是那些由于没有其他就业选择或对其他就业选择不满意而从事创业的活动,是由于没有其他更好的工作选择而从事的创业。

(2) 依据选择的创业项目来分,可以将创业大致分为传统技能型、高新技术型和知识服务型三种

传统技能型创业一般会具有永恒持久的生命力,在传统技术、工艺的基础上加入独特的技艺或配方会使该项目在市场上独具优势;高新技术型创业带有前沿性、研究性开发的性质,知识、技术密集度高,员工学历普遍偏高,技术性收入与高科技产品产值总和

占企业总收入的一半以上;知识服务型创业是指为人们提供知识与信息服务的创业项目,投资少、见效快。

(3) 创业还可以分为独立型创业与合伙型创业

独立型创业为创业者个人或创业团队白手起家进行创业。创业者为自身的活动负完全的责任,在企业中拥有充分的权利,并且其获得的利益也是最大的,具有权、责、利高度统一的特点。合伙型创业是指由两个以上的创业者通过订立合伙协议,共同出资、合伙经营、共享收益、共担风险,并对合伙企业的债务承担无限连带责任的创业模式。该模式适应相对更大的创业规模和更大的风险承受能力。

4. 对创业的错误认识——创业不同于创立企业

创业并不代表一定要拥有完全属于自己的公司。创业者能够将自己所拥有的资源进行优化整合,从而创造出更大的经济和社会价值的过程就是一种创业。这样看来职业经理人也是一种创业的选择,这也是企业内部创业。大企业中的"事业部"的形态,依托企业的平台和资源,事业部独立核算,这就是企业内部创业的典范。

对大学生来说,想要创办一个属于自己的公司非常困难,成功率极低。如果把创业作为自己想要成就的事业,那么需要有平台成就你的事业梦想,相比创办大公司、大企业,利用好这个平台,就会使自己的创业容易得多,也是一种明智的创业选择。大学生如果可以把"就业"看成"创业",利用好自己就业岗位的平台,把它当作自己的事业来完成,以创业者的心态来投入其中,通过不断地努力去打拼,在工作中不断学习积累经验,依靠自己的努力来实现自己的创业梦想,这同样也可以使自己变成真正的精英。

7.2.2 大学生创业的时代背景

国家鼓励和支持大学生创业,具有重要的时代意义。我们可以从社会发展、教育发展等角度理解这一个趋势。

1. 大学生创业的政策发展历程

国家对于大学生创业的政策支持,探索期是从 1999—2002 年,基本和创业教育的启蒙期有重叠之处。在这一时期政府政策大多属于原则性规定,对创业主要是精神鼓励和支持。2003—2007 年,随着大学扩招之后的毕业生逐步走向就业市场,待就业人数剧增,就业形势开始严峻,创业得到政府的关注和重视。这一阶段与以往重视高科技领域创业不同,开始重视一般行业的创业,并给予了许多实质性优惠政策,强调在大学毕业生开拓就业领域中重视创业培训的作用。2008 年至今更多部门参与全面改进创业环境的政策制定和执行当中。

2. 大学生创业的教育发展背景

创业教育源自美国,而以美国为代表的发达国家,创业教育已经形成较为成熟的体系供来者学习和借鉴。美国大学注重对学生创业实践方面的指导,以技术项目为先导,以市场转化为目的整合多项教育资源。相对于美国大学偏向实用主义的创业教育指导理念,以英国大学为代表的欧洲大学则注重创业教育的理论深度由上而下构建青年创业教育体系。

回顾十多年来的创业教育发展历程,可以将我国创业教育的产生及发展壮大分成三个历史阶段。第一阶段是由探索到试点的启蒙发展阶段。强调创业与科技的结合。1998年12月教育部颁布的《面向21世纪教育振兴行动计划》中明确提出,要加强对高校师生的创业教育,采取各种有效的措施鼓励他们自主创办高新技术企业。第二阶段是由试点到全局的初步发展阶段。2002年4月教育部正式发文,确定清华大学、中国人民大学、北京航空航天大学等9所大学为我国创业教育试点院校,其任务是探索符合我国发展要求的高校学生创业教育的基本方法和发展模式。第三阶段是由布局到落实的重点推进阶段。2010年4月23日,教育部召开视频会议下发《教育部关于大力推进创新创业教育和青年自主创业工作的意见》,标志着创业教育由开篇布局向全面落实逐步推进。

7.2.3 大学生创业的意义

当代大学生积极开展创业活动,无论是从个人的成长,还是社会的发展角度而言,都具有十分重要的意义。

1. 创业对大学生个人的意义

创业对大学生个人的意义,主要体现在完善自我,实现自身发展的成就目标。

当代大学生创业者推崇活跃的创新思想,容易接受科技前沿的新鲜事物,兼具浪漫情怀和理性务实的精神,有着基于实现自我发展和解决社会问题的乐观主义,这些基于人力特质资本的特点,往往造就了他们创业的动力源泉。因此与其他历史时期的创业者群体相比,当代大学生创业者应该具有更加强烈的创新创业精神动机。

2. 创业对社会的意义

大学生积极开展创业活动,也是新时期新一代青年的社会担当。从社会发展的更深处挖掘创业的价值,可以看到这项事业与社会稳定与社会公平之间不可分割的联系。大学生创业者投身于科技型小微企业发展,依靠自己的创意创新开展创业活动,制定符合企业发展方向和规律的战略,可以在未来的发展中,造就一批相当数量的中等收入者,提供大量劳动力的就业岗位,从根本上消除低收入和绝对贫困的人口,解决在分配差距方面的问题。

在这当中,大学生创业对就业的影响非常重要。进入新世纪以来,全球经济形势起伏不定,国家正面临向全面改革进发的比较特殊的历史时期,经济、社会、政治上的敏感问题相对突出,就业矛盾比较尖锐,且存在结构性调整的迫切需要。依靠农业和传统城镇工业释放就业压力的空间已非常狭窄。如果通过以大学生为代表的创业一代实现创业,解决社会就业问题,其为整个中国社会发展做出的贡献无可估量。

总体而言,在国家经济社会转型的过程中,创业者的个人价值取向更加受到尊重,个体自主选择性增强。许多大学生创业者把握机遇,通过创业实现了个人事业发展和财富增长,同时又促成了社会分配、社会秩序和社会结构加速变化,促进了新型社会价值观重构。

【本节重点】

1. 掌握什么是创业,创业的构成要素有哪些。
2. 了解创业在我国的发展历程。
2. 明白创业的个人价值和社会价值。

【练习与实践】

就自己而言,大学毕业后是喜欢创业还是偏向工薪就业?请按自己的理解,就创业与工薪就业的优势和带来的挑战填写在下表中。

自主创业		工薪就业	
优 势	挑 战	优 势	挑 战
例:处于领导地位	例:责任更为重大	例:明确的责任	例:难以发挥工作自由度

7.3 创业的关键要素

【案例引导】

一个应届大学毕业生的创业宣言

2005年,张某考入了北京某高校广告系。从组织礼仪队做到大学生俱乐部,张某注意到有很多工作都离不开网络,网络上的分类信息平台让他觉得非常实用。但是目前网络上还没有一个针对大学生服务的分类信息平台。凭着过去几年的实际工作经验,张某决定做一个这样的网站。

但是创业并没有想象中的那么简单。他面临创业以来的第一道坎:资金。"两万元钱三个月全部用完。12 000元给网络建网站,8000元一年租了一个服务器,他还租了现在这个办公地点。可以说,今年1月的时候他口袋里真是一分钱都没有了。"关键时刻,张某的家人对他伸出了援助之手。2009年2月,张某在北京东城区注册成立了公司。随后他马不停蹄地开始招募公司工作人员。就在张某为找不到人才烦恼的时候,资金再一次出现问题。公司陷入困境,父母又围在身边劝他放弃,周围的朋友也都不看好他。

面对这么多的困难和不确定,张某为什么还要走在创业的道路上呢?"其实我是一个有些自卑的人。正因为这样我才不断地证明自己,读大学的时候不断地去兼职就是想实现个人价值。"张某说,他渴望成功。"我想用跟别人不一样的方式证明自己,给家人和朋友带去更好的东西。同时自己能干出一番事业。"

暂时度过危机的张某在创业路上迎来了一个较为平稳的阶段。通过大学期间积累的人脉,张某的网站已经承接了一些业务。截止2013年底,通过"同学吧"网站找到兼职、实习工作的同学已经达到10万人以上,网站活跃用户已达到5万人左右。2015年,张某的项目被"58同城"成功收购,他加入"58同城"新的创业团队,作为核心成员开展了二次创业的征程。

(资料来源:北京联合大学新闻网,http://news.buu.edu.cn/art/2009/10/21/art_13583_261494.html)

点评

张某的成功不是偶然,他把握创业机会,具有良好的创业者所具备的素质。创业不会是一帆风顺的,创业路上必定充满荆棘,但是只要善于把握机遇,勇于坚持与承担,一定会克服重重困难,取得最终的胜利。

"大众创业、万众创新"的双创时代,创新并非是科学家的事情,而是每个行业、每个个体都有可能实现的活动。

7.3.1 创业者与创业团队

李嘉诚说过:"要想在商业上取得成功,首先要懂得做人的道理,因为世情才是大学问。"创业者和创业团队是创业活动中不可缺少的关键因素,这对于创业活动能否取得成功有着直接的联系。

1. 什么是创业者

(1)创业者的定义

创业者是指某个人能够以一定的方式,将其发现或拥有的信息、资源、机会或技术利用某种平台,创造出更多财富和价值,并达到特定的追求或目标的人。

香港创业学院院长张世平先生将创业者定义为:创业者是一种主导劳动方式的领导人,是一种无中生有的创业现象,是一种需要具有使命、荣誉、责任能力的人,是一种组织、运用服务、技术、器物作业的人,是一种具有思考、推理、判断的人,是一种能使人追随并在追随的过程中获得利益的人,是一种具有完全权利能力和行为能力的人。

(2)创业者的分类

创业者根据不同的分类条件可以将创业者分为不同的类型。创业者的含义可分为广义创业者和狭义创业者,广义创业者是指参与创业活动的全部人员;狭义创业者是指参与创业活动的核心人员。现如今的创业活动中,技术含量在其中所占的比重越来越大,凸显了核心技术专家的重要地位。因此,在创业的过程中,狭义创业者比广义创业者要承担更多的风险,但同时也会得到更大的收益。

(3) 创业者的素质和能力

在诸多的创业者所应该具备的创业素质中,最核心的品质包含以下几个方面。

第一,责任感与决策能力。一家新兴企业需要创业者们把他们的时间、感情和忠诚贡献给企业,这就意味着创业者们要有承担责任意识,具有坚持不懈的毅力与恒心,需要为企业做出一定程度的个人牺牲;创业者绝不能拖泥带水,需要快速做出决策,这种果断的作为有利于日后的成功。

第二,有一定的领导力。首先,要能够正确地认识自己,创业的道路不会一帆风顺,风险与机遇并存,创业者要有敢于冒险的勇气,即使没有十分的把握也要勇于尝试,不怕失败;要时刻保持对新鲜事物敏锐的洞察力,不断进取,敢于拼搏,勇于创新;人无信则不立,诚信是塑造创业者形象、为企业赢得良好信誉的保证,是创业者必须具备的品质;创业者还要精通团队建设,能多次招聘并留住企业在各个阶段、各个层次所需要的优秀人才,确保有一个优秀的团队一直跟随自己。其次,创业者要有极强的应变能力,面对各种突如其来的状况和变化莫测的市场形势,创业者要时刻做好应对的准备,在坚持商业伦理的前提下,见招拆招,把局势扭转为对自己有利的一面。同时,创业者要有极强的说服力,能够根据以往的经验指导当前遇到的问题,使问题得到有效的解决;创业者要有敏锐的市场观察能力,能够根据市场变化做出相应的政策调整。

第三,执着于商机。对于创业者来说,他们总是苦于想法太多,而不知道从何处着手,我们要明白机遇不是时刻陪伴在你的身边,当机遇来临时,只有及时抓住机遇,迎接挑战,才能取得胜利。

第四,对风险、模糊和不确定性的容纳度。德鲁克曾说过,企业家精神应该是风险最低,而非最高的行为方式。成功的创业者不是赌徒,他们是有计划地冒风险,他们有一种舍我其谁、不达目的不罢休的霸气。创业者受到事业上的满意感和压力都比经理人大,不管他们的企业是否成功。

第五,创造、自立和适应能力。真正的创业者非常自信,认为成就与自身的控制力和影响力有关。他们有察觉问题、提取细节、高度凝练的能力。并且,在行动中主动承担经营成败的责任。他们总想知道自己表现是否够好,积极寻找反馈信息,并且有能力在失败中吸取教训。

第六,超越自己和别人的动机。每个创业者都要问自己两个问题:企业今后需要什么样的管理?我可以为企业做什么?当你超越地位和权利的诱惑,你将得到一个清醒的自己——这个人冷静,是个乐观的现实主义者,把金钱看作游戏表现打分的工具和方法,还具有让人难忘的幽默感。

还有其他令人向往但不一定得到的特质,如精力、健康与情绪稳定、智力、情商、激励的能力等。

(4) 获得创业者特质的途径

创业特质是创业者特有的品质和特征的集合,要想获得创业者特质,参加创业见习或许是个好办法。创业见习的方式也有多种,如可以参加创业培训、创业实习、创业大赛;也可以利用9个月的时间发起、成立、运营、解散一家公司;或者怀揣创业理想去工作,根据7年定律,从一无所有开始,一般经历7年左右的准备后开始创业,则容易成功。

2. 什么是创业团队

"众人拾柴火焰高"这句谚语充分说明一个人的能力是有限的,也佐证了一番事业成功的背后必然需要一支强有力的优秀团队做支撑。可以将创业团队理解为由两个以上具有共同目的、有一定利益关系,共同承担创业风险与责任的人组成的工作团队。一个企业成败的关键,就在于你是否精心设计公司远景并且带领、激励、说服和诱导骨干人员实现企业目标。

(1) 团队构成

一个优秀的创业团队应该包含五个最基本的要素。

第一,目标。每一个创业团队都应该有一个共同的既定目标。有了目标,团队成员才有努力的方向。目标在新创的企业中常常体现为企业的远景、战略。一个没有远景和战略的企业就失去了其存在的价值。

第二,人。人是创业团队核心的要素。在创业团队中,需要不同的人有不同的分工来共同完成企业的目标。在人员选择时需要综合考虑各方面因素,如其能力如何,技能是否满足团队需求,是否具有相关经验等。

第三,定位。定位包括创业团队的定位和创业团队中成员的各自定位。创业团队的整体定位需要合理谨慎,例如本团队在新创企业中处于什么位置,所提供的产品和服务的定位是什么;团队成员的定位是指团队成员应该各自扮演好什么样的角色、具体负责哪些相关事物。只有定位明确,整个团队才能井然有序的发展。

第四,权限。创业团队的主导人物权限的大小与团队的发展阶段和新创企业所处行业有很大关联。一般情况下,在创业初期,领导权相对集中,随着创业团队走向成熟,其主导人物的权限逐渐变小。

第五,计划。一是指实现创业目标的具体工作流程,企业目标的最终实现需要按照计划里的具体创业行动方案来实现;二是指为保证创业团队顺利成长的行动计划,按照既定计划一步一步地贴近创业目标,从而实现最终的创业目标。

(2) 团队搭建原则

第一,志同道合。优秀的团队具有这样的特征:强大的凝聚力;互相激励;坚持信念与承诺,正直道德;不期望一夜暴富而立足长远;相信资本收益;相信平等,但更相信分配公正;明白共同分享受益的重要性。

第二,合理的薪酬设置。团队矛盾的背后或多或少都与利益分配相关。团队在搭建初期需要确定一个明确而完善的薪酬分配方案,只有这样才能避免随着企业利润的增加出现利益分配不均的争议。薪酬的设计需要根据业绩分配薪酬,与此同时,薪酬的设计还要考虑团队成员的创业思路、商业计划、敬业精神、所承担的风险、工作技能与经验和自主责任感等价值要素,使薪酬分配差异化、具有灵活性。

第三,分工协作技能互补。创业团队的人员应该包括3类:负责团队工作安排与应急事务处理的管理人员;负责创业计划书起草与市场调研推广的营销人员;负责创业项目研发、提供技术支持与服务的技术人员。

(3) 团队管理

创业团队对于创业本身具有重要的意义。团队的管理贯穿于整个创业周期,对于团队建设至关重要。

首先,如果公司成长相对缓慢,假如创始人能够做适应性调整,那么公司就有可能发展成一家大公司。作为管理者的创业者首先需要创建属于你们的企业文化。企业文化可以为企业提供必要的企业组织结构和管理机制。

其次,作为管理者的创业者需要有作为领导者的眼光和影响力,把不确定的事情清晰化,去私心,使团队成员信服自己,要有核心领导人的凝聚力,保证团队成员紧密结合在一起,拥有较强的向心力。

再次,作为管理者的创业者要凭借在团队中树立的威信和主导作用,提高作为协调者的冲突处理能力,通过有效的沟通,使团队成员打开心扉,把问题摆在桌面上,平衡团队成员之间的分歧,创造性解决问题,寻求一致往前推。

最后,要有作为老大哥的团队带领能力,鼓励革新和有计划冒险,赢得团队成员的信任,明确团队成员的努力目标和方向,同时还要创建一致的行动纲领和行为准则,提高团队的战斗力。

由于在创业初期创业者往往承担管理者的角色,因此,作为管理者的创业者还应该掌握关键管理技能。管理技能包括两部分:跨领域职能和关键职能。跨领域职能是指行政管理和法律税收等通用类管理,关键职能则包括市场营销、财务、生产运营等特定管理。管理者需要精通市场营销的各种技巧和流程,需要掌握财务相关内容,懂得生产运营流程,并能够灵活运用电脑和文字表达自己的想法和观点。

7.3.2 创业机会

创业机会是创业行为的开端,越来越多的人认识到创业机会是创业的核心。对于创业者来说,创业机会的识别和评估对创业的成功起到了至关重要的作用,创业开始于对机会的识别,继而不断对机会的潜在价值以及创业者自身的能力进行评估,以致开发这一创业机会,使之成为真正的企业。

因此,创业者在产生创业想法的初期,首先要了解什么是创业机会,它和一般意义上的机会有什么不同,以及创业机会是否能够等同于创意。

1. 机会与创业机会的关系

机会,最基本的解释是指具有时间性的有利情况。人们一般强调机会概念当中蕴含的时机、关键、要害等意义。培根说过,善于识别与把握时机是极为重要的。在一切大事业上,人在开始做事前要像千眼神那样视察时机,而在进行时要像千手神那样抓住时机。由此古今中外的企业家和学者们,从机会的这一特性出发,提出各种对创业机会的理解。

熊彼特是最早提出创业机会这一定义的人,他认为创业机会是创造性地结合资源,以满足市场需要、创造价值的一种可能性。由于技术、政治、社会等因素的变化,为人们发现新的盈利机会提供了可能。

由此可见,机会是促进事物发展的客观机遇和契机,人们通常把潜在的不易发现的有利条件叫作机会,或把在困境中偶然遇到的可能导致走向成功的转折点称为机会,也把在各项社会活动中突然出现的新情况、新机遇、新形势称为机会。而创业机会则主要是创业过程中遇到的各种有利于创业活动的良好时机。创业机会对于所有的创业者来说都是均等的,在现代市场中,创业机会以各种各样的形式存在,但只有当这些机会被发现且具有价值的时候,才能被我们所利用,给企业带来商业利润。

2. 创业机会的来源

我们前面讲到,创业机会无处不在,因此可能有人会将创业想法的产生归结于机会的垂青,但是研究创业的专家认为创意只是冰山的一角,如果没有平日的积累,机会不是如此凑巧。你要知道如何去寻找创业机会,当它来到你身边的时候,你要"碰巧"发现它。

创业机会的来源,有人归之于信息不对称。他们认为由于缺乏完全信息,人们必须彼此猜测对方的信念、偏好、价值观等。由于这些猜测并不总是正确,这一市场过程就导致一些资源被错误地分配到不同的市场,从而产生了一系列的创业机会。

管理学大师德鲁克在其不朽著作《创新与企业家精神》中指出创新机会包括了7个来源,需要我们特别重视。

(1) 经由分析特殊事件,来发掘创业机会。例如,美国一家高炉炼钢厂因为资金不足,不得不购置一座迷你型钢炉,而后竟然发现,研发迷你炼钢的获利率要高于高炉炼钢。经分析这一意外结果,才发现美国钢品市场结构已产生变化,因此这家钢厂就将往后的投资重点放在能快速反应市场需求的迷你炼钢技术。

(2) 经由分析矛盾现象,来发掘创业机会。例如,金融机构提供的服务与产品大多只针对专业投资大户,但占有市场七成资金的一般投资大众,却未受到应有的重视。这样的矛盾,显示提供一般大众投资服务的产品市场,一定极具潜力。

(3) 经由分析作业程序,来发掘创业机会。例如,在全球生产与运筹体系流程中,就可以发掘极多的信息服务与软件开发的创业机会。

(4) 经由分析产业与市场结构变迁的趋势,来发掘创业机会。例如,在国有事业民营化与公共部门产业开放市场自由竞争的趋势中,我们可以在交通、电信、能源产业中发掘极多的创业机会。在政府刚推出的知识经济方案中,也可以寻得许多新的创业机会。

(5) 经由分析人口统计资料的变化趋势,来发掘创业机会。例如,单亲家庭快速增加、妇女就业的风潮、老年化社会的现象、教育程度的变化、青少年国际观的扩展等,必然提供许多新的市场机会。

(6) 经由价值观与认知的变化,来发掘创业机会。例如,人们对于饮食需求认知的改变,造就美食市场、健康食品市场等的新兴行业。

(7) 经由新知识的产生,来发掘创业机会。例如,当人类基因图像获得完全解决,可以预期必然在生物科技与医疗服务等领域,带来极多的新事业机会。

其中,前4种来源存在于企业的内部,基本只是一些征兆,但却是通过些许努力就可能发生的变化的一种指示;后3种来源涉及企业或者工业外部的变化。

3. 创业机会的识别

创业机会的有效识别依赖于两个方面:客观上良好的评价系统和评价指标,主观上创业者能够正确获取信息感知机会的能力。众多学者在研究中提到了一些创业者与机会识别相关的特性,包括创业洞察力、已有的知识、社会关系网络、个人特质、创业机会的评估。

(1) 创业洞察力

由于经济交易中的当事人并不能够掌握所有的市场信息,那么,市场的常态将不会是均衡状态。而企业家就是对那些变化着的环境或被普通人忽视的机会保持警觉的人。企业家不止针对现存条件下未被开发的机会保持警觉,而且也对那些未来的机会保持警觉性。这种思路隐含着这样的观点,就是更敏锐的洞察力会带来更高的感知创业机会的概率。

(2) 已有的知识

创业机会通常会在创业者的知识体系内被识别出来。或者,创业者具有浓厚兴趣领域,在这种兴趣爱好的驱使下,创业者会花费大量的时间与精力来学习提升其能力,并在这个领域内拥有了非常深厚的知识积累;或者,创业者对某类知识有精深的把握,这类知识是来源于常年的工作积累,而与其兴趣爱好没有关系。这两个领域的整合可能直接导致其识别新机会、新市场或者解决顾客问题的新途径。

(3) 社会关系网络

创业者所处的社会关系网络对机会的感知非常重要,这种关系网络是作为企业发展的重要隐形资源,对于创业企业的生存以及发展具有非常重要的推动作用。个人社会关系网络的深度和广度影响着机会识别,这已是不争的事实。通常情况下,建立了大量与社会及行业专家联系网络的人,会比那些拥有少量网络的人容易得到更多机会。

(4) 个人特质

相关研究表明了有两项个人特质的确与成功的机会感知有关。第一项是自信、乐观。第二项是创造力。调查显示,90%的被调查者认为创造力对创业机会识别非常重要。在许多产品、服务和业务的形成过程中,甚至在许多有趣的商业传奇故事中,我们都能看到那些富有创造力企业家的影子。

(5) 创业机会的评估

从现实来说,对机会的评估包括可行与不可行、好与不好,这个判断直接决定了机会能否得到财力物力的支持,以进入下一阶段机会的开发。正确的评估创业机会也可以提高新成立企业的存活率。因此,对创业实践来说,对创业机会进行评估具有现实的参考意义和指导意义。

创业者在利用这个创业机会之前就要对这个机会进行科学的分析与评价,然后做出选择。进行科学的分析评价就要有一系列的评估规则和指标。蒂蒙斯总结了一个创业机会评价框架,参见表7-1。

表7-1 蒂蒙斯创业机会评价指标体系表

一级指标	二级指标
行业和市场	市场、顾客、用户利益、增值、产品生命、市场结构、市场规模、成长率、市场容量、可达的市场份额、成本结构
经济因素	达到盈亏平衡点所需要的时间、实现盈亏平衡/正现金流的时间、投资回报率、资本要求、内部回报率、自由现金流量、销售增长、毛利、资产强度、运营资本、研发资本开支、税后利润
收获条件	附加值、多重评估和比较评估、退出机制和战略、资本市场内容
竞争优势	固定和可变成本、对成本价格和分销的控制力、进入障碍、产权保护、反应/领导时间、法律契约优势、契约和网络、关键人物
管理团队	创业团队、产业和技术经验、整合、理性诚实、致命缺陷的问题
企业家个人标准理想	目标和适配性、机会成本、上升/下降趋势的问题、愿望、风险/回报容忍度、压力承受力
战略要素	适配程度、团队、服务管理、时机、技术、灵活性、机会导向、定价、分销渠道、容错空间

在判断创业机会时要注意三方面。一是创业机会的核心特征,即产品和市场。这一层次的特征属于创业机会的自然属性,不依赖于创业者或者创业机会的其他特征而存在;相反,创业机会的其他特征却往往需要与其核心特征相匹配,才能创造出最大价值。二是创业机会的支持要素,即团队、资源和商业模式,这是创业机会评价指标的第二个层次,也是创业者或者创业团队能够有效开发创业机会的支持条件。三是创业机会的成长预期,即财务指标和收获条件。这是创业机会评价指标的第三个层次,成长预期是创业者对于创业机会的潜在价值的最终判断,只有符合创业者心中的标准,创业机会才能真正付诸行动。

7.3.3 创业资源

创业资源是创业成功与否的重要前提条件,没有创业资源,创业活动就无从谈起。在创业之初,很多创业者或创业团队所拥有的资源十分有限,如果不能获取充足的创业所需资源,那么创业成功的概率也会大大降低。

1. 创业资源的内涵与种类

创业资源是创业者需要具备的一些创业条件,是新创企业在创办和运行过程中不可或缺的资源。

(1) 根据资源的性质可以将创业资源划分为显性资源和隐形资源。显性资源指看得见摸得着的人力与技术资源、资金资源和实物资源。隐形资源包括社会中人与人之间的关系所创造价值的资源,即社会资源;对创业企业有所帮助的包括市场信息、项目信息等所有信息在内的信息资源;包括各级政府职能机构制定和发布的政策法规、各级行业管理机构制定发布的政策信息在内的政策资源。

(2) 根据资源要素对企业战略规划的参与度,可将创业资源分为间接资源和直接资源。直接资源包括财务资源、管理资源、市场资源、人才资源等直接参与企业战略规划的资源。间接资源包括对企业创业成长提供便利和支持,没有直接参与创业战略的制定或执行的资源,如政策资源、信息资源和科技资源等。

(3) 根据资源基础论,可将创业资源分为核心资源和非核心资源。核心资源是新创企业区别于其他企业的核心竞争力,包括技术资源、管理资源和人力资源;非核心资源包括奖金、场地和资源环境等。

(4) 根据资源的来源可将创业资源分为自有资源和外部资源。自有资源是创业者自身所拥有的资源,如创业者自身拥有的用于创业的资金、技术、创业信息和自建的营销网络等;外部资源包括来源于其他投资者的资金、借到的人力、设备、空间或其他原材料等。外部资源更多地来自外部机会的发现。创业初期,由于资源供给不足,所以从外部获取充足的创业资源对新创企业起着决定性作用。

2. 创业资源的使用原则

对于创业资源的使用最重要的是控制资源,而不是拥有资源。企业在创业之初拥有一定的资源,创业者要学会合理分配和使用资源,实现资本的阶段性投入,同时可以使创业资源的使用具有更多的灵活性。

要对资源进行合理配置和做最小化处理。创业者需要将创业的过程分成多个阶段,对每个阶段投入相应的资源,并且在每个阶段或决策点投入最少的资源,以使每种资源都能得到最合理的利用,达到以最少的资源投入获得尽可能多的利益。

3. 创业资源的管理与开发

(1) 政策资源的开发

对于创业者来说,政策资源的开发主要是及时了解和掌握政府的各项政策,并结合自身的创业目标进行有效的整合。主要途径有:与政府部门保持沟通交流,或通过网站查询,及时掌握新出台的相关政策和通知;咨询于政策服务公司,多方面收集政府的政策信息,了解政府政策扶持方向,及时跟踪政策的变化等。

(2) 信息资源的开发

在知识经济时代,信息更新传播速度快,这就要求新创企业通过各种途径及时获取相关信息,以保证信息的全面性、真实性和有效性,例如政府机构、专业信息机构、新闻媒体、研究机构、各类会议和互联网等。在从外部获取信息资源的同时企业需要注意积累自身在业务运转过程中所产生的各类关系,并做好相应的分析工作,这既是新创企业自身管理所必需的,也可以为企业节约一定的成本。

(3) 资金资源的开发

资金资源的开发主要是寻找可获得资金的来源途径,一般可以通过以下三种途径来获得。一是向身边的亲友筹集资金;二是通过银行贷款;三是进行所有权融资,如寻找拥有资金的创业者同盟,吸引现有企业以股东身份投资,吸引企业孵化器进行股权资金投入等。

(4) 人才资源的开发

人才资源是企业建立的基础,高素质人才的获取和开发关系到新创企业能否成功和发展。可以通过两条途径来获取人才资源。一是通过常规的招聘来寻找人才,或者聘请高素质的董事、律师、会计和其他专业认识作为创业顾问;二是通过内部的人力资源培训与开发,对现有人员进行针对性的训练和培养,最大限度地挖掘现有人才的潜能。

(5) 技术资源的开发

技术资源在新创企业中占有极为重要的地位和作用。市场竞争日趋激烈,只有把握先进的技术资源才能在市场上占据主动地位。因此,创业者要通过内外结合的方式,不断加强与高校科研院所的产学研结合,吸引高端技术人才加入创业团队,通过自身的开发不断完善现有技术资源或通过购买他人成熟的技术直接进入市场,加快产品研发速度,提高自身竞争力,以占据市场的优势地位。

(6) 管理资源的开发

在企业创立之初,要建立起合理的制度规章体系,并在日后的管理过程中逐渐完善;充分吸收借鉴优秀企业的管理经验和方法;挖掘企业内部优秀管理人才,培养相应人员的领导和管理才能;在处理好企业所有权和经营权关系的基础上,聘请职业经理人,使企业管理更加科学与专业。

【本节重点】

1. 掌握创业的关键要素:创业者、团队、机会和资源。
2. 学会如何识别和寻找创业机会。
3. 明确创业资源的种类并合理利用。

【练习与实践】

小李是北京某大学机械工程专业的一名学生2014年设计了一个智能插座,就想着将其产品化。但是由于研发成本太高以及团队后期的工美设计不到位,再加上2014年10月"小米"公司推出了自己品牌的智能插座,导致不得不放弃做智能插座这个项目,第一次创业尝试不算很顺利。

2014—2015年,北京的一家公司联系上他,邀请他的团队作为技术提供方,在河北石家庄市开展智慧农业物联网的搭建。小李认为,智慧农业在当前是传统行业互联网改造的标杆行业,有大量的市场机会和丰厚的市场前景。国家在"十三五"规划当中也对智慧农业发展提供了政策保障。经过在河北的实际操作项目,团队成员积累了丰富的信息产业自动化方面的技术经验,这给了他们从事智慧农业的信心。

目前,团队正在和传统的大规模生产的企业进行合作,这样就可以基于企业现有的设备进行物联网改造,建设一个食品系统并入网站,最终展现一条完整的生产销售点。回顾自己的创业历程,小李觉得创业是一种修行,不仅能够修自己的内心,还可以提高抗压能力以及学习如何在最困难的时候独立清醒的面对并解决问题。作为学生来说,在缺乏人脉和社会资源的情况下,冒然创业不仅是对自己的不负责,也是对团队的不负责。

请在阅读案例后,回答以下问题。

(1)小李是如何寻找创业切入点的?在创业之前,他做过哪些准备工作?

(2)你认为小李作为技术创业型的人才,在创业过程中需要注意提升自己的哪些素质和能力?

7.4 创业的商业模式

【案例引导】

高校微信网红养成之路

在新媒体领域,如果单单从思路上讲,恐怕没有比在校大学生脑子活的,张某的新媒体创业故事也是从这个时候开始的。

2013年的时候,微信公众号还没有像今天这样满地都是,而张某开始注册第一个公众号的时候也纯粹是因为无聊,并没有什么创业的宏伟理想。那一年,"英雄联盟"正红火,几乎成了每个男生的标配,和隔壁宿舍对战联机也是常事,因此约队友就非常重要,张某的微信号也是这个时候做好的,虽然学习不好,但在打游戏上颇有天赋,从最开始在公众号上分享自己的攻略,再到组织校园网络游戏宿舍对战,以及当解说。在学校自己的微信号阅读量只有区区几百的时候,张某的单篇图文阅读量都在2000以上了,也开始在男生圈子里有了名气。

慢慢地,开始有食堂的商家嗅到了商机,联系他在每天的微信上打送饭订餐的广告,尝试了一周效果还挺好,确实有很多学生因为玩游戏有送饭的需求,往往一天的微信就能给店家带来100多订单。再到后来,每天微信上接三个广告,收入就有300多元,抵得上一个白领的收入了。网红变现的途径无非就是接广告和做电商,广告的依赖性太强,且太多的话容易影响用户体验,要想实现长久的盈利,让商家埋单是比较可靠的。

在游戏网红当了一年半以后，张某也是和一个做技术的舍友合伙，给学校的商家以及周边的店面开发在线微商城和点餐系统，同时兼顾着运营微信号，同时也积极联系学校的宣传部门，在赚钱的间隙，发一发学校师生的文章，对依靠招生营生的学校也是一种宣传，学校也会拿出一部分的资金帮助，这个时候包括学校资金支持、广告、做点餐系统以及帮忙代运营微信号，收入方面已经不用担心了，这也算是网红创业在高校里的一个切实的案例，高校创业，虽然学生消费能力低，但对新事物的接受程度高，思想活跃，忠诚度高，这都是流量的最主要保证，有了流量变现也就是时间和方式的问题了。

（资料来源：创业邦，http://www.cyzon.cn/a/20160704/299554.html）

点评

围绕高校，贴近生活，是目前大学生创业非常关注的模式。而围绕校园的环境，首先大家的消费能力是相对均衡的，差异性不大。好不好玩，有没有用反倒是吸引用户的出发点。在这样大环境下，低成本运作，轻资本重营销的模式就有了实施的客观条件。

全球管理大师彼得·德鲁克曾经说过，当今企业之间的竞争，不是产品之间的竞争，而是商业模式之间的竞争。商业模式已经成为挂在创业者和风险投资者嘴边的一个名词。

7.4.1 商业模式的概念

几乎每一个人都确信，有了一个好的商业模式，成功就有了一半的保证。那么，到底什么是商业模式？它包含什么要素，又有哪些常见类型呢？

1. 商业模式的基本概念

商业模式的定义：为实现客户价值最大化，把能使企业运行的内外各要素整合起来，形成一个完整的高效率的具有独特核心竞争力的运行系统，并通过最优实现形式满足客户需求、实现客户价值，同时使系统达成持续盈利目标的整体解决方案。

2. 商业模式的要素

商业模式的构成，一般要考虑的7个要素是"客户价值最大化""整合""高效率""持续盈利""实现创新""融资有效性""风险控制"，这7个关键词缺一不可。其中"整合""高效率""实现创新"是基础或先决条件，"融资有效性""风险控制"是手段，"客户价值最大化"是主观追求目标，"持续盈利"是客观结果。

（1）客户价值最大化

一个商业模式能否持续盈利，是与该模式能否使客户价值最大化有必然关系的。一个不能满足客户价值的商业模式，即使盈利也一定是暂时的、偶然的，是不具有持续性的。反之，一个能使客户价值最大的商业模式，即使暂时不盈利，但终究也会走向盈利。所以我们把对客户价值的"实现再实现""满足再满足"当作企业应该始终追求的主观目标。

(2) 整合

整合就是要优化资源配置,就是要有进有退、有取有舍,就是要获得整体的最优。在战略思维的层面上,资源整合是系统论的思维方式,是通过组织协调,把企业内部彼此相关但却彼此分离的职能,把企业外部既参与共同的使命又拥有独立经济利益的合作伙伴整合成一个为客户服务的系统,取得"1+1>2"的效果。

(3) 高效率

按现代管理学理论来看,一个企业要想高效率地运行,首先要解决的是企业的愿景、使命和核心价值观,这是企业生存、成长的动力,也是员工干好的理由。其次是要有一套科学的、实用的运营和管理系统,它解决的是系统协同、计划、组织和约束问题。最后还要有科学的奖励激励方案,解决的是如何让员工分享企业的成长果实的问题,也就是向心力的问题。只有把这三个主要问题解决好了,企业的管理才能实现高效率。现实生活中的万科、联想、华润、海尔等大公司,在管理模式的建立上都是可圈可点的,也是值得我们学习的。

(4) 持续盈利

企业能否持续盈利是我们判断其商业模式是否成功的唯一的外在标准。因此,在设计商业模式时,盈利和如何盈利也就自然成为重要的原则。当然,这里指的是在阳光下的持续盈利。持续盈利是指既要"盈利",又要有发展后劲,具有可持续性,而不是偶然盈利。

(5) 实现创新

三星董事长李健熙说:"除了老婆和孩子外,其余什么都要改变!"时代华纳前首席执行官迈克尔说:"在经营企业的过程中,商业模式比高技术更重要,因为前者是企业能够立足的先决条件。"成功的商业模式不一定是在技术上的突破,而是对某一个环节的改造,或是对原有模式的重组、创新,甚至是对整个游戏规则的颠覆。

(6) 融资有效性

从一些已成功的企业发展过程来看,无论其表面上对外阐述的成功理由是什么,但都不能回避和掩盖资本对其成功的重要作用,许多失败的企业就是没有建立有效的融资模式而失败了。如巨人集团,仅仅为近千万元的资金缺口而轰然倒下;曾经与国美不相上下的国通电器,拥有过30多亿元的销售额,也仅因为几百万元的资金缺口而销声匿迹。所以说,商业模式的设计很重要的一环就是要考虑融资模式。甚至可以说,能够融到资并能用对地方的商业模式就已经是成功一半的商业模式了。

(7) 风险控制

设计再好的商业模式,如果抵御风险的能力很差,就会像在沙丘上建立的大厦一样,经不起任何风浪。这个风险既指的是系统外的风险,如政策、法律和行业风险,也指的是系统内的风险,如产品的变化、人员的变更、资金的不继等。

商业模式的组成部分之间必须有内在联系,这个内在联系把各组成部分有机地关联起来,使它们互相支持,共同作用,形成一个良性的循环。

3. 商业模式与商业战略的关系

在现实生活中,人们很容易将商业模式与商业战略混为一谈,但实际上商业模式并不等同于商业战略。商业模式一般起源于商业机会,是指将创业的各个部分组合成一个系统,考虑如何实现企业、顾客、供应商和股东等利益相关者的"共赢"局面。商业模式更多的是考察由建立和运营企业过程中的各个环节紧密连接而成的完整的要素链。

战略是企业为了建立持续竞争力和盈利而进行的长期性、方向性的整体性、宏观性的考虑。迈克尔·波特曾经提出,竞争战略就是创造差异性,即有目的地选择一整套不同的运营活动以创造一种独特的价值组合。战略的实质存在于运营活动中——选择不同于竞争对手的活动实施方式。商业战略是企业各种战略的统称,这其中包括竞争战略、人才开发战略、营销战略等。

同样的商业模式可以采用不同的商业战略。如果说把商业模式当作一个"地图",它为创业者提供路径参考,那么商业战略就是探索如何"走",如何使创业者走向成功。

7.4.2 商业模式的表现及选择

商业模式要表现成一定的创业模式,才能更好地为创业者接受。我们欢迎并鼓励创业者按照上文的原理创新商业模式,但假如一时没有更好的想法,以下这些既有模式可能给大学生创业者带来启发。

1. 创业的一般模式

在创业者资金充裕的时候,创业者一般选择以下模式开展事业,创办新企业、购买现成生意、特许经营;创业者资金短缺时的创业模式,则一般采用以下几种,边打工边创业、网络销售创业、自由职业创业。

2. 适合大学生的创业模式

智力服务项目,其优点在于大学生具有相对一般创业者的专业优势。项目推荐:教育培训、广告设计类、翻译等。

高科技项目,其优点在于大学生教育程度高,在创业大军中大学生具有知识与技术优势,其创办的企业技术含量高,适合知识群体。这一类创业应关注高科技专利,如IT专利、环保、新兴产业等。

创业文化项目,其特点在于知识密集、附加值高、高整合性,这类创业适合在发达城市开展,并且难以复制。推荐项目:表演艺术、数码娱乐、动漫、产品设计等。

【资料学习】

海城公司的商业模式变革之路

海城公司(化名)的主打产品是智能防盗电子系统,产品技术含量高,在经营这种产品的时候,海城在销售方式上采取自营直销的方式,通过大量宣传推广来激发市场,另外这种产品也因为需要安装调试,故海城特意培养一支专业的安装服务队伍,这便是海城商业模式的基本雏形。

当谈及经营状况的时候,海城的老板却感叹市场的确是很大,但是自己却感觉驾驭不了,主要是销售和安装队伍的扩张不能跟上市场发展的需要,另外企业的资金越来越紧张,企业越发展感觉压力越大。公司产品都需要专业安装人员,但是产品的售价一般只有三五百元,粗略计算一下,一旦海城的年营业收入突破一个亿,根据工作量倒推,海城至少需要700~1000名安装服务人员,而且仅管理安装员工的管理人员也要配置约50人以上,一旦流动率高,其招聘培训成本也是一笔巨大开支。

有鉴于此,海城接受了一个简单的建议,取消安装服务,取而代之的是编制一本傻瓜式《安装使用说明书》,通过程序化、标准化的安装和调试操作规范,替代专业的安装人员。

另外,海城在前期销售模式上以代理为主,强化协销,既可以快速回笼资金,又可以整合社会资源,比单打独斗占领市场的速度就要快得多。

而且,海城可以腾出精力来专注于品牌营销和技术研发,也就自然抓住了价值链条上的关键环节,确保了海城具备整合价值链条的发牌权。

(资料来源:李振勇. 商业模式:企业竞争的最高形态[M].北京:新华出版社,2006.)

7.4.3 商业模式的设计

一个好的商业模式有助于创业的成功,那我们应该如何设计自己的商业模式呢?是不是只需要将商业模式设计出来就可以直接投入到实际运作当中去呢?

1. 商业模式设计的思路

每个企业都在追求独到的商业模式,但是商业模式的设计不是一蹴而就的,需要在创业机会开发环节不断试误、修正。创业者在选择属于自己的商业模式时,要结合多方面因素考虑,分析内外部环境和条件。

首先,创业者要分析企业所处的产业环境。企业所处不同的发展阶段会影响企业行为、产业结构和市场绩效。同时,不同时期政府的宏观政策的不同也会影响到企业发展模式设计。

其次,要充分评估企业能力。任何商业模式的变革都是以企业为核心,以其内部资源和内部流程重组为基础的。因此企业现状和内部流程等因素是商业模式设计必须要考虑的重要因素。

最后,需要明确商业模式设计的方向。商业模式设计的要素不止一个,以此商业模式设计的方向也有多种,但是无论哪种方向都需要企业的明确定位。分析当下新创企业的商业模式,总结出以下三种设计方向。①以客户为中心的商业模式。该模式设计的出发点是强调以客户为中心,将企业经营战略定位的重心从产品向客户转移,最大限度地满足客户的需求,为客户提供优质的价值。②以上下游资源为核心的商业模式,也叫跨越式商业模式。围绕上下游资源整合的创新,提高效率、降低成本。③平台型商业模式。其主要特征是处于中心的平台起着中介的作用,连接不同的但又相互依赖的参与群体。

2. 商业模式设计的流程

(1) 确定客户群

企业的成品和服务最终需要面向客户,这也是企业利润的源泉。企业利润源及其需求的界定决定了企业要为谁创造价值。好的客户群一定要界定清晰,有足够的规模,同时企业要深入了解客户群的需求和偏好。如果界定不清,规模太小,无法满足客户需要,势必会限制企业的发展。

(2) 完善企业的产品

企业的产品即企业的利润点,是可以获取利润、目标客户购买的产品或服务。利润点决定了企业为顾客提供了什么样的价值,企业的主要收入和结构。企业好的产品或服务不仅能够针对目标客户的需求为其提供价值,而且能够为企业创造价值。

(3) 突出企业价值链整合

针对企业内部现在有价值链进行调整,定位细节,突出为某类消费者提供更有价值的产品或服务,通过局部调整和针对性的设计,与其他此类企业形成明显的竞争优势。

(4) 阶段性改造商业模式

市场竞争和消费者需求的变化致使商业模式不能一直保持高度匹配,要想使自己的企业在市场竞争中一直屹立不倒,就需要对商业模式进行阶段性的改造,掌握消费者的需求变化,为消费者提供更高价值的产品或服务。

(5) 建立有效的利润保护屏障

企业为了防止竞争对手抢夺本企业的客户群,往往会采取一些战略控制手段以保证自己的利润不会流失,这就需要通过建立利润屏障来实现。现下比较有效的利润屏障主要有建立行业标准、控制价值链、创造独特的企业文化、维护良好的客户关系、确立在行业中的领导地位等。

3. 商业模式的检验与评价

(1) 商业模式的检验

商业模式是否合理关系到创业能否成功。因此,当创业者选择一种创业模式时需要对其进行相应的检验与评价,从而选择适合新创企业的商业模式。

① 逻辑检验

从直觉的角度思考商业模式描述的逻辑性,判断各种隐含的条件是否符合实际。将企业的产品或服务放在一个具体的应用场景中要能够行得通,思考它是否真正满足客户的需求,是否符合顾客重视的价值需求,从而使客户愿意花钱购买该产品或服务。

② 经济检验

商业模式的目标是对资源投入的更高价值与效益的回报,商业模式的实践效果包括经济效果。因此,企业需要对其产品或服务的成本、所能带来的收入和利润进行量化处理,从而评估经济效益。这可以通过对市场规模的占有率、盈利率、消费者的消费心理和消费行为、竞争者的战略和实施进行分析假设,从而估计相关数据。

在实际生活中,我们会发现,有些令工程师着迷的技术并不一定就是客户的需求,新创企业所提供的新产品或新服务并不一定能满足客户真正的需要。因此商业模式的经济检验应该建立在客户的真正需求之上。

(2) 商业模式的评价

商业模式与新创企业的成功息息相关,评价一个商业模式是否是成功的商业模式需要考虑以下几点。

① 适用性

适用性是商业模式最重要的前提条件。由于企业自身情况的不同,有的商业模式可能在一家企业中适用,而在另一家企业中就不适用。因此,商业模式必须具备该企业的特性。适用于该企业的商业模式能够使企业长久地发展下去。

② 有效性

有效性是商业模式的关键因素,是评价一个商业模式好坏的根本标准。在一定时期、一定条件下,有效的商业模式能够为新创企业带来最大的收益。

③ 前瞻性

企业以营利为目的,一个好的商业模式不仅能够使企业以独特的能力和手段吸引客户和投资者,在确保盈利的前提下为市场供应相应的产品和服务。同时,能够使企业在动态的环境中保持自身的灵活反应,及时修正错误,快速适应环境。因此,前瞻性是商业模式的灵魂所在。

7.4.4 精益创业设计法

精益创业是埃里克·莱斯提出并推广的理念。精益的基本原则就是杜绝浪费和有效利用资源。

埃里克·莱斯说:创业公司之所以能成功,只不过是因为其在资源耗尽之前做足了改进。他认为创业的本质是围绕着为用户创造价值进行的,创业的关键在于两个因素,捕捉用户痛点和提供解决方案。精益创业的核心思想是先在市场中投入一个极简的原型产品,然后通过不断的学习和有价值的用户反馈,对产品进行快速迭代优化,使其适应市场。

精益创业设计法简单的分三个步骤。

1. 列出逻辑框架,抓住你的商业模式

很多创业者在不经意间会在大脑中闪现自己的想法和灵感,有时候会在自己的脑海中构思商业模式,因此创业的第一步就是要把自己的最初的想法写出来。

2. 找出计划中风险最高的部分,控制风险

创业是高风险的事情,要想找到投资必须建立起一套有发展潜力的、可靠的商业

模式。因此,创业者需要先找出计划中风险最高的部分,持续而系统地降低风险,将风险控制在一定的范围内。

3. 系统地验证计划

将计划按照我们上面提到的评价和检验方法进行验证,检验所选计划是否能否满足客户需求,使企业获利。

【资料学习】

成功的商业模式没有共性

很多人错误地认为,要想成功创业必须去寻找最佳的商业实践,然后复制。但事实真的是这样吗?成功的商业模式是不是都有共性呢?我想用两个故事来解释。

第一个故事的主人公叫迈克菲。故事发生在20世纪80年代,微型计算机刚刚被发明的时候。有一天迈克菲读报纸的时候,看到一条新闻报道:我们遇到一个从来没有见过的新问题。有一种藏在3.5寸软盘里面的程序,我们把它插入电脑,这个程序就会侵入电脑,破坏电脑的原有程序。现在我们知道那个破坏性程序其实就是电脑病毒,但是在那个时候,电脑病毒还是一个完全陌生的概念。迈克菲看到这个新闻的时候,他非常兴奋,于是跑到技术论坛上发了一个帖子,主要内容是说他想做一个针对计算机病毒的解决方案,希望有人帮助他。有一个人马上给了回应愿意帮他一起写这个程序。然后迈克菲就把病毒程序的拷贝版本公布在论坛里说,看,这个就是我们要干掉的家伙。他们把杀毒程序写好以后,把它放在论坛里,让大家自己拿去用,免费。这可以说是电脑行业里面第一个免费分享软件的先驱。

这个杀毒软件非常迅速地被大家采用了。有的时候,迈克菲会收到这样的私信:你的软件,在我电脑上用不了。这也是第一个用户生成内容(UGC)的例子。迈克菲就根据用户意见去做修改,他的软件越做越好,越做越强。后来迈克菲的用户越来越多,很多人在家里用得不错,就会带到工作的地方去用。但是在商业场合使用,就涉及版权的问题。那个时候,安装一个软件需要支付25美元,一个公司可能有上万台电脑,这是非常大的一笔开销。但是迈克菲说,我不用那么多,一台电脑2美元就行。凭借这个杀毒软件,迈克菲第一年赚了500万美元,第二年赚了1 000万美元。

我们这里看到,迈克菲的商业逻辑是令人惊叹的。我推出一个软件,如果好,人们就会使用,如果不好,人们就会抱怨,那么我们就去改进,把它做得更好。家庭使用完全免费,工作使用才会收费。因此就算这个产品是免费的,它依然有盈利的模式,我们可以把它叫作双层的收费模式,或者是许可模式。迈克菲其实是创造了这种免费产品如何盈利的商业逻辑。

第二个故事也是一家做杀毒软件的公司,叫Symantec。与迈克菲不同的是,这家公司一直在和很多大公司的高层打交道。这些高层会找到Symantec说,我们公司内部的电脑病毒是一个很大的问题,我们希望你能提供一个解决方案。于是Symantec用了很多预算,雇优秀的程序员写程序,租用了非常豪华的办公楼,最后他们推出了诺顿杀毒软件,并把它作为一个企业的解决方案,卖给客户。

诺顿的杀毒软件和迈克菲的杀毒软件,两家的竞争就出来了。猜一下最后谁胜出了呢?这个问题非常不好回答,因为目前我们看到这两家都还在,都非常成功。有人说迈克菲。也许在早期,迈克菲有可能会主导市场,因为他们的软件总是先行一步。而 Symantec,是一些公司的高层对自己公司的信息安全比较担心,才去找软件开发商,他们永远迟了一步。Symantec 会觉得有点落差,他们花了很多钱,但是他们的开发者仅仅是在追随迈克菲。但是随着互联网的发达,Symantec 实现了一个快速响应的机制。一旦有病毒侵袭,这个病毒马上就进入到研发部门,然后迅速地开发出杀毒程序。所以在这样一个竞争环境下,这两家是在相互鼓励对方,或者说是督促对方变得更好,把整个互联网的安全性提高了。

通过这两个例子,我们可以看出成功其实是取决于企业战略、组织结构、企业环境这三者之间能否达到统一。企业战略和环境决定了企业的组织结构。

迈克菲是一个免费分享软件,他的用户会不断地更新这个产品,因此他不需要一个公司总部或者高楼大厦。对于他来说,他的业务中心就是他的用户群和社区。人们虽然知道自己的贡献没有办法产生收入,但是还是愿意留下来帮他改善产品。Symantec 就完全不一样,他的基础是和那些大公司高层的关系,所以他们必须要有气派的办公楼,必须要雇用那些有高级 MBA 学位的员工,必须要有清晰的工作流程。因为只有证明自己是完全可靠的,才能让这些知名的大公司来购买他们的产品和服务。

面对版权问题,两家公司的态度也是完全不同的。如果 Symantec 看到盗版的诺顿软件,他们肯定会找出源头,并诉之公堂。但是迈克菲如果看到一个盗版的迈克菲杀毒软件,他也许也会找到到底是谁做的,然后给他一个最新的版本,说:要不你用这个吧,这个比你的更好。其实我不在乎你到底是不是盗版,但是我觉得你发布出去的必须是最好的才行,不然会影响我的声誉。

这两家公司是不同的战略,不同的组织架构,但是都成功了。所以,其实不管你是在哪个市场,成功的方法不是单一的。很多人错误地认为,我们必须要去寻找最佳的商业实践,然后把它拿过来复制,并不是如此。不要去追随别人。想想你的战略是什么,然后思考应该如何去打造你的组织结构。你的成功取决于你的战略、组织结构、企业环境这三者是否统一。你的业务和别人看上去完全不同,但是你一样可以取得成功。

(资料来源:创业邦,http://www.cyzone.cn/a/20160621/298701.html)

【本节重点】

1. 掌握商业模式包含的 7 大关键要素。
2. 学会制定一个好的商业模式的要点和基本流程。
3. 学会通过充分评估企业能力,来明确商业模式设计的方向。

【练习与实践】

参考海澜之家、宜家家居、凡客的商业模式,在下表中对比写下三家公司的商业模式的异同点。

公司 商业模式要素	海澜之家	宜家家居	凡客
定位			
业务系统			
关键资源能力			
组织管理能力			
盈利模式			
自由现金流结构			
企业价值			

7.5 创业计划书

【案例引导】

商业计划书的重要作用

有些人会觉得,写商业计划书既费时又无谓,因为计划总是赶不上变化。计划书打印出来的那一瞬间,也许就已经过时。这种想法明显表达了对商业计划书的误解。事实上,构思、撰写商业计划书的过程非常重要,不可或缺。商业计划书不仅仅是公司对外融资的工具,它也能帮助创业者对其创业思路有更深的认识。商业计划的过程,是一个严格的训练过程,它培养的严谨态度,能帮助你评估商业机会的性质,培养你的能力。借助于这种能力,你能塑造有效的商业模式,从而充分实现这个商业机会的潜力。

公司正式开张以后你的商业模式还会发生变化吗?很可能会。构思商业计划会让你重新审视自己的创业思路,从而在开办公司前就对最初设想的经营模式做出调整。商业计划的构思与撰写能为你节约大量时间和金钱。商业计划书可以让你提前预测到公司创办时所需的资源和可能遇到的问题。退一步说,即便商业计划在帮助你预测潜在问题时不能做到面面俱到,你也必然会从商业计划过程中获得宝贵的学习,与此相比,你在书写计划时的成本投入却是非常有限的。

提醒一句:尽管所有的商业计划都遵循相同的核心原则,但是每个新公司的具体情况却千差万别。

无论你是创业领域里的试水者,还是已经创立了公司现在需要回顾一下,我们都希望你能把商业计划的制订看作是一个过程,而不是一个事件,或一笔"一锤子买卖"。写好商业计划书仅仅是万里长征的一小步,后面还会有更多的挑战等着你,逼着你不断地对商业计划进行构思、调整或重写。通过筹划、撰写商业计划书,你可以更好地预判未来,节约时间和资金成本。这对公司未来的成功而言是个一"本"万利的投资。把这种思维方式内化到自己身上,你就能战胜失败定律(绝大多数新创企业以失败告终),披荆斩棘,越过成败的分水岭,最终走向成功,实现价值创造。

(资料来源:安德鲁·查克阿拉基斯. 我是这样拿到风投的:和创业大师学写商业计划书[M]. 梁超群,等,译. 北京:机械工业出版社,2015.)

点评

商业计划书(创业计划书)[1]可以帮你梳理你的创业计划、步骤与目标。把创业计划写出来,有助于帮助我们描绘创业的愿景、使命和最后的目标,你心中所想的创业计划到底可行不可行只有写到纸上才能明白。

就像我们每到一个陌生的地方旅行,我们的手里都会握有一份地图,为我们指引方向。创业计划书就像是带领我们穿越现代商界丛林的地图一样,引导我们创业的每一步。

7.5.1 撰写创业计划书的目的

创业始于计划书。一份好的创业计划书能够详细地描述公司发展的规划、执行战略、财务计划等,使潜在的投资者能够在计划书中看到创业企业的目标、竞争者、如何营销企业产品或服务、预期的风险及成功的途径,从而说服潜在的投资者打开自己钱袋子。

1. 撰写创业计划书的目的

创业计划是创业者创意、创业愿景的表述,使得创业者在创业之前能够确定他们的创业理念,认真评估自己的优、劣势,考虑创业的目的和手段,从而为之后的创业过程奠定良好的基础,指导创业的进行。

2. 创业计划书的用途

(1) 检验创业构思是否可行

著名的风险投资投资家尤金·克莱纳说,如果你想踏踏实实地做一份工作,写一份创业计划,它能迫使你进行系统的思考,有些创意可能听起来很棒,但当你把所有的细节和数据都写下来的时候,就会发现这个创意是不可行的。在制定创业计划的过程中,创业者必须全面考虑自身的资源优势,设想将要遇到的困难,设定企业产品或服务要面向的对象,考虑在创业过程中可能遇到的竞争对手、企业未来可以产生的成本以及是否会盈利等,冷静分析自己的创业计划是否可行。

---

[1] 严格意义来说,商业计划书和创业计划书是有差别的,但两者都强调新创事业的计划,符合本章对创业的定义。

(2) 全面规划发展路径,提供创业指南

一份可行的创业规划书将创业过程中必须完成的任务、必须采取的行动和预期的效果做成了一份详细的一览表,勾画出创业的蓝图。有了详细的指引,创业的旅程将会更加安全,即使面对突发状况也不至于乱了阵脚和方向。

(3) 吸引资本,帮助企业融资

资金是企业生存和发展的前提,没有资金支持何谈发展。创业企业要想获得资金支持,一个重要的途径就是将创业计划书写好。完美的创业计划书能够让其他人了解你的创业构想,明白你为什么需要大笔资金,这笔资金如何分配使用,如何带来收益等,从而说服他人投资、入股,甚至可以得到一大笔创业基金。

(4) 整合资源,凝聚团队

制定创业计划书可以使创业者对创业过程中所需的人员、资源等各方面有个详细的了解。在现实生活中,这些资源大多是分散的,通过创业计划书可以将各方面资源进行整合,使各类资源、信息有效衔接组合起来,并最大化的发挥作用。

俞敏洪在谈创业团队时说道:团队的每个成员都是一粒珍珠,珍珠只有串起来才更有价值。创业团队需要各个成员的努力,各个成员的作用和职责也都在创业计划书中得到相应的体现。创业计划书就如同串珍珠的那条线,将整个创业团队成员有效衔接起来,使其发挥最大的作用和价值。

7.5.2 创业计划书的内容

创业计划书根据所面对的不同受众或读者,可以将其大致分为三类,分别是吸引风险投资商的创业计划、吸引合伙人的创业计划、获取政府或公共部门支持的创业计划。尽管每一类的创业计划书侧重点不同,但事实上,创业计划书的基本内容是有章可循的。

1. 创业计划书的基本结构

创业计划书基本结构包括以下几个部分:封面和目录、摘要、企业介绍、产品或服务介绍、市场分析、管理团队、营销策略、生产计划、财务规划、风险管理、退出机制、附件。

(1) 封面和目录

封面是创业计划书的脸面,具有美感和创意的设计会给人留下美好的第一印象。封面的内容一般包括公司名称、地址、联系电话、电子邮件、传真等必要信息;还应该有联系人姓名及职务,一般是创业者本人或主创人员;如果企业有自己的网站和Logo,也应注明。

(2) 摘要

摘要是对创业计划书内容的精简概括,是计划书的精华和核心所在,反映了创业计划书的整体面貌。一般投资者或专家在审阅一份计划书时,首先会快速浏览摘要,如果摘要部分没有任何闪光点,那么基本上就没有继续看下去的必要了。所以摘要部分应该通过具有吸引力、感染力的语言、图片或表格来吸引投资者的注意力,使其迅速理解企业的创业模式,了解计划书的重点,然后决定是否要继续读下去。

摘要应该重点传达以下几条信息:第一,创业企业的理念是正确的,所提供的产品、技术或服务等方面具有独特性;第二,经营计划是有科学根据和充分准备的;第三,创业者有能力管理好这个企业,企业拥有一个强有力的领导班子和执行队伍;第四,创业者清楚地知道什么时间进入市场最佳,并且知道何时该适当的退出市场;第五,企业的财务分析和利用是实际的,投资者的资金不会打水漂。

同时,注意摘要应该最后完成,这样会对整个创业计划书有更清晰、准确的理解和把握,从中提取出整个创业计划书的精华。

(3) 企业介绍

企业介绍是为了让投资者对创业企业有一个初步的了解。如果该企业已经建立,那么在企业介绍这一部分就可以尽可能简明扼要而又全面的展现企业的发展经营情况,给投资者尽可能多的企业及所在行业的信息;如果企业还没有建立,也需要尽可能地将自己的创业设想和企业未来的发展规划在创业计划书中展现出来。

这部分内容一般包括企业情况概述、业务介绍、发展与经营状况、组织结构、未来发展方向等。

(4) 产品或服务介绍

在进行投资项目评估时,企业的产品、技术或服务,以及能在多大程度上满足客户需求是投资者最关心的问题之一。这些结果影响着投资者的投资决策。

产品或服务介绍一般包括以下几点。一是产品或服务的一般性描述,如产品或服务的名称、特征、功能和价格,以及可以与之竞争的产品或服务;二是要突出介绍产品或服务的独特性和创新性,让投资者对企业充满信心;三是要介绍产品或服务所面向的客户。

(5) 市场分析

市场分析是创业计划书的重要组成部分,创业计划书中的计划和营销都要以市场分析为基础。一般从以下三个方面阐述:一是整个市场的大小和市场走势,通过定性分析与定量分析相结合的方式,描述所选市场现状和未来发展趋势;二是目标客户群,企业必须精准定位,最好能够做出市场规模估算;三是企业面临的竞争态势,包括竞争者分析、各自的竞争优势和劣势等。考虑如何在企业经营中充分体现优势,如何弥补劣势。

(6) 管理团队

投资者除了看重创业企业市场、产品和技术之外,团队也是往往比较重视的方面。风险投资界流传着这样一句话:宁可要二流项目一流团队,也绝不要一流项目二流团队。高素质的管理团队和良好的组织结构是管理好公司的重要前提,所以投资者想知道管理团队是否有能力、有经验去管理好企业的日常运作。

在管理团队介绍这一方面要重点介绍以下几点:企业的组织结构关系(最好以组织结构图的方式展现)、组织领导者、组织的管理制度、组织文化等。在介绍管理团队成员时,可在教育背景、专业技术、能力结构、性格等方面对比介绍,体现成员之间能够优势互补。

(7) 营销策略

营销策略的成败直接决定企业的生死。在这部分要介绍企业如何销售产品或服务以实现设定的市场目标。主要包括以下四点内容。

一是产品策略。这里的产品是指企业提供给客户的有形的物品和无形的服务的总和。在创业之初,由于资源的限制,企业为客户提供的产品的种类和型号规格可能不全,但应该规划好在未来几年里产品线的发展。另外,企业应该考虑好新产品的研发计划和在品牌问题上的发展规划,以此来面对政策变动、技术革新、顾客需求和竞争等因素对现有产品的冲击,保证企业的可持续发展。

二是价格策略。产品的销售、经济效益都会随着价格的变化而变动,所以要充分考虑企业成本、企业利润、供求关系和竞争者的价格等因素后再确定企业的产品价格和价格调整方法。

三是渠道策略。渠道是产品或服务从企业转移到客户手中所经过的途径或通道。这其中要重点考虑企业销售渠道的长度和宽度。销售渠道的长度是指在企业和顾客之间要经过多少中间环节;销售渠道的宽度是指在每个中间环节要设置多少个点。企业需要通过考虑自身的资源、产品的销售对象来合理设置销售渠道。

四是促销策略。促销的实质是企业通过一定的方式将产品信息传递给顾客,刺激或增加顾客的购买欲望和行为。创业者需要考虑促销所面对的对象是谁,例如促销的对象是消费者还是中间商。同时还要考虑促销的方式,如人员推销、广告推广还是它们的组合。企业要结合产品本身、市场、促销成本等因素来设计合适的促销方式。

(8) 生产计划

生产计划的作用在于向投资者展示产品的生产管理过程。具体来说应该包括以下几点内容:企业生产资源需求,如生产所需的厂房、土地、设备、技术等;生产活动过程,如产品生产工艺流程、生产周期;生产目标控制和改进能力,如产量目标、质量目标、成本控制目标等。

(9) 财务规划

创业者需要将企业经济能力的主要财务指标和投资回报进行预测,使投资者了解企业未来经营的财务状况,从而判断自己的投资是否能够得到理想的回报。这在很大程度上影响了投资者的投资决策。财务规划主要包括以下两个方面。

一是投资计划,即企业预计的投资数额、企业的资本结构、获取风险投资的条件、企业投资受益、资金的安全与监督管理等。

二是财务报表,是对创业初期5年之内的财务分析与预测,包括现金流量表、资产负债表、损益表。

(10) 风险管理

企业经营不可避免地会遇到许多风险,创业者需要在创业计划书中尽可能详细地分析企业可能会面临的风险、风险程度的大小以及创业者将采取哪种措施来规避或降低风险。所面临的风险主要包括以下几点。

一是市场风险,市场的不确定性是投资者关注的一个要点,如政策变动、市场需求、竞争等。

二是技术风险,如技术研发不到位、缺乏经验、研发资金不足等。

三是资金风险,如可能出现资金断流或资金流转不畅等。

四是其他风险,如经营中的突发状况等其他风险。

创业者要对创业过程中可能面临的风险认真分析,并对每一种风险都提出相应的应对措施,切忌为了增大获得投资的机会而避重就轻,故意隐瞒或缩小风险,这样只会失去投资者的信任。

(11) 退出机制

创业投资的退出是指风险投资人最终以现金的方式收回其对企业的投资。常见的资金退出方式有三种:公开上市、兼并收购、偿付协议。

公开上市是指上市后公众会购买公司股份,风险投资家所持有的部分或全部股份可以卖出。

兼并收购是指可以把企业卖给一家大公司,一般这种情况需要在计划中提到几家对本企业感兴趣并有可能采取收购行动的大公司。

偿付协议是指可以给投资人提供偿付安排。在偿付安排中,风险投资人会要求本企业根据预先商定好的条件回购其手中的权益。

(12) 附件

附件中可以放置一些不适宜放入正文当又很重要的材料,有助于说明前面内容的证明材料,如专利技术、市场调查报告、政府相关政策文件等。

2. 创业计划书的核心内容

创业计划书贯穿整个创业过程的灵魂,其中的核心内容包含以下几个方面。

(1) 创业团队介绍:不仅要让投资者看到创业团队的凝聚力和战斗力,还要让投资者看到团队成员之间的优势互补。

(2) 核心竞争力分析:创业者要能够提供具有市场发展前景的产品或服务,才能够吸引投资人,这也是公司的价值所在。

(3) 市场及营销分析:市场分析是指对已有的市场用户调查分析、对新产品或服务的前景预测。市场营销的情况关系到企业的生存和发展,创业者应该将其市场营销战略在创业计划中有明确的体现。

(4) 财务管理分析:创业企业的财务状况及管理、投资资金的使用情况是投资人和战略合伙人十分关注的方面。创业企划书需要在其中细致地讲述各种销售数量与价格、直接成本与间接成本、固定成本与变动成本、运营成绩与利润、股东权益与盈余分配方法等情况。使投资人和合伙人对财务状况一目了然,放心投资。

(5) 风险分析:风险是创业过程中不可避免的情况,创业者需要尽可能地分析出企业将来可能面临的风险、风险程度的大小以及将采取哪种措施来防范、规避风险或在风险来临时采取哪种行动来使损失降到最低。

7.5.3 编写创业计划书的要点

1. 编写创业计划书的基本要求

据统计,每100份创业计划书中,平均只有5份被潜在的投资者读过;在1000份创业计划书中,平均只有6份获得投资者的投资。那么如何使自己的创业计划书在众多计划书中脱颖而出,赢得投资者的青睐呢?

首先我们需要了解创业计划书写作的基本要求,在此基础上完善自己的创业计划。

(1) 简洁明了

投资者每天都是忙碌的,可能每天还要阅读几十份创业计划书,所以创业计划书应该开门见山,简洁明了,避免出现与主题无关的内容,让投资者一眼就能明白你要表达什么。一份好的创业计划书一般以30~50页最佳。内容太短或许不能将创业计划完整地表达清楚,太长就会被写成企业管理大全,内容冗杂,忽视重点,让投资者没有兴趣和时间读下去。

(2) 结构完整,条理清晰

创业计划书是一种很正规的文件,在结构和内容上要力求完整和清晰。在结构上,创业计划的各个部分都应该展示,尤其是将投资者真正关心的问题解释清楚,如企业所提供的产品或服务是什么,如何盈利,利润是多少等,并且要在计划书中条理清晰地指出商业机会、所需要的资源、把握这一机会的进程、风险与预期目标。

(3) 力求准确,体现真实性

创业计划书的内容一定要体现真实,实事求是,切不可夸大其词。比起华丽的辞藻修饰,投资者更愿意看到的是对事实客观、理性的分析和论证。创业者要向投资者全面展示与企业相关的信息,不管是优势还是劣势,要体现出寻求投资与合作的诚意。隐瞒实情、夸大其词或过于乐观往往会适得其反。做创业计划书之前,要进行充分的市场调研,通过调研了解客户群、竞争对手、市场前景等,在调研的基础上通过所得数据进行分析说明,增加说服力。

(4) 注意语言

创业计划书既不是学术论文,也不是文学作品。创业计划书应该用通俗易懂的语言和言简意赅的文字将自己的观点完整地表述出来,使人容易理解,避免过多使用专业用语。

2. 编写创业计划书易犯错误

在编写创业计划书时除了要注意写作的一些基本要求之外,还要避免一些误区。

(1) 以自我为中心

很多创业者在编写创业计划书时往往是从自身的角度出发,谈自己要做什么、谈自己的产品或服务,但是缺少对自己产品或服务所处的市场环境的分析,缺少对行业发展前景的分析。这种泛泛而谈不会使投资者产生兴趣,更不会让投资者做出投资决策。

(2) 过度包装

有的创业者在编写创业计划书时流于形式,随便从网上找一个模板,然后往里添加内容,生搬硬套。但这种做法很难将创业者的创业计划描述清楚,也很难给投资者留下深刻印象。

关于创业计划书的内容,有的创业者会将自己的创业团队描述的无人能敌,每个成员都有着顶级文凭或在大公司工作的经历。事实上,这并不是投资者的关注所在。创业者需要展示的是团队成员的专业能力和经验是否是创业成功的重要因素。即使你在计划书中指出你团队的不足,缺少某方面的技术或人才也没关系,因为或许投资人可以帮你推荐一个他认为适合的人来弥补这个不足。

(3) 过于乐观

创业的冲动和热情往往会使创业者只看到项目好的一面,对创业未来充满美好的期待,而忽视了项目潜在的风险。有的甚至为了吸引投资而故意只写项目好的一面。然而投资者都明白,没有任何创业风险的项目是不存在的。你过于乐观的描述只会让投资人觉得你在避重就轻,故意隐瞒风险,或者你是一个不成熟、不理性的创业者。

(4) 不分析竞争对手的情况

现代市场经济中,竞争是普遍存在的。但是许多创业计划书忽视了这一点,在创业计划书中关于自己企业的优势长篇大论,而谈到竞争对手时却只是轻描淡写,一笔带过。

(5) 缺乏可行的盈利模式

投资者最关心的问题就是企业的盈利前景。成功的盈利模式会为创业企业赢得稳定的利润。盈利模式是指企业通过投入经济要素后获取现金流的方式和获取其他经济利益手段的混合,其核心是获得现金流入的组合途径。很多创业计划对企业未来盈利的方式描述含糊其辞,这样的方式获得投资者投资的概率很低。

【本节重点】

1. 知道创业计划书的重要意义。

2. 了解一份完整的计划包括哪些内容。

3. 了解创业计划书编写的基本要求,注意在计划书编写过程中容易犯的错误,掌握计划书的展示技巧。

【练习与实践】

假设你的家乡盛产各种热带水果,你想要开办一家以大学生为主要客户的水果线上交易平台,把家乡的水果以电子商务的形式卖到全国的高校。现在你正在撰写创业计划书,请将"竞争分析"这一版块以 SWOT(优势、劣势、机会、挑战)的形式写下来,并填写下表。

S(优势)	W(劣势)
O(机会)	T(挑战)

【复习与思考】

1. 创新与创业的关系是什么?
2. 大学生创业的意义。
3. 如何把握创业机会?

第8章 职业适应与发展

【学习目标】

1. 学会从学生到职业人的角色转变。
2. 了解初入职场面临问题及其解决策略,走好步入职场第一步。
3. 认知职业道德、职业意识和职业心态等职业化要求,提升自己的职业素养。
4. 学习根据个人兴趣、特长、价值观等取向确定自己的职业发展方向。
5. 学会设定和管理个人职业发展目标。

8.1 从学生到职业人

【案例引导】

走入职场

李某为北京生源,毕业后到北京一家研究设计院就业。老师同学都很羡慕,她就职的设计院是国企那是很多研究生毕业的学生才能去的地方。可是毕业一年后,李某的父亲来到学校找辅导员,说李某刚工作不久就患精神障碍住院了,刚出院,希望老师多帮助开导。家长没文化,遇到棘手的问题又想到了辅导员老师。经过与家长的详细聊天得知,李某刚到单位不久,因单位研究生多,本来就感到自卑、压力大。领导分配让她做一个设计,她一时做不出来,又碍于面子不愿意向前辈和同事请教,也不愿意回校向老师请教,自己给自己很大压力,最终导致精神障碍。

一段时间以后,老师给李某打电话询问工作情况,李某向老师说,单位又让她去搞人口普查,是不是觉得她搞业务不行,让她打杂?老师说:"让你搞人口普查是因为你是北京生源,熟悉北京情况,还有就是你普通话讲得好,与人沟通能力强。"李某听完后豁然开朗。

📝 点评

大学生初入职场,在很多方面需要适应和转变,遇到问题是正常的,要虚心请教,继续学习。同时要学会换个角度看问题,善于发现自己身上的闪光点,做好从学生到职业人的角色转换。

走上工作岗位的大学毕业生是否认识到,走出校园、走向社会的第一步标志着自己的人生发展进入了新阶段,其间的适应与发展对自身未来的职业生涯发展将起到奠基的作用。从校园到职场,外在环境发生了重大变化,这一切要求大学毕业生担负起一个全新的社会角色,承担起相应的社会责任。

8.1.1 变化与适应

这个世界唯一不变的就是"变化"了,面对从学生到职业人的重大转变,作为职场主体的大学毕业生需要主动适应。

鱼鳃的结构及其呼吸功能适合鱼在水中生存,蜂巢、蚁群的结构适合整个群体的取食、繁育、防卫等功能。在生物学中,当环境改变时,机体的细胞、组织或器官通过自身的代谢、功能和结构的相应改变,以避免环境的改变所引起的损伤,这个过程称为适应。"适应"这一概念最初是在生态学中应用,后来被引入到社会学的领域,其更广泛的用法存在于形容人类的社会行为。

1. 初入职场认知

大学毕业生告别五彩斑斓的大学校园,走向平凡的工作岗位时,需要认识到自己的生活、工作、学习等各方面产生了很大变化,往往正是这些变化和差别使得学生难以进入职业人状态。

(1) 学校与职场的差别

对比校园生活的悠闲安逸,职场节奏紧、任务重,会给职场新人们带来相当大的压力。学校和职场存在很大差别。

① 存在基础不同。相对于同学、师生间的无利益冲突和互助互利,职场中人以利益往来和利益交换为存在基础,共同实现组织目标。

② 核心目标不同。相对于大学的教育和培养人才的目标,企业等组织以开展商业等经济活动,创造经济价值或实现组织绩效为主要目标。

③ 发展要求不同。大学要求个体以学习为主,提升能力以期望学生成长、成才,企业等组织则以团队协作为主,要求个体奉献和获得组织业绩增长。

④ 学习过程不同。大学时期的学习抽象性、理论性强,是正规化、个人化、结构性和象征性的学习,学习中要解决的问题常有标准式答案。职场中的学习是具体问题的解决、决策和设计,以工作中发生的特定事件和真实生动的生活为基础,并具有分享性和社会性。要解决的问题很少有标准答案。

⑤ 人际环境不同。校园是"熟人型"环境,同学、师生之间相互较了解,人际关系

简单、平等、自由,教师、同学就像是一个和谐的大家庭。而职场,宛如战场,是"陌生型"社会,除同事、上司,还有客户和其他相关社会人员,相对复杂,明确等级关系,需服从管理。

⑥ 生活环境不同。校园里大学生是宿舍—教室—图书馆(或体育馆)—食堂四点一线的简单的生活方式,接受相对单纯的校园文化熏陶。步入职场后,生活节奏快速、工作紧张,自由支配的时间少,还要适应不同的环境和组织文化。

(2) 老师与上司的差别

校园中老师以教书育人、授业解惑为出发点对待学生,上司则以完成任务、获得绩效的利益导向要求员工;大学老师一般鼓励学生讨论,欢迎同学发表不同看法,上司通常对讨论不感兴趣,更关心执行效果;大学老师规定学生完成任务的交付时间,而且通常宽容延迟交付者,而上司有可能分派紧急的工作,交付周期可能很短,并对不能按期完成者常伴有不满批评或制度处罚;大学老师通常尽量公平地对待所有学生,而上司有可能独断专行、并不公平。

(3) 学生与职业人的差异

校园人思考问题的角度和方法、承担责任、探讨问题的途径均不同于职业人。表 8-1 描述了学生与职业人的角色差别。

表 8-1　学生与职业人的对比

项　目	学　生	职　业　人
思维角度	一般只关注是什么	主要关注做什么
思维方法	他人提出问题,被动思考和回答	自己发现,主动思考问题
解决问题	强调独立思考并解决问题	团队沟通,协作解决问题
地位立场	主体地位,学校为学生服务,是获取主体;依赖家长和学校	客观地位,为职场和团队服务,是奉献主体;工作生活独立,参与竞争,独立承担责任
行事规则	处世交往和待人接物比较简单直接,不牵涉过多的利益纠纷	高效做事,以结果为导向,绩效为王
合作习惯	松散的、情感导向	义务性的、利益导向
承担责任	以学习、探索为主要任务;校园内接受校纪校规约束	必须服从领导和管理,适应职场;犯错误要承担相应的成本、风险和责任
社会权利	接受教育权	依法行使职权,开展工作,获得报酬
社会规范	学生规范,学校规章制度	职业规范,不同职业有不同的行为规范
活动方式	学习知识和培养能力、接受给予	运用自己的知识和能力,提供劳动

2. 进行角色转换

认识到校园和职场、学生与职业人的差别,为明确职业岗位对自己的要求奠定了基础,适应环境变化、满足岗位要求,顺利实现从学生到职业人的角色转换是成功开启人生职业生涯发展的关键一步。

现实生活中,新入职的大学毕业生在角色转换过程中容易出现一些问题。

(1) 依恋和畏惧并存

经过十多年的读书生涯,对学生角色的体验非常深刻,在学习、生活和思维方式上都养成一种相对固定的习惯。因此在职业生涯初始,许多人常自觉或者不自觉地置身于原有的学生角色,以旧有的习惯方式待人接物、分析解决问题。而面对新环境,不知工作该从何入手,如何应对,因此工作中缩手缩脚、怕担责任、怕出事故、怕闹笑话,缺乏年轻人的朝气和锐气。

(2) 自傲与浮躁同在

有些毕业生认为自己寒窗十几载,已经学到不少知识技能,自己是高层次人才,看不起基层工作和基层工作人员,认为做一些琐碎工作是大材小用,有失身份,表现为做事不踏实、浮躁,一会儿想干这,一会儿又想干那。在这种心理下,很多大学生在现实中表现为眼高手低,大事做不了,小事不屑做。

(3) 孤独与苦闷常袭

初入职场的大学毕业生们面对接踵而至的新任务、新要求、新面孔应接不暇,工作中等级分明的上下级、不熟悉的同事等人际关系也增加着职场新人们的心理压力。在这样的时期,大多数毕业生走出校门,背井离乡,学生时代的老师、同学不能经常见面交流,而新的朋友圈尚未建立,遇到困难和问题难以找到倾诉对象、无以排解,孤独与苦闷也便常常来袭。

角色转换的根本变化是权利和义务的变化。大学毕业生完成学业,步入职场,由原来的学生角色转变为职业人士的社会角色。顺利实现角色转换可以采取以下对策。

(1) 调整职业心态,打好角色转换的心理基础

心理准备不足就会产生过激情绪,导致心态失衡、难以适应。在新人烦恼与理想和现实间巨大反差时,请认清复杂都是由简单而来,高端都是从基层做起的。初入职场的大学毕业生要有面对现实的心理准备。职业发展与人生成长的轨迹其实一样:低起高谋,分步前进,厚积方可薄发。到基层工作不是一件丢人的事,而是一个广泛学习、为以后的坚实迈步积累的机会。职场也如"战场",不会一帆风顺,踌躇满怀的职场新人们要树立竞争观念、协作观念,明确自己的目标,从基础工作和基层做起,不受外界影响,顺利时不沾沾自喜,失意时不自暴自弃,这才是事业成功者的必备素质。

(2) 安心本职工作,把培养职业兴趣作为角色转换的前提

顺利实现角色转换,职场新人应该切记的是,职业理想不等于过于职业理想化。工作本身就是辛苦的,尽管有幸你的工作是兴趣所在,但也一定背负着某些烦恼和艰辛。更多的工作是在我们全身心地为之付出后才产生了对它的兴趣和喜爱。"头顶星空,脚踩大地",刚步入工作岗位的学生,应尽快从相对悠闲的学习生活模式中解脱出来,全身心地投入工作岗位,沉下心来把该做的工作做好。当理想不等于现实时,不要抱怨和放弃,需要的是职业热忱。

(3) 勤于观察思考,善于发现问题是角色转换的有力保障

蓄势待发的职场新人们,更多的知识和能力需要用心在工作实践中获得。只有善

于观察问题,才能发现问题;只有运用掌握的知识努力解决问题,才能掌握第一手资料,分析研究职业对象的内部规律,才能培养独立见解,逐步具备独立工作能力。

(4) 积极主动、乐于奉献,是尽快实现角色转换的助推器

回忆起刚入职时的工作情景,现已成为分公司经理的李先生说道:"之所以能在公司快速成长,秘密就在于'每天多干一点'。"新入职的大学毕业生们也许认为,只要能坚守工作岗位,把领导安排的事情处理完成,就能成为工作中的成功者。但是甘于平庸、被动听令的心态是最大的敌人。自发自觉地做事,勇敢地迎接挑战,不计得失回报,会赢得良好的声誉和更多的信任,增加他人对自己的需要,开启自己精彩的职业生涯序幕。

8.1.2 蘑菇定律

"蘑菇定律"又称"萌发定律",是许多组织对待初出茅庐者的一种管理方法,是指初入职场者常常会被置于阴暗的角落、不受重视的岗位或打杂跑腿的工作,无端的受到批评、指责、代人受过,任其自生自灭得不到必要的指导和提携。

"蘑菇期"的经历对职场新人来说是成长必经的一步,对日后积累工作经验和人生阅历大有裨益。想要走出职场蘑菇期,就必须学会一些必备的方法。下面是走出职场蘑菇期的几种方法。

1. 当"蘑菇"没啥大不了

柳传志从创办联想开始,即以其卓越的领导力,为联想人乃至整个企业界所称道。杨元庆、陈绍鹏、刘军、贺志强,这些人都是柳传志在十几年间用自己的人才管理方式培养出的一批虎将。他的人才培养策略是缝鞋垫理论,培养一个人才如同培养一个优秀的裁缝,不能一开始就给他一块上等毛料做西服,而是让他从缝鞋垫做起,鞋垫做好了再做短裤,然后再做长裤、衬衣,最后才是西装;慢慢磨练,方可成长。

达尔文说过,要想改变环境,必须先适应环境。职场"蘑菇期"最能够考验一个人的修养和意志。接受"蘑菇理论"的考验,耐心当几天"蘑菇",消除掉自己那些自视甚高、不切实际的幻想,可以使自己更加接近现实,看问题也更加实际一些。成功是每个人追求的目标,但要避免急功近利。"蘑菇经历"是一件好事。它是人才蜕壳羽化前的一种磨练,对人的意志、耐力培养有促进作用。

2. 急于求成要不得

许多初涉社会的大学生都怀着自信满满的态度而来,觉得自己应该得到重用,或者过高的看重报酬而把工资水平看作唯一衡量自己价值的标准。"小蘑菇"要喜欢自己的工作,只注重金钱利益而忽视了这份工作能否带来乐趣、是否有发展的空间。若能从工作中寻得乐趣,而不仅仅是为了工作而工作、急于求成,便能够创造出意想不到的结果。

3. 放低姿态,学会忍耐

想要成功走出"蘑菇期",首先要放低姿态。刚入职的大学毕业生往往想着一开始

就能够有所表现、大干一番,但是现实往往是被晾在一边成了"小蘑菇"。当现实与期望发生冲突,很容易令人丧失工作热情。其次,要学会观察周围的人和事,试着配合大家的习惯。最后,"小蘑菇"还要做到嘴快、手快,在完成分内工作的同时,看看还有什么是自己能做的,化被动为主动方可有所得。

职场新人要正确对待评价,注意做好调整。跨入工作单位的大门起,必然会受到新群体对你的评论,这是在新环境中以新角色的要求对你做出的新评估。同时,一个人仅凭自我感觉认识自己是不行的。只有通过与别人的评价与比较,取得大多数人的肯定评价,才是重要的。

对初入职场的人来说,工作中出现失误在所难免。很多情况下,虽然你的出发点是很好的,但结果往往与你的想法背道而驰。职场中无论批评者的动机是什么,我们总是可以利用批评作为改进自己的一种指南。公司里犯错多是行动力的证明,而这种行动力,正是上司对新员工最大的期待。

4. 用价值说话最有力

如果你在开始的工作中就满腹牢骚、怨气冲天,那么就容易对工作敷衍了事,从而有可能造成错误的发生;或者本可以做得更好的,而没有做到。这会使你在以后的职务分配中很难得到本可以争取到的工作。对于职场新人,用心修炼,细心做事,用价值说话最有力。也许你作为一个"职场小蘑菇"得不到领导的赏识与重用,所做的只是一些没有建树的、不费太多心思的工作,但是这都是你熟悉整个公司的工作环境、了解工作流程的最为行之有效的方法。所以,认真对待这些细节琐事,把手头的工作做完、做好,必然能够获得肯定。

5. 适当表现

一个精明而有能力的职场新人,一定会抓住机会表现自己,缩短当"蘑菇"的经历。

(1) 在公司例会或其他会议上积极发言。当然,你必须事先对会议的议题下一番功夫。注意在未经上司允许的情况下,切忌盲目发言而喧宾夺主。

(2) 及时汇报、沟通工作。"早请示,晚汇报"是入职新人对上司尊敬的工作态度。这不但能让上司了解你的工作状况随时给予指导,还会赢得上司的重视和信任,有助于你的成长。

(3) 不自作聪明。相信你周围人们的智商和情商,不自以为是,不贪图蝇头小利,不浮躁吹嘘。勇敢地说出自己不懂的地方,向上司或同事虚心请教。

(4) 扩大自身格局,坦然面对变化。站得高才能看得远,作为职场新人,要开始探索和树立自己的职业理想和远大目标,放眼长远,勇于创新、不断挑战自我。

8.1.3 把握职场第一年

职场第一年是职场新人职业生涯中的关键一年,这一年成功的意义不在于知道了多少,而在于学习的能力有多强,学习的速度有多快。有些时机,错过了终不再来,每个人的职场第一年只有一次,新入职的大学毕业生们迎来了新的人生课题,应好好把握。

1. 初来乍到

大学毕业生走上了工作岗位，初来乍到，要做的就是安稳下来，站住脚跟。熟悉单位环境、了解工作任务、摸清政治版图……让自己悸动的内心沉淀下来。主要有以下任务。

（1）把握规章制度，洞悉组织文化

从某种意义上说，组织或企业的文化理念就是该组织或企业发展的精髓，主要包括组织的历史、产品、环境、战略以及未来的愿景、规章制度、价值观、企业精神以及做事方式等。初涉职场的年轻人不能深刻地了解所在组织或企业的文化理念，一般不会被委以重任。尽快了解自己所在的组织或企业的文化理念，脚踏实地，从小事做起，一步一步地提升自己。

新入职一家企业，除了员工手册上的规章制度，还需要了解哪些规章制度必须被严格遵守，企业有哪些不成文的规则等，这些事情最好去请教同事而不是凭直觉处理。还有些事关个人修养和职业道德的。例如办公时间处理个人事务、因私利用公司的材料和设备、办公室恋情等其他涉及私人的事情，处理时要"合理、适宜、适度"。

（2）留下良好第一印象

给人留下良好的第一印象是很重要的。有时，第一印象在别人脑海中很难更改，有时，第一印象甚至会影响后面的职业生涯发展。

"机遇总是给有准备的人。"愿意从基层做起，不惧繁琐、踏实认真、团队合作，一旦你的所作所为证明了你可以完成一些看似不重要的工作，老板就很可能会把更具挑战性的任务交给你。职场新人们踏实工作，留下良好第一印象，将有机会脱离自己观天的小视野，迎接一片更加广阔的天空。未来在脚下，好的开端才会为未来发展打下坚实基础。

（3）看懂办公室政治

有人的地方就有政治。而大学毕业生要意识到，告别了"象牙塔"般的校园步入社会，就进入到办公室政治，参与到人与人的竞争中去了。新入职的大学生对办公室政治不可不知，但也不必深忧过虑。

作为新入职的大学毕业生缺乏社会经验，面对相对复杂的办公室政治容易走入误区。有的人进入职场后"拍马屁"，找靠山，拉拢人，工作花表面功夫，在领导面前炫耀辛苦和勤奋，人前一套，人后一套。有的人唯唯诺诺，做老好人，遇到事情"事不关己，高高挂起"。有的人工作很勤奋，但任劳不能任怨，好盲目攀比、牢骚满腹。其实，所谓办公室政治就是心魔，彼此妒忌、相互提防。办公室政治没有那么神秘，也并不可怕，学会尊重他人、谦虚谨慎，真诚大度，自省自强。修炼好内功，明确工作目标，创造自己的发展优势。

2. 人际与沟通

新入职的大学毕业生是否意识到，职场中人际关系也是竞争力。打造良好的人际关系也是实力积累的必做功课。但职场里的沟通很有技巧,有人笑着说出来的话是伤人的,而有人大骂着说出来的话却是暖人心的。职场新人尤要学会仔细聆听观察,用心理解领悟,综合分析判断,才能处理好人际关系,不犯错、做对事。

(1) 与领导打交道

在职场人际关系中,是否学会跟上司打交道是能否立足职场、获得更好发展的关键。

① 看懂眼色听懂话

新入职的大学毕业生在处理一些清晰明确的基本工作应该是不成问题的。公司安排的岗位责任,明确详细地规定了职责义务。部门的工作目标也会通过会议、文件等形式公之于众。这些相对来讲容易理解和把握。但是还有一些领导的工作需要和希望是没有明文安排或未曾说出的,是否能真正领会呢?

【资料学习】

王总下班前找到办公室工作的刚毕业大学生小李说:"明天开营销项目讨论会,通知大家一早就来。"小李点头称是,并赶在下班前,给营销部、市场部经理打了电话。第二天一早,王总一进会议室的门就皱起了眉,问道:"人怎么没到齐?"王总,您说开营销项目讨论会,我就通知了营销部和市场部啊。"小李赶紧说。"不对,开发部、生产部、质量部都要参加。人到齐了我再来。"王总摔门走了,过了一会儿人到齐了,王总又被请来,大家有些茫然地看着他,说:"今天的会议议题是什么呀?没有准备发言内容。"王总的脸色十分难看,厉声质问小李:"你们办公室怎么搞的,连个会都通知不明白。你这是在耽误大家的时间!"事后,小李跟办公室张主任解释事情经过时满腹委屈:"王总交待会议通知时没具体说参加人员和内容,事到临头把责任全部推到我头上。"

这件事的关键问题在于,虽然王总没有交代清楚,但你也没有主动去了解清楚。王总肯定以为你了解他的意图,而你在不了解他的意图的情况下自作主张去通知,自然出现错漏耽误事。

(资料来源:桂旭江. 凭什么提拔你[M]. 广州:广东旅游出版社,2014.)

职场上,日理万机的领导往往忽略了新员工,公司的一切对新员工来说还是相对陌生的。而有些初入职场的大学毕业生又不好意思或不敢多问,怕被领导看作反应慢、理解力不够。事实上,大多数领导不会因为多请示而认为新员工愚笨,反而觉得是一个认真、可靠的人。职场新人多问多沟通,准确了解上级意图,避免产生误会耽误事,这是与领导沟通的基本规则,至少能保证在职场成绩及格。而所谓悟性,是还要学会领悟上司的话外之音。在职场沟通中,上司许多话不直接说出口,拐个弯委婉地说出来,才有回旋的余地,才能更好地传达自己的意图。这也是上司时常使用的沟通手段。

② 管理好上司

管理好上司指与上司良好地沟通,甚至对上司产生一定的影响力以促进工作效率的提升。

首先，要做到服从与尊重。步入职场，有的大学毕业生难以适应不同于以前生活的相当民主、轻松自由的校园环境，对上司的权威大感震动、惊讶。其实，这就是职场现实。尽管有些"残酷"，但要认识到任何组织机构中都不能缺少权力掌握者来履行管理职能。任何组织发工资、雇用员工是让员工"服从命令听指挥"，完成任务为先。没有员工的彻底服从与执行，即便最先进的思想理念和规章制度，也难以被贯彻实现。当然，也并不是如果有充足的理由拒绝上司，也必须保持沉默。但是，这里说的尊重和服从上司的领导地位和权力，是指以合适的态度对待他，比如快乐、不抱怨地执行任务。而且无论任务是轻是重、是大是小，都尽量在规定的期限内保质保量地完成。无论是个人还是公众场合，和上司沟通交流时，把注意力集中在他身上，注意听他讲话。到上司办公室沟通工作时如果没有得到上司请你坐下的邀请，就请一直礼貌地站着。并且要让你的谈话言简意赅、切中要害并有所准备。还要了解不在公众场合挑战或威胁上司是非常关键的，当众让领导下不来台绝非明智之举。如果有很好的不同意见可以促进工作，最好是两个人单独交流时再与上司辩论，而且出发点不是扭转上司的想法，而是让领导者能够倾听并认可你的观点。而当提出建议或表示反对时，有一个比较委婉的方式就是用提问的形式来表达。

不要忘记，拍板是上司的事。职场上很多看似是小事，你可能很随性地擅自做了决定，你可能觉得是没什么大不了的小事一桩，而你的上司可绝对不会这么想。步入职场的大学毕业生，首先要区分哪些事情是必须请示领导的，哪些事情是可以自己处置的。越权越位，甚至越级报告，都是没有好下场、不可触犯的职场天条。

如何面对上司的批评？从一直被学校老师和家长耐心引领和鼓励的学生生活到完成任务、担当责任并充满竞争的职场，想从上司那里得到大量肯定的反馈是不现实的。除了取得了辉煌业绩，上司会认为没有必要给属下称赞和表扬。对于大学毕业生这样的职场新人，看问题不能只看表面，对待被上司批评甚至责骂这件事情，要把对你工作的纠偏与对你的人身攻击或否定你的尊严和价值区分出来。要知道被上司批评，很大程度上是因为上司看重你，指出你的错误是为了培养你。如果上司根本不理，说明根本没有被批评的价值，批评你只是在浪费自己的时间和精力。职场中要经得住批、担得起骂，才能尽快地从惶恐敏感的"职场菜鸟"走向成熟稳重的职场人，从容豁达地迎接一切挑战。如果遭受一两次批评就一蹶不振、打不起精神，这样会让上司认为你不堪以重用。

要让自己做个忠实可靠的下属。忠实是工作中要言而有信，如果明知某件工作下班前也不可能完成，却还许诺说中午可以完成，交不了差时再找理由推脱，那就是只做表面文章，迎合取悦领导。可靠也不仅仅是上班要准时，而且还意味着在立场态度上始终如一、得体恰当。在工作请示中，尽量给领导提供问题解决方案让他决策、选择，而非把基础的信息、数据全部罗列呈报（领导有此要求的情况除外），让领导自己去挑选过滤。

③ 保持独立性

虽然在职位上你是低于上司的属下，但在人格上是平等独立的，并不隶属于上司。

即使上司是业界精英或传奇人物,也应该保持独立性。独立性不仅仅对自己来说是必要的,在有效地帮助领导者或实现组织利益方面也是必要的。独立性能够使合理的建议是基于领导者的利益而不是其他某些人的想法。当组织发生变化、领导者发生更迭、领导者不再需要员工的帮助时,独立性也能确保员工做好准备去做其他事情,并继续实现价值。

独立性是一种态度和思维模式。保持自己的私人生活尽可能远离领导者并警惕那些"人情债"或"意外之礼",这个态度的出发点是避免利用工作之便提高自己的生活质量,保持使用自己的车、电脑、手机、电子邮件等。在情感上成熟起来,不要认为领导应该像父母一样关心员工的感受,也不要渴望得到领导的认可。除了支付的薪水,上司什么也不欠,所以不要期待着领导的提拔。有必要意识到职位的更迭并不是某一个领导人说了算的,不能期望得到领导者的"忠诚"。在自己职业发展的过程中,不要拿自己的价值做赌注。我们经常看到被法办的职场官员不只一人,而是包括其下属在内的一众人物,要知道一个人永远要为他自己的行为负责。保持一种独立的态度,客观地判断事物,会使自己远离个人灾难,这灾难大多比丢掉工作更可怕。

职场中,多数情况下应该服从上司,但当上级布置的任务超出我们能力和职权范围时,那么,作为下属,有时也需要拒绝上司的要求。作为一个下属,对上司说"NO"是要有勇气的,不过,就算有勇气,没有策略也是不行的。应该如何去拒绝上级呢?拒绝之前要表现出积极和肯定的态度。如果当时不能决定,要争取更多的时间思考。

如果不赞同上级的建议,不要保持沉默,沉默只会让事情变得更糟,让上级怀疑你的责任感,所以这时应该给上级讲清事实、理性的分析和提供适当的理由。切记辩解并不是找借口,不是推卸责任,而是为了将工作做得更好。

要和上司正面讨论,把重心放在今后的对策上,而不是放在现在拒绝的内容上。在跟上级沟通的时候,要口齿清晰,态度明朗,否则只会让上级觉得是在找借口。

还有一种特殊情况,就是上司要求做非法的事或昧良心的事,要保持平静的心态,委婉地解释对这要求感到不安,并坚定地表明态度。如若不能坚持自己的价值观和一定的准则,那将会迷失自己,最终断送自己的前途。

(2) 与同事友好相处

职场中良好的同事关系是顺利开展工作的基础,对职场新人来讲,能够与同事建立起和谐的人际关系,对他在职场中立足,乃至今后的职业发展都有着重大影响。

① 融入集体

有一句箴言:"孤树难成林",在职场上,想靠一个人单打独斗去获取成功是不可能的。石油怪杰保罗·盖蒂曾说:"永远不要靠自己一个人花100%的力量,而要靠100个人每个人花1%的力量。"组织目标的实现要依靠集体的力量,而团队精神,对步入职场的个体来讲也是一项必备的职业能力。初入职场的大学毕业生要彻底戒除做学生时的娇气,切忌以自我为中心,更不能以为自己所学的理论知识丰富而轻视、瞧不起别人。谦虚做事、低调做人,放下面子、虚心求教,融入集体。大学毕业生进入职场要学会敞开心扉,使人感觉愿意倾听他人的意见,愿意与他人交流思想。

刚毕业的大学生步入职场既不要做刺猬,也不要做含羞草,要积极参加集体活动,和周围同事打成一片;主动做做杂务,表明融入团队的态度;低调一点,显示你对环境的善意……总之,要尽快融入集体,做一个合群的人,才有利于自己尽快适应环境,顺利开展工作。

② 相处融洽

同事,就是相互合作、共同做事。但作为职场上的同事,既是合作者,也是竞争者。怎样才能相处融洽、协成同事呢?有这样一个寓言故事:有一把牢牢锁住的大铁锁,无论铁锤怎么敲也打不开。这个时候钥匙来了,它灵巧地钻进锁眼,轻轻一扭,大铁锁就开了。铁锤奇怪地问:"为什么我费了九牛二虎之力也没打开,你轻轻一扭就打开了呢?""那是因为我了解它的心啊。"钥匙说。一把钥匙开一把锁,职场上与人沟通贵在用心。

人是情感动物,对他人的态度十分敏感,如果得到了热情、友善、真诚的对待,会感到信任和愉悦,使良好人际关系的建立顺畅起来。所以,开诚布公、用心沟通,真正的尊重和关心他人,才是职场与同事融洽相处、建立和谐人际关系的制胜法宝。

③ 与同事相处的禁忌

与同事友好相处,有需要积极主动去做的事,同时还有尽量避免去做的事。

人人都有自尊心和虚荣感,在职场的人际关系中很多与自尊心有关,伤害了自尊心就等于伤害了感情。职场新人尤要记住,人最不能被人践踏的就是自尊心,要学会换位思考,多站在对方的角度思考问题、尊重对方,千万不要伤害别人的面子和尊严。无论我们是有意还是无意中伤害了别人的自尊心,首先要想到补救的良策。因为行动上的积极补救,说明我们还在挽救自己的过错,听之任之绝对是不负责任的方法。比如在一个敞开的办公环境里对同事提出批评性意见,导致她不高兴。事后需要主动说对不起,请求她原谅。因为了解了自己对自尊心的保护要求,所以在和他人相处过程中,可以尽可能为他人的自尊心建一个"小房子",那可是真正的保护层,使其与伤害有效隔离。这个小房子由无数的不要组成,比如不要践踏尊严,不要侵犯隐私,不要公然对峙,不要限制自由,不要主动揭短,不要貌视存在。

刚刚步入社会的大学毕业生积极进取,表现出自己的才能和优势,是适应挑战的必然选择。但是,如果过于表现,甚至矫揉造作,会引起旁观人的反感。在办公室里,本来同事之间就处在一种隐性的竞争关系之下,如果一味刻意表现,不仅得不到同事的好感,反而会引起大家的排斥和敌意。真正的展示教养与才华的自我表现绝对无可厚非。真正善于表现的人常常既表现了自己,又未露声色。"群众的眼睛是雪亮的",职场上谁的心里都有杆秤,刻意甚至是虚伪的表现是最愚蠢的,被大家排斥和瞧不起。

④ 问题处理有技巧

那么职场上又该如何恰当地给同事提意见呢?首先,从帮助他人、利于同事进步的出发点去提意见。其次,先干好自己的工作,明白自己的身份,不对别人的工作指手画脚。相信同事能够将事情做好,别人做的工作自有他的直接领导安排,对别人的工作情况不要轻易下结论。最后,注意说话的方式和语气,可以通过两个人私下交流或者QQ等关注度较小的方式,切不可在大庭广众或在领导面前让同事下不来台。恶语伤人恨不消,给同事提意见不必选择生硬的语言,用比较轻松甚至可以用开玩笑的方式给同事提意见,这样同事就不会过于反感你的意见了。

没有人喜欢被拒绝,因此我们在不得不拒绝同事的要求时需要考虑对方的感受,先不要急切、直接地表达自己的立场和处境。要先耐心地听清楚对方的要求,让对方有被尊重的感觉。在你委婉地表明自己拒绝地立场时,也能避免伤害他人,不会让人觉得你是在应付。如果你真的觉得必须拒绝对方,要让对方明确知道你确实难以达到他的要求,让他知难而退。拒绝别人时,态度要诚恳,语气要温和而坚定。在拒绝之后可以询问是否可以帮他做些其他工作。虽然拒绝了对方,但却可以针对他的情况给予一些能帮他解决问题的其他建议。如果能提出有效的替代方案,对方一样会感谢你,甚至用替代方案取得更好成效。在拒绝的过程中,除了技巧外,更需要对对方发自内心的耐性与关怀。

3. 何去何从

初入职场的艰难困苦是一个人职业生涯历程中必将经历的酸涩时期,而第一份工作也绝对会影响人生职业发展轨迹。

从踏入社会的那天起,到退休的那天止,你就站在了一条必须要面对的、更为复杂艰苦、也更是要求和促使你实现人生价值的起跑线上,并且没有捷径可走。而且,主动选择这个"坏公司"的就是你本人啊,想想你应聘面试时不是表示过有意向于公司,并积极表态在公司要勤于奉献、好好工作的吗?在你牢骚满腹、心猿意马之前,可否思考并做过努力让工作变得有意思、有意义起来呢?日本幕府时期著名政治家和军事家高杉晋作曾留下"世上本无有趣事,有心居之趣自生"的辞世名句,可否做进行职场去留选择时的提示参考呢?

美国《成功的因素》一书作者E.尤金·格利斯曼在书中提到,人们在职业生涯中所犯的错误就是:"退出太早,他们不愿干基础的工作,只想很快达到事业的顶峰……。"对于初入职场的大学毕业生,应该把第一次工作作为学习办公业务、职场社交以及各种工作细节的最佳场所和最佳时机。掌握这些工作的基本原理,将为以后的职业发展做出必要准备。第一,在第一份工作中探索适合的工作种类和领域。从校园到职场,很多大学毕业生也并不明确自己喜欢干什么、能干什么,以及还有什么工作可干,那么在用心去做好第一份工作时,或许可以发掘自己以前从未注意过的潜力,寻找最能充分发挥特长和潜力的工作。第二,第一份工作中的挫折失败经历锤炼得你更加沉稳成熟,塑造职业化形象。第三,不要让人看上去你是一个频繁跳槽的人。即使现在社会中人们更换工作比较频繁,但如果刚入职场的你不到6个月就把工作辞掉了,那么第二个公司的同事就想知道为什么那么短的时间就从那家公司跳槽了,他们会害怕你个性太强或者缺少耐心和毅力,甚至质疑你是否存在职业道德问题。如果你的理由不是十分合理或者令人信服,他们对你的评价会大打折扣。对于步入职场的大学毕业生来说,离职最好的时机是你现在的工作很出色但已经决定去寻找其他工作以迎接新的挑战。

【本节重点】

1. 学会从学生到职业人的角色转变。
2. 了解初入职场面临问题及其解决策略,走好步入职场第一步。

【练习与实践】

评估与同事的沟通能力

1. 情景描述(回答下列问题)

(1) 面对同事的缺点和错误时,你会(　　)。

　　A. 委婉沟通,引导发现　　　　B. 直言相告

　　C. 和自己毫无关系　　　　　　D. 当面不说,事后和别人谈起

(2) 发现同事的优点或同事取得了成绩,你会(　　)。

　　A. 及时赞美和祝福　　　　　　B. 非常关心,想要向他学习

　　C. 羡慕　　　　　　　　　　　D. 嫉妒

(3) 当你听到同事在你面前说其他人的坏话时候,你会(　　)。

　　A. 不传话,只是静静地听

　　B. 当面制止

　　C. 当面制止,并指出对方的缺点

　　D. 当面不说,事后悄悄告诉受诋毁的那个人

(4) 请求关系很好的同事帮忙时,你会(　　)。

　　A. 礼貌,委婉

　　B. 有外人在时礼貌,单独在一起直接

　　C. 都很直接

　　D. 命令的口吻

(5) 参加老同学的婚礼后你很高兴,而你的朋友对婚礼很感兴趣,你会(　　)。

　　A. 详细叙说从你进门到离开时所看到和感觉到的以及相关细节

　　B. 说些自己认为重要的

　　C. 朋友问什么就答什么

　　D. 感觉很累了,没什么好说的

(6) 由于公司需要,派你乘长途汽车去另一个地方,时间是 10 个小时,与你同行的是一个不爱多讲话的同事,你会(　　)。

　　A. 试图了解他,找出他感兴趣的话题

　　B. 主动沟通,找出共同话题

　　C. 和他交谈,谈谈自己的感受

D. 看书、睡觉或吃东西

(7) 你刚就任一家公司的副总编辑,上班不久,你了解到本来公司中有几个同事想就任你的职位,经理不同意才招的你,对这几位同事你会(　　)。

　　A. 主动认识他们,了解他们的长处,争取成为朋友
　　B. 不理会这个问题,努力做好自己的工作
　　C. 暗中打听他们,了解他们是否具有与你进行竞争的实力
　　D. 暗中打听他们,并找机会为难他们

(8) 与不同身份的人讲话,你会(　　)。

　　A. 不管是什么场合,你都是一样的态度与之讲话
　　B. 在不同的场合,你会用不同的态度与之讲话
　　C. 对身份高的人说话,你总是有点紧张
　　D. 对身份低的人说话,你总是漫不经心

(9) 听别人讲话时,你总是会(　　)。

　　A. 对别人的讲话表示兴趣,记住所讲的要点
　　B. 请对方说出问题的重点
　　C. 对方老是讲些没必要的话时,你会立即打断他
　　D. 对方不知所云时,你就很烦躁,就去想或做别的事

(10) 当你在发表自己的看法时,别人却不想听你说,你会(　　)。

　　A. 仔细分析对方不听自己的原因,找机会换一个方式去说
　　B. 等等看还有没有说的机会
　　C. 于是你也就不说完了,但你可能会很生气
　　D. 马上气愤地走开

(11) 当你和同事出现误会时,你会(　　)。

　　A. 主动及时找对方沟通,消除误会
　　B. 通过第三方协调,消除误会
　　C. 等候对方找自己消除误会
　　D. 怀恨在心,找机会给对方点颜色看看

(12) 当你进入一家新公司时,你会如何认识新同事?(　　)

　　A. 找机会主动介绍自己,认识每一个人　　B. 积极认识本部门的人
　　C. 在工作中慢慢熟悉　　　　　　　　　　D. 等待别人来认识你

2. 评价标准及结果分析

以上各题选A得3分,选B得2分,选C得1分,选D得0分。

总分为28分以上:你与同事的沟通能力很好,请保持。

总分为18~28分:你与同事的沟通能力一般,请努力提升。

总分为18分以下:你与同事的沟通能力很差,需要提升。

(资料来源:武洪明,许湘岳. 职业沟通教程[M]. 北京:人民出版社,2014.)

8.2 职业化要求与职业素养提升

【案例引导】

宝马车被撞之后

2月4日,车主薛先生将车停在新密市西大街的停车位上回家,第二天上午开车时,发现自己的宝马轿车的左倒车镜被撞坏。

"看到车被撞了,当时心里很生气,在拉驾驶室车门准备上车查看时,我在门把手的内侧,摸到一个纸卷,打开一看,是一封道歉信,里面还包裹着311元现金。"薛先生说,看了道歉信后,他一肚子的火顿时消了。

道歉信是这样写的:"您好,我昨天骑车不小心把你的倒车镜撞坏了,很不好意思,我心里也很难受,我是矿务局的学生,寒假在城里打工,我给你留了钱作为补偿,我知道这不够,但我已经没有钱了,非常对不起。"在信的后面,又写了一个大大的"对不起"。

薛先生说,当时看到这道歉信后,觉得没必要再去追究肇事学生的责任,薛先生想,这孩子利用寒假打工,说明孩子家境不好,但是,做错了事勇于承担说明孩子真诚,后来觉得该为这名学生做点什么,又重新把道歉信捡了起来。因此,要求民警帮他找到撞他车、留字条的"肇事者",要将"肇事者"留下的311元打工钱还给他,并承诺,如此诚实的孩子,他要出资资助其完成学业。

民警答应薛先生尽快为他找到这名真诚的"小交通肇事逃逸者",以达成薛先生的心愿。

点评

311元不算多,可对于一个辛苦打工的学生,也不是可以轻易舍弃的。撞了人家的宝马车,他没有一走了之,而是倾囊而出,勇于承担责任。宝马车主被撞车学生的诚恳担责感动,愿伸出援手相助,两好合一,共同演绎一段人间佳话。社会中需要打工学生这样的担当者,同样也离不开宝马车主这样的相助者。职场上,如果我们在面对纠纷矛盾时多些承担,不忘善良正直,必定有助于提升职业素养,树立良好的职业形象。

据调查资料显示:中国90%以上的企事业单位都已认识到,制约其发展的最大因素是缺乏高度职业化人才。要想在竞争中保持不败,必须打造一支高度职业化的人才队伍。正如世界著名管理学家彼得·德鲁克所说,职业化已成为21世纪的第一竞争力。职业道德、职业意识、职业心态是职业化素养的重要内容,也是职业化中最根本的内容。

8.2.1 职业道德

俗话说:"人无德不立。""德"即道德,是人安身立命的根本。职业道德,就是同人们的职业活动紧密联系的符合职业特点所要求的道德准则、道德情操与道德品质的总和,它既是对本职人员在职业活动中的行为标准和要求,同时又是职业对社会所负的道德责任与义务。良好的职业道德既是企业对员工最基本的规范和要求,也是每一个员工都必须具备的基本品质。一个员工如果忽视了自己品德的修炼,过分注重手段、权谋,投机取巧,急于求成,即使他职业技能再突出,许多企业也会将他拒之千里。

1. 诚实守信

德国著名诗人海涅曾经说过:"生命不可能在谎言中开出灿烂的鲜花。"职场上一个人要想成功,离不开他人的支持和帮助。对人以诚,人不欺我;做事以信,事无不成。

李开复在《给中国学生的一封信:从诚信谈起》中谈到这样一件事:我曾面试过一位求职者,他在技术、管理方面都相当出色。但是,在谈论之余,他表示,如果我录取他,他可以把在原来公司工作时的一项发明带过来。随后他似乎觉察到这样说有些不妥,特作声明那些工作是他在下班之后做的,他的老板并不知道。一番谈话之后,对于我而言,不论他的能力和工作水平怎样,我都肯定不会录用他。原因是他缺乏最基本的处世准则和最起码的职业道德"诚实"和"讲信用"。一个人品不完善的人不可能成为一个真正有所作为的人。

职场上许下自己明知不可能实现的诺言可能是对一个人和他的职业发展的最大损害。时值季末,小王知道如果完不成定额,他的奖金就泡汤了。于是,急于求成的小王许诺一位客户两周到货而签下一份订单。"只不过是晚两个星期。"他这样为自己开脱着:"如果他两周后打电话抱怨为什么没有按期到货,我就说生产厂家碰到了意想不到的情况耽搁了。到时候,除了等待他也没有别的办法。"尽管可能最终小王拿到了奖金,但是他个人和公司的信誉却受到了损害,因为许诺这样的诺言第一次可能管用,但第二次就很难奏效了——人们不再相信你说的任何话。

在职场上人与人之间的交往和共处过程中,规定和秩序往往是靠守信坚守的。有时候讲求诚信、遵守诺言的做法会使自己吃亏,但诚信是一个人的品格名片,你的诚实守信最终会给自己长远的事业发展带来积极、持久的影响。

2. 忠诚正直

所谓忠诚,意为尽心竭力,赤诚无私。企业员工的忠诚度是指员工对于企业所表现出来的行为指向和心理归属,即员工对所服务的企业尽心竭力的奉献程度。企业在招聘员工的时候,第一看重的是品行,因为一个人的知识能力可以再培养,但一个人的道德品行很难改变。

大名鼎鼎的美国福特公司青睐于一位为公司解决了技术难题的技术人员思坦因曼思,公司总裁福特先生亲自邀请思坦因曼思加盟福特公司。但思坦因曼思却向福特先生说,他不能离开现在就职的那家小工厂,因为那家小工厂的老板在他最困难的时候帮助了他。福特先生先是觉得遗憾万分,继而又感慨不已。福特公司在美国是实力雄厚的大公司,人们都以进福特公司为荣,而他却为了报恩而舍弃如此好的机会。不久,福特先生做出一个决定,收购思坦因曼思所在的那家小工厂。董事会的成员都觉得不可思议:这样一家小工厂怎么会进入福特先生的视野？福特先生说:"人品难得，因为那里有思坦因曼思。"

在现代人力资源管理中，员工和组织被普遍认为是互利共生的合作关系，合作双方是否相互忠诚则是决定能否共赢的关键。

正直就是要不畏强势，敢作敢为，要能够坚持正道，要勇于承认错误。法国作家罗曼·罗兰说:"对待工作的严肃态度，高度的正直，形成了自由和秩序之间的平衡。"高度发达的市场经济，其本质就是信用经济。正直意味着有勇气坚持自己的信念。这一点包括有能力去坚持你认为是正确的东西，在需要的时候义无反顾，并能公开反对你坚信是错误的东西。

正直是一种人格标准，它与金钱地位不同，是内在的、难能可贵的、令人敬佩的，也是无往而不胜的。如果你发现它的真谛，在职场上做一个诚实正直、有才能的人，你的成功会是一种真正的成功。

3. 勇担责任

负责任是一个人的立身之本，为人之本。负责任能体现人生的价值，工作就意味着责任，对工作负责意味着对自己的人生负责。

俗话说:"种瓜得瓜，种豆得豆。"但凡成功者，都具有强烈的责任心带来的踏实做事情的特性，幸运之神是不会降临到一个没有责任心的人身上的。

【资料学习】

1988年，在中央提出沿海大开放的时期，他应聘到了沿海的一家报社，当时报社最缺乏的是广告业务。而他，给单位一个很大的见面礼:他的一位朋友要到这个城市投资开发区，并计划在当地媒体上投放总计83万元的广告。在他的努力下，凭着自己所在报社是当地知名的媒体之一，加上和朋友的关系，朋友将业务给了他。开发区举行奠基仪式的那天，他带上了社里最优秀的记者，并让广告部人员全体出动。奠基仪式结束后，有位朋友邀请他去唱卡拉OK放松一下，他玩到凌晨一点多钟才回家。但是第二天早上，他的好梦就破灭了。原因很简单，这天他们出版的报纸，犯了一个最不应该出现的错误。原来，头版头条的新闻标题，本来应该是:"某某开发区昨日奠基。"而摆在他面前的报纸的头版头条的大标题却是:"某某开发区昨日奠墓。"

当时南方沿海城市的企业，都特别重视"彩头"，也就是喜欢吉利的数字和文字，而把"基"写成"墓"，毫无疑问是犯了企业的大忌，何况这还是开发区项目正式启动的第一天。

结果，朋友一怒之下取消了83万元的广告订单。不仅如此，报社的声誉也因此受了很大的影响。

事后，报社对有关人员做出了处理，原本想在那座城市大展宏图的他，梦想顿时化为了泡影。

在总结这次教训时，每一个与此有关的人都很后悔。记者后悔:"我的字为什么要写得那么潦草?"排字人员后悔:"我当时为什么没有仔细查看一下到底是什么字?"副总编后悔:"我为什么不认真检查完再走呢?"当然,最后悔的还是他:"既然我知道这件事非同小可,为什么我要在关键的时候去唱卡拉OK,而不是留在报社自己将稿子校对一遍呢?"

(资料来源:吴甘霖,邓小兰.执行重在到位[M].北京:机械工业出版社,2011.)

"负责"就是强调当事人要积极主动地去做工作,想尽办法去完成任何一项任务。这样的工作态度,是我们提高工作效率和服务质量的需要,也是铺就我们成长成才之路的基石。职场上,一个有责任心的人必定是一个忠诚、敬业、勤奋、主动、注重细节、踏实执行的人。在责任的驱使下,你会积极挖掘自身潜能,保持最佳的精神状态,满怀激情地勤奋工作。这样,任何工作都难不倒你,做任何事情你都会得心应手。

8.2.2 职业意识

职业意识以前叫作主人翁精神,是作为职业人所具有的意识。职业意识是人们对职业劳动的认识、评价、情感和态度等心理成分的综合反映,是支配和调控全部职业行为和职业活动的调节器,它包括创新意识、竞争意识、协作意识和奉献意识等方面。

1. 敬业奉献

作为职场一员,每个人都有向上提升的自我期许,而敬业奉献,正是一个可以让你的人气指数、生命价值以及个人修养越爬越高的隐形阶梯。所谓敬业,就是从心底敬重你的工作,也就是对自己生命的敬重。众多平凡工作岗位上的敬业楷模告诉人们:工作不是干什么事情获得什么报酬的问题,而是一个关于生命尊严与价值的问题。

在每个人的平凡岗位上,做到"爱岗"才能"敬业","爱岗"是"敬业"的基石,"敬业"是"爱岗"的升华。

【资料学习】

乔·吉拉德是世界上最伟大的销售员,连续12年荣登世界吉尼斯纪录大全世界销售第一的宝座。在他被问到如何做好一名推销员时,他回答说:"要热爱自己的工作。"他进一步解释:"不要把工作看成是别人强加于你的负担,虽然是在打工,但根本上讲,我们是在为自己工作。只要你自己喜欢,就算你是挖地沟的,这又关别人什么事呢?"他曾问一个神情沮丧的人是做什么的,那人说是推销员。乔·吉拉德告诉对方:"销售员怎么能是你这种状态? 如果你是医生,那你的病人肯定会遭殃的。"

在乔·吉拉德做的汽车销售工作中,投入全部的时间精力,废寝忘食。有一次他不到20分钟已经卖了一辆车给客户。对方告诉他:其实我就在这里工作。来买车只是为了学习你销售的秘密。乔·吉拉德把订金退还给对方。他说他没有秘密。非要说秘密,那就是"如果将我这样的状态深入到你的生活,你会受益无穷"。

他认为,最好在一个职业上干下去。因为所有的工作都会存在问题。但是,如果频频跳槽,情况会变得更糟。他特别强调,一次只做一件事。以树为例,从种下去、精心呵护,到它慢慢长大,就会有回报。

(资料来源:邢一麟. 责任胜于能力[M]. 北京:中国华侨出版社,2013.)

无论从事的是什么职业,都不要认为自己仅仅是在为老板工作。应把工作看成是自我提升的过程,学会享受工作,全身心地投入工作,才能在工作中创造成绩。

2. 竞争与协作

现代社会通过优胜劣汰的职场竞争获得发展动力。美国短跑名将卡尔·刘易斯,在第三届世界田径锦标赛上,创下了9秒88的世界男子百米纪录,当东京国立竞技场上6万名观众高呼刘易斯的名字,为他欢呼和祝贺时,刘易斯却流着眼泪与他的对手伯勒尔拥抱在一起,他还对记者说:"如果没有伯勒尔,没有他的9秒90,我也许不能跑得这样快,正是他激励了我。"刘易斯讲了大实话。他也在体育史上写下了重重的一笔,这便是竞争的力量。

一滴水只有融入大海才不会干涸,现代社会科技高度发达,社会分工越来越细,任何人都已经不可能在某个领域凭借一己之力在职业生涯发展中取得很大的成就。因此不管人际交往还是事业经营,我们都需要与人协作、互惠互利。

竞争与合作并不是一对"敌对兄弟",竞争离不开合作。因为有合作才能优势互补、取长补短、收拢五指、攥紧拳头、形成合力。既竞争又合作,才能突破孤军奋战的局限,实现双赢或多赢。人在职场上不是孤立存在,我们要考虑自己实际情况,善于与别人合作,把双方的长处有机结合起来,共同去迎接挑战,才可能避免陷入生存绝境。

3. 创新意识

世界万物无一不在发展变化着,创新是人类社会进步的客观要求,一个有所作为的职业人士只有打破思维定势,通过创新,才能为企业、为社会做出自己的贡献,实现自己的更大价值。

【资料学习】

美国发明家爱迪生,年轻时曾和普林斯顿大学数学系毕业生阿普顿在一起工作,住在一个房间里。阿普顿总觉得自己有学问,从不把卖报出身的爱迪生看在眼里。爱迪生是个沉默寡言的人,从不炫耀自己。对阿普顿的自负和处处卖弄学问,从心里感到厌烦。为了让阿普顿把态度放谦虚一些,有一次,爱迪生把一只梨形的玻璃灯泡交给阿普顿,请他算算容积是多少。

阿普顿拿着那个玻璃灯泡,轻蔑地一笑,心想:"想用这个难住我,未免太天真了!"

他拿出尺子上下量了又量,还依照灯泡的样式列出一道道算式,数字、符号写了一大堆。他算得非常认真,画了一张张草图,脸上渗出了细细的汗珠。

过了一个多钟头,爱迪生见阿普顿还在那儿算个不停,便忍不住笑着说:"不用那么费事,还是换个别的方法算吧!"阿普顿仍固执地说:"不用换,等一会儿我就能得到答案了。"

又过了半个钟头,阿普顿对自己的计算似乎还不放心,还在那里低头核算。爱迪生有些不耐烦了,拿过玻璃灯泡,倒满了水交给阿普顿说:"去把这些水倒进量杯……"不等爱迪生说完,阿普顿明白了什么是既简单又准确的方法,他那冒着汗的脸,刷地红了。他知道了,爱迪生确实不愧为伟大的发明家。

阿普顿是大学数学系的毕业生,计算是他的内行。当碰到"计算玻璃灯泡容积"的问题时,由于受他固有的思维方式影响,自然而然地拿出尺子对灯泡量了又量,算了又算,他根本不会想到打破定势,采用其他简便的方法。爱迪生则不同,他能突破习惯性思维的束缚,采用快捷的方法,立即便精确地求得了灯泡容积的答案。

(资料来源:宿春礼,徐保平. 青少年必须克服的人性弱点[M]. 北京:石油工业出版社,2006.)

创新不需要天才,创新有时只是人们找到一些事情的改进方法。一家不大的建筑公司需要为一栋新楼安装电线。在一处长约10米、直径3厘米砌在砖石里的四方形管道面前,他们感到束手无策了。这时,一个爱动脑筋的装修工想出了一个好主意,他到市场上买了一公一母两只老鼠。他把电线绑在公鼠身上,放在管道的一端,在管道另一端让人放母鼠,并轻轻捏它,听到母鼠的叫声,公鼠带着电线沿着管道跑去找。这样,就完成了电线安装。

8.2.3 职业心态

职业心态是指在职业当中,根据职业的需求所表露出来的心理感情,即指职业活动的各种对职业及其职业能否成功的心理反应。

1. 积极主动

积极主动还是消极被动,秉持什么心态,就会造成什么行为结果。职场上,我们行为上的自动自发是源于精神上的积极向上。积极主动这个词最早是由著名心理学家维克托·弗兰克推介给大众的,他本人更是一个积极主动、永不向困难低头的典型。弗兰克的家人在第二次世界大战时期死于纳粹集中营,他本人也在集中营里受到了非人折磨。后来,历经集中营里残酷至极的黑暗岁月的弗兰克猛然警醒:"在任何极端的环境里,人们总拥有一种最后的自由,那就是选择自己的态度的自由。"这是一个经过炼狱之人的彻悟。

消极被动的人常将自己的态度和行为归因为外界因素,遇到问题解决不好就会找出各种各样的借口推脱自己责任。而积极主动的人会随时准备把握机会,展现超乎他人要求的表现,并拥有不墨守成规的智慧和选择。

这是一个自我管理的时代,工作不仅仅是每天准时上下班,它是一个包含了诸多智慧、热情、信仰、想象和创造力的词汇,职场上积极主动带着自己的思考去工作,受益颇多。

2. 自尊自信

对自己的尊重和信心是人们自强自立于社会的基础。巴尔扎克说:"谁自重,谁就会得到尊重。"一个人只有相信自己,对自己做出恰当认识,才能提升自我形象,使自己从沉睡中清醒来,激励自己创造出一种完全不同的美好生活。

爱迪生曾经尝试用1200种不同材料做白炽灯泡的灯丝,都没有成功。有人提醒他:"你已经失败了1200次了。""不,我已经成功发现了有1200种材料不适合做灯丝了。"爱迪生大声回应。遇到问题,我们是积极自信还是消极自卑,会带来不同的结果。一个人做事的水平,永远不会超出他自信所能达到的高度。自信的人在自信心的驱动下,敢于对自己提出更高的要求,并在失败的时候看到希望,最终获得成功。

充满信心的人永远不会被击倒,他们是自己命运的主人。职场上,只有充分肯定自己,不畏权威的挑战,才能最终摘取胜利的桂冠。一个人只有对自己有信心,才能带给别人信心:有自信的人,方能使人信服。自信的人敢于坚持自己的主张,即使在权威和众人面前,也会坚信自我,而不会迷失自己。

3. 平和感恩

人在职场,起落荣辱是平常事。怀着平和心态,淡看得失。懂得脚踏实地,对美好的事物知道感恩,对挫折阻力也同样感谢。

【资料学习】

第二次世界大战时期,英国著名的律师乔治·罗拿落难到了瑞典。为了生活,乔治·罗拿决定找一家贸易公司做翻译。

但是,不幸的是每一家公司都给他寄来了拒绝信,其中有一封说:"我们公司近段时间来,不雇用翻译员,哪怕雇用,也不会选你,因为你的瑞典语实在太差劲了。你给我们写的求职信中,错字百出,还想当翻译,简直是天大的笑话。"乔治·罗拿看到这封信后,把这段时间里的怨声都发了出来,大骂这个没有人情味的公司,抱怨生活的困苦,骂完以后,他心里还是不解气,于是拿出信纸,准备回敬那家公司。

信写到了一半时,乔治·罗拿改变了主意,冷静下来后想到:自己本来就是不擅长瑞典语,尤其是书写,他还没有练到很熟练的程度,别人当然不会雇用自己。想到这里,乔治·罗拿重新写了一封,信中他对于自己的错字向对方表示了歉意,并感谢给予自己的鼓励。

两天后,乔治·罗拿意外地收到了这个公司的面试邀请,最终,他也得到了自己想要的那份工作。

(资料来源:墨非. 别让心态毁了你[M]. 北京:中国华侨出版社,2013.)

职场上我们与其抱怨责怪他人,不如静下心来内省自己。当一些看似不好的事情来临时,不要抱怨,或许这件事情会成为你日后感恩的原因。

生活并不在于你现在处于怎样的位置,而在于你将要走向哪个方向,你的方向正是由你的关注点决定的。

【本节重点】

1. 认知诚实守信、忠诚正直、勇担责任等职业道德。
2. 认知敬业奉献、竞争与协作、创新意识等职业意识。
3. 认知积极主动、自尊自信、平和感恩等职业心态。

【练习与实践】

你对差异有多尊重

职场上需要取长补短,与他人合作。在能充分利用他人的优势之前,首先要承认并尊重他们的差异。那么,到底对于差异有多尊重?做一做下面的练习就知道了。

问 题	从不	偶尔	有时	经常	总是
1. 当我听到不同的意见,我让其进一步详细说明和解释。	1	2	3	4	5
2. 出现分歧时,表达自己的意见比顺从大多数人的意见更加重要。	1	2	3	4	5
3. 我经常和我持不同意见的人共同工作。	1	2	3	4	5
4. 我试图利用他人的知识和技能来更好地完成任务。	1	2	3	4	5
5. 我发现由具有不同背景的人组成工作小组非常有益。	1	2	3	4	5
6. 我深信每个人都以独特的方式对自己的家庭和组织做出贡献。	1	2	3	4	5
7. 我积极寻找机会向他人学习。	1	2	3	4	5
8. 我与他人分享自己的观点,尽管我们的观点有所不同。	1	2	3	4	5
9. 致力于某个项目时,我寻求不同的想法和意见。	1	2	3	4	5
10. 当我参与创造性工作时,我倾向于大家一起开动脑筋,集思广益,而不是依赖专家的意见。	1	2	3	4	5

针对上表中的描述。你认为哪个数字(从 1 到 5)最符合你通常的行为或态度,请圈出来。

得分评价如下。

41~50 分:充分发挥了你与他人差异互补的作用。

21~40 分:一般水平发挥了你与他人差异互补的作用。

10~20 分:没有发挥你与他人差异互补的作用,需要做出调整改进。

(资料来源:史蒂芬·柯维. 高效能人士的七个习惯[M]. 高新勇,王亦兵,葛雪蕾,译. 北京:中国青年出版社,2015.)

8.3 入职后职业发展规划与管理

职场"跳蚤"的困惑

做技术员不自由,做管理人员太清闲,做销售员又太辛苦……小明大学毕业三年换了五个工作,现在,小明又要跳槽了,可是在人才市场转悠了一天,他却不知道自己该去哪里了。

2013年,小明毕业于一所名校的机械专业,在参加校园招聘时,他顺利地被广东一家企业看中。参加工作后,他每月底薪4500元,加上加班费,每月收入也有5000多元。对于一个刚刚毕业的学生来说,还是不错的。只是整天和图纸打交道,还要经常加班,小明觉得太不自由。一天,一个师兄打电话,说他所在的那家公司最近一直在招聘物业主管,待遇条件相当不错。经不起师兄的劝说,小明谢绝了广东老板的盛情挽留,来南京的这家房地产公司上班了。不到半年,小明发现所谓物业主管就是管理几名保安和保洁员,简直是浪费自己的青春。2014年春节回家,谈起自己的工作,小明唉声叹气。姐夫听了之后说:"年轻人干那工作有什么意思?应该出去闯一闯,搞销售才是锻炼自己、提高自己的最好途径,干脆和我一起跑销售好了!"于是小明听从了姐夫的话,跳槽到一家医药公司做销售。刚开始他感觉销售挺好,可是三个月下来,没日没夜地跑业务,吃尽了苦头,最后算账时发现,除去吃饭、交通和通信的费用,几乎没有多余的收入。小明不顾姐夫的反对,又来到了人才市场。

就这样,小明三年换了五个工作单位,成了职业的"跳蚤"。

(资料来源:宋振杰.好员工是这样炼成的[M].北京:北京大学出版社,2008.)

点评

很明显,小明"跳槽"的主要原因在于他职业定位的缺失。要做好职业定位就需要进行认真的职业生涯规划,规划职业生涯首先要确立志向,再对自己的特点认知、定位,同时对所在组织环境和社会环境进行分析,努力使自己的兴趣爱好或能力特长与就业市场的需要相吻合,制订自己的奋斗目标,编制相应的行动计划,并对每一步骤具体实施的时间、顺序和方向做出合理的安排。

现代职场人为自己的职业生涯发展承担了更多的责任。人们已经把工作、职业和对生命意义的追求联系起来。工作和职业满意度、职业胜任力的增强、赢得别人尊重、新的学习机会、工作与生活的平衡、工作的意义、社会的支持、组织的承诺、生活的满意度等主观职业成功评价标准较之薪水、职业地位等职业外在客观评价标准对个人职业生涯发展更具根本性影响。个人正逐步成为自己职业生涯管理的主导者,人们希望通过职业发展实现自我价值,并且给自己带来情感回报和生活的平衡和谐。

8.3.1 看懂职业生涯

1. 终究是在为自己工作

当我们在职场上为了辛苦、为了低薪、为了没有得到升职等问题而忧心烦恼时有没有仔细考虑过这样一个问题:"我究竟是在为谁工作?"如果你认为每天是在为老板打工,凡是你能学到的知识、积累的经验,一概用老板给你的薪酬加以衡量,拿多少钱、干多少活,多干一点就会觉得吃亏了。

职业交换薪水,事业创造价值。对自己的工作怎么认识和理解的,就会从自己的工作中获得相应的人生发展。这里有一个大家耳熟能详的故事。故事说有一天,一位记者分别问三个建筑工人在干什么活,第一个建筑工人头也不抬地回答:"我正在砌一堵墙。"第二个建筑工人回答:"我正在盖房子。"第三个建筑工人回答:"我在为人们建造漂亮的家园。"若干年后,记者找到这三个建筑工人,结果令他大吃一惊:当年的第一个建筑工人现在还是一个建筑工人,仍然像以前一样砌着他的墙;而在施工现场拿着图纸的设计师竟然是当年的第二个建筑工人;至于第三个工人,他现在成了一家房地产公司的老板,前两个工人正在为他工作。三种对待自己工作的不同理解,产生了三种不同的结果。第一个工人只看到了他眼前的工作就是砌墙挣钱,没有别的,是在为工作而工作。第二个工人看到了砌墙与盖房之间的联系,第三个工人更是看得宏远些,把建造美丽的家园与眼前枯燥单调辛苦的砌墙工作联系起来,而最终,后两位工人在平凡工作中融合了自身潜质而实现了更高层次的职业发展。

工作和人生不是两件事,是一件事。一个人对工作所具有的态度,和他本人的性情,做事的才能,有着密切的关系。一个人所做的工作,就是他人生的部分表现。如果一个人轻视他的工作,而且做得很粗陋,那么他绝不会尊重自己,如果一个人认为他的工作很辛苦、烦闷,那么他的工作绝不会做好,这一工作也无法发挥他的内在特长。工作是为了修炼、提升自己,让自己具备更多的知识、经验和技能,更大的视野,更开阔的思路。

收获只能在耕耘中,职场是人们实现人生价值的舞台,工作是赋予人生意义的美好事情,不管是刚入职场的新人,还是在职场打拼多年的老手,都应该认识到自己不仅仅是为获得薪水而工作,而是为自己的前途而工作,为自己的成长和人生梦想而工作。

2. 成功是熬出来的

"把握生命里的每一分钟,全力以赴我们心中的梦。不经历风雨,怎么见彩虹,没有人能随随便便成功。"脍炙人口的歌曲唱出了平凡的人成功之路的曲折艰辛。是的,一个人要想收获职业成功,那么他必须付出汗水和智慧。

(1) 不经一番彻骨寒,怎得梅花扑鼻香

"天将降大任于斯人也,必先苦其心志,劳其筋骨,饿其体肤……"要想成就一番事业必将经历一番苦难磨练。张海迪5岁时因患脊髓病,胸以下全部瘫痪。从那时起,开始了她独特的人生历程。她无法上学,便在家自学中学课程,又自学了大学英语,还学习了日语、德语和世界语,翻译了16万字的外文著作和资料。著名的科学思想家、最杰出的理论物理学家霍金,因患卢伽雷氏症(肌萎缩性侧索硬化症),禁锢在一张轮椅上达20年之久,他不能写,甚至口齿不清,但他超越了相对论、量子力学、大爆炸等理论而迈入创造宇宙的"几何之舞"。尽管他那么无助地坐在轮椅上,他的思想却出色地遨游到广袤的时空中,解开了宇宙之谜。

(2) 把困境变成踏脚石

在人生职业发展历程中,没有人会一帆风顺,每个人都不可避免地会遇到这样或那样的困境。然而,有的人被困境毁灭了,有的人却因积极应对困境而造就了自己。

【资料学习】

有一天某个农夫的一头驴子,不小心掉进一口枯井里,农夫绞尽脑汁想办法救出驴子,但几个小时过去了,驴子还在井里痛苦地哀嚎着。最后,这位农夫决定放弃,他想这头驴子年纪大了,不值得大费周章去把它救出来,不过无论如何,这口井还是得填起来。于是农夫便请来左邻右舍帮忙一起将井中的驴子埋了,以免除它的痛苦。农夫的邻居们人手一把铲子,开始将泥土铲进枯井中。当这头驴子了解到自己的处境时,刚开始哭得很凄惨。但出人意料的是,一会儿之后这头驴子就安静下来了。农夫好奇地探头往井底一看,出现在眼前的景象令他大吃一惊:当铲进井里的泥土落在驴子的背部时,驴子的反应令人称奇——它将泥土抖落在一旁,然后站到铲进的泥土堆上面!就这样,驴子将大家铲倒在它身上的泥土全数抖落在井底,然后再站上去。很快地,这只驴子便得意地上升到井口,然后在众人惊讶的表情中快步地跑开了!

(资料来源:王永强. 枯井中的驴子[J]. 招商周刊,2006(12):75.)

本来看似要被活埋的困境,由于驴子处理的态度积极,困境实际上却帮助了它。事实上,我们在工作、生活中所遭遇的种种困难、挫折就是加诸在我们身上的泥土,然而,只要我们积极应对,锲而不舍地将它们抖落掉,然后站上去,把它作为我们的垫脚石,就没有战胜不了的困难。

3. 职业发展不设限

职业发展过程中,很多人由开始的勇往直前追求成功变成了最后向挫折低头,这中间不仅仅是能力和机遇的问题,很多时候就是因为他们给自我设限,给自己制定了一个心里高度,并且不断地告诉自己,我无法跳跃这个高度。他们想追求职场成功,却又害怕失败。限制太多,想得太多,自然没有办法追求自己想要的,有时候,我们开始勉勉强强做一些事情,但是因为自我设限,觉得自己不会成功,所以在做事的过程中,畏首畏尾,瞻前顾后,最终失败。失败后又一再降低自己的要求,就算最后限制不在,也不敢再尝试了。

人的潜意识总是在不知不觉中操纵着人的行为。一个人能否成功,就看他的态度了!成功人士与失败者之间的差别是:成功人士始终用最积极的思考、最乐观的精神和最辉煌的经验支配和控制自己的人生。失败者则刚好相反,他们的人生是受过去的种种失败与疑虑所引导和支配的。

每个人心里都有一个自己默许的"高度",它会制约着你的成长,请记住,你能不能成功,能有多大的成功,这一切问题的解决都取决于:自我设限和自我暗示!自己决定自己的命运。职场上你是渺小还是伟大,都取决于你对自己的认识和评价,不断战胜自己、超越自己,永不言败。

4. 职场不能走一步看一步

在职业生涯发展过程中,许多人"当一天和尚,撞一天钟"。不知道自己在做什么,也不知道下一步该怎么做,随波逐流,一事无成。这里有一个"卖肉的北大生和卖鸡蛋的复旦生"的故事对比。

【资料学习】

因为各大媒体的炒作,陆步轩和顾澄勇已经是家喻户晓的两个人。不过,他们确实很有对比性。

陆步轩是当年长安县的文科状元,1989年北大中文系毕业后,经历过众多不如意,最终于2000年租房开肉店。但卖肉的生意并不好做,每天起早贪黑,一年忙到头,交了水电费和房租后所剩无几。当媒体披露"北大才子街头卖肉"后,公众对他的反应首先是同情——这是对待弱者的方式,希望某些机构和企业伸出援手,接着是批评——反思"文凭不等于才华"以及中国教育体制的弊端,陆步轩则成为了反面例子。

顾澄勇是2002年复旦大学计算机专业的毕业生,毕业后没有选择在事业单位工作,而是主动回到农村卖鸡蛋。一个卖肉,一个卖鸡蛋,但与陆步轩的遭遇相反的是——"复旦生卖鸡蛋"引来的是舆论的赞美。数年以来,他不但"科学养鸡,科学卖蛋",还没有放弃自己的计算机专业,甚至利用网络营销渠道开发了一套"农产品网上身份查询系统"。因此,顾澄勇的"阿强"鸡蛋也越卖越火,上海市南汇区农委甚至要为他申报"中国农民十大杰出青年"。

(资料来源:王辉耀. 开放你的人生[M]. 北京:人民出版社,2008.)

对于这两位名牌大学毕业生截然相反的社会评价,并不在于他们谁最终赚到了钱,而在于一个是被命运驱使漂泊职场,另一个是主动规划职业生涯发展。没有职业生涯规划,人生便没有了方向,因此,我们也就不知道未来的路在哪里。

然而,如果已有远大的理想,并有决心实现理想的热忱,也不一定能够顺利实现愿望。在制定自己追求的目标和行动计划时,更要懂得选择和放弃。理想抱负是一个人前进的动力,奋斗能使人产生激情和勇气,而选择才能让人最终获得成功。在追求自己梦想实现的众多要做之事中,放弃那些不切实际的想法,远离虚无缥缈的诱惑,酌情确立一个核心目标,并全力以赴朝着这个目标去做,而不能走一步看一步,随波逐流,到头来终究一无所得。

8.3.2 自己的选择

职场是人生重要的生存空间。要在职场中好好生存下去,并获得职业发展,进而实现人生愿景,除了必须付出各种艰苦的努力外,还要进行艰难的选择,找到真正属于自己的位置。选择一条路,意味着要放弃其他的路。选择,意味着放弃,要有壮士断腕的勇气和深思熟虑后取舍的智慧。放弃不仅能让我们从追求难以企及的目标中抽身,还能有机会让我们去追求令人满意的目标。放弃并不意味着结束,它是重新审视你的目标和你想要的生活时必须跨出的第一步。敢于放弃才能有所突破,成功的人知道坚持,也知道放弃。华佗拒绝入朝为官,坚持做一个平民百姓,钻研医术,救死扶伤;文天祥舍生取义,用生命写下了"人生自古谁无死,留取丹青照汗青"的豪迈篇章;达尔文放弃研究成果,退避三舍以成人之美;比尔·盖茨放弃入学哈佛创立了微软……放弃还能成为赢者,是因为赢者在放弃时有理有据,并充满智慧和人生的志向。

经历了若干年的职场打拼,随着社会阅历的增加和不断的自我探索和领悟,要开始在职业发展的道路上进行大大小小的人生选择和对选择的修正,找到热爱的工作,从而决定自己的人生道路和未来走向。

1. 清楚自己的兴趣

需要是兴趣产生和发展的基础,人对自己感兴趣的对象常常自觉或不自觉地给予特殊的注意。

【资料学习】

2001年5月,美国内华达州的麦迪逊中学在入学考试时出了这么一个题目:比尔·盖茨的办公桌有五只带锁的抽屉,分别贴着财富、兴趣、幸福、荣誉、成功五个标签,盖茨总是只带一把钥匙,而把其他的四把锁在抽屉里,请问盖茨带的是哪一把钥匙?其他的四把锁在哪一只或哪几只抽屉里?

一位刚刚移民美国的中国学生,恰巧赶上这场考试,看到这个题后,一下慌了手脚,因为他不知道它到底是一道语文题还是一道数学题,所以他一个字都没有写。考试结束后,他去问他的担保人,该校的一名理事。理事告诉他,那是一道智能测试题,内容不在书本上,也没有标准答案,每个人都可根据自己的理解自由地回答,但是老师有权根据他的观点打分。

中国学生在这道9分的题上得了5分。老师认为,他没答一个字,至少说明他是诚实的,凭这一点就应该给他一半以上的分数。让他不能理解的是,他的同桌回答了这个题目,却仅得了1分。他同桌的答案是,盖茨带的是财富抽屉上的钥匙,其他的钥匙都锁在这只抽屉里。

后来,他的这位美国同桌对此不能释怀,写信去向比尔·盖茨请教答案。比尔·盖茨在回信中写了这么一句话:在你最感兴趣的事物上,隐藏着你人生的秘密。

(资料来源:刘燕敏. 人生的五把钥匙[J]. 课外阅读,2002(7).)

兴趣也往往是创新的先决条件。一个人只有对其所从事的某项职业具有浓厚的兴趣,才能激发起他对该项工作强烈的求知欲、探索欲,才能激发他充满激情的工作动力,使他在工作中有所发明和创造。

2. 发现自己的特长

不少人往往将自己的兴趣误认为是特长。比如,有的人喜欢画画,就认为自己的特长是绘画,其实,画画只是你的兴趣。只有当你具有了相当水平的绘画技术与造诣,才可称得上具有绘画特长,可以将此特长与你的职业选择相匹配。

特长是指一个人特别擅长的技能或特有的工作经验。其中,技能是指掌握和运用专门知识的能力。现在的职场需要有知识有才能的人才,然而一纸文凭并不是人才的标签。

【资料学习】

有一个留学美国的计算机博士,他毕业时决定在美国找份工作。他找过的多家公司虽对他很客气,但就是不聘用。为什么呢?他想原因可能是他学历太高,别人不敢录用他吧。他后来再找时,不说学历,以"最低的身份"跟人家谈。没想到他很快被一家公司聘任为程序输入员。这工作对这位博士来说简直是小菜一碟。可博士仍不卑不亢,干得一丝不苟。不久,老板发现他在输入时能挑出程序中一些很难发现的错误,非一般的程序员可比。老板问他时,他很谦虚地说他拿到了学士文凭。于是老板给他换了工作,加了筹码。过了一段时间,老板又发现,他所能提出一些可以改进程序设计的,远在一些普通大学生之上。老板问他时,他说他已拿到了硕士文凭。老板又为他调了岗位。再过一段时间,老板又发现,他的职业能力远比一些硕士生高明。这时,他才说出自己拿到了博士文凭。老板如获至宝,重用了他。

(资料来源:李凤伟,常桦. 就业力[M]. 北京:中国纺织出版社,2004.)

一般说来,获得学士、硕士、博士的人都有一定的工作能力,但在求职过程中一定要审视自己,既不要低估自卑,也不能盲目自大。学会抓住机会尽情地展示才华,让别人一次又一次地对你刮目相看,你的形象也会越来越高大。否则,实现理想就无从谈起。就算是有了些机会,可当别人对你寄予厚望时,你却一事无成,最后,你还是让人失去希望,被瞧不起。

太阳的能量比一束激光不知大多少倍,它却不能穿透一张薄薄的纸,而激光却可以穿透一块钢板。"千招会不如一招绝",现代职场上学历是枝,能力是根。你可以选择将自己的一技之长锻造为职业生涯发展的核心竞争力,成为职业竞争的资本。

3. 追寻心的方向

在漫漫的职业生涯发展道路上,很多人都会迷惑,每天都在纠结着成与败、对与错、得与失,有时仿佛成了失了方向的无头苍蝇,到处碰壁。人生每天都站在十字路口,选择无时不在。

对于人生的真正意义的追求,能够使我们矢志不渝,使我们的灵魂燃亮。而人生真正的意义就是心的方向。自我实现是人们职业生涯发展历程中的最高层次需求，对人们的驱动力最强。只有在追求自我实现的时候，人们才会迸发出持久强烈的热情，才会最大限度地发挥自己的潜能，最大程度地服务于社会。这种热情不只是外在的表现，它发自内心，来自你对自己工作的真心喜欢。

心理学家研究发现：一个人只有当大脑中的积极情绪大于消极情绪三倍的时候，他的大脑才会正常运转。这就告诉我们，集中精力不是逼迫自己去做自己不喜欢的事情，没有人在被逼迫的时候还去兴高采烈、专心致志地做事情。居里夫妇在成吨的工业废渣中提炼"镭"，几年如一日，非常艰辛与枯燥，但他们怀着找到"镭"的梦想，从没有认为这项工作是无聊的，从没有抱怨叫苦而想放弃。相反，职涯旅途上，如果忘记初心，迷失方向，人就会像一具行尸走肉，失去灵魂，一事无成。

我们每天至少有三分之一的时间要用在工作上，但是一些人不喜欢自己的工作时间，抱怨管理人员，不满足于工作所得，他们为自己的将来发愁……为什么如此厌烦自己的工作呢？大多数原因在于他们所做的工作与价值观不符。他们所学专业和所从事职业是几年前由他们的父母或老师选的，或是偶然决定的。他们之所以还从事现在的职业只不过是习惯了最初的职业选择。在各行各业，有成千上万这样的人，他们在工作中毫无创造力和激情，有的只是抱怨和得失算计。他们的潜力现在、将来永远都不会被挖掘出来。

当然，每个人的理想因其生命特质不同而各异。与很多人想象的相反，那些真正有所作为的人甚至可能没有"远大理想"，他们最关注的就是把当前的事情做好。他们也许也有理想，但那绝不是他们妥协的理由，并且他们的理想朴素得惊人，但他们坚持选择做真正让自己开心的事情。

8.3.3 梦想靠近现实

或许，在想做某件事或想要实现某个人生愿景时的0.01秒的瞬间，还可以将之称为"梦想"，但是在接下来的时间里，它就不该被称为"梦想"，而是应该被称为"目标"了。

一句英国谚语说得好："对于一艘盲目航行的船来说，任何方向的风都是逆风。"在人生的竞赛场上，许多人并不乏信心、能力、智力，只是没有确立目标或没有选准目标，所以没有走上成功的途径。对一部分人来讲，一入社会之初就能善用自己的精力，不让它消耗在一些无意义的事情上，为自己的职业生涯发展方向做出积极的探索，从而加快走向成功的进程。而许多人却"东一榔头、西一棒槌"，今天学学这，明天练练那，尽管忙碌了一生也不得所终，到头来一事无成。

1. 确定明晰的目标

一些富有经验的园丁会把树木上许多能开花结果的枝条剪去，是为了将所有的养分都集中在其余的少数花蕾上，使它们开得更好。一个人如果没有明晰的目标，正如一位百发百中的神射击手，如果他漫无目标地乱射，也不能在比赛中获胜。而清晰的目标会带给人们激情的火花，无穷的创造力，会成为推动你向理想靠近或飞跃的助推器。

但是，目标并不是幻想，有了目标后，必须要明确它。成功是有数学概念的，所以，设定的目标都应该是指能够被量化的目标。许多人常常将目标定义为"更上一层楼""挣更多的钱""过上幸福生活"等。这些目标都有一个共同的特征：没有量化，模糊不清，无法衡量。所以这类所谓的目标，充其量不过是一个想法，或一种愿望，而不是真正的目标。

不管目标是什么，很多强大的人并没有选择普遍意义上的所谓"理想"——对这世界认知越多，就越清楚个体力量之渺小，他们制定可行的目标，以实现手中有事可做，并能聚精会神、克服困难，把可做之事做好、做到极致，才是在实现最终目标的历程中达到真正的"理想状态"。

由于目标中设定的是自己内心最想要的东西，所以，再具体的目标的实现也会引发你存在的价值，这样你会竭尽所能去实现它。而这，也正是一个人改变人生方向和自我认知去设定目标，使自己不惧艰苦挫折埋头苦干，并得以淋漓尽致地发挥自己的潜能，从而实现对自己未来承诺的价值所在。

2. 按计划进行

当一步步切实目标得以实现，将会促使你对未来产生更大的愿景。这不仅仅是你自己的人生，还包括你在乎的人的人生，并过渡到对国家，乃至于对整个世界都会有这样的影响。所以，我们积极地、有预见地对自己的未来进行规划，利用长远的目标来表达我们的梦想。于此历程中，我们不会守株待兔，而是积极主动地追求目标实现。

（1）展望未来

首先，需要我们清楚地理解，我们到底希望从生活中获得什么？你可以尝试着想象3～5年后一天的生活状况。当然，想象前请不要将"应该怎样""什么是可能的""什么是不可能"的带入脑海。最好将你的想象用笔写下来。大致可以回答以下几个问题。

——您的一天是如何开始的？
——那时您的住所和居住环境是什么样的？
——您的身边是什么样的人，您跟他们都交流了些什么？
——您的工作环境是什么样子的？
——您的工作内容是什么？怎么工作的？
——您的工作取得了哪些成果？
——成功解决了哪些问题？
——您下班后都做了什么？晚餐的情形是什么样的？
——您是怎么休息的？
——一天中最深刻的印象是什么？
——一天中最主要的话题是什么？

可能这样一篇随笔不能在一天内完成,不要着急,可以在几天内每天都看一下这篇随笔,并做出修改。在这里要注意,你想象中的内容都是你自己而非别人灌输给你的所谓成功人士应该需要的东西。否则,你很可能要一直追逐的是别人在你面前悬挂的目标。

(2) 确定价值取向

在通过"未来生活的一天"探测到自己所希望的未来后,下一步尝试着以"记忆日记"的形式确定自己的基本价值取向。

——每晚抽出 3~5 分钟安静的时间。

——在一个单独的本子上记下今天的主要事件。事件不一定是今天的主要工作成果,但它必须是今天在情绪上影响你的。

——周末写下本周的主要事件,它既可以是本周 7 件主要事件中的一件,也可以是另外的新事件。

——在月末写出本月主要事件。年末找出年度事件。

——在这些事件旁边写下你认定它作为主要事件所依据的相应价值取向。例如,主要事件如果是"项目取得突破性进展",那么你的价值取向是"工作和事业";如果主要事件是"儿子从寄宿学校回来了",那么你的价值取向是"家庭和孩子"。当然,每个人的价值取向清单是不同的,重要的是确定哪些价值取向对你来说是最现实的。

"记忆日记"可以让你每天沉静下来几分钟思考主要的问题,从而帮助你在繁忙的当下厘清生活中最主要的价值。

(3) 制定个人使命

试想一下这个世界有你和没有你会有什么不同?当你找到你能给予这个世界的却是其他人不能给予的东西时,就找到了自己的使命。这个问题可以用墓志铭的形式加以认识。

"文艺界尽责的小卒,睡在这里。"——老舍墓志铭

"一个在海边拾贝壳的孩子。"——牛顿墓志铭

"睡在这里的是一个热爱自然和真理的人"——卢梭墓志铭

"美国《独立宣言》起草人,弗吉尼亚宗教自由法令的作者和弗吉尼亚大学之父。"——托马斯·杰斐逊墓志铭

在这些名人的墓志铭上被提及的没有文学家、科学家、思想家、总统等名衔,只是说出了他们给予这个世界的东西,并且它们直到现在还发挥着作用。而正是这些馈赠给这个世界的东西,使这些伟人生命不朽、名垂青史。那么设想一下你将如何拟写一下自己墓碑上的题词。也就是说,你现在大抵可以设想一下:"当自己与世长辞时想成为什么样的人?"如果你对于写墓志铭的形式感到过于压抑,也可以换做写一篇"退休时的感言"。它们的意义相同:简短描述你留下了什么东西,它帮助你在繁忙的当下找寻更深刻的意义并给自己"亲近"目标奠定基础。

当然,有时使命会变成责任。区别在于,我们可以自己斟酌并改变使命,但责任不

成。责任并不一定是发明一种根治癌症的药物,它可以是一个女人将自己的儿子养育成人的人生目标。责任可大可小,它最主要在于一种个人与世界和谐的共鸣。

(4) 找出关键领域

当你经历了确定生活长远景象的前几步时,就可以找出生活中的关键领域了。它可以帮助你在日常杂乱的事务中看到它们清晰的结构,让各个方向的事业和谐平衡。

你可以裁出 30～40 张小纸片,在上面写下你每天的事务。比如"分析数据""编辑简报""陪伴家人""准备考试"等,然后将这些纸片按照任务相近为规则分放成 5～7 组,并按照每一组的逻辑结构起一个简单的名字,这样你的关键领域就确定好了。比如,我的关键领域,一是个人成长;二是职业发展;三是家庭;四是财务自由……

(5) 提出个人目标

"未来生活的一天"、墓志铭、价值取向及生活关键领域构成了你目标设定的基础,可以用"长远目标图表"来提出个人长远目标,如图 8-1 所示。

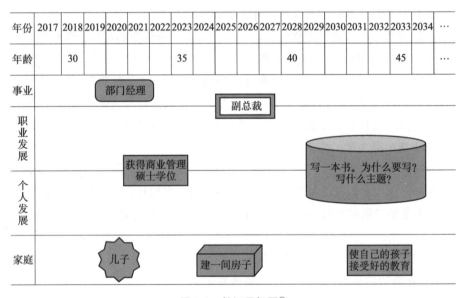

图 8-1　长远目标图⊖

图 8-1 中横向两栏分别是今年开始计算的年份和你的年龄。纵向则是你生活中的关键领域。在年份与关键领域的交汇处是你大致要达到的目标定位。试着把你想要的东西描绘出来,而不只是画一个时间表。当然,愿景和环境有可能会发生改变,你可以依据变化对表格进行改变。绘制长远目标时间表不会花费很长时间,能使你对未来有一个更清楚的认识,得到一张地图和行动路线。

(6) 目标具体量化

目标的确定仅仅是迈向理想的第一步,如果缺乏一步一个脚印的行动,再好的目标也只是纸上谈兵。

⊖　阿翰思奇. 时间管理:让时间去哪儿[M]. 林森,译. 北京:人民出版社,2014.

当人们的行动有了明确的目标,并能将自己的行动与目标不断地对照,进而清楚自己的行动进程时,人们的行动会因此得到强化和激励,促使人们更加全力以赴地向目标前进。并且,大目标被分割成了很多容易达到的小目标,在逐一实现小目标的过程中,体会到的成就感使你更加自我肯定,从而树立信心、激发潜能去达到最终目标。

【本节重点】

1. 认知职业生涯历程。
2. 根据个人兴趣、特长、价值观等取向进行自己的选择。
3. 设定和管理个人职业发展目标。

【练习与实践】

测测你对放弃的态度

此项练习意在增进你对自己控制情绪的方式的认知。阅读下列陈述,看看哪些符合你,哪些不符合你。

(1) 我认为自己是一个现实主义者,我的乐观会助我一臂之力。
(2) 我认为自己是一个现实主义者,对消极面的认识不会把我击垮。
(3) 每当我做完一件事,我就开始担心我必须做的其他事了。
(4) 如果我对某种状况已经尽了全力,我就会将其抛之脑后,不再想它。
(5) 工作的时候,我会集中精力,尽可能避免出错。
(6) 在任何情况下,我都会专注于做到最好。
(7) 当我烦躁不安时,我很难关注积极的东西。
(8) 我通过回忆快乐的时光来应对压力。
(9) 在跟别人争论时,我会忍不住言辞激烈,大发脾气。
(10) 即使在与别人争论时,我也没法不让自己充满敌意或有不当言行。
(11) 当我感到紧张时,我会有意识地逃离,那样我就不会做出反应了。
(12) 我应对紧张局面的方法是想方设法接纳其他人的观点。
(13) 别指望我会主动跟别人言归于好,这是不可能的事。
(14) 我会设法提出建设性的解决争论或异议的方案。
(15) 我很担心失败,也担心如果我真的失败了,人们会怎么想。
(16) 每个人都会有失败的时候。
(17) 我真的很难从失败的阴影中走出来。
(18) 我倾尽全力摆脱沮丧的感觉。
(19) 我极其讨厌紧张、焦虑或害怕等感受,我会尽我所能阻止这些感受。
(20) 当我感到烦躁或害怕时,我会听从内心的召唤。
(21) 如果我没有抓住一个机会或失去了优势,我会火冒三丈。我非常好胜,忍不住会想发生过的事情。

(22)当事情出岔子时,我会想尽一切办法提醒自己我擅长做的事,并告诉自己还有其他的机会。

(23)我不相信直觉,只相信清晰的思考。

(24)我认为重要的是听从自己的心声,关注自己的感受。

(25)压力之下,我的情绪会失控。

(26)通过冥想练习或与朋友谈心,我能够让自己平静下来。

(27)我认为情绪外露是懦弱的表现。

(28)在行动之前,我会专注于自己的感受。

在本测试中,与你相符的奇数编号条目的数量,反映了你对放弃的态度。在上述14道奇数编号条目中,如果你的回答为"符合"的数量超过了7道,则反映你还需要继续领悟放弃的艺术。

(资料来源:佩格·斯特里普,艾伦·伯恩斯坦. 放弃的艺术[M]. 黄延峰,译. 北京:中信出版社,2014.)

【复习与思考】

1. 如何做好从学生到职业人的角色转变?
2. 如何走好职场第一步?
3. 如何认知职业化要求,提升自己的职业素养?
4. 如何确定自己的职业发展方向和个人职业发展目标?

参考文献

[1] 金耀基. 大学之理念[M]. 北京:生活·读书·新知三联书店,2008.
[2] 陈春花. 大学的意义[M]. 北京:机械工业出版社,2016.
[3] 贝恩. 如何成为卓越的大学生[M]. 孙晓云,郑芳芳,译. 北京:北京大学出版社,2016.
[4] 奥西普,菲茨杰拉德. 生涯发展理论[M]. 4版. 顾雪英,姜飞月,译. 上海:上海教育出版社,2010.
[5] 金树人. 生涯咨询与辅导[M]. 北京:高等教育出版社,2007.
[6] Gysbers N C, Heppner M J, Johnston J A. 职业生涯咨询——过程、技术及相关问题[M]. 2版. 侯志瑾,译. 北京:高等教育出版社,2007.
[7] 周文敏. 捡起身边的财[M]. 北京:北京工业大学出版社,2014.
[8] 张改叶. 大学生人际交往能力训练的团体辅导活动设计与实施[J]. 中国健康心理学杂志,2005,13(4):288-290.
[9] 翟庆海. 古代全面发展的教育思想对现代素质教育的启示[J]. 学理论,2010(5):186-187.
[10] 刘红霞,万是明. 大学生就业与创业实训教程[M]. 北京:科学出版社,2016.
[11] 方伟. 大学生职业生涯规划咨询案例教程[M]. 北京:北京大学出版社,2008.
[12] 高桥,葛海燕. 大学生就业指导[M]. 北京:清华大学出版社,2009.
[13] 徐柏才. 大学生就业指导[M]. 武汉:湖北人民出版社,2013.
[14] 朱德建. 大学生职业发展与就业指导[M]. 济南:山东人民出版社,2016.
[15] 叶政. 大学生职业规划与就业指导教程[M]. 2版. 北京:科学出版社,2015.
[16] 樊富珉. 大学生心理素质教程[M]. 北京:北京出版社,2002.
[17] 吴剑. 大学生就业创业指导咨询案例教程[M]. 北京:科学出版社,2015.
[18] 林瑞青. 大学生创业与就业指导[M]. 北京:中国人民大学出版社,2015.
[19] 袁劲松. 柔性思维教练[M]. 青岛:青岛出版社,2005.
[20] 谭劲松. 创新与创业战略[M]. 北京:中华工商联合出版社,2008.
[21] 朱恒源. 创业八讲[M]. 北京:机械工业出版社,2016.
[22] 张玳. 精益创业实战[M]. 北京:人民邮电出版社,2013.
[23] 梅强. 创业基础[M]. 北京:清华大学出版社,2012.
[24] 郑翔洲. 新商业模式创新设计——转型重塑企业核心竞争力[M]. 北京:电子工业出版社,2013.
[25] 李丹. 职场第一年[M]. 北京:北京工业大学出版社,2012.
[26] 刘宏. 职业是一种信仰——写给职场起跑者[M]. 北京:中国财富出版社,2014.
[27] 施利姆. 发挥你的影响力——与领导相处的条黄金法则[M]. 顾轩,王慧芳,译. 北京:人民邮电出版社,2014.
[28] Sutcliffe A J. 征服你的第1份工作[M]. 曹迎馨,韩寿柏,译. 北京:中国轻工业出版社,2003.
[29] 阿翰思奇. 时间管理:让时间去哪儿[M]. 林森,译. 北京:人民出版社,2014.